이승복과 신간회운동

이승복과 신간회 운동

초판 1쇄 발행   2023년 4월 11일

지은이 ㅣ 김인식
펴낸이 ㅣ 윤관백
펴낸곳 ㅣ 選선인

등   록 ㅣ 제5-77호(1998.11.4)
주   소 ㅣ 서울시 양천구 남부순환로 48길 1, 1층
전   화 ㅣ 02) 718-6252 / 6257
팩   스 ㅣ 02) 718-6253
E-mail ㅣ sunin72@chol.com

정가   36,000원
ISBN   979-11-6068-807-8   93900

· 잘못된 책은 바꿔 드립니다.
· www.suninbook.com

이승복과 신간회운동

김인식

선인

　내가 신간회에 처음 관심을 가지게 된 때는 학부 시절이었다. 유신체제의 절정기에 고등학교를 다니면서 '국적 있는 교육'의 일환으로 '국사'를 국·영·수의 버금가는 비중으로 배웠지만, 근현대사는 대학입시에서도 출제되지 않아 등한했으므로 신간회는 들어보지 못했다. 대학 1·2학년 10·26사건과 12·12군사쿠데타에 이어 5·18민주화운동을 겪으며, 나는 유신의 터널에서 벗어나 새로운 의식세계로 접어들었다. 한국 근현대사가 미답지에 가까웠던 그 시기에 『분단시대의 역사인식』은, 내게는 역사학도가 서 있어야 할 지점과 나아가야 할 방향을 가리키는 나침반과도 같았다. 암암리에 돌려 읽던 『전환시대의 논리』는 젊은이들에게 말 그대로 '코페르니쿠스의 전환'을 촉구하였다.

　바로 이 무렵이었다. 병가를 마치고 복직하셨던 고 우인(又仁) 김용덕 선생님께서 수업 시간에 신간회를 언급하셨다. 판서도 자유롭지 못하셨던 선생님, 수업 시간에 가끔 창밖을 내다보시면서 무엇인가 생각에 잠기셨다가 우리들에게 한 말씀씩 남기곤 하셨다. 강의 내용은 조선 후기 사상사로 기억되는데, "신간회를 보면 남북분단을 예견할 수 있었어요"라는 요지의 말씀이 순간 내게 꽂혔다. 도서관으로 달려가 선생님의 저서에서 확인한 원문은 이러하였다. "해방 후의 좌우대립·남북분단은 신간회운동을 보면 충분히 예견할 수 있었던 역사적 현실이었다." 이 구절은 나를 학문의 길로 이끈 섬광이었고, 이후 매달려야 할 화두가 되었다. 선생님의 소론(小論)이 한국사학계에 신간회 연구를 촉발하였음도 뒤미쳐 깨달았다.

석사 과정 동안 신간회를 공부하면서, 평주(平洲) 이승복 선생이 신간회 강령을 작성하였음을 알았지만, 신간회운동에서 선생의 활동상은 데아는 데 그쳤다. 박사학위논문으로 '안재홍의 민족운동'을 다루면서, 안재홍과 이승복 두 분이 민족운동의 동반자였음도 확인하였지만 평주 선생의 모습은 여전히 확연하지 않았다. 해방정국의 격랑 속에서 민세(民世) 안재홍의 정치활동과 결단의 이면에는 항상 평주가 자리 잡고 있었는데도, '후선'(後線)에서 일하고 기록을 남기지 않는 그의 성격으로 인해 활동상이 선명하게 다가오지 않는 아쉬움이 남았다.

모교의 교육학과에 재직하시던 이문원 선생님이, 수당(修堂) 이남규 선생의 증손으로 평주 선생의 차남이라는 사실은 박사학위논문을 제출한 뒤에야 알았다. 이문원 선생님께서 독립기념관의 관장으로 재임하시는 동안 가끔 뵐 기회가 생겼고, 그때마다 민세와 평주 사이의 일화를 비롯해 책에서 배우기 어려운 시사를 많이 받아 왔다.

수당가(家)는 수당 선생에서 비롯하여 자제 이충구(평주의 부친)—이승복—이장원(평주의 장자)으로 이어지는 4대가 국립현충원에 안장된 순국의 역사를 남겼고, 4대의 중심에는 이승복이 있었다. 4대가 국가유공자로 서훈된 가족사는 한국근현대사에서 보기 드문 예이건만, 2008년 9월 25일 충청남도 예산에 '수당 이남규 선생 기념관'이 개관된 뒤에야 비로소 일반인에게 알려지기 시작하였다. 같은 해 '평주 이승복선생 서세 삼십주년'을 맞아 수당 이남규 선생 기념사업회가 주최하여 "평주 이승복의 생애와 독립운동"을 조명하는 학술대회를 개최함(2008. 10. 30)으로써 평주의 민족운동이 학계에서 처음으로 조명되었다.

이 학술대회에서는 기조강연(신용하 교수)을 포함하여 모두 4편의 논문이 발표되었는데, 나는 「이승복과 신간회운동」을 발제하였고, 이 책은 이 주제를 진전시킨 결과물이다. 책의 전체 얼개는 평주 선생의 민족운동이 발원하는 '평촌리의 화'에서 시작하여 신간회운동의 현재성으로 마무리하면서, 평주의 신간회운동을 통하여 창립기 신간회의 면모를 재확인하고자 하였다.

신간회 연구는 최근까지 상당한 수준으로 진척을 이루었지만, 신간회가 애초 민족협동전선을 목표로 출발하였다는 주장이 아직까지 정설로 자리 잡고 있다. 조선공산당이 사회·공산주의 계열의 민족협동전선론에 의거하여 신간회 창립을 주도하였다는 설은 다시 강화되는 경향을 보인다. 이를 반론함은 다른 지면으로 미루겠지만, 평주의 신간회운동을 추적함으로써 이러한 와설(訛說)이 잘못되었음을 강조함도 이 책의 주안점이다.

기존의 신간회 연구 논저들은 자료상의 접근성 문제로 『중외일보』를 누락시키는 경우가 많았는데, 이 책은 신간회 창립과 관련하여 『중외일보』를 활용함으로써 그간의 공백을 메울 수 있었다. 『조선일보』·『동아일보』와 함께 『중외일보』를 병렬하여 신간회 창립대회의 광경, 신간회 중앙조직이 완성되는 과정을 복원함은 연구자로서 매우 큰 보람이었다. 온라인상의 자료 검색 능력이 부족한 내가, 이들 자료를 지면에 활용한 결과는 오로지 은희녕 선생(중앙대학교 강사)의 수고에 힘입었다. 이진한 교수(고려대학교 한국사학과)께서 고려대학교가 소장한 자료들을 이용하도록 힘써주셨기에, 자료상의 미비점도 여러모로 보완하였다. 많은 분량의 원고를 꼼꼼하게 교정해준 김현진·최수지 선생(중앙대학교 역사학과 대학원생)에게도 고마운 마음을 전한다.

나에게 신간회 연구는 아직도 많은 과제가 남아있지만, 지도교수이신 김호일 선생님의 가르침이 바탕이 되어 이 주제에 집중하여 왔다.

발로 뛰는 역사를 하라는 말씀은 항상 되뇌는 경구이다. 이문원 선생님의 격려와 조언은 이 책의 뒷거름이 되었다. 지금도 수당기념관을 직접 돌보시면서 선대의 정신을 후세에 전하시는 선생님의 노력에, 이 책이 일조가 된다면 후학으로서 큰 기쁨이겠다. 안재홍 연구의 개척자이신 정윤재 선생님(한국학중앙연구원 명예교수)은 늘 따스한 미소로 연구의 방향을 제시해주셨다. 선생님과 학문의 길을 동행함은 후배 연구자로서 큰 행운이다.

이 책을 상재하면서, 나 개인으로서는 인생의 새 간지를 맞으며 은사의 학맥을 미력하나마 계승했다는 위안과 함께 정진의 각오를 다시 새겨본다. 공부하는 남편을 묵묵히 응원하며 버팀목이 되어준 아내 박정숙에게는 말로 표현할 수 없는 미안함과 고마움이 상존한다. 바쁘다는 이유로 민영·도영 두 딸에게 아버지의 '책무'를 유보할 때마다 항상 빚진 마음이다. 건강하고 예쁘게 성장하는 아이들의 모습이 나에게는 무엇보다 큰 힘이 되었고, 공부에 매진하여 더 바빠야 하는 이유이기도 하였다. 출판을 선뜻 맡아 주신 선인의 윤관백 사장님과 책이 나올 수 있도록 애써 주신 편집부의 여러 선생님들께 고맙다는 말씀을 올린다.

2020년 10월
김인식

| 첫머리말 |

평주(平洲) 이승복(李昇馥 ; 1895. 7. 10~1978. 10. 31)[1]은 13살 때인 1907년 9월 26일(음력 8월 19일) 부조(父祖)의 참변인 '평촌리(坪村里)의 화(禍)'[2]를 겪었다. 이날 충청도 온양(溫陽)의 평촌 냇가에서, 일본군에게 연행되던 이승복의 조부 수당(修堂) 이남규(李南珪), 수당을 배행(陪行)하던 이승복의 부친 유재(唯齋) 이충구(李忠求), 가마꾼이었던 가복(家僕) 김응길(金應吉)·가수복(賈壽福) 등이 일본군의 칼에 난자당하였고, 가수복을 제외한 3인이 한날한시에 순국하였다. 할아버지 수당 이남규의 '피 묻은 토시'를 간직하면서 한평생 민족운동에 정신(挺身)한 이승복의 일생은, 이러한 가족사에서 발원하였다.

일제 침략사의 본질을 극명하게 보여주는 참변이었던 '평촌리의 화'는, 13살의 어린 나이에는 감당하기 어려운 정신상의 외상(mental trauma)이었지만, 이승복을 침체의 늪에 빠트리지 못하였다. 그에게 남은 깊은

---

1 이승복의 아호 평주는, 그가 상해(上海)로 망명하여 독립운동을 하던 시기에, 임시정부 초대 법무총장을 역임한 성재(省齋) 이시영(李始榮)이 "昇平 六大洲"라는 뜻으로 지어주었다. 平洲 李昇馥先生 望九頌壽紀念會, 『三千百日紅 – 平洲 李昇馥先生八旬記』(人物研究所, 1974. 7), 29쪽. 앞으로 이 책을 『三千百日紅』으로 줄임.

2 '평촌리의 화'는 이 책의 제1장에서 상술하겠음.

상흔은 오히려 일제를 향한 강렬한 저항 인자(因子)로 남아, 한국근현
대사에 동반한 비극의 가족사를 한국민족사에 기록되는 역사로 승화
시켰다.

이승복은 할아버지 수당 이남규의 '피 묻은 토시'를 한평생 품고 다녔
다. 그는 조고(祖考)와 선고(先考)의 '피어린 항쟁'을 늘 떠올리면서,[3] 항일
독립과 통일민족국가를 수립하기 위하여 몸 바친 민족운동가였다. 부
조의 삶과 순국, 그리고 이승복으로 이어지는 3대의 항일정신은 세인들
의 귀감으로 많은 칭송을 받았다. 여기에 6·25전쟁 중 참전하여 전사
한 이승복의 장자 이장원(李章遠)을 더하면, 4대가 국가유공자로 서훈된
가족사를 보게 된다. 대한민국정부는 이들의 공적을 기려, 수당 이남규
에게는 1962년 건국훈장 독립장(建國勳章 獨立章)을, 유재 이충구에게는
1991년 건국훈장 애국장(愛國章, 1977년에는 대통령표창)을,[4] 평주 이승복에게
는 1990년 건국훈장 애국장(1980년에는 建國褒章)을, 이장원 중위에게는
1953년 충무무공훈장(忠武武功勳章)을 추서(追敍)하였다.[5] 최근 2014년 6월

---

3 『三千百日紅』, 85쪽.

4 김응길(1867~1907)에게는 2008년 건국훈장 애족장이 추서되었다.

5 이승복의 장남으로 이남규의 증손자인 이장원(1929. 2. 11~1951. 11. 29)은, 6·25
전쟁이 발발한 다음해인 1951년 4월 해병 사관후보생 5기로 입대해, 같은 해
1951년 9월 해병 소위로 임관하여 함경남도 원산(元山)의 황토도(黃土島) 파견
소대장으로 부임했다. 당시 황토도는 함경남도 영흥만(永興灣) 주변에 있는 아
군의 해상봉쇄선상에 위치한 전략 요충지였다. 북한군은 이곳을 차지하기 위해
1951년 11월 29일 대규모 병력을 동원하여 공격을 가해왔고, 이장원 소대장은
병력의 열세를 무릅쓰고 부대원들과 끝까지 교전하여 진지를 사수하였지만, 안
타깝게도 이 과정에서 포격을 받아 부하 3명과 함께 전사하였다. 소대장 이장
원과 대원들이 목숨 바쳐 승리한 황토도전투는 북한군의 해상보급로를 차단하
는 데 기여함으로써, 이후 인천상륙작전과 원산상륙작전을 수행하는 데에도 큰
도움을 주었다. 대한민국정부는 이장원 소위의 전공을 기려, 1952년 해병 중위
로 1계급 특진시켰고, 1953년 3월 30일 대한민국 충무무공훈장을 추서하였다.
국가보훈처, 「현충시설통합정보시스템」(http://mfis.mpva.go.kr)을 참조. 이승복
의 장남 이장원이 6·25전쟁에 참전하여 전사한 사실이야말로 이승복이 결코

6일 KBS현충일특집다큐멘터리로 제작된 「백년의 유산」은 이남규-이충구-이승복-이장원 4대가 국립현충원에 안장될 수 있었던 순국의 역사를 정리하여 일반인에게 알렸다. 이 4대의 중심에는 이승복이 있었다.[6]

이승복은 표면에서 활동하는 명망가였다기보다는, 자신을 앞세우지 않고 막후에서 지략을 펼치는 전략가였다. 이중화(李重和)는 이승복을 가리켜 "늘 후선(後線)에서 일만해 온 그 인격"[7]이라고 표현하였는데, 이는 이승복의 지인들 모두가 하나같이 증언하는 바였다. 민족운동가로서 그의 별명에는 '막후'와 '참모'·'제갈량'이라는 말이 늘 따라 붙었는데, '언론계 막후 실력자'[8]·'언론계 막후 인물'[9]·'참모장'[10]·'막후 교섭의 제1인자'[11]·'총참모'(總參謀)·'제갈량으로 불리던 칠전팔기의 재사(才士)'[12]·'복명(覆名)의 용사'·'막후 참모'[13]·'한반도의 제갈량'[14]·'난국타개의 일인자'·'소제갈'(小諸葛 ; 작은 제갈공명)[15] 등 다양하였다.

공산주의자가 아니었고, 또 될 수도 없었음을 반증한다.

6 현재 이남규·이충구·이승복 3위(位)는 대전 국립현충원에, 이장원 중위는 서울(동작동)국립현충원에 안장되어 있다.

7 『三千百日紅』, 292쪽.

8 趙潤濟, 「序文」, 『三千百日紅』, 21쪽.

9 유광렬(柳光烈)의 평이다. 『三千百日紅』, 145쪽.

10 1926년 조선일보사에 입사한 김을한(金乙漢)에 따르면, 이승복의 성격은 "매우 묵중하여서 결코 경솔하지가 않았으며, 남의 앞에 서는 것보다도 뒤에서 기획을 하고 조종을 하는 것이 특기로, 말하자면 일군(一軍)의 사령관보다도 이면에서 최고전략을 짜는 참모장의 역할이 더 적격"이었다고 술회하였다. 『三千百日紅』, 33, 138~139쪽.

11 조헌식(趙憲植)의 평이다. 『三千百日紅』, 289쪽.

12 김인현(金寅炫)의 평이다. 『三千百日紅』, 290쪽.

13 『三千百日紅』, 33쪽.

14 『三千百日紅』, 29쪽.

15 조선일보사 사료연구실, 『조선일보 사람들-일제시대편』(랜덤하우스중앙, 2004. 12), 112쪽.

이승복은 기록을 남기지 않는 습벽(習癖)이 있었다. 아직 국권을 잃지 않은 시기에 그의 조부 수당은 『수당집』(修堂集)을 남겼으나, 국망(國亡)한 현실에서 이승복은 자신이 적은 메모를 비롯해, 지인·동지들과 주고받은 문서들을 모두 태워버렸다. 이것들이 가져올 후환을 충분히 알았기 때문이다.[16]

세세한 일까지 기록한 이극로(李克魯)의 수첩이 조선어학회(朝鮮語學會) 사건에 연루된 인사들에게 고초를 가중시켰음을 떠올린다면(물론 이 수첩이 아니었더라도, 일제는 조선어학회 사건과 같은 시국사건을 날조하여 고문했겠지만) 수긍이 간다. 이극로의 지기인 이인(李仁)은 그 수첩으로 인해 더욱 혹독하게 겪었던 심신의 겹고통을 회상하면서, "도대체 무엇 하러 수첩에 적는단 말인가. 나는 이 일로 한 열흘을 두고 닦달을 당하니 수첩이란 것은 지금도 지니지를 않는다."[17]고 푸념을 털어놓은 바 있다.

일선에 나서기를 꺼리고 후선에서 활동한 이승복의 성향으로 인해, 그의 민족운동은 전모를 밝힐 자료가 충분하지 않다. 직접 남긴 기록은 물론, 그의 활동과 관련된 간접 자료도 거의 남아 있지 않으므로, 부조의 참변을 겪은 이후 어린 나이 때부터 일생을 민족운동에 정신한 그의 생애와 사상을 깊이 연구하기에는 어려움이 따른다. 이러한 근본 한계를 극복하기 위해서는, 이승복과 운동의 궤도를 함께 하였던 그의 막역지우 홍명희(洪命熹)와 안재홍(安在鴻)의 민족운동 노선을 통하여, 그의 운동 노선을 유추하는 방식을 부득이 취할 수밖에 없었다. 이 책에서 홍명희와 안재홍을 유독 많이 언급하는 이유도 여기서 말미암는다.

앞으로 많이 인용할 『삼천백일홍』(1974. 7)이, 이승복의 생애·민족운

---

16 김인식, 「이문원 중앙대학교 명예교수 면담」(2008년 2월 27일 이문원 교수의 이촌동 자택에서).

17 李仁, 『半世紀의 證言』(明知大學出版部, 1974. 3), 129쪽.

동을 정리한 유일한 자료이다. 이 책은 이승복이 살았던 시대 상황을 서술하면서, 그의 회고와 지인들의 증언·평설(評說)을 엮어 넣은 일대기로서 자료집이자 평전의 성격을 띤 전기이다. 그러나 이승복이 구술한 바에 크게 의존하였으므로, 기억의 착오에서 비롯된 오류 등 수정해야 할 부분이 적지 않다. 『삼천백일홍』에 실린 이승복의 회고와 지인들의 증언을 전거로 활용할 때에는, 당시 시대상과 비교하여 고증할 필요가 있다.

『삼천백일홍』을 기반으로, 이승복을 소주제로 삼은 학술논문이 가능하였다. 조동걸은 「수당 이남규 선생의 독립정신과 유지」(1999. 11)에서 이남규의 독립정신을 규명하기 위하여 그의 손자 이승복을 다루었는데, 학계에서 이승복을 짧게나마 언급한 최초의 사례로 보인다. 조동걸은 이승복의 독립운동 정신을 '중도주의'로 규정·표현하였다.[18] 이승복의 차남 이문원은 신간회(운동)를 연구한 학자로서, 자신의 연구 성과와 선친에게 전문한 사실·일화 등을 자료로 삼아 이승복의 삶과 신간회운동을 조명하였다.[19] 이 논문은 이승복의 신간회운동을 주제로 삼은 최초의 논문으로, 이승복의 민족운동을 조망하는 자료를 많이 제시하였는데, 이승복 사상의 기저를 '중도주의'로 파악하면서 신간회운동에서 실천되는 양상을 살폈다.

이승복이 학술지에서 단독 주제로 다루어진 지 10여 개월 지나서, 수

---

18 趙東杰, 「修堂 李南珪 선생의 독립정신과 유지」, 民族文化推進會, 『修堂 李南珪 先生의 독립정신과 詩의 세계』(民族文化推進會 修堂集 完譯 紀念學術講演會, 1999. 11. 5), 21~25쪽의 '5. 손자 平洲의 독립운동과 中道主義'를 참조[위의 논문은 「修堂 李南珪의 독립정신과 遺志」로 『民族文化』 第22輯(民族文化推進會, 1999. 12)에 재수록되었다].
19 이문원, 「平洲 李昇馥과 新幹會運動」, 『애산학보』 33(애산학회, 2007. 12), 169~198쪽. 『애산학보』 33은 홍명희·조만식·안재홍·이종린·한용운·이승복 등 신간회운동의 주역들을 주제로 특집호를 내었다.

당 이남규선생기념사업회가 주관하여 '평주 이승복의 생애와 독립운동'을 주제로 학술 대회를 개최하였다(2008. 10. 30). 이승복의 '서세 삼 십 주년'을 기념하는 이날 학술대회에서는 신용하(서울대 명예교수)가 「평주 이승복의 생애와 사상과 민족운동」을 기조발표하여, 이승복의 생애와 민족운동의 전체상을 조명하였다. 이어 정진석(한국외대 명예교수)이 「이승복의 항일 민주 언론활동」, 오영섭(연세대 연구교수)이 「해방 후 이승복의 정당활동」, 김인식(중앙대 교양대학 교수)이 「이승복과 신간회운동」을 주제로 발표하여 이승복의 민족운동의 구체상을 살폈다.[20] 이날 학술대회에서 발표된 일부 논문은 수정 · 보완되어 학술지에 게재됨으로써 학계에 이승복을 새롭게 부각시켰다.[21]

필자는 '평주 이승복선생 서세삼십주년기념 학술대회'에 참여함을 계기로, 이승복의 민족운동을 나름 심층 조명해 보고자 시도하였다. 이승복의 항일언론운동과 해방 후 국가건설운동은 타 연구자가 수행하였으므로, 학술대회에서 발표한 논문을 크게 수정하고, 새로운 주제를 덧붙여 신간회운동에 한정하여 이승복의 활동상을 구체화시켜 확인하였다. 「이승복과 신간회 창립기의 조직화 과정」은 이승복이 신간회운동에 이르는 사상운동의 경로, 또 신간회의 강령 · 규약을 작성하고 중앙조직을 완성하는 등 신간회의 초기 조직화 과정에서 나타난 이승복의 주도성을 밝혔다. 이어 「이승복과 신간회 강령의 이념 · 노선」에서는, 이승복

---

20 수당 이남규선생기념사업회 주관, 『평주 이승복선생 서세삼십주년기념 학술대회 : 평주 이승복의 생애와 독립운동(자료집)』(2008. 10. 30 목, 서울역사박물관, 후원, 국가보훈처 · 광복회 · 조선일보사).

21 김인식, 「이승복과 신간회 창립기의 조직화 과정」, 『한국민족운동사연구』 58(한국민족운동사학회, 2009. 3) ; 김인식, 「이승복과 신간회 강령의 이념 · 노선」, 『한국민족운동사연구』 62(2010. 3) ; 오영섭, 「해방 후 平洲 李昇馥의 신국가 건설운동」, 『崇實史學』 24(崇實史學會, 2010. 6).

이 신간회운동에 이르기까지 거쳐온 사상운동의 과정과 내용을 검토함으로써, 그가 신간회에 참여한 이론상의 배경과 근거가 무엇이었으며, 그가 명문화한 신간회의 강령과 규약의 정신을 새롭게 해명하고자 하였다.

이 책은 위에서 언급한 필자의 논문을 기반으로 크게 수정·개고하면서, 별도의 논문 두 편을 첨부하였다. 「평촌리의 화'–이승복의 민족운동의 발원지」[22]는 이 책을 염두에 두고 새로 작성하였는데 도론(導論) 격으로 제1장에 포함시켰다. '평촌리의 화'는 이승복의 신간회운동과는 직접 연관이 없으나, 책에 포함시킨 이유는 이 참변이 그의 사상과 민족운동의 발원지였기 때문이다. 부론(附論)으로 덧붙인 「신간회의 민족통합 정신」[23]은 신간회운동의 성격을 개괄하는 총론에 해당하는데, 이승복을 주제로 다루지는 않았으나, 그의 중도주의가 신간회를 통하여 이루고자 한 목적성을 총괄하여 강조하는 한편, 신간회의 정신을 나름 정립해 보고자 책의 끝에 포함시켰다. 조동걸·이문원이 이미 지적하였듯이, 이승복 사상의 기저인 중도주의는 통합정신과 일치하며, 이것이 가장 구체화한 현실태는 신간회운동이었기 때문이다.

지금까지 학계의 통설은 일제 관헌 자료에 근거하여, 벽초(碧初) 홍명희(洪命熹)·민세(民世) 안재홍(安在鴻)·우창(于蒼) 신석우(申錫雨) 3인이 신간회를 발기·창립한 세 주도자라고 설명하였다.[24] 그러나 김을한이 "신

---

22 김인식, 「'평촌리의 화'와 홍주의병」, 『中央史論』(中央史學硏究所, 2019. 6)을 수정 보완하였다.

23 김인식, 「신간회의 통합정신」, 사회통합위원회 편, 『우리 역사 속의 사회통합』(사회통합위원회, 2012. 3)을 크게 보완하였다. 이 논문은 애초 사론(史論) 형식의 대중용 소론으로 작성하였으나, 이 책에서는 각주를 포함시키고 전면 수정·개고하였다. 부론(附論) 3-2)에서 신간회의 민족통합 정신을 개략한 부분은, 이 책 제3·4장에서 서술한 내용의 결론에 해당하는 내용을 총괄하는 성격을 지녔으므로, 논리 전개상 불가피하게 중복되는 요약이 일부분 있다.

간회를 만들 때에도 표면의 대외교섭은 우창이 많이 했지만, 기실(其實) 내용에 있어서는 평주 선생의 헌책이 크게 작용하였"[25]다고 지적한 대로, 신간회를 발기·창립하는 초기 조직화 과정의 이면을 보면 '막후의 참모장' 이승복의 활동과 공적이 누구보다도 컸다. 다만 들내놓지 않고 '막후'에서 활동하는 성격으로 인하여, 신간회운동에서 차지하는 그의 위상이 제대로 드러나지 못하였고 걸맞게 평가받지 못하였을 뿐이다.

망명항일운동, 국내 항일언론운동·신간회운동, 8·15해방 후의 신국가건설운동으로 이어지는 이승복의 민족운동 가운데에서도,[26] 가장 돋보이는 바는 언론민족운동[27]과 신간회운동으로, 이는 앞에 나서지 않는 그의 성격에도 눈에 띄는 성과였다. 조선일보 기자로 한때 이승복과 함께 근무하였던 종석(鍾石) 유광렬(柳光烈)에 따르면, 이승복은 성우(誠友) 홍증식(洪增植)과 함께 "민족언론 창달에 선구적인 역할"을 했는데, 두 사람 다 "신문사 출자에 탁월한 재능을 보였고, 기자 발탁 등 워낙 발이 넓어서 타의 추종을 불허"했으며, "언론계 막후 인물로 모두 출중한 책사"였다. 단 홍증식이 "겉으로 들어나는 재기 발랄한 책사"로서 "표면 활동으로 일을 도모하는" 유형이었던 반면, 이승복은 "겉으로는 둔중한

24 신용하는 위의 3인을 '신간회 창립의 최초의 주도자'로 표현하였다. 신용하, 『신간회의 민족운동』(독립기념관 한국독립운동사연구소, 2007. 12), 32~33쪽.
25 『三千百日紅』, 138쪽. 여기서 '표면의 대외 교섭'은 조선총독부와 접촉하여 신간회의 강령과 규약을 허가받는 등 신간회가 합법단체로 인정받는 교섭을 가리켰다.
26 조동걸은 이승복의 생애를 ①1895~1907 ; 유년기, ②1910~1913 ; 신교육 수학기, ③1913~1922 ; 망명 독립운동기, ④1923~1933 ; 언론운동과 민족운동기, ⑤1933~1945 ; 감시 예비검속 수난기, ⑥1945~1950 ; 정치운동기, ⑦1950~1978 ; 은퇴기의 7단계로 구분하였다. 趙東杰, 앞의 논문, 21~25쪽. 이 가운데 ③·④단계가 항일운동, ⑥단계가 8·15해방 후 신국가건설운동에 해당한다.
27 이승복의 언론민족운동은 정진석, 「이승복의 항일 민주 언론활동」, 『평주 이승복의 생애와 독립운동(자료집)』을 참조.

듯하나 속이 넓게 트여 일을 도모하는 책사"로서 "남 몰래 깊이 있게 일하는" 형이었다는 데[28] 큰 차이가 있었다.

표현에는 다소 차이가 보이지만, 이승복과 홍증식이 언론계의 양대 막후 인물이었음을 증언하는 인사들은 많다. 김을한에 따르면, 이승복과 홍증식은 "오래동안 신문사의 운영책임자로 있는 동안에 신문경영을 가장 잘 알고, 또 수완이 있는 사람으로 유명하였으며, 특히 성우는 스스로 제갈량으로 자처하리 만큼 권모술수에 능하였었다."[29] 이승복과 홍증식은 신문경영에서 국외까지 알려진 '두 제갈량'이었다. 조시원[30]에 따르면, "국외에까지 알려진 사실로 두 제갈량이 그 시대 양대 진영에 있는데 민주 진영에 평주 이승복씨라는 소문이 있었다. 민족사(民族史) 주류(主流)의 시국관 아래 어려운 자금을 끌어 들여서 그는 일제시대에 언론에 종사했다."[31]

홍증식은 1895년생으로 이승복과 동갑이었다. 그는 이승복이 상해에 망명하였을 시절에 함께 활동하기도 하였고, 이승복보다 앞서 귀국하여 사회·공산주의 지하 사상 단체에 가담하여 공산주의자로서 활동하였다. 이승복이 홍증식과 아울러 1923년 7월 결성된 신사상연구회(新思想研究會)의 발기인으로 참여한 데에서 보듯이, 홍증식은 이승복이 귀국하여 사회주의 표면 사상단체에서 활동하는 데 일정한 영향을 미쳤다.

이승복은 공산주의 지하단체에서 활동하지 않은 점이 홍증식과 크게

---

28 『三千百日紅』, 145쪽.
29 『三千百日紅』, 138쪽.
30 조시원(趙時元, 1904~1982)은 16세의 나이로 상해 대한민국임시정부에 참여한 뒤 임시정부에서 민족운동을 실천하였다. 조시원은 본명이 조용원(趙鏞元)인데, 소앙(素昂) 조용은(趙鏞殷)의 말제(末弟)로 독립유공자이다. 대한민국정부는 1963년 조시원에게 건국훈장 독립장을 서훈하였다.
31 『三千百日紅』, 288쪽.

달랐으나, 두 사람은 표면운동에서는 당시 언론계의 양대 '책사'·'제갈량'으로 통하는 공통점이 있었다. 홍증식은 이승복과 마찬가지로 일제식민지시기 발행된 3대 민간신문의 영업국장을 모두 역임하는 기록을 세웠다. 그는 탁월한 말솜씨와 폭넓은 대인 관계로 유명하였으며, 재기가 번뜩이고 책략도 풍부했다. 당시 사회·공산주의자들은 그를 '조조'(曹操)라 불렀지만, 자신은 '제갈량'을 자처했다.[32] 홍증식은 1921년 9월 동아일보사 영업국장으로 언론계에 발을 들여놓았다가 1924년 5월 퇴사하였고,[33] 곧이어 1924년 9월 조선일보사 영업국장으로 취임하였는데,[34] 두 신문사를 경유하는 경력은 이승복에 선행한 과정이었다.

이승복의 일생이 한결같이 그러하였듯이, 그가 신문사에 발을 들여놓는 계기와 과정에서도, 부조의 '피어린 항쟁'을 본받으려는 철저한 비타협성(非妥協性)이 드러난다. 동아일보사에 재직하는 홍명희·홍성희(洪性熹) 형제가, 이승복에게 동아일보사에서 함께 일하자고 권유했을 때 이승복이 거듭 고사한 이유는, 『동아일보』가 비록 한글 신문이라 하더라도 '대정'(大正) 연호를 사용한 데 있었다. 당시 민간지가 한글로 발행되었으나, "대정연호를 쓰고 있는 신문들이었기 때문"에 이승복은 "당초에 신문사에 몸을 담을 생각은 없었"다. 홍명희가 동생 홍성희를 시켜 "신문사에 입사해서 민족운동을 해 보자는" '끈질긴 권유'와 '간청'을 계속하자, 이승복은 '거듭 사양'만 할 수 없어 결국 승낙하고 1924년 5월 동아일보사 조사부장으로 입사하였다. '대정 연호'조차 거부하며 일제에 전혀 타협하지 않으려는 이승복을 설득한 홍성희의 논지는, "우리 양가는 같은 애국의 명가(名家)가 아니오. 다만 자살과 타살의 차이가 있

---

32 조선일보사 사료연구실, 앞의 책, 163~167쪽.
33 東亞日報社, 『東亞日報社史(1920~1945年)』卷一(東亞日報社, 1975. 4), 416·422쪽.
34 조선일보사 사료연구실, 앞의 책, 164쪽.

을 뿐인데…"라는 말이었다.[35]

홍명희에게 따라붙는 '고절(苦節)사십년(四十年)의 개결(介潔)한지사(志士)'
라는 '정평'(定評)[36]이 그의 가족사에서 연원하였듯이,[37] 이승복의 비타협
성도 부조에게서 내리받은 유전자에서 기인하였다. 동아일보사에서 민
족운동을 함께 하자는 당위성보다는, 민족을 위해 순절·순국한 가문의
후손이라는 유전형질을 들추어 호소하는 감성이 이승복을 움직일 만
큼, 그의 항일 비타협성은 철저하였다. 그는 일본인과 절대 교제하지
않았으며 일본말도 전혀 쓰지 않았다.[38]

또 한편으로 이승복이 홍명희·홍성희 형제의 제안을 선뜻 받아들이
지 않은 이면에는, 그가 무산자동맹회―신사상연구회에 가담한 경력에
서 형성된, 반(反)문화주의와 반(反)동아일보의 이념 성향이 자리 잡고
있었다. 이는 본론에서 다시 보기로 한다.

앞에서 열거한 이승복의 별명에서 보듯이, 그가 언론계 '막후'의 '제

---

35 『三千百日紅』, 124~125쪽. 홍명희의 가문은 풍산홍씨(豊山洪氏) 추만공파(秋巒
公派)로 노론(老論)에 속하는 명문 사대부 가문이었다. 홍명희의 부친 일완(一
阮) 홍범식(洪範植, 1871~1910)은 1910년 금산(錦山) 군수로 재임하던 중 경술국
치를 당하자 비분강개한 끝에 자결한 인물로 유명하였다. 강영주, 『벽초 홍명희
연구』(창작과 비평사, 1999. 11), 20~22쪽.

36 李源朝, 「人物素描 : 碧初論」, 『新天地』第一卷第三號(서울신문社出版局, 1946年
4月號), 452쪽.

37 이와 관련하여 한 평자는 홍명희를 다음과 같이 평하였다. "洪命熹氏가 만약에
富貴와榮達을 누리려고 하면 三天才(최남선·이광수·홍명희를 가리키는 世評
: 인용자)의 두사람의 功名을 지나쳤을것이다. 허나 洪氏에게는 徹天之怨恨이
잇다. 洪氏의 椿府장은 韓日合邦이 되는것을 보고 自決하신 분이다. 이것은 洪
氏의 가슴에 큰못이 백여졌다. 朝鮮天下가 다倭奴의手下가되드래도 洪氏만은
孤節을 직힐것이 絶對的이다." 朴學甫, 「人物月旦一 : 洪命熹論」, 『新世代』通
卷一號·第一卷第一號(서울 타임스 社, 1946年 3月號), 772쪽.

38 김을한의 증언이다. 조선총독부나 일제 기관에서 무슨 연회가 있어서 『조선일
보』의 주필(안재홍)이나 편집국장(韓基岳)·영업국장(이승복)을 초대할 때에는
번번이 김을한과 같은 '풋내기 기자'를 대신 참석시켰다. 『三千百日紅』, 137~138쪽.

갈량'으로 불리는 가장 큰 이유는, 재정난에 허덕이는 신문사에 자금을 융통하는 수완과 '막후 교섭'하는 탁월함에서 말미암았는데, 이러한 능력은 신간회를 발기하여 발족시키는 데에서도 유감없이 발휘되었다. 무엇보다도 신간회의 강령과 규약을 작성하고 중앙조직을 완성한 '신간회의 창립'은 그의 언론운동과 "더불어 영원히 빛날 공적"[39]이었다.

1927년 1월 19일 발기되어 2월 15일 창립된 신간회는, 1926년 12월 말 홍명희·안재홍·신석우 3인이 '진순(眞純)한 민족당'을 조직하기로 발의한 데에서 시작되었다. 이렇게 출발하는 신간회의 배경·인맥을 더 넓혀 말하면, 정우회(正友會)와 조선일보 두 계열의 민족운동자들이 주축을 이루었다. '진순한 민족당'인 신간회를 조직하는 일은, 정우회 계열의 일부 민족운동자들이 조선일보 계열의 비타협 민족주의자들에게 합류하여 민족주의좌익전선(民族主義左翼戰線)을 완성하려는 운동 과정이었다. '민세-벽초계(系)'[40]로도 표현되는 두 계열은, 신간회의 정신·지향점을 정립하고 중앙조직을 완성하는 초기 조직화의 과정에서 뚜렷하게 구실을 분담하여 자담하였다. 여기서 이승복은 홍명희(정우회계)와 안재홍(조선일보계) 계열 사이의 이음매이자 신간회의 초기 조직화를 주도한 중심 고리였다.

이 책은 이승복이 1923년 국내에 들어와 민족운동에 몸담기 시작한 시기부터 다루어, 그의 신간회운동에 초점을 두어 서술하면서, 신간회

---

39 김을한의 평이다. 『三千百日紅』, 290~291쪽.

40 조시원은, "극우와 극좌를 함께 지양해서 민족운동의 정통으로 단일당(單一黨)을 이끌고 나가는" 신간회운동에서 이승복의 구실이 컸음을 높이 평가하면서, "독립운동 과정에 있어서 단일민족의 통일전선을 형성한 민세·벽초계의 그 업적은 결코 과소 평가될 성질의 것이 아닙니다."고 지적하였다. 『三千百日紅』, 178쪽. 여기서 '민세·벽초계'라는 표현은 매우 중요하다. 이는 해외에서 국내의 민족운동을 지켜본 실천가로서, 신간회의 발기·창립을 비롯해 초기 조직화 운동을 추진한 인맥과 실체를 정확하게 짚은 평이라고 생각한다.

의 초기 조직화 과정과 이념도 상술하였으므로『이승복과 신간회운동』
으로 제(題)하였다. 책의 전체 논지는 이승복이 신석우·안재홍·홍명희
와 함께 신간회를 발기·창립하는 제4의 주역임을 확인하고자 하였다.
더 정확히 말하면, 이승복은 안재홍과 함께 신간회의 현 위치와 지향점을
다지면서 신간회 초기의 조직화를 담당한 두 축이었음을 강조하였다.

안재홍이『조선일보』를 매체로 삼아 신간회의 위상과 정신을 좌익민
족주의(左翼民族主義)로 정립하여 제시하였다면, 이승복은 이를 신간회의
강령·규약으로 구체화하고, 대인(對人) 교섭하는 능력을 발휘하여 신간
회를 발기·창립함으로써 초기 조직화를 완결지었다. 안재홍이 표면에
서 신간회의 이념을 천명하였다면, 이승복은 '이면'·'막후'에서 신간회
를 낳는 산모였다. 이 책은 '막후'에서 주도력을 발휘한 이승복의 '헌책'
이, 민족주의좌익전선(좌익민족전선)으로서 신간회의 정체성을 확립한 사
실에 주안점을 둠으로써, 신간회가 좌익민족주의자들의 조직체로 창립
된 사실에 중점을 두어 서술하였다.

끝으로 본론에서 논지를 전개할 때 혼돈을 피하기 위해, 앞으로 많이
사용하게 될 '민족운동'과 '좌익민족주의'라는 용어부터 명확하게 개념
규정하고자 한다.

(1) 민족운동 : 1920·1930년대 발행된 한글 신문이나 잡지, 운동 주
체들이 남긴 문건, 일제 관헌 자료 등에 나타나는 일반 용례에 따르면,
전체 항일독립운동을 이분화하면서 민족운동은 민족주의운동을, 사회
운동은 사회·공산주의운동을 지칭함이 통례였다. 이때 '민족운동'은 좁
은 의미로 쓰였다. 그러나 이 책에서는 민족운동의 범위를, 일제에 항
거하여 독립을 추구하는 모든 투쟁에서 더 나아가, 해방정국에서 신국
가를 건설하려는 운동까지 포함하는 넓은 의미로 확장하여, 크게 민족
주의와 사회·공산주의로 양분되는 운동을 아울러 포괄하였다. 따라서

민족주의운동과 사회·공산주의운동은 민족운동의 하위 범주로 사용하였다.

(2) 좌익민족주의 : 필자는 신간회가 좌익민족주의의 조직으로 출발하였다는 지론을 가지고 있으므로, 좌익민족주의는 이 책의 논지를 전개하는 핵심어이다. 좌익민족주의는 민족주의를 좌익과 우익으로 양분하였을 때, 좌익으로 분류되는 민족주의를 가리킨다. 학계에서는 통상 민족주의우파와 민족주의좌파라는 용어로써, 1920년대 이후 민족주의세력의 분화 양상을 설명해 왔다. 그러나 민족주의좌파가 후대 사람이 역사를 인식하려는 학술어라면, 좌익민족주의는 신간회운동기에 당시 운동의 주체들이(민족주의운동과 사회·공산주의운동을 모두 포함하여) 직접 사용하였던 역사상의 개념어였다.

신간회 창립을 주도한 비타협 민족주의세력들은 당시 '민족주의좌익전선'을 제창하면서 '좌익민족주의자'를 자처하였고, 이러한 자기 규정은 신간회운동이 끝난 1930년대 초까지 유지되었다. 안재홍은 '좌익민족주의'가 신간회를 창립할 당시 일부 '소(小)부르 인텔리'들이 생각한 바라고 밝히면서, 이를 가리켜 "만일 左翼民族主義그것을 새로히規定한다면 『階級化한特定한 地域에居住하는 文化同一体(血緣, 言論, 習俗, 情趣, 其他 經濟關係等)로된 民衆集團의運動을 指導하는一定한意識傾向이라고 한다고할가요?"라고 반문하는 형식으로 규정하였다.[41] 좌익민족주의를 압축시켜 정의하였으므로 선뜻 이해하기 어렵지만, 이를 보더라도 '좌익민족주의'는 안재홍이 창안하여 자신의 이념정향을 스스로 표현한 용어였다.

신간회 창립을 전후하여 비타협 민족주의자들이 제기한 '좌익'의 개

---

41 安在鴻, 「解消反對者의處地에서」, 『批判』 創刊號·第一卷第一號(批判社, 1931年 5月號), 56쪽.

념에는 '비타협'·'반제국주의'라는 뜻이 담겨 있었다. 당시의 사회·공산주의자들도, 1930년대에 들어 비타협 민족주의까지 한데 묶어 민족개량주의(民族改良主義)로 단정하기 전에는, 이들을 '좌익민족주의' 또는 '좌경민족주의'로 지칭하였고, 요즈음 학계에서 '민족주의 우파'로 분류하는 타협 노선을 가리켜 '우익' 또는 '우익민족개량주의'라 규정하였다.[42] 이는 본문에서 확인하게 된다.

이상을 정리하면, 좌익민족주의는 소부르주아지가 주도하는 이데올로기로서, 자치운동 등의 타협주의운동을 배격하고 계급주의 노선인 공산주의운동을 반대하면서 민족자본주의(民族資本主義)를 추구하는 합법운동 노선을 뜻하였다.[43] 이 책에서도 좌익민족주의는 1920년대 중후반~1930년대 초에 신간회를 창립하고 신간회운동을 주도하였던 국내의 비타협 민족주의세력을 가리키는 용어로 사용하였다.

끝으로 식민지시기와 8·15해방 직후의 신문·잡지 등에서 용어나 문장을 인용하거나, 또 8·15해방 이후의 자료라도 본문에서 문단상으로 구분하여 인용한 경우에는, 원자료의 의미를 정확하게 전달할 의도에서, 한자를 포함해 표기법(맞춤법·띄어쓰기 등)을 원문 그대로 전재(轉載)하였음을 밝혀둔다.

---

42 김인식, 「植民地時期 安在鴻의 左翼民族主義運動論」, 『白山學報』 第43號(白山學會, 1994. 7), 163~164, 169쪽.
43 자세한 점은 김인식, 앞의 논문, 181~185쪽을 참조.

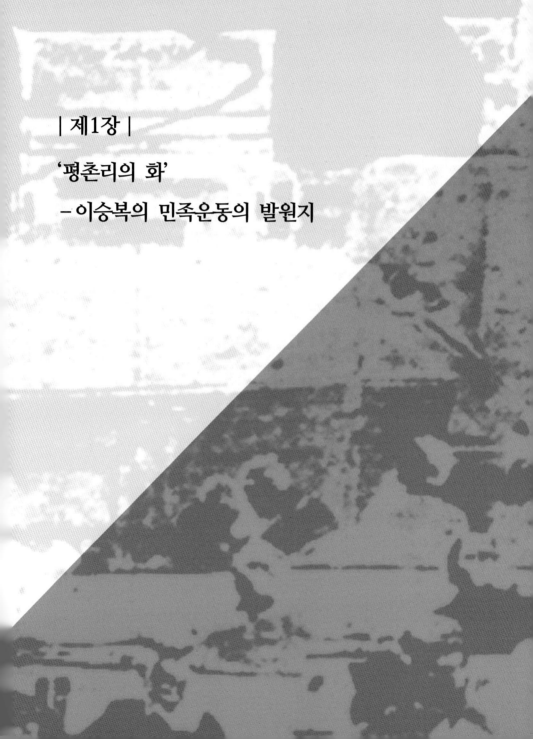

| 제1장 |

'평촌리의 화'

– 이승복의 민족운동의 발원지

1. 머리말

1907년 9월 26일(음력 8월 19일) 충청도 온양의 평촌 냇가[1]에서, 수당(修堂) 이남규(李南珪)가 일본군에게 연행되던 도중, 그를 배행(陪行)하던 아들 유재(唯齋) 이충구(李忠求) 및 가마꾼으로 수행한 가복(家僕) 김응길(金應吉) · 가수복(賈壽福) 2인과 함께 일본군의 칼에 난자당하였고, 가수복을 제외한 3인이 한시에 순국하였다. 일본군은 이남규를 체포하기 위하여 급습할 때부터 애초 즉살할 작정이었고, 끝내는 단발(斷髮)을 빌미 삼아

---

1 '평촌리의 화'가 일어난 지점은 현재의 행정구역상으로 충청남도 아산시(牙山市) 송악면(松嶽面) 외암면(外巖里) 평촌 냇가 부근이다. 1987년 4월 3일 충청남도는 '평촌리의 화'로 순국한 분들의 충절을 기리기 위해 이곳에 수당이남규선생순절비(修堂李南珪先生殉節碑)를 세웠다. 金祥起, 「修堂 李南珪의 學問과 洪州義兵精神」, 朝鮮社會硏究會 編, 『朝鮮時代의 社會와 思想』(朝鮮社會硏究會, 1998. 4), 664쪽.
2008년 9월 25일 개관한 '수당 이남규 선생 기념관'은 충청남도 예산의 방산저수지 아래 산자락(충남 예산군 대술면 상항방산로 181-8)에 위치하였고, 수당 이남규와 그의 아들 이충구, 손자 이승복, 증손자 이장원의 애국정신과 호국활동을 소개하는 유품 및 수당가(家)에 전해오는 선대의 유물과 고문서 등이 전시되어 있다. 수당기념관 옆에는 이남규가 태어난 고택이 있는데, 2014년 2월 25일 국가지정 중요민속문화재 281호로 지정되었다.

실행하였다. 피 묻은 할아버지의 토시를 한평생 간직하면서 민족운동에 정신(挺身)한 이승복의 일생은 이러한 가족사에서 발원하였다. 그의 항일민족운동사를 서술하기에 앞서 '평촌리의 화'를 복원하는 까닭이다.

'평촌리의 화'[2]는 이른바 근대 문명국가를 지향한다는 일제가 최소한 형식상의 재판 절차도 거치지 않은 채, 피체된 인사를 연행하던 중 인적이 없는 도상에서 참살하고, 시신마저 방치했다는 데에서 그들의 침략성을 그대로 드러낸 사건이었다. 일제는 이남규가 홍주의병(洪州義兵)의 재거(再擧)와 연계함으로써 홍주의병이 확대될 가능성을 차단하고자 하였으므로, 폭력성과 야만성을 노골화하면서 서둘러 이남규를 살해하였다. '평촌리의 화'를 이남규 가(家)의 개인사가 아니라, 한국민족운동사의 차원에서 기록해야 할 이유가 여기에 있다.

이승복에게서 보이듯이, 이남규의 후손들은 가족사의 비극을 민족사의 한 부분으로 승화시켰다. 이남규의 장손 이승복은 민족의 독립과 통일민족국가수립을 위해 정신하였으며, 이승복의 장자 이장원(李章遠)은 6·25전쟁 중 해병대 소위로 참전하여 황토도(黃土島) 전투에서 전사(1951년 11월 29일)하였다. 한국근현대사에 동반한 비극의 가족사 '평촌리의 화'는

---

2 '평촌리의 화'라는 표현은, 조동걸이 이날의 참변을 설명하면서 처음 사용하였는데, 이남규를 비롯하여 그의 아들과 가복들이 겪은 참화를 모두 포함하는 적절한 용어라고 생각한다. 조동걸은 이남규의 선조인 목은(牧隱) 이색(李穡)의 최후를 '연자탄(燕子灘)의 화'로, 이와 맞견주어 이남규의 죽음을 '평촌리의 화'로 칭하였다. 趙東杰, 「修堂 李南珪 선생의 독립정신과 유지」, 民族文化推進會, 『修堂 李南珪 先生의 독립정신과 詩의 세계』(民族文化推進會 修堂集 完譯 紀念學術講演會, 1999. 11. 5), 20~21쪽. 이성계(李成桂) 일파가 권력을 잡자, 이색은 유배와 추방을 거듭 당하였으며, 이성계가 출사를 종용하여도 끝내 거부하였고, 1396년(태조 5년) 5월 여강(驪江)으로 가던 중 연자탄에서 69세의 나이로 순절하였다. 이와 관련하여 전하는 이야기가 많은데, 일설에 따르면, 이색은 현 여주 청심루(淸心樓) 아래 연자탄 강 위의 제비여울에서 태조 이성계가 내려보낸 술이 독주(毒酒)인 줄 알면서도 이를 마셨다.

4대가 국가유공자로 서훈됨으로써[3] 역사에 기록되었다. 이러한 정신사
는 한국근현대사에 드문 예로, 이의 발원지인 '평촌리의 화'가 온전하고
정확하게 복원되어 후세에 전승되어야 할 까닭이기도 하다.

　'평촌리의 화'는 발생한 지 6일 만에 언론에 보도된 이래, 『마도일기』
(馬島日記) · 『매천야록』(梅泉野錄) · 『염재야록』(念齋野錄) 등에도 기록되었으
나, 이들 자료에는 바로잡아야 할 착오가 적지 않다. 오늘날 연구자들
도 의병운동의 차원에서 '평촌리의 화'를 서술하였으므로, 이의 대체(大
體)가 드러났으나 아직 전모가 서술되지는 못하였으며, 세세한 부분에
서는 사실 관계에서 오류도 보이므로 먼저 '평촌리의 화'를 기록한 자료
들을 재검토하려 한다. 이어 참화에서 생존하였던 교노(轎奴) 가수복과
이남규의 후손 · 친척 · 문인들이 증언한 내용을 기반으로 '평촌리의 화'
의 실상을 복원한 뒤, 참변이 발생한 배경과 원인을 홍주의병과 관련지
어 설명함으로써 '평촌리의 화'를 다시 서술하고자 한다.

2. '평촌리의 화'를 기록한 자료 재검토

　'평촌리의 화'를 재서술하기에 앞서, 전승되어 온 1차 자료들을 먼저
검토할 필요가 있다. '평촌리의 화'는 항일 언론지였던 『대한매일신보』
(大韓每日申報)에 곧바로 보도됨으로써 세상에 알려졌고, 세인들에게도 그
날의 참상이 전문되어 공분을 크게 일으켰다. 참화가 일어난 지 6일 만
인 10월 2일, 『대한매일신보』는 간단하지만 처음으로 이를 전국에 알렸
는데, 기사의 전문(全文)은 다음과 같다.

---

3 이 책의 '첫머리말'을 참조.

(자료 ㉠)

●리씨피해 례산군에 사는 전 참판 리남규씨는 본시 문학직상으로 여러 히에 두문불츌ᄒ고 잇는고로 스림에셔도 흠양ᄒ더니 무슴스단이 잇던지 일병의게 포박ᄒ여 히씨는 보교를 틕고 그 아들은 도보ᄒ여 좃쳐가더니 온양군 외암동에 니르러셔 리씨의 부즈가 일시에 피살ᄒ엿다더라 禮山郡居前參判李南珪씨ᄂ原來博學能文ᄒ고淸節直聲이一代士林의選流라年來屛跡谷塗ᄒ고杜門讀書ᄒ더니무삼事端으로日兵의게捕捉되야씨ᄂ乘轎ᄒ야其子ᄂ徒步隨從허더니溫陽畏岩洞에至허여父子가一時에殺害를當허엿다[4]

위의 기사에 따르면, 이남규는 일병에게 포착(捕捉)되어 보교(步轎)를 타고 연행되던 중 온양군 외암동에서 아들과 함께 피살당하였는데, 참살을 당한 사람은 이남규와 그의 아들로 모두 두 명이었다. 그러나 이날 가마꾼으로 배행한 김응길이 한시에 피살당하였으므로, 위의 기사는 정확한 보도가 아니었다. 또 '무슴스단'이라는 말에서 보듯이, 아직 사고(事故)도 파악하지 못하였다. 『대한매일신보』는 6일 뒤인 10월 8일, 참변의 내용을 격앙된 어조로 조금 더 상세히 보도하였는데, 후속 기사의 전문은 다음과 같다.

(자료 ㉡)

전참판리남규씨의 부즈가 일병의게 피해ᄒ일은 전보에 긔직ᄒ엿거니와 다시 드른즉 히씨가 일병의게 잡히여갈째에 필담으로 곡절을 뭇고 또 즈긔가 아모 죄과가 업슴을 변명ᄒᄃᆡ 일인이 말ᄒ기를 글도잘ᄒ고 지혜가 만ᄒ

---

4 '평촌리의 화'는 1907년 10월 2일자 『대한매일신보』의 한글판과 국한문판에 모두 보도되었는데, 한글판이 더 쉬운 문구로 표현되었으나, 정확한 의미를 파악하기 위하여 대괄호 안에 국한문판을 병기하여 인용하였다. 「●잡보 : ●리씨피해」, 『대한ᄆᆡ일신보』(1907. 10. 2 한글판)[「雜報 : ●何故被禍」, 『大韓每日申報』第一百四號(1907. 10. 2 국한문판)].

니 의병 니르킬줄을 가히 알겟다ᄒ고 포살ᄒᄂ지라 그 아ᄃᆯ 형뎨가 ᄯᅡ라갓
다가 이 경샹을 보고 붓들고 통곡ᄒ거ᄂᆯ 모다 포살ᄒ엿다ᄒ니 대뎌 그러ᄒᆯ
ᄯᅳᆺᄒ싱각으로 사ᄅᆷ의죄를 억지로 ᄆᆫ드러 포살을 힝ᄒ니 이거시엇지 괴샹ᄒᆫ
힝위가 아니며 ᄯᅩ 리씨ᄂᆫ 본리 문학이 고명ᄒᆫ사ᄅᆷ으로 명예가잇고 벼슬이
아경에 니른쟈이라 이졔 집탈ᄒᆯ만ᄒ 곳치업시 불문곡직ᄒ고 삼부ᄌᆞ를 일시
에 포살ᄒ엿스니 이런힝위로 한국인심이·더욱 분을격동ᄒᄂ거슬 칙망ᄒᆯ가
[前參判李南珪氏父子가日兵에게被害ᄒᆫ事ᄂ前已揭報어니와更聞ᄒᆫ則同氏가
日兵의게捉去를當ᄒ同時에筆談으로事由를質問ᄒ고自己의아모事件이無ᄒ것
을這這辨明ᄒᆫ대日人日能文多智ᄒ니必爲義兵이라ᄒ고直히砲殺을行ᄒᄆ其子
二人이大哭扶持ᄒᆡ并卽砲殺ᄒ얏ᄃ니大抵必爲二字之罪名을勒加ᄒ고砲殺을
行ᄒᄂ것이是何乖常之行動이며況李氏ᄂ文學行誼로令譽가素著ᄒ고位居亞卿
ᄒᆫ人이라今乃可執之端이別無ᄒ거늘虛實을不問ᄒ고三父子를一時砲殺ᄒ얏스
니此等行動이韓國人心으로愈益憤激게ᄒᄂ事가아닌가]5

이 기사에 따르면, 이남규가 일병에게 순응하지 않자, 일병은 이남규
를 먼저 총살砲殺하였고, 아버지를 붙들고 통곡하는 두 아들을 역시 총
살하였다. 그러나 정진석이 이미 지적하였듯이, 이남규와 그의 두 아들
이 모두 총살당했다는 기사에는 '부분적 오류'가 보인다. 참살의 수단에
한정하여 말하면, 이남규와 아들 이충구, 가복 김응길 3인은 일본군의
칼에 잔인하게 난자당하여 살해되었다.6 또 이남규의 본처에게서 태어
난 아들은 이충구뿐이었고, 부실 소생의 아들은 아직 6살이었으므로7

5 「▲시ᄉ평론▼」, 『대한믹일신보』(1907. 10. 8 한글판)[「雜報 : ●李氏被害續聞」,
  『大韓每日申報』(1907. 10. 8 국한문판)].
6 정진석, 「이승복의 항일 민주 언론활동」, 수당 이남규선생기념사업회 주최, 『평
  주 이승복선생 서세삼십주년기념 학술대회 : 평주 이승복의 생애와 독립운동』
  (2008. 10. 30), 42~43쪽.
7 이남규의 외종(外從)으로 삼종형인 이장규(李章珪)는, 이남규가 일병에게 연행
  될 때 작별 인사를 나누었던 친지였는데, 그가 이남규를 애도하며 지은 제문에

이남규를 수종할 나이도 아니었다. 이남규의 두 아들이 이남규를 따라
갔다는 오류는 『매천야록』에서 다소 과장되게 반복되었다. 그런데 위
의 기사에서, "의병 니르킬줄을 가히 알겟다"는 일병의 말로써, 이남규
가 '포살'당한 사유를 의병과 연관시킨 점은 매우 중요하다. 국문판의
'사롬의죄'가 국한문판에서는 '二字之罪名'으로 되어 있는데, 여기서 '2字'
는 의병을 지칭하였다.[8]

___

다음 구절이 있다. "아, 통분합니다. 10대를 지내 온 종문(宗門)이 어느 날 하루
아침에 그만 이 지경이 되고 말았습니다. 그런데 다행으로 그대(이남규를 가리
킴 : 인용자)의 두 손자가 있어서, 맏이는 나이가 이제 겨우 열세 살이고 다음은
겨우 네 살이며, 그 밖에 또 측실(側室) 소생으로 아들 하나가 있는데 나이가
겨우 여섯 살입니다. 저 고아와 과부들의 정경이 외롭고 쓸쓸하니…"(嗚乎痛矣
十世之宗一朝至此幸有二孫長今年纔十三次年纔四又有側生一子年纔六歲孤寡煢
煢…). 三從兄 章珪, 「祭文」, 이남규 저, 홍승균 역, 『국역 수당집』 3(민족문화추
진회, 1999. 5), 252~253쪽.[原文은 「修堂集 附錄」, 위의 책 3, 82쪽. 앞으로 『국
역 수당집』 3의 뒤에 수록된 원문은 병기하고 『修堂集』의 쪽수로 인용하겠음].
이남규의 장손 이승복이 지은 「가장」도 부실 소생의 나이는 언급하지 않았지
만, 다음과 같이 기록하였다. "아들 하나를 두었는데 충구(忠求)로 바로 우리 아
버지이시다. 전주 이씨(全州李氏) 참봉 이희민(李熙民)의 딸에게 장가들었으며,
부실 소생의 아들 동구(同求)는 참판 조병건(趙秉健)의 딸에게 장가들었다. 그
리고 손자 승복(昇馥)은…창복(昶馥)은…"(一男忠求卽吾父娶全州李氏參奉熙民
女副室男同求娶參判趙秉健女孫昇馥…昶馥…). 李昇馥, 「家狀-祖考嘉善大夫
宮內府特進官府君狀錄」, 『국역 수당집』 3, 219쪽[원문은 위의 책 3, 72쪽]. 여기
서 「가장」을 잠깐 언급할 필요가 있다. 위의 『국역 수당집』에 실린 「가장」의 말
미에는, "불초손 승복(昇馥)은 피눈물을 흘리면서 삼가 쓰다."(不肖孫昇馥泣血
謹識)이라고만 적었을 뿐, 「가장」을 지은 연도를 밝히지 않았다. 이승복의 평생
소원 가운데 하나가 선조의 문집을 간행하는 일이었는데, 이는 1973년 1월 성균
관대학교 대동문화연구원(大東文化研究院)에서 『수당집』(11권 1책)을 간행함으
로써 이루어졌다. 이승복은 『수당집』을 간행함에 앞서, 동년 1월 「가장」을 지었
고, 이 자필 「가장」이 『수당집』에 부록으로 포함되어 함께 영인되었다. 平洲 李
昇馥先生 望九頌壽紀念會, 『三千百日紅-平洲 李昇馥先生八旬記』(人物研究所,
1974. 7), 38쪽. 『三千百日紅』, 39~61쪽에 「가장」의 원문과 번역문이 실려 있는
데, 원문과 달리 번역문에는 "계축년, 불초손 승복이 〈수당집〉〉 간행에 즈음하
여 피눈물로 삼가 아룀."이라고 적어, '계축년'(1973년)에 작성하였음을 밝혔다.
『국역 수당집』과 『三千百日紅』에 실린 「가장」의 번역문이 상이한 곳이 많은데,
앞으로 『국역 수당집』에서 인용하기로 한다.

이남규의 피화(被禍) 소식은 이를 애석해 하는 마음들을 통하여, 대마
도(對馬島)에 피수(被囚)되어 유배 생활을 하던 '홍주 9의사(義士)'⁹에게까지
소문으로 건너갔다. '홍주 9의사'는 자신들을 면회 온 이에게서 실상을
확인하고자 하였는데, 운초(雲樵) 문석환(文奭煥)은 전문한 바를 『마도일
기』¹⁰에 간결하지만 명확하게 기록하였다. 아래의 인용문은, 창호(滄湖)
남규진(南奎振)의 소실(小室)이 대마도로 면회를 왔을 때, 문석환 등 의병
이 안부 인사를 건네는 가운데 소문으로 전해들은 이남규의 참변을 묻
자, 소실이 답한 내용이었다.

---

8 임형택은 국한문판의 이 구절을 "2자의 죄명(의병을 지칭함 : 인용자)을 억지로
   덮우고 총살을 행하는 것이 이 무슨 상도에 어긋난 행동이며"라고 해석하
   였다. 林熒澤, 「修堂 李南珪와 그의 奏議에 대한 이해–근대 전환기의 한 대응
   논리」, 『漢文學報』 第1輯(우리한문학회, 1999. 2), 508쪽.
9 '홍주 9의사'는 1906년 5월 30일 벌어진 홍주성(洪州城) 공방전에 참여하였다가,
   조선주차군 사령부에 체포·구금되어 대마도로 끌려가서 유폐된 9명의 의병을
   가리킨다. 이들 가운데 유준근(柳濬根)·이식(李侙)·남규진은 무기징역, 이상
   두(李相斗)는 15년, 최상집(崔相集)은 5년, 문석환은 4년, 신보균(申輔均)은 3년,
   안항식(安恒植)은 1년을 각각 언도받고, 1906년 8월 8일 대마도에 도착하여 유
   배 생활을 시작하였다. 일제가 홍주의병을 대마도에 유폐할 계획을 수립하는
   과정과 내용은 朴敏泳, 「한말 義兵의 對馬島 被囚 經緯에 대한 연구」, 『한국근
   현대사연구』 제37집(한국근현대사학회, 2006. 6), 161~173쪽을 참조.
10 『마도일기』는 '홍주 9의사' 가운데 한 사람인 문석환이 유폐당한 이듬해인 1907년
   1월 11일(양력은 2월 23일)부터 기필(起筆)하여, 그가 석방되어 환국하는 1908년
   9월 17일(양 10월 11일)까지 1년 10개월간에 걸쳐 기록한 일기체의 수필본(手筆
   本)이다. 여기에는 '홍주 9의사'가 대마도에 피수되어 있는 동안에 지낸 일상사
   는 물론, 그들의 고통과 애환, 현지에서 접촉한 일본인, 고국의 친척·사우(師
   友)들과 내왕한 서신 등이 포함되어 있다. 또 현지에서 짓거나 등사한 다수의
   시문류(詩文類), 견문을 통해 정리한 일본의 풍속과 제도 등 다양한 내용을 수
   록하고 있으므로, 의병들의 유폐 생활을 실제 모습 그대로 생생하게 보여주는
   증좌가 된다. 이상에서 '홍주 9의사'와 『마도일기』에 관련한 내용은 朴敏泳, 「해
   제」, 『(雲樵 文奭煥의 대마도 유폐일기) 馬島日記』(독립기념관 한국독립운동사
   연구소, 2006. 12)를 참조. '홍주 9의사'의 유폐 생활은 朴敏泳, 「한말 對馬島 被
   囚 義兵의 幽閉生活」, 『한국독립운동사연구』 제27집(독립기념관 한국독립운동
   사연구소, 2006. 12)을 참조.

(자료 ⓒ)

1909년 8월 19일

…

함께 있는 우리도 (滄湖의 어머니와 집안의 안부 등을 묻고), 또 묻기를
"예산 黃洞의 李參判宅의 일은 온 집안이 함께 멸하였다고 하였는데, 과
연 들은 바와 같습니까?"

하니, 말하였다.

"車를 탄 사람이 뜻밖에 들이닥치더니 李參判을 결박하고 新昌의 뒷산으
로 가자, 피해를 당할까 염려하여 아들이 함께 갔는데, 그 아들이 아버지가
죽는 것을 보고 구하려다가 살해를 당하여 그 곁에서 죽고, 부리는 종 한 사
람도 그 상전의 죽음을 보고 또 죽음을 당하고, 廳直이 한 사람은 한 쪽의
다리를 잘렸습니다. 그 집안의 부인과 그 子婦는 지금 다행히 집에 있고 또
그 손자도 살아 있는 것이 다행합니다."

내가 말하였다.

"무엇 때문에 이 지경에 이르렀습니까?"

"그 자세한 것은 알 수 없습니다. 그러나 생각건대 그 일은 비밀이 유지되
지 못하고 먼저 탄로되어 이와 같은 데에 이른 것 같습니다."[11]

위의 일기는 간단하지만, 이남규 부자와 노복 1인이 살해당하였고,
또 청지기 1인이 상해를 입은 참상의 실상을 전하였다. 생존한 교노 1인
도 일본군의 칼에 난자당하였으나 한쪽 다리를 잃지는 않았으며, 이남
규는 정실부인과 오래 전에 사별하였으므로 '집안의 부인'(室內夫人)이라

---

11 "十九日 壬申 陽… 又問滄湖之大夫人 與閤節皆安寧乎 曰安寧也 禮山黃洞 李參
判宅之事 全家俱滅云 果如所聞耶 日車人意外突入 結縛李參判 去新昌後嶺 爲
其被害 其子見其父死之救而被害 亦死之其下 所使一人 見其上典之死 又死之
其廳直一人 被一股之斷 其室內夫人 與其子婦 今幸在家 又幸其孫生在矣 曰緣
何至此耶 曰其詳未可知也 然意其事不密 而先綻露 至於如此也…" 번역문은 文
奭煥 著, 李忠九・金奎璇・李斗熙 譯, 『(雲樵 文奭煥의 대마도 유폐일기) 馬島
日記』(독립기념관 한국독립운동사연구소, 2006. 12), 344쪽[원문은 위의 책, 346쪽].

는 표현이 사실과 일치하지는 않지만, 끝 부분은 매우 중요한 사실을 기록하였다. 대화가 부자유스러운 면회소의 여건에서, 참상의 원인을 묻는 말에, 남규진의 소실은 '비밀'이 '탄로'된 데 있다고 에둘러 답하였으나, 문석환 등 피수 의병들이 이 '비밀'이 무엇인지 직감하였음은 분명하다. 이는 그들도 관계하였던 홍주의병의 재거 계획이었다.

당시 전라도 구례(求禮)에서 세상사를 전문하며 기록한 매천(梅泉) 황현(黃玹)은, 『대한매일신보』와 『마도일기』보다 더 상세하고 정확하게 '평촌리의 화'를 전하였다.[12] 황현은 사고를 비롯해, 이남규를 상찬(賞讚)하거나 기평(譏評)하는 세평(世評)과 함께 자신의 평어(評語)까지 첨언하였다. 이 기록은 이남규를 배행한 그의 아들과 관련한 내용을 제외한다면 실상에 매우 가깝다.

12 최근 한 연구에 따르면, 황현은 최소한 1907~1908년 어느 시점부터 『매천야록』을 작성하기 시작했거나 정리했으며, 1908년 이후 본격 저술하기 시작하였다. 그는 『매천야록』을 일기처럼 기술하지 않고, 모아 놓은 자료들을 시간 순서대로 배열하여 작성했으므로, 편년체(編年體)의 서술 방식을 취하면서도 기사본말체(紀事本末體)의 형식을 따랐다. 여기서 자료란 다음 몇 가지를 포함한다. 첫째는 황현 자신이 직접 경험하였거나 지인들에게서 전해들은 일들인데, 이를 꼼꼼히 기록해 두었다가 『매천야록』을 저술하면서 활용하였다. 둘째, 『관보』·『황성신문』(皇城新聞)·『대한매일신보』를 비롯해 김옥균(金玉均)과 관련한 『중동전기』(中東戰紀), 『의금부초기』(義禁府草記), 간도관리사(間島管理使) 이범윤(李範允)의 『북여요람』(北輿要覽), 『대동기년』(大東紀年), 『최익현약사』(崔益鉉略史) 등도 참고하였고, 심지어는 중국에서 발행되는 『상해신보』(上海新報)까지 입수하여 활용하였다. 셋째, 궁금한 내용은 직접 답사하거나 지인들과 편지를 교환하였으며, 또 각종 상소문·문서 등을 통해 사실 관계를 확인하곤 했다. 이외에 『매천야록』에만 기술되어서 사실 여부를 판단하기 어려운 부분도 있다. 李桂炯, 「『매천야록』의 사료적 가치의 재검토」, 『한국근현대사연구』 제76집(한국근현대사학회, 2016. 3). 『매천야록』의 마지막인 권6은 1907년 8월 순종(純宗)이 즉위한 후부터 1910년 8월 경술국치까지 기록한 역사이다. '평촌리의 화'는 권6에 포함되었는데, 황현이 자료를 수집하는 세 가지 방식이 모두 활용되었다고 생각한다. 그가 『대한매일신보』에서 '평촌리의 화'를 참고하였더라도, 사고 등을 좀 더 채문(採問)하여 홍주의병과 이남규의 상관성, 내포지역 내에서 이남규의 영향력 등을 서술하였으리라 생각한다.

(자료 ㉣)

일본인이 전 참판 이남규(李南珪)를 살해하였다.

처음에 민종식(閔宗植)이 이남규에게 함께 의병을 일으키자고 요청했으나 이남규는 단지 앉아서 힘을 폈을 뿐 끝내 홍주(洪州)에 들어가지 않았다. 민종식이 패하자 이남규는 그들을 위해 은신처를 제공해 주었다. 그런데 일진회에 참여한 그 고을 어리석은 백성들이 다투어 말하기를, "이남규를 제거하지 않으면 내포(內浦) 지역에는 편안할 날이 없을 것이다."고 고자질하였다. 일본인들은 그것을 믿고 그를 붙잡아 결박지으려 하자, 이남규가 분개하여 말하기를, "나는 대부(大夫)이다. 죽일 수는 있어도 욕보일 수는 없다. 너희들이 가자는 곳으로 갈 것이니 어찌 포박 지을 수 있는가?"라고 꾸짖으며 마침내 교자를 타고 나섰다. 두 아들이 그를 따라가려 하자 이남규가 말하기를, "너희 두 사람은 나를 따르다가는 함께 죽을 것이다. 우리 집안은 어찌 되겠느냐?"라고 하면서 꾸짖어 물러가도록 하였다. 그의 작은아들만이 따라갔는데[13] 온양(溫陽) 외암촌(巍岩村) 앞에 이르렀을 때, 왜놈들이 서로 눈짓을 하더니 칼을 빼어들고 앞으로 다가갔다. 이남규가 꾸짖으면서 말하기를, "너희들이 서울로 가자고 하지 않았느냐? 가면 일이 판결날 것인데, 어찌해서 성급하게 해치려 하느냐?" 하면서 칼을 잡고 막으니 다섯 손가락이 모두 잘려서 떨어졌다. 그 아들이 몸으로 막으며 왜놈을 크게 꾸짖다가 드디어 부자가 함께 죽임을 당했는데, 난자질을 당해서 성한 곳이 없었다. 가마꾼인 한 사람이 가마의 막대기를 뽑아 왜놈 한 명을 박살내고 또 죽임을 당했다. 시신 세 구가 길에 버려져 있었는데, 하루가 지나도록 거두는 자가 없었다. 외암촌은 이성렬(李聖烈)의 시골집이 있는 곳인데, 이성렬은 왜놈들이 물러가기를 기다려 비로소 거두어 염을 하였다.

이남규의 자는 원팔(元八)이며, 호는 산좌(汕左)인데, 대대로 예산(禮山)

---

13 원문은 "其少子行至…"이다. 황현 지음, 임형택 외 옮김, 『역주 매천야록』 하(문학과 지성사, 2005. 1), 436쪽에서도 '소자'를 '작은 아들'로 번역하였다. 그러나 앞서 지적하였듯이, 이남규에게는 부실 소생의 6살짜리 어린 아들이 한 명 있었으므로 '소자'가 따라갔다는 기록은 사실과 달랐다.

에 살았다. 문장에 능했으며 특히 소차(疏箚)에 뛰어나서 한때 명대부(名大
夫)로 알려졌다. 그렇지만 성품이 간결하고 오만하여 문벌로서 자부함이 높
았으므로 시골 사람들이 많이 미워하고 질시하였다. 혹자는 그것이 화를 빚
은 것이라고 말하기도 하였다. 이건창(李建昌)이 죽은 뒤로 경재(卿宰) 중에
문학과 명론(名論)으로는 이남규가 최고였는데, 그가 죽임을 당함에 미처 진
신(搢紳, 벼슬아치)들이 사기를 잃었으니 사류(士類)들은 더욱 애석하게 여
겼다.[14]

위의 기록은 이남규가 일군(日軍)에게 연행되다가 피살된 이유부터 서
술하여, 사대부로서 의연한 태도, 참상의 실상과 세평 등을 상세하게
기술하였으나, 사고를 밝힌 첫머리에 더욱 주목할 필요가 있다. '평촌리
의 화'가 일어난 지 12일째 되는 날, 『대한매일신보』는 간단하게나마 이
남규가 피살된 사유로 그와 의병 활동의 연관성을 주목했는데, 『매천야
록』은 더 나아가 정황까지 구체하게 언급하였다. 이에 따르면, 만약 민
종식이 영도하였던 홍주의병이 재거하고 이남규가 참여한다면, 홍주의
병은 이남규의 영향력에 힘입어 내포지방[15] 전체로 확대될 가능성이 컸

---

14 본문의 번역문은 李章熙 역, 『매천야록』上(明文堂, 2008. 9), 322~324쪽. 원문은
다음과 같다. "倭人, 殺前參判李南珪, 初閔宗植要南珪并起, 南珪但坐而宣力, 終
不入洪州, 及宗植敗, 南珪爲之藏匿, 其郡氓之參一進者, 爭言不除南珪, 內浦無
寧日, 倭信之, 掩捕將縛之, 南珪奮曰, 吾大夫也, 可死不可辱, 任汝所之, 何縛爲,
遂輶而出, 二子欲從之, 南珪曰_ 汝二人俱從我死, 奈家戶何, 叱退, 其少子行至
溫陽巍岩村前, 倭互詗之, 拔釘以進, 南珪罵曰, 汝等, 云往京師, 往則事判矣, 何
欲造次相戕, 拒釘而握之, 五指俱落, 子翼蔽之, 大罵倭賊, 遂父子俱死, 刲裂無完
膚, 輶奴一人, 拔輶幹撲殺一倭, 又死, 三尸橫道, 經日無殯者, 巍岩村李聖烈盧
也, 聖烈俟倭去, 始殯之, 南珪字元八, 號汕左, 世居禮山, 能文章, 長於疏箚, 一
時名大夫也, 然簡亢以門地自高, 鄉人多憎疾者, 或言此其禍媒云, 李建昌死後,
卿宰文學名論, 南珪爲之冠, 及其死, 搢紳喪氣, 士流尤痛惜之." 「梅泉野錄卷之
六(隆熙元年丁未)」, 國史編纂委員會 編, 『梅泉野錄』(新地社, 1955. 3), 435~436쪽.
15 '내포'의 사전상의 의미는 "바다나 호수가 육지 안으로 휘어 들어간 부분"을 가
리키며[국립국어원, 『표준국어대사전』(인터넷 제공)의 '내포' 항을 참조], 순 한

다. 일제는 이를 우려하여 차단할 목적에서, 이남규를 체포하였고 연행하던 도중 노상에서 참살하였다. 이러한 시대상과 아울러, 황현은 끝무렵에서 이남규의 '간항'(簡亢)한 성품도 참화의 원인으로 지적하면서, 지방 사류들이 이남규의 죽음을 애석해 하는 민심까지 전하였다.

한편 (자료 ㉣)에는 세세한 부분에서 몇 가지 오류도 보인다. 앞서 언급하였듯이, 이남규에게는 정실과 부실 소생의 아들이 각각 한 명씩 있었는데, 부실 소생의 아들은 6살이었으므로 '작은아들'(少子)이 이남규를 따라갔다 함은 오류이다. 이남규를 배행한 아들은 이승복의 부친 이충구였다.

이성렬이 유체 세 구를 거두어 염까지 하였다는 기록도 잘못되었다.

글로는 '안개'라고 표현하는데, 통상 충청도[湖西]의 서북부지역을 지칭한다. 조선후기의 실학자 이중환(李重煥)의 『택리지』(擇里志) 「팔도총론」(八道總論)에 따르면, 내포는 가야산(伽倻山) 앞뒤의 10고을인 결성(結城)·해미(海美)·태안(泰安)·서산(瑞山)·면천(沔川)·당진(唐津)·홍주·덕산·예산·신창(新昌) 등을 지칭하는데, 이것이 가장 일반화된 개념이다. 내포의 기준이 되는 포는 삽교천(揷橋川)의 유궁진(由宮津)으로, 오늘날의 삽교천과 무한천(無限川)이 만나는 지점이다. 조선시대 광의의 내포지역은 홍주목(洪州牧)을 중심으로 하여, 홍주진관(洪州鎭管) 소관의 18고을(이른바 湖西內浦十八邑)을 포함한 충청도 서부지역의 20여 고을[태안·서천(舒川)·면천·서산·온양·대흥(大興)·홍산(鴻山)·덕산·평택(平澤)·청양(靑陽)·비인(庇仁)·남포(藍浦)·결성·보령(保寧)·해미·당진·신창·예산·아산(牙山) 등]을 가리켰다. 한편 천주교에서는 '내포교회'의 개념을 좀 더 폭넓게 사용하는데, 이는 충청도 지역의 천주교가 내포를 통해 처음 전래되었기 때문으로 보인다. 이에 따르면, 아산·온양·신창·예산·대흥·면천·당진·덕산·해미·홍주 등지를 상부내포, 태안·서산·결성·보령·청양·남포·비인·서천·한산(韓山)·홍산 등지를 하부내포로 부른다. 때로는 금강(錦江)에 위치한 공주(公州)까지도 내포교회의 범주에 포함시키기도 하였는데, 이는 내포지방에 전래된 천주교가 점차 공주를 비롯한 내륙으로 확산된 상황을 반영한 사례로 추정되지만, 내포의 개념을 엄격히 적용하지는 못하였다. 이러한 착오는 일제 식민지시기 일인들이 금강유역을 '내포지방'·'내포평야'로 지칭하면서 내포의 개념을 왜곡한 데에서 기인하였다. 이상 내포의 지역 범위는 임선빈, 「內浦 地域의 지리적 특징과 역사·문화적 성격」, 『문화역사지리』 제15권 제2호(한국문화역사지리학회, 2003. 8)를 참조하였음.

황현은 이성렬[16]의 시골집이 외암촌에 있었다는 사유 하나로써 참변 뒤
의 상황을 다소 과장하였다. 만약 외암촌이 이성렬의 연고지였다면, 당
시 그의 행적으로 보아 이남규를 알지 못하였을 리 없다. 이성렬이 사
후(事後)에 참살의 현장을 목격하였다면, 참상을 곧 이남규의 집에 알려
주검을 수습·장례토록 함이 상식이다. 일군이 물러간 뒤에, 이성렬이
직접 염습하였다는 기술은 정황상의 설명이 따르지 않는 한 이해하기
어렵다. 후술하겠지만, 방치되었던 시신들을 발견한 뒤, 다음날까지 시
신들을 지켰던 이는 마을 사람 유진원(兪鎭元)이었다. 그는 날이 바뀐 새
벽녘에야 이남규의 가족들에게 변고를 알렸고, 집사 윤판복(尹判福)이 이
남규의 새끼손가락 하나를 찾지 못한 채 유체들을 수습하여 오자, 이남
규의 자손들이 장례를 치렀다.

　비록 나라는 망하였지만, '평촌리의 화'는 민족정신으로 계속 전승되
었다. 1934년 조희제(趙熙濟)가 편찬을 완료한 『염재야록』은, 이남규가
일군에게 피체된 뒤 서울까지 연행되지 않고, 온양에서 참화를 당한 이
유까지 설명하였다.[17]

---

16 이성렬(1865~?)은 경기도 안성 출신으로 본관은 예안(禮安), 호는 퇴암(退菴)이
　다. 「을사늑약」이 체결되었을 때, 창의구국(倡義救國)을 역설하면서 거사에 협
　력하기를 종용하는 최익현의 서간을 받고서, 그 뒤 곧 관직을 사퇴하고 여주로
　낙향하여 민종식·이시영(李始榮) 등과 협의하여 의병을 규합하기로 하고 군자
　금을 전달하였다. 그러나 일본군에게 의병 명부를 압수당하여 많은 의병들이
　체포되자, 자신의 불찰을 깊이 비통해 하다가 단식으로 자결하였다고 한다. 「이
　성렬(李聖烈)」, 한국학중앙연구원, 『한국민족문화대백과』(인터넷 제공).
17 조희제는 전라북도 임실(任實) 출신의 유학자로서 상당한 재력을 갖추었는데,
　회문산(回文山) 산세(山勢)를 이용해서 활동하는 의병뿐만 아니라 임실·순창
　(淳昌)·남원(南原) 등지에서 활동하는 의병들에게도 상당한 도움을 주었으며,
　가산을 털어 옥고를 치르는 애국지사들의 뒷바라지까지 하였다고 한다. 임실은
　1907년 정미년에 일어났던 의병 활동의 중심지 가운데 하나였다. 『염재야록』은
　구한말과 식민지시기의 항일운동과 애국지사의 행적 등을 기록한 책으로, 조희
　제는 1931년에 『염재야록』의 초고를 완성하였고, 1934년에 편찬을 완료하였다.

(자료 ⓜ)

李南珪 禮山

이남규의 자는 ⬜⬜[18]이며 한산인(韓山人)이다. 공은 비록 홍주(洪州)에서 의병과 합류하지 않았지만 의병에게 많은 도움을 주었다. 그때 이남규와 원수로 지내던 사람이 일본 관리에게 무고(誣告)하기를 "이남규를 제거하지 않으면 호서지방이 편안하지 않을 것이다."고 하므로 일본 관리는 일본 장병을 파견하여 체포하였다. 이때 이남규는 그들을 꾸짖어 말하기를 "사대부(士大夫)는 죽일지라도 욕을 보여서는 안 되는 것이니 나는 도망갈 사람이 아니다." 하고 교자(轎子)를 타고 한양으로 올라가고 있었다. 그들이 온양(溫陽)을 지나가고 있을 때 그 원수가 또 말하기를 "남규가 상경하면 반드시 석방될 것이니 도중에서 죽이는 것 같이 좋은 것은 없을 것이다."고 하자 일병은 그의 말을 믿고 그를 칼로 찔러 죽였다. 그의 아들도 아버지 이남규를 호위하고 가다가 피살되었다. 이때 따라가던 노복(奴僕) 2명은 몽둥이를 들어 일병 두 사람을 치자 일병은 머리가 파열되어 즉사하였고 노복도 피살되었다. 이남규의 처와 자부는 집에 있다가 그 소식을 듣고 모두 자결하였다. 남편을 따라 죽고[19] 아버지를 따라 죽고 노복은 주인을 따라 죽고 아내는 남편을 따라 죽었으니 죽을 곳에 죽었다고 말할 수 있을 것이다. 이남규는 이목은(李牧隱)의 후손으로 성품이 곧고 과감하여 어떤 일을 할 때는 그 뜻을 지키었으므로 그가 광무제(光武帝)의 조정에 있을 때 광무제는 매우 고통스러워 하였다. 하루는 고종황제가 대원군(大院君)의 초상에 가지 않자 그는 "공연히 혼전(魂殿)만 설치하는 것은 예(禮)가 아니다"고 하면서 솟장을 올려

그러나 1938년 11월 이 사실이 발각되어, 그는 임실경찰서에 연행되어 고초를 겪고 풀려났으나, 일제가 상투를 자르라고 강요하자 울분을 이기지 못하여 동월 19일 밤 음독 자결하였다. 『염재야록』은 조희제가 사망한 지 20여 년 뒤인 1959년에 석판으로 처음 인쇄·간행되어 세상에 소개되었다. 변주승, 「염재 조희제와『염재야록』」, 『국학연구』 제15집(한국학진흥원, 2009. 12), 428~434, 437~444쪽.

18 이 구절은 원문에는 두 자 정도 공백으로 되어 있는데, 번역자가 ⬜⬜으로 표시하였음(인용자).

19 이 부분은 원문 "可謂臣死於君"를 번역하는 데에서 착오가 생긴 듯하다.

위징(魏徵)이 당태종(唐太宗)의 소릉(昭陵)에 망배(望拜)를 간하였던 설(說)을 인용하여 일깨워 줌으로써 온 세상 사람은 그렇게 하는 것이 옳은 일이라고 하였다.[20]

'평촌리의 화'는 30여 년이 지난 뒤에도, 이렇게 의병 항쟁의 일환으로 평가되어 항일민족운동사의 차원에서 다시 기록되었다.[21] 위의 인용문은 '평촌리의 화'가 발생한 원인, 참상의 실상, 이남규의 성품을 서술하는 순서가, 30여 년 전에 저술된 『매천야록』과 비슷하나, 내용에서는 차이가 나타난다. 이남규의 처와 자부가 모두 자결하였다는 기술은 사실이 아니며, 세월이 흐르면서 참상의 실상이 부풀어서 전문되는 과정[22]

---

20 "李南珪字   韓山人也公雖不從戌於洪州亦有宣力矣于時與李台爲仇者語曰官曰
    不除南珪湖中無寧日日官遣兵將捕縛也李台叱日士大夫可殺不可辱吾非逃者遂轎
    而上京過溫陽路次其仇人又曰南珪上京則必見放不如中路殺之日兵信之刺殺之其
    子護父亦被殺陪從二僕舉棒奮擊日兵二人頭破卽死僕亦被殺李台妻及子婦在家聞
    變皆自處可謂臣死於君子死於父奴死於主妻死於夫而死於矣李台牧隱後世質直
    果敢臨事能執守故其在光武朝 帝甚苦之嘗以 帝不臨大院君喪而徒爲魂殿非禮上
    疏引魏徵諫唐太宗望昭陵之說規風之一世難之" 본문의 번역문은 趙熙濟 著, 金
    俊 譯, 『抗日운동을 증언한 念齋野錄』(고려대학교 역사연구소, 2017. 5), 49~50
    쪽[원문은 『念齋野錄』 卷之三(국립중앙도서관 온라인 원문 제공)의 '李南珪 禮
    山', 52~53쪽].
21 『염재야록』은 모두 6권으로 구성되었는데, 이남규는 권3에 기록되었다. 권3은
    고종(高宗)이 강제 양위하고, 대한제국 군대도 강제 해산당한 데에 맞서서, 1906·
    1907년 사이에 전국에 걸쳐 일어났던 의병활동을 개괄하여 서술하고, 여러 의
    병장들의 행적을 기록하였다. 행적이 수록된 인물은 최익현·임병찬(林炳璨)·
    민종식·이남규·이강년(李康秊)·허위(許蔿)·민긍호(閔肯鎬)·노병태(盧秉泰)
    등이었다. 변주승, 앞의 논문, 444~446쪽.
22 『염재야록』 권3은 의병들의 행적을 기록하면서, "단지 들은 대로 수록하되, 상
    세히 들은 자는 상세하게, 간략하게 들은 자는 간략하게 적되, 전말을 알지 못
    하는 자는 단지 이름을 기록한다."(當時倡義諸公事行但隨聞隨錄故詳聞者詳之
    略聞者略之未詳其顚末者只記姓名)는 원칙을 밝혔다. 『念齋野錄』 卷之三의 '丙
    午丁未義兵'[원문은 『念齋野錄』(국립중앙도서관 온라인 원문 제공), 43~44쪽].
    이로써 유추하면, '평촌리의 화'가 세간에 전문되는 동안에 일부 내용이 다소 과
    장되어 갔음을 짐작할 수 있다. 이남규는 정부인(貞夫人) 평강채씨(平康蔡氏)와

을 확인하게 된다. 그렇더라도 이남규가 서울까지 연행되지 않고 도중에 참살당한 이유를 설명하는 구절은 『매천야록』을 비롯한 다른 자료에는 보이지 않는데, 사건의 실체를 밝혀 후세에 남기려는 『염재야록』의 의지와 노력을 읽을 수 있다.[23]

정확한 시기는 알 수 없지만, 보재(溥齋) 이상설(李相卨 ; 1870. 12. 7 음~1917. 3. 2)로 추정되는 설(卨)이라는 인물이 작성한 서한[24]은 '평촌리의 화'

사별한 지 3년 후에 수원백씨(水原白氏)를 부실로 들였다. 김인식, 「이문원 중앙대학교 명예교수 면담」(2018년 8월 20일 국회의사당 의원회관 2층 3식당에서). 이남규의 족종(族從) 이장직(李章稙)이 지은 「제문」에는 "그런데 지금은 남아 있는 어린 고아와 과부가 서로 더불어 목숨을 이어 가고 있으니, 오랜 전통을 지닌 집안의 쓸쓸한 뜨락은 마치 사람이 아무도 없는 것 같습니다."(今遺幼孤孀相與爲命古家門庭蕭灑若無人)라는 구절이 있다. 『국역 수당집』 3, 236쪽 [원문은 위의 책 3, 77쪽]. 여기서 '유고'(幼孤)는 이남규의 두 손자인 이승복·이창복을, '상'(孀)은 이충구의 부인을 가리킨다. 굳이 확대 해석하면, 이남규의 측실과 여기서 태어난 아들도 포함된다고 하겠다.

23 조희제는 임실군 덕치면(德峙面) 회문산 자락에서 『염재야록』을 편찬하였지만, 기존 역사서를 비교·검토하였고, 여타 지역의 상황도 잘 알고 있었다. 그는 『매천야록』은 물론, 박은식의 『한국통사』(韓國痛史) 등을 입수하여 내용을 검토하였으며, 송상도(宋相燾)가 『기려수필』(騎驢隨筆)을 저술할 때와 마찬가지로, 타 지역의 어느 곳에서 항일 사적을 모아 책으로 엮고 있다는 사실도 알았다. 또 『염재야록』을 집필하기로 결심한 뒤에는, 수십 년에 걸쳐 각지를 두루 돌아다니면서 항일투쟁 사실을 수집하였으며, 법정에서 애국지사들이 재판을 받는 과정도 방청하면서 기록하였다. 변주승, 앞의 논문, 437~438쪽.

24 임형택은 (자료 ㉑)을 포함하여 동일 인물이 쓴 3통의 간찰과 여타 서간첩을 발굴하였는데, (자료 ㉑)을 작성한 주인공을 이상설로 추정하였다. 이유는 1) 첫번째 서간에서 자신을 '설'로 칭한 점, 2) 이상설의 필체와 같아 보이는 점, 3) 첫번째 서간에서 당색(黨色)이 소론(少論 ; 이상설은 소론)으로 확인되며, 이상설은 망명 중에 이남규를 애국자로 존경하여 혼인관계가 이루어진 점(보재의 딸이 이남규의 손부가 되었음) 등 세 가지를 들었다. 林熒澤, 앞의 논문, 525~526쪽. 『三千百日紅』에 따르면, 이상설은 망명지인 러시아령에서 오랫동안 폐병과 투병하다가 니콜리스크에서 1917년 사망하였는데, 그는 병석에서 이남규의 장손 이승복에게 이승복의 실제(實弟) 창복(昶馥)과 자신의 둘째 딸을 혼인시키라고 유언하였다. 『三千百日紅』, 107~111쪽. (자료 ㉑)이 이상설이 작성한 서한이라면, 이는 1907년에서 1917년 사이에 작성되었다.

를 다음과 같이 기록하였다.

(자료 ㅂ)

傳을 짓는 일은 미처 착수하지 못했습니다. 汕이 해를 입은 경위를 근래 비로소 상세히 들은즉 저들이 수년 이래 왕왕 동정을 탐문하고 간 바 있었다 합니다. 해를 당한 그날엔 저들이 몰려와서 두발깎기로 협박을 하였는데 듣지 않자 저들이 말하기를

"깎지 않으려거든 나를 따라가자."

하여, 汕은 "두발을 깎는 건 응할 수가 없다."고 즉시 가마를 대령시켜 타고 나섰답니다. 십수 리에 이르렀을 때

"두발을 깎으면 놓아 주겠다."

했으나 역시 듣지 않았지요. 다시 십여 리를 가자 가마에서 내리게 하고 협박하는 것이었습니다. 이러기를 두번 세번 거듭하자 汕은 그들을 향해

"목을 잘릴지언정 상투는 자를 수 없다."

고 소리치는데 기색이 의연하여 더욱 분노해 꾸짖었습니다. 혹은 화의 바탕이 벌써 홍주 일(민종식의 의병거사: 인용자)에서 싹텄다고 하는데 그때 과연 참여했는지 여부는 알 수 없습니다.

저들이 둘러서서 칼을 휘두르니 교군꾼들은 모두 달아났으며, 그 아들이 자기 몸으로 가리고 오른손으로 칼을 막아 손가락이 떨어졌으며 왼손으로 칼을 막아 두손이 모두 잘려 나갔습니다. 그러고도 쓰러지지 않으니 칼날을 날려 살륙을 했던 것입니다. 하인이 또 가마채를 뽑아들고 놈들을 치려다가 함께 살해를 당했다는 것입니다.[25]

---

25 "作傳, 姑未就耳, 汕之遇害, 近始詳聞, 則彼自數年來, 往往伺察動靜而去, 及遇害時, 彼麕至, 脅剃不肯, 則彼曰: '不剃, 則隨我去.' 汕曰: '剃不可從.' 卽命肩輿, 舁之, 去. 至十數里曰: '剃則當釋.' 不肯, 又行十里餘, 放下肩輿, 又脅之. 如是者再三. 汕叱之曰: '頭可斷, 髮不可斷.' 色毅然益憤罵.(或云: '禍胎, 已盟於洪州事云.' 未知其時果有與謀畫也.) 彼環立飛斫, 輿夫盡走, 其子以身翼蔽, 右手防劍, 指落, 又以左手防刃, 兩手皆斷. 猶不昏赴, 亦飛斫殺之. 其奴拔肩輿杠, 欲擊之, 又被斫殺" 번역문은 林熒澤, 앞의 논문, 508~509쪽[원문은 林熒澤, 위의 논문,

(자료 ㅂ)은 일제 관헌이 이남규를 살해한 직접 계기가, 상투를 자르라는 강요에 이남규가 순순히 응하지 않은 데에 있다고 증언한 점에서, 단발 문제를 언급하지 않은 『매천야록』・『염재야록』과 차이가 나타난다.[26] 뒤에서 확인하겠지만, 일제는 단발을 빌미로 이남규를 살해하였는데, 이는 이남규의 배일 성향에 원인(遠因)이 있었으며 홍주의병에 참여한 활동이 근인(近因)이 되었다. 일제 관헌이 이남규에게 여러 차례 단발을 강요・협박함으로써 참살의 구실을 쌓아갔다는 기록은 (자료 ㅂ)에만 보이는 특징이다. 단 "교군꾼들은 모두 달아났으며"라는 구절에 의거하면, 여러 명의 가마꾼(輿夫)이 따라 갔다는 뜻이 되는데,[27] 수행한 가마꾼은 노복인 김응길과 가수복 2인뿐이었다.

526쪽]. 본문의 번역문에서 '인용자' 표기는 원(原)인용자임. 산(汕)은 이남규의 산좌(汕左)라는 별호에서 한 글자만 취한 이름이다. 서한의 전체에서 당시 관행처럼 사용하였던 '왜'(倭)를 사용하지 않고, '피'(彼)로 지목한 바는 어떤 눈길을 염려하여 조심한 표현으로 보인다. 모두(冒頭)의 문맥으로 미루어 볼 때, 발신자인 설은 이남규전을 지으려고 구상하면서 편지를 썼다. 林熒澤, 위의 논문, 509쪽.

26 林熒澤, 위의 논문, 509쪽.

27 이 대목은 이남규의 재종제(再從弟) 이정규가 이남규와 함께 순사(殉死)한 가복 김응길을 애도하는 「제문」의 다음 구절을 떠올리게 한다. "네가 살 수가 있었는데도 살지 않고 죽었으니 이것은 충성이다. 사람들에게 들은 바에 의하면, 당시 화를 당할 때에 다른 사람들은 모두 달아났는데도 너 응길만은 달아나지 않았으며, 다른 사람들은 모두 무서워서 꼼짝도 못했는데 너 응길만은 홀로 몸을 날려서 몽둥이로 원수놈을 쳐서 혹시라도 두 분 부자의 목숨을 구해보려고 하다가 끝내 칼을 맞고는 온몸이 난도질을 당했다고 하더구나."(有可生之路而不生而死是忠也聞諸人當其禍作之時他人皆走而汝應吉獨不走他人皆懼伏而汝應吉獨挺身以棒打讐敵庶幾或救其主父子之命終爲凶刀肉泥) 李庭珪, 「죽은 종 응길(應吉)을 제사하는 글을 덧붙임」, 『국역 수당집』 3, 254쪽[원문은 李庭珪, 「附 祭亡奴應吉文」, 위의 책 3, 82쪽]. 그러나 이남규가 연행되는 도중, 더욱이 순식간에 일어난 참살의 현장에 있었던 사람들은 일제 관헌들을 제외한다면, 이남규 부자 2인과 견여를 메고 수행한 가복 2인을 포함해 모두 4인뿐이었다.

3. '평촌리의 화'의 실상

『염재야록』도 참화가 발단한 이유를 먼저 기술하면서 홍주의병과 이
남규의 관계를 거론하였는데, 이는『매천야록』과 일치한다. 황현과 마
찬가지로 조희제 역시 세간에 떠도는 소문에만 의존하지 않았으며, 문
헌 자료를 수집하면서 사건을 채문하고 사건 현장을 답사하여『염재야
록』을 저술하였으므로, 이러한 일치점은 실상을 복원하는 데에 매우 중
요한 근거를 제공한다. 이남규와 홍주의병의 관계, 이남규가 연행되는
과정과 도중 피살된 이유 등은 후술하겠고, 참상의 실상을 목격한 교노
및 이남규의 후손 · 친척 · 지인들의 증언에 의거하여, 다소 엇갈리게 전
해온 참상의 실상을 먼저 복원해 본다.

1907년 9월 26일(음력 8월 19일) 오후에 보병과 기병으로 구성된 일군과
무리들—일진회원 등으로 추정되는— 수십 명[28]이 이남규의 집에 들이

---

28 여기서 이남규를 연행하기 위하여 동원된 일군의 숫자를 잠시 생각할 필요가
있다. 이승복이 지은 「가장」에는 "이 날('평촌리의 화'가 발생한 날 : 인용자) 오
후에 느닷없이 보병과 기병을 갖춘 원수놈의 병사들 백여 명이 집에 들이닥쳐
서 부군께서 잡혀 가시게 되었다."(是日午後仇兵百餘並騎步馳至府君被執)고 적
었다. 李昇馥, 「家狀」, 『국역 수당집』 3, 218쪽[원문은 위의 책 3, 71쪽]. 또 『三
千百日紅』에서도 "정미 8월 19일에 공(이남규를 가리킴 : 인용자)은 마침내 왜
병 백여 기(騎)에게 잡혀 온양 평촌 냇가에서 해를 입어 순국하였다."고 서술하
였다. 『三千百日紅』, 84쪽. 전거를 밝히지 않았지만 이에 의거하였음인지, 동원
된 일군이 100여 명이었다고 파악하는 견해는 일반화하였다. 이우성은 "1907년
8월 19일(음력) 백여 왜병이 선생의 댁을 포위하고 선생을 도보로 연행하려 했
다." 李佑成, 「解題」, 『修堂集』(成均館大學校 大東文化硏究院, 1973. 1), 3쪽. 김
상기는 "일본기마대 1백여명을 보내 예산의 이남규 집을 급습하였다. 공주 감옥
에서 석방된 지 10여 일도 안된 그를 다시 체포하러 온 것이다."고 서술하였다.
金祥起, 앞의 논문(1998. 4), 664쪽. 박민영도 "일제 기마병 1백여 명이 예산에
있던 수당의 집을 급습하였다.", "일본기마병 1백 명이 예산에 있던 그(이남규를
가리킴 : 인용자)의 집을 급습하였다."고 서술하였다. 박민영, 「수당 이남규의
절의와 항일투쟁」, 『萬海學報』 통권 제6호(만해학회, 2003. 8), 189쪽 ; 박민영,

닥쳐 이남규를 포박하여 도행(徒行)으로 연행하려 하였다. 이남규는 일
병이 포박하려 하자, "선비는 죽일 수는 있어도 욕보일 수는 없다. 너희
들이 가자는 곳으로 갈 터이니 어찌 포박 지을 수 있는가?"[29]라고 호통

「한말 禮山지역의 義兵투쟁」, 『충청문화연구』 제7집(충남대학교 충청문화연구
소, 2011. 12), 121쪽. 이성무 역시 "8월 19일 백여 명의 기병을 거느리고 가서 평
원정(平遠亭)을 둘러싸고 머리를 깎으라고 하다가 듣지 않자 그를 체포했다."고
서술하였다. 이성무, 「修堂 李南珪의 생애와 사상」, 『修堂李南珪先生 逝世100
周年紀念學術會議(발표지) : 수당 이남규의 학문 사상』(주관 : 『修堂李南珪先生
紀念事業會, 2007. 9. 14), 12쪽.
그런데 상식으로 생각할 때, 이남규가 충남 지역에서 영향력이 막대하였음을
최대한 고려한다 하더라도, 이남규 1인을 연행하는 데 100여 병의 병력을 동원
했다 함은 이해하기 어렵다. 이는 '평촌리의 화'가 발생한 직후 3인의 순검이 지
산(志山) 김복한(金福漢)을 연행한 사실과도 너무 대조된다. 또 1906년 11월 일
제 군경이 민종식 등을 체포하기 위하여 이남규의 집을 급습할 때보다 더 많은
병력이었다.
이와 관련하여, 이남규가 연행될 때 이남규와 작별 인사를 나누었던 이장규가
지은 제문에 "수십여 명의 떼거리들이 병기를 들고 그대의 집에 들이닥쳤습니
다."(數十餘名指兵突入)라고 기록한 바가 중요하다(자료 ㉒을 참조). 이에 따
르면, 일병을 비롯한 무리들 수십 명이 무장을 한 채 습격하여 이남규 부자를
연행하였다. 또 한 가지 지적할 점은, 이남규가 민종식을 은닉한 혐의로 일군에
게 연행된 때는 1906년 11월 17일(음력 10월 2일)이었고, 보름여 만에 석방되었다.
'평촌리의 화'는 이때부터 약 10여 개월 지나서 일어났다. 이는 후술하려 한다.
29 앞서 보았듯이, 『매천야록』과 『염재야록』에는 이남규가 '대부'를 자처하는 동일
한 내용이 실려 있다. 이우성은 "선생은 「사는 가살이되 불가욕」이라고 호통을
치고 가마(轎)를 타고 나갔다."고 서술하였다. 李佑成, 「解題」, 1~8쪽.
'수당 이남규 선생 기념관'을 들어서면, "선비는 죽일 수 있으되 욕 보일 수는 없
다"(士可殺不可辱)는 말을 담은 액자가 가장 먼저 눈에 띈다. 이남규가 일군을
호령한 이 구절은 『예기』(禮記) 「유행」(儒行) 편에 나오는 "선비란 친하게 지낼
수 있지만 겁박해서는 안되며, 가까이 할 수 있지만 핍박해서는 안되고, 죽일지
언정 욕을 보여서는 안된다."(儒有可親而不可劫也, 可近而不可迫也, 可殺而不
可辱也)는 대목에서 유래한다.
"사가살부가욕"이라는 문구는, 고려말 대사성(大司成)이었던 포은(圃隱) 정몽주
(鄭夢周)가 일본에 사신으로 떠날 때, 이남규의 선조인 목은 이색이 읊은 「동방
사」(東方辭)의 다음 구절에도 나온다. "이 몸 스러져도, 이름만은 길이 남거니.
선비란 죽으면 죽었지 욕 뵈지 못해, 의관 욕하기는 그 치욕 나라에 있어. 백성
보살피고 풍속 고쳤기에, 이 또한 마땅한 일인데 무엇을 책망하랴."(盖此身分漸

을 치면서 견여를 타고 나섰다. 부친을 염려하는 아들 이충구가 이남규를 배행하였으며, 두 가복이 견여를 메고 수행하였다. 견여가 마을을 지나갈 때, 이남규의 외시형(外媤兄)인 이장규가 길에 나와서 작별을 하였다. 일병의 창칼이 사방을 둘러싸고 있는 중이라 다른 말은 할 수 없었고,[30] 두 사람은 그저 바라보기만 하면서 달리 아무런 말을 하지 못하였다. 이남규가 웃으면서 이장규에게 말하기를, "이거야말로 참으로 한 푼어치의 가치도 못 되는 몸인가 봅니다"라고 말하였다. 이장규도 억지로 웃으면서 그냥 '허허' 하고 탄식만 하고 말았다. 이 작별의 한 마디 말이 마침내 천고의 영원한 이별이 되었다.[31]

이상이 이남규의 가족과 친척들이 이남규 부자를 바라본 마지막이었다. 혹 먼발치에서 이남규 부자가 연행되는 모습을 지켜본 마을 사람들이 있었을 수도 있겠지만, 이후의 참황(慘況)은 교노 가운데 생존한 한 사람이 전한 바가 유일하였다. 이남규·이충구 부자가 참살당하는 광경을 목도한 두 교노는 일군에게 저항하다가, 한 사람은 참혹하게 피살되었고, 또 한 사람도 일군의 칼에 난자당하였으나 다행히 살아남아, 당시의 참상을 이남규의 장손 이승복을 비롯한 가족들에게 전하였다. 이 증언을 살펴보기 전에, 이 가복이 누구인지를 먼저 검토해 본다.

이승복은 「가장」에 '평촌리의 화'를 기록하면서도 가마꾼이었던 '2노'(二奴)의 이름을 밝히지 않았는데, 피살당한 이는 김응길이었고 생존자

盡, 羌名譽兮未存也. 士可殺不可辱兮, 辱衣冠痛在國也. 劓于民而陶俗兮, 亦其宜而何責也).『三千百日紅』, 37~38쪽.

30 "…府君被執過洞外媤兄進士公出別前路劍戟圍立之中不得語他" 李昇馥,「家狀」,『국역 수당집』3, 218쪽[원문은 위의 책 3, 71쪽].

31 "方其人去也出見相別脉脉相看無得他言笑謂我曰此眞不直一文錢耶吾亦强笑嘘嘘誰知臨岐一言乃爲千古永訣歟…" 三從兄 章珪,「祭文」,『국역 수당집』3, 253쪽 [원문은 위의 책 3, 82쪽].

는 가수복이었다. 이남규 부자와 함께 순국한 김응길은 이남규를 애도
하는 제문에서도 이름이 등장하고,[32] 이남규의 친족이 그를 애도하는
제문을 짓기도 하였으며, 시신을 거두어 염습(殮襲)과 장제(葬祭) 등의 예
절을 두 주인에 비추어 조금의 차이가 없도록 행하였다.[33] 이렇게 김응
길이 '평촌리의 화'가 발생한 때부터 애도를 받고 이남규의 묘역에 안장
된 반면,[34] 가수복은 '종 한 사람'(一僕)[35] 등으로만 거론되었을 뿐 한동안
이름이 드러나지 않았다. 이승복이 1973년 지은 「가장」에도 '2노' 가운
데 '1노'로 표현하였을 뿐이다.

가수복은 이남규가 학계에서 처음 조명을 받으면서 실명으로 세상에
알려졌다. 1973년 성균관대학교 부설 대동문화연구원이 『수당집』을 간
행한 이후,[36] 1977년 『나라사랑』 28집이 이남규를 특집호로 꾸며 학계

---

32 이남규의 재종제 이정규가 이남규를 애도하는 「제문」에는 "충구(忠求)는 아버
    지를 위하여 죽었으니 공이 훌륭한 아들을 두었다 하겠으며, 응길(應吉)은 주인
    을 위하여 죽었으니 또한 충직한 종을 두었다 하겠습니다."(忠求死於父公其有
    子應吉死於主公又有奴矣)고 하여, 김응길의 이름을 밝혀서 충직함을 기렸다.
    재종제 정규(庭珪), 「제문」, 『국역 수당집』 3, 251쪽[원문은 위의 책 3, 81쪽].
33 이남규의 재종제 이정규는, 김응길을 애도하는 「제문」에서, 김응길의 염습과 장
    제 등을 두 주인과 같게 행함으로써 그의 충(忠)에 보답하고자 하였음을 밝히며
    망노(亡奴)의 혼을 위로하였다. 李庭珪, 「죽은 종 응길(應吉)을 제사하는 글을
    덧붙임」, 『국역 수당집』 3, 254쪽[원문은 위의 책 3, 82쪽].
34 이남규·이충구 부자와 김응길의 묘소는 국립묘지로 천묘(遷墓)되기 전에는 이
    남규 가(家)의 선산에 위치하였다. 이남규는 생가 근처 아계(鵝溪) 이산해(李山
    海)의 산소 밑 오른쪽 기슭에, 이충구는 생시에 좋아하던 단양(丹陽) 금수산(錦
    繡山) 기슭에, 김응길은 이남규의 묘소 발치에 각각 안장되어 있었다. 『三千百
    日紅』; 94~95쪽.
35 이남규의 족종 이장직이 이남규를 애도한 「제문」에는 "…공이 돌아가실 당시에
    마침 공의 종 한 사람이 거의 죽었다가 다시 살아나서 당시의 정황에 대해 조
    금이나마 얘기해 주었습니다."(公之死惟一僕殊而不絕僅具當日事)라는 구절이
    있다. 족종(族從) 장직(章稙)이 지은 「祭文」, 『국역 수당집』 3, 236쪽[원문은 위
    의 책 3, 77쪽].
36 『수당집』에 실린 「해제」에서 이우성이 이남규의 학문과 생애를 약술함으로써,

중진들이 집필한 논문을 게재함으로써,[37] 이남규는 학계는 물론 대중들
에게도 새롭게 조명되었다. 동지(同誌)의 「수당 이 남규 해적이」의
'1907년(53세)' 항에서 '평촌리의 화'를 기술하는 가운데, "…이어서 두 종
이 맨손으로 왜의 칼날을 막았으나 종 하나는 역시 공의 부자와 함께
화를 입었다. 종 두 사람 중에 죽은 자는 김응길(金應吉)이요, 숨이 끊어
지지 않아 당시의 일을 전할 수 있었던 사람은 가수복(賈壽福)이었다."고
밝혔다.[38]

가수복의 후손이 증언한 바에 따르면, 가수복은 발이 빠르고 말귀를
잘 알아들어서 비밀을 요하는 이남규의 문서 심부름을 많이 하였는데,
이남규의 활동을 보호하기 위해 가는 지역마다 이름을 달리 사용한 듯
하다. 제적등본을 확인하면, 그는 가수학이라는 이름으로 생존하다가
'평촌리의 화'가 있은 지 7년 뒤에 사망하였다.[39] 가수복을 염습하였던

이남규가 학계에 소개되었다. 李佑成, 「解題」, 1~8쪽. 동년 3월 13일 대동문화
연구원이 주최하여 『수당집』 발간 기념 강연회가 개최되었다. 이날 이가원(李
家源, 연세대 교수)이 「수당 이남규 선생의 사상과 문학」, 홍이섭(洪以燮, 연세
대 교수)이 「수당 이남규 선생과 홍주성전투」라는 제목으로 강연하였다. 이후
1977년 2월 '수당 이 남규 선생 기념 사업회'가 발족하고 4월에는 임원진을 구성
하였다. 수당 이 남규 선생 기념 사업회 작성, 「수당 연보 : 수당(修堂) 이 남규
(李南珪) 해적이」, 『나라사랑』 28(외솔회, 1977. 12), 20쪽.

37 『나라사랑』 28에는 「수당 이남규의 생애」(윤병석 집필), 「수당의 민족정신과 사
상」(천관우), 「수당의 정치적 경륜」(강주진), 「수당 이남규와 홍주성 전투」(고
홍이섭, 홍이섭은 1974년 작고하였다), 「수당가의 충효 윤리」(정순목), 「수당 이
남규의 사상과 문학」(이가원), 「수당과 한문학」(임창순), 「수당의 문학사적 위치」
(전규태), 「목은과 수당」(조국원), 「해적이」(수당 이남규 선생 기념사업회)가 실
렸다.

38 이승복 등 이남규의 후손이 증언한 바에 의거해서 작성하였을 이 구절이, 가수
복이 실명으로 세상에 알려진 최초의 기록이었다고 생각한다.

39 「백년의 유산」(2014년 6월 6일 KBS현충일특집다큐멘터리). 본문에서 인용한 증
언은, 위의 방송에서 가수복의 증손녀 가금옥(가수복의 손자 가봉로의 딸. 가봉
로의 아버지 가정봉이 가수복의 아들임)이 제작진에게 설명한 내용이다.

윤대성(尹大星, 당시 예산군 대술면 상항리 거주)[40]이 이남규의 후손에게 전한 바에 따르면, 가수복의 시신에는 12군데의 상처가 남았는데 한 곳은 내장이 외부에 노출되어 있었다.[41] 이로써 유추하면, 그는 일본군의 칼에 심하게 난자당하였으며, 자상의 후유증도 매우 심하였다.

생존한 가수복은 가족들에게 참상을 전하였는데, 당시 13세의 어린 나이였던 이승복은 이를 다음과 같이 기록하였다.

(자료 ㉥)

아, 슬프다. 저처럼 화를 당하였는데도 아무도 이를 본 사람이 없었다. 이때 다만 두 종이 견여(肩輿)를 메고 따라갔었는데, 그 중에 한 사람은 함께 해를 입고 말았으나 한 사람은 마침 칼을 맞고도 목숨이 끊어지지 않고 살아남아서 나중에 그 당시의 일을 대강 다음과 같이 말해 주었다.

이 날 왜병들은 일부러 걸음을 천천히 걸어서 날이 저문 뒤에야 평촌 마을 앞에 있는 길에 도착을 했는데, 인가(人家)가 전혀 없는 곳이었다. 그런데 이때 통역이 부군에게 말하기를. "공은 본래부터 일본을 원수처럼 보고 있으니 장차 의병장이 될 것이 틀림없다. 그러므로 만약 머리를 깎고 귀순(歸順)한다면 살 수 있겠지만 그렇게 못한다면 죽을 것이다." 하였다. 그러자 공이 분노하여 꾸짖기를, "의병을 일으키는 일은 참으로 장차 기대하는 바가 있어서이다. 그러나 죽으면 죽었지 굴복을 할 줄 아느냐."하면서 계속하여 호통을 쳐서 꾸짖었다. 그러자 마구 칼날이 날아들었다. 이에 선군(先君)과 두 종들이 몸으로 이를 막다가 마침내 함께 팔이 잘리고 부군께서 앞으로 몇 걸음 걸어 나가다가 그만 동작이 멎고 말았다. 선군께서는 대신 죽기를 청하였지만, 역시 놈들의 독봉(毒鋒)을 맞은 것이다. 그러나 전후의 정

---

40 이남규 가의 집사였던 윤판복의 아들이다. 윤판복이 다른 이들과 함께 이남규·이충구·김응길 3인의 유체(遺體)를 수습하여 왔다. 이는 다시 후술하겠다.
41 김인식, 「이문원 중앙대학교 명예교수 면담」(2018년 8월 20일 국회의사당 의원회관 2층 3식당에서). 이문원에 따르면, 가수복의 아들 가정봉과 손자 가봉로는 이승복가와 오랫동안 인연을 유지하였다.

황을 확인할 길이 없었다.

그런데 어떤 자는 말하기를, 원수놈들이 칼을 내려칠 때에 선군이 부군 옆에 붙어서 이를 가로막고 있었는데, 이 때문에 선군이 먼저 피해를 당했다고 하기도 한다.[42]

이남규의 문종제(文從弟)가 이남규를 애도하며 지은 제문도, 가수복에게서 전해 들은 바를 옮겼겠지만, 「가장」에 보이지 않는 참변의 정황을 다음과 같이 기록하였다.

(자료 ◎)

작년 가을에는 동협(東峽)에서 크게 의병이 일어났습니다. 그러자 도적들은 혹시 공이 의병을 일으킨다면 사방이 벌떼같이 호응하여 감당하기 어려울 것이라고 생각하고는, 어느 날 갑자기 도적들이 크게 들이닥쳐서 공을 덮쳤습니다. 공이 붙잡혀서 온양군(溫陽郡)의 역정(驛亭) 거리를 지나게 되었는데, 이때 도적들이 공을 겁박(劫迫)하기를, "그대가 만약 머리를 깎는다면 살아서 돌아갈 수도 있겠지만, 그렇지 않으면 죽음을 면하기가 어려울 것이다." 하였습니다. 그러나 공은 얼굴빛 하나 변하지 않고 이들을 호령하여 꾸짖기를, "내 차라리 올바른 길을 좇아서 죽을지언정 어떻게 너희들을 좇아 구차하게 산단 말이냐." 하였습니다. 그러자 곧 도적들은 공에게 칼을 휘둘렀습니다. 이때 공의 아들은 몸으로 공을 호위하다가 함께 목숨을 잃었

---

42 "嗚呼被禍也人無見之者唯肩輿與二奴隨之一奴同被害一奴受刀而不絕略言當日事兵故遲遲日暮後抵平村前路無人煙處譯者語府君曰公能素仇視日本將爲義兵長矣若斷髮歸順則生否則死公怒罵曰義擧固有待也且死則死矣何可屈耶怒罵不絕乃衆刀幷下吾先君及二奴以身翼蔽遂幷被捩臂前往數步仍無動靜吾父乞代命又被毒鋒先後無徵或者言方其凶鋒之犯也吾先君翼蔽府君不離故先被之" 李昇馥, 「家狀」, 『국역 수당집』 3, 218쪽[원문은 위의 책 3, 71~72쪽]. 『三千百日紅』, 84쪽에서도 "그때 평주의 아버님 충구는 부공(父公)의 몸을 가리고 왜의 칼을 막다가 부공의 일순(一瞬) 앞서 명(命)이 진(盡)했고…"라고 기술하였는데, 이는 가수복이 증언한 바와 엇갈린다.

으며, 공의 종은 몽둥이로 도적들을 치다가 죽음을 당하고 말았습니다. 예로부터 어지러운 세상을 만나 화변(禍變)을 당한 자가 어찌 한둘이겠습니까마는, 어찌 이와 같이 참혹한 일이 있단 말입니까.[43]

(자료 Ⓐ)과 (자료 Ⓞ)은 일제가 이남규를 제거한 이유가, 이남규가 의병을 일으킬까 우려하였기 때문이라는 데에서는 일치하지만 다소 차이도 보이므로, 양자를 함께 참조하면 참상의 실상에 더욱 접근하리라 생각한다. (자료 Ⓞ)에 따르면, 일병은 단발을 빌미로 삼아 이남규를 연행 도중 즉살하였고, 이남규 부자가 참살당함을 보고서 가마꾼으로 수행한 가복들도 가마채를 끄집어내어 저항하였다.

(자료 Ⓐ)과 (자료 Ⓞ)을 종합하면, '평촌리의 화'는 이남규가 거의(擧義)할 가능성을 차단하려는 일제의 계략에서 발단하였다. 일병은 이남규를 급습한 뒤, 애초 연행 도중 이남규를 살해할 작정이었으므로 일부러 천천히 이동하였고, 날이 저물어 어둡고 목격할 사람도 없는 곳을 선택하였다. 참화는 해가 진 술시 무렵[44] 인가가 전혀 없는 평촌 마을

---

43 "昨年秋東峽義旅大起賊或慮公擧義則四方響應知不可當一日賊大來襲取公公被執過溫陽郡驛亭街上賊慂公曰公若剃髮可得生還不然難免傷命公辭色不動慢罵曰吾寧得正而斃豈從汝苟生乎未幾賊果加刀於公公之子以身捍衛而并命公之奴以梃擊賊而死之遭世亂處禍變者自古何限而豈有如是之慘耶". 文從弟, 「祭文」, 『국역 수당집』 3, 232쪽[원문은 위의 책 3, 76쪽]. 문종제는 문제자(門弟子)이자 종제(=족제)로, 여기서는 이름을 누락하였는데, 제문 내용에서 '정'(貞)이라 자칭하고 또 '아우'라 하였으므로 집안의 동생인 이정규(李貞珪)로 보인다. 『국역 수당집』 3, 230쪽의 각주11)을 참조.

44 「가장」에는 '날이 저문 뒤'(日暮)에 참화가 일어났다고 적었는데, 이장규가 지은 제문에는 다음과 같이 좀 더 명확하게 '술시경'이라고 기록하였다. "그리하여 그대들 부자가 함께 붙잡혀 곧장 온양(溫陽)의 평촌점(平村店) 앞에 끌려가서 이날 술시(戌時)경에 부자가 동시에 길가 밭 가운데서 해를 입었으며, 같이 따라갔던 두 사람의 노복들도 또한 죽임을 당하고 말았습니다."(父子被執直到溫陽地平村店前戌時量父子同時遇害於路傍田間帶隸二名亦被死) 三從兄 章珪, 「祭文」, 『국역 수당집』 3, 252쪽[원문은 위의 책 3, 82쪽].

앞에서 순식간에 일어났다. 일병은 이남규를 살해할 빌미를 찾기 위하여 통역[45]을 통하여 먼저 겁박 조로 회유를 시도하였다. 이들은 이남규가 장차 의병을 일으킬 가능성을 따지며 단발함으로써 귀순하라고 회유하는 한편,[46] 불응하면 죽이겠다고 협박하면서 양자택일을 요구하였다. 이남규는 일병들에게 여러 차례 호통을 치면서 거의할 의사도 내비쳤다. 일병들은 곧바로 이남규에게 칼을 휘둘렀다.

이남규의 유체를 수습할 때 새끼손가락 하나를 찾지 못하였음을 보면, 일병들이 이남규에게 칼을 휘두르자, 이남규가 이를 손으로 막으며 저항하였으므로 손가락이 모두 잘려나갔다. 아들 이충구는 부친 이남

---

45 『三千百日紅』은 이우성 교수가 『수당집』의 「해제」에서 서술한 구절을 원문 그대로 소개한다고 하면서, "온양 평촌 앞에 이르러 적은 조천(朝川) 통역을 시켜 선생에게 마지막 선택을 요구했다."고 인용하였다. 그런데 정작 동 「해제」에는 조천이라는 통역자의 이름을 언급하지 않았는데, 통역자의 이름이 어디에 근거하였는지 확인할 수 없다. 이성무도 전거를 확실히 밝히지 않은 채 "날이 저문 뒤에 온양 평촌 마을 점촌(店村)에 이르자 수당에게 조천 통역을 통해…"라고 서술하였다. 이성무, 앞의 논문, 12쪽. 이 부분과 관련하여 『수당집』의 「해제」는 다음과 같다. "온양 평촌앞에 이르러 적은 통역을 시켜 선생에게 마지막의 선택을 요구하였다. 즉 지금이라도 단발을 하고 일본에 귀순하면 생을 보전할 것이고 아니면 평소에 일본을 원수로 보아오던 태도로 미루어 장차 의병장이 될 염려가 있으므로 이 자리에서 죽음을 당한다는 것이다. 선생은 노매(怒罵)로써 이에 답하였다. 「죽으면 죽을 것이지, 내가 굽힐 것 같으냐」라고." 李佑成, 「解題」, 3쪽.

46 이남규의 문종제가 지은 제문인 (자료 ◎)에서 보듯이, 가수복이 전한 말들은 이남규의 친척과 문인들에게도 알려졌는데, 이들 모두 이남규가 살해당한 직접 이유를, 이남규가 단발을 거부하였기 때문으로 알고 있었다. 족종 이정직(李定稙)이 지은 「제문」에도 "원수놈이 머리를 깎고 몸을 훼상시키고자 할 때에는 의연(毅然)히 그 몸을 버렸던 것입니다."(仇將薙毁則毅然殉之)고 애도하였다. 이남규의 門人이 지은 애도시에서도 "그리고 임종 때에 하신 말씀이 / 어찌 그리도 당당하였습니까 / 죽음이 있을지언정 머리는 깎을 수 없으니 너희들이 어찌 나를 더럽힐까보냐 하였습니다."(臨終之言 一何畏也 有死無斷 爾能浼也)는 구절이 보인다. 문인(門人) 강기선(姜驥善)의 애도시, 『국역 수당집』 3, 244쪽[원문은 위의 책 3, 78쪽].

규의 몸을 감싸며, 자신을 대신 죽이라고 소리치며 저항하다가 일병들의 칼에 난자당하여 부친에 이어 순사하였다. 가마를 메고 동행한 두 교노는, 황망한 중에도 두 부자의 목숨을 구하기 위하여 가마채를 끄집어내어 일병들에게 항거하다가[47] 역시 온몸이 난도질을 당한 끝에,[48] 김응길은 두 부자와 함께 순국하였고, 가수복은 가까스로 목숨을 유지해 참상을 세상에 증언하였다. 이러한 정황을 증언한 가수복은 이남규의 문서 심부름을 할 만큼 총명한 사람이었으므로, 참상이 발생하기 직전 일병들과 이남규가 주고받은 대화의 내용을 정확히 기억했으리라 생각한다.

부자 가운데 누가 먼저 참살당하였느냐를 따짐은 본질의 문제가 아

---

47 『三千百日紅』, 84쪽에는 "교정(轎丁) 김응길은 공권(空拳)으로 적에게 대항하다가 또한 죽음을 당했다."고 기술하였다. 그러나 『매천야록』·『염재야록』은 물론, 재종제 이정규가 김응길을 애도하는 「제문」이나 문종제가 지은 「제문」인 (자료 ◎)에서도 보듯이, 교정으로 수행한 이남규의 두 종은 '막대기'·'몽둥이' 즉 가마채를 빼서 저항했다.

48 앞서 보았듯이, 이정규가 김응길을 애도하는 「제문」에서는, "너 응길만은 홀로 몸을 날려서 몽둥이로 원수놈을 쳐서…"라고 적었는데, 이는 가수복에게도 해당한다고 생각한다. 가수복이 어떻게 생존하였는지는, 아무 증언도 남아 있지 않으므로 정황상으로 유추할 뿐이다. 해가 진 저녁이라 분별하기 어려웠으므로, 일병은 가수복이 뭇칼질을 당하여 쓰러졌으므로 사망하였다고 판단한 듯하다. "가마꾼인 한 사람이 가마의 막대기를 뽑아 왜놈 한 명을 박살내고 또 죽임을 당했다."는 『매천야록』의 (자료 ㉣)과, "이때 따라가던 노복(奴僕) 2명은 몽둥이를 들어 일병 두 사람을 치자 일병은 머리가 파열되어 즉사하였고 노복도 피살되었다."는 『염재야록』의 (자료 ㉢)에는 일병 하나가 살해되었다고 기록한 데에서는 일치한다. 그러나 가마의 막대기를 하나씩 들고서 무장한 일병들 가운데 하나에게 치명상을 입혔다 함은 과장이라고 생각한다. 이남규의 친족이나 문인들이 남긴 자료에서는 일병이 살해되었다는 기록은 보이지 않는다. 가수복이 생존하였으나, 그 역시 일병들에게 강하게 항거하다가 심하게 난자당하였으며 사경(死境)에서 가까스로 살아났다고 봄이 타당할 듯하다. 앞서 보았듯이, 이남규의 족종 이장직이 이남규를 애도한 「제문」에서 "…공이 돌아가실 당시에 마침 공의 종 한 사람이 거의 죽었다가 다시 살아나서 당시의 정황에 대해 조금이나마 얘기해 주었습니다."라고 말한 구절은, 여기에 참고가 된다.

니겠지만, 현장에서 직접 목격한 사람으로는 가수복이 유일하였으므로, 그가 증언한 바가 실상이라고 생각한다. 이에 따르면, 일군이 먼저 이 남규를 칼로 난자하자, 이충구가 몸으로 막아서다가 함께 피살되었고,[49] 급작스런 참변에 두 교노도 저항하다가 해를 당하였다.

「가장」은 이후의 정황을 다음과 같이 기술하였다.

(자료 ㊈)

그리고 또 말하기를, 온양 사람 유진원(俞鎭元)이 밤에 이곳을 지나다가 이와 같은 변(變)이 있었다는 것을 알고는 홀로 그 시신을 지키고 있었는데, 새벽녘이 되자 검은 구름이 몰려와서 한참 동안 시신을 가리고 흩어지지 않고 있었다고 한다.

그 이튿날 시신을 모시고 집으로 돌아왔는데, 시신의 안색이 조금도 변하지 않았으며 그 늠연(凜然)한 기품이 마치 살아 있는 것과 같았다. 이때 향년(享年)이 겨우 53세였다. 이해 9월 모일에 예산(禮山)의 대술면(大述面) 한곡(閑谷) 모좌(某坐) 언덕에 안장하였는데, 선조(先兆)를 따른 것이다.[50]

참변이 있은 지 하루 지나서 새벽녘에, 유진원은 이남규의 집으로 가서 변고를 알렸고, 그 집의 집사였던 윤판복이 유체들을 수습하여 운구해 왔다. 『삼천백일홍』은 이때의 상황을 다음과 같이 기록하였다.

---

49 이남규의 족종 이장직도 가수복에게 들은 바에 의거해 "아들이 아버지를 살려 주기를 청하였으나 오랑캐는 그 아들마저 해치고 말았다고 하니, 아들의 효성이 참으로 그 정당함을 얻었다 하겠습니다."(子爲父求哀虜又害之子之孝誠得矣)라고 제문에 기록하였다. 『국역 수당집』 3, 236쪽[원문은 위의 책 3, 77쪽].

50 "又言溫陽人俞鎭元夜過其地知有變獨守遺體曉有黑雲來覆屍久而不散翌日奉屍還家顏色猶不變凜然如生時享年厪五十三歲九月 日葬禮山大述面閑谷 坐之原從先兆也" 李昇馥, 「家狀」, 『국역 수당집』 3, 218~219쪽[원문은 위의 책 3, 72쪽].

(자료 ㉓)

…도고산 밑 역말 냇가에서 난도질을 당한 父子와 노복 등 3인의 屍身은 때마침 가을철이어서 콩밭에 버려진 바 되었다.

새끼손가락 하나만 못 찾고 토시와 함께 遺體를 수습하여 禮山으로 운구해 오기까지에는 인근 溫陽에 사는 俞鎭元씨와의 연락과 尹判福이라는 담대한 일꾼의 힘이 미친 결과였다. 俞씨의 연락을 받고 누구도 감히 접근을 꺼려하는 판에,

「힘이 장사인 아버지가 안채에 들어와 〈홋이불 주세요. 곧 모셔 오겠어유〉하고 선뜻 말씀했대유. 그래 文遠(이승복의 차남으로 이남규의 증손 : 인용자)씨 조모가 취전해서 祭物을 장만하고, 또 泰求씨 어른이 쌀을 가지고 가게 해 모셔왔다고 들었지유.」

라고 尹大星씨는 당시 先親(判福씨)을 회고한다. 확인된 것으로는 夏珪[51]·肯馥·尹判福 제씨가 屍身을 모셔와 9일葬으로 모셨다.

家族들에게도 무슨 後患이 미치지나 않을까 해서 낮이면 인근 山으로 피신을 갔다. 昇馥 소년은 멀리 保寧郡 周浦面 舟橋里 소재 李時馥家에 일시 피신해 있다가 4,5일 만에 歸家했다.[52]

일제 관헌들은 이남규 부자와 두 노복을 참살한 이후 모두 사망하였다고 판단하고 시신들을 콩밭에 방치한 채 철수하였다. 시간이 지나 한밤중에 이곳을 지나던 동리 사람 유진원이 참변이 일어났음을 인지하고, 이튿날 새벽녘까지 처참하였던 현장에서 시신들을 지켰다. 그는 날이 지나서 새벽녘에야[53] 이남규 가로 가서 변고를 알렸고, 그 집의 집

---

51 이남규의 종제인 이하규(李夏珪)를 가리킴. 태구는 이하규의 장자임. 『三千百日紅』, 65쪽.
52 『三千百日紅』, 84~85쪽. 『삼천백일홍』에는 '평촌리의 화'를 여러 곳에서 뜨문뜨문 기술하였는데, 83~84, 56~58, 89쪽도 참조 바람.
53 이남규의 삼종형 이장규는 이를 다음과 같이 증언하였다. "그런데도 집에서는 이를 까마득히 모르고 있다가 새벽녘이 되어서야 비로소 변고의 소식을 듣고는

사였던 윤판복이 나서서 유체들을 수습했다.

4. 홍주의병과 '평촌리의 화'

이상에서 '평촌리의 화'를 직접 증언하는 자료들을 정리하였다. 이를 최초로 보도한 『대한매일신보』를 비롯해서, 『매천야록』·『염재야록』 등의 기록을 포함하여, 생존한 노복 가수복과 이남규의 일가친지와 문인들이 증언한 바에 이르기까지 세세한 부분에는 차이가 보이지만, 이남규의 피화(被禍)가 의병 활동으로 말미암았다는 데에서는 모두 일치한다. 연구자로서 이남규와 홍주의병의 관계를 최초로 주목한 이는 홍이섭[54]과 천관우[55]였으며, 김상기[56]와 박민영[57]이 상론하였다. 이를 참고하여 홍주의병과 이남규의 관계를 파악함으로써 '평촌리의 화'를 재조명해 본다.

일제가 형식상의 재판 절차도 거치지 않고 연행 도중에, 이남규가 거부함이 번연할 단발을 수차례 강요하면서 이남규를 서둘러 즉살한 이유는 무엇일까. 후술하겠지만, 1906년 3월 거의한 안병찬(安秉瓚)이 공주

찾아가서 통곡을 하면서 시신을 거두어 돌아왔습니다. 그런데 너무나 처참한 현장의 광경은 차마 눈으로 볼 수 없었습니다."(茫不聞知至曉始乃聞變往哭收還 當場慘絕之狀目不忍覩) 三從兄 章珪, 「祭文」, 『국역 수당집』 3, 252쪽[원문은 위의 책 3, 82쪽].

54 홍이섭, 「수당(修堂) 이남규(李南珪)와 홍주성 전투」, 『나라사랑』 28.

55 천관우, 「수당(修堂)의 민족 정신(民族精神)과 사상」, 『나라사랑』 28. 천관우는 이 논문 '서언'에서, 이남규의 처절한 순국의 정황, 이남규가 홍주성 의병전투에 미친 정신적 영향 등을 홍이섭에게서 처음 들었다고 밝혔다.

56 金祥起, 앞의 논문(1998. 4) ; 金祥起, 「1906년 洪州義兵의 홍주성 전투」, 『한국근현대사연구』 제37집(한국근현대사학회, 2006. 6).

57 박민영, 앞의 논문(2003. 8) ; 박민영, 앞의 논문(2011. 12).

감옥에 수감되었을 때, 이남규는 그를 석방시키려고 노력한 끝에 성사시켰다. 『염재야록』이 일병의 말로써 기술한 바, 이남규가 서울까지 압송되면 석방되리라는 일제의 우려는, 이남규를 구명하려는 움직임이 일어남으로써 충분히 현실화할 수 있었다. 이는 이남규가 안병찬을 구출한 전례로 이미 몸소 보여주었다. 더욱이 이남규는 홍주의병에 참여하였으므로, 그가 홍주의병을 재규합하여 재거할 가능성은 매우 짙었다.

홍주의병이란 현재의 홍성군을 비롯한 충청남도 서부 지역 일대인 홍주문화권 내에서 일어난 의병을 말하며, 1896년과 1906년 두 차례 전개되었다. 1896년 홍주의병은 정부의 개화정책과 일제의 침략 행위에 반대하여 「단발령」이 공포된 직후 봉기하였고, 김복한 등 주도자들이 체포되어 옥고를 치르는 등 탄압을 받았다. 이후 홍주지역의 유생과 민중들은 「을사늑약」에 항거하여 1906년에 의병을 다시 일으켰으며, 일제의 정규군과 홍주성전투를 치열하게 벌였다. 이 홍주성전투는 단일 전투로는 최대의 희생자를 내었지만, 중기의병이 일어난 이래 최대의 전과를 올리면서 의병전쟁을 전국으로 확대·폭발시키는 도화선이 되었다.[58] 1905년 11월 「을사늑약」이 체결된 이후 반일투쟁의 물결이 전국을 휩쓸 무렵, 홍주의병으로 상징되는 충남지방 항일 세력의 정점에는 바로 이남규가 자리 잡고 있었다. 일제가 그를 제거하지 않을 수 없었던 근본 요인이 여기에서 말미암았다.[59]

홍주의병의 개념을 말하였듯이, 홍주지역의 유생들은 홍주문화권(또는 내포문화권)이라는 공동의 지역에서 2차에 걸쳐 반(反)개화·반(反)침략의 의병투쟁을 전개하였다. 제1차 홍주의병(연구자에 따라서는 전기 홍주의병

---

58 金祥起, 앞의 논문(2006. 6), 127쪽.
59 박민영, 앞의 논문(2003. 8), 160쪽.

또는 을미홍주의병이라고도 한다)은 1895년 4월 안창식(安昌植) 등이 광천(廣川)
에서 모병운동을 벌인 데에서 비롯되었다. 이후 을미사변(乙未事變)을 거
치고 「단발령」이 공포되자, 홍주 의진(義陣)은 홍주성을 점령하여 창의
소를 설치하고 김복한을 총수로 추대하였으나, 창의소를 차린 지 하루
만인 12월 4일 김복한·안병찬 등 주도자들이 체포되면서 제1차 홍주의
병은 실패로 끝나고 말았다.[60]

이남규는 제1차 홍주의병에는 관여하지 않았으나, 1906년 민종식을
주장(主將)으로 삼아 일어난 제2차 홍주의병(연구자에 따라서는 중기 홍주의병
이라고도 한다)과 직접 연계하였다. 「을사늑약」이 체결되자 홍주지역의 유
생들도 격분하였고, 1906년 3월 무렵 홍주의병이 다시 결성되는 움직임
이 가시화하였다. 안병찬·채광묵(蔡光黙)·박창로(朴昌魯)·이세영(李世永)
등은 정산(定山)에 거주하는 전 참판 민종식을 총수로 추대하고, 정산군
천장리(天庄里)를 근거지로 하여 1906년 3월 15일(음 2월 21일) 예산군의 광
시(光時)장터에서 봉기의 첫 깃발을 들었다. 그러나 3월 17일 청양군 화
성면(化城面) 합천(合川)에서 일제 군경에게 공격을 받아 안병찬·박창로
등 26명이 체포되어 공주감옥에 갇힘으로써 의진은 와해되고 말았다.
안병찬이 등이 주도한 이 의병운동은 활동 기간이 불과 2·3일에 지나
지 않았으나, 이때 쌓은 활동 경험과 실패의 교훈은 곧이어 전개되는
제2차 홍주의병이 중기의병을 상징할 만큼 강력한 전력과 결집력을 확
보하는 데 크게 이바지하였다.[61]

이남규는 제2차 홍주의병이 예산 광시에서 거의한 때부터 적극 관

---

60 金祥起, 앞의 논문(1998. 4), 661쪽.
61 金祥起, 위의 논문(1998. 4), 662쪽 ; 李恩淑, 「1905~10년 洪州 義兵運動의 硏究」
   (淑明女子大學校 史學科 博士學位論文, 2004. 8), 35~38쪽 ; 박민영, 앞의 논문
   (2011. 12), 113~115쪽.

여·참여하기 시작하였다. 그는 이때 향리에 있으면서도, 홍주의병의
핵심 인물로 공주 감옥에 투옥되어 있던 안병찬을 구명하려고 노력한
끝에 성사시켰다. 이남규는 공주관찰사 서리 곽찬(郭瓚)에게 두 차례에
걸쳐 간절한 서신을 보내어, 의리와 사리에 입각하여 의사들을 석방하
라고 종용하였다. 그는 이 편지에서 안병찬이 을미의병에 참여한 후 감
옥에서 자결까지 기도했던 의리 있는 선비임을 주지시키고, 그를 죽게
해서는 절대로 안되며 그것은 수치라는 뜻을 분명하게 전달하였다. 안
병찬은 이러한 이남규의 노력으로, 민종식이 홍산(鴻山)의 지치(芝峙 ; 현
부여군 내산면 지치리)에서 재기하기 4일 전인 5월 5일 석방되었고 민종식
의진의 참모사로서 다시 종군할 수 있었다.[62]

 안병찬 등이 거사에 실패한 뒤 민종식을 주장으로 하는 홍주의병이
큰 기세로 거의하였다. 민종식은 처남인 이용규(李容珪)와 함께 1906년
5월 9일 홍산 지치에서 다시 의병을 일으켰다. 그는 부대를 정비하고
홍산을 점령한 뒤 서천·비인·광천을 거쳐 결성으로 진군하여 하루를
지내고 5월 19일(음 4월 26일) 홍주로 들어왔다. 홍주의병 1천여 명은 구식
화포 2문을 선두에 내세워 호서의 요충지 홍주성을 포위 공격하여 점
령하였다. 이후 홍주의병은 5월 31일 홍주성이 일본군에게 함락될 때까
지 10여 일 동안, 일제의 히지카타 겐노스케(土方源之助) 경부(警部)를 처단
하는 등 기세를 떨쳤다. 민종식 의진이 홍주성을 함락시키자 신보균·
이식·안항식·김상덕(金商悳) 등 인근의 인사들이 차례로 합세하였고,
의병진에서는 소를 잡아 천제를 지내고 진용을 재정비하였다. 이때 이
남규에게는 선봉장의 직임이 부여되었다

 홍주 일대에서 의병의 활동이 이처럼 활발해지자, 일제는 홍주의병

---

62 金祥起, 앞의 논문(1998. 4), 662쪽 ; 박민영, 앞의 논문(2003. 8), 183~185쪽.

을 탄압하는 데 전력을 기울였다. 이 작전은 한국 침략의 원흉인 통감 이토 히로부미(伊藤博文)가 직접 지휘하였다. 이토는 조선주차군 사령관 하세가와 요시미치(長谷川好道)에게 군대를 동원해 홍주의병을 탄압·해산시키라고 명령하였고, 하세가와는 서울 주재 남부수비대사령관에게 명령하여 홍주의병을 진압할 목적의 군대를 편성하여 현지로 급파하였다. 보병 2개 중대와 기병 1개 소대를 주축으로 한 일본군은 제60연대 제1대대장 다나카 신조(田中新條) 소좌가 인솔하여 기관포 2문을 앞세우고 5월 29일 밤 홍주 부근에 당도하였다. 또 전주수비대 소속의 보병 1개 소대도 동원하였고, 공주와 전주 등지에 주둔하고 있던 일제의 헌병·경찰대도 가세함으로써, 홍주의병을 진압하기 위하여 동원된 병력과 전력의 규모는 실로 대부대였다. 일본군은 5월 31일 새벽 야음을 틈타 대규모 총공격을 가하였고, 의병들도 결사 항전했지만 다수의 희생자를 내고 홍주성을 빼앗기고 말았다. 홍주의병은 치열한 시가전을 결행하면서 방어했으나, 결국 일본군의 막강한 화력에 밀려 많은 사상자를 내면서 처참하게 죽어갔다. 6월 14일 일제의 주차군 참모장이 본국의 참모총장에게 보고한 내용에 의거하면, 총 83명의 의병이 전사·순국하였으며, 모두 154명이 체포되었고 이 가운데 82명이 서울로 이송·수감되었다. 또 유병장 유준근이 체포된 직후 남긴 기록에는 300여 명이 전사하였다고 전하였는데, 이에 의거하면 300명 이상이 전사하였다고 추정된다. 이렇게 홍주의병은 수백 명의 희생자를 내면서 일제의 한국 침략에 강력하게 저항하였으며, 홍주성전투는 의병전쟁 기간 전국 각지에서 벌어진 수많은 전투 가운데 큰 참화를 입은 대표 사례였다.[63]

63 이상에서 민종식을 중심으로 한 홍주성전투는 金祥起, 앞의 논문(1998. 4), 662~663쪽 ; 金祥起, 앞의 논문(2006. 6), 135~155쪽 ; 李恩淑, 앞의 논문, 38~51쪽 ; 박민영, 앞의 논문(2003. 8), 185~189쪽 ; 박민영, 앞의 논문(2011. 12), 116~118쪽.

1906년 5월 19일 홍주성을 장악한 의진이 편제[64]를 새롭게 하였을 때, 이남규는 박영두(朴永斗)와 함께 선봉장에 이름이 올랐으나, 그가 선봉장으로 전투에 참여하여 홍주성에 입성하지는 않은 듯하다. 단 민종식이 부대를 편성할 때 이남규를 선봉장으로 임명하였음은 분명하다. 이는 이남규가 민종식이 거의하자 뜻을 같이 하여 동참하였음을 말해 준다. 후술하겠지만, 민종식이 홍주성전투에서 패한 후 피신하는 중이었을 때, 이남규는 민종식을 자신의 집에 숨겨주면서 함께 재기를 계획하였는데, 이러한 일련의 사실들이 이를 반증한다. (자료 ㉣)에서 보았듯이, 『매천야록』은 "처음에 민종식이 이남규에게 함께 의병을 일으키자고 요청했으나 이남규는 단지 앉아서 힘을 폈을 뿐 끝내 홍주에 들어가지 않았다."고 분명하게 지적하였다. 그러면서도 일진회원이 "이남규를 제거하지 않으면 내포지역에는 편안할 날이 없을 것이다."라고 고자질하였다고 기록하였는데,[65] 이는 이남규와 홍주의병의 연계성이 깊었음을 반영하는 대목이다. 민종식은 의진을 편성할 때 내포지역에서 이남규의 영향력을 기대하고 선봉장으로 임명하였으며, 이남규는 참전하는 행동까지 나아가지는 않았지만 홍주의병에 뜻을 같이 하여 동참하였다.[66]

홍주성전투에서 패퇴한 민종식은 참모들과 함께 일본군의 삼엄한 경

홍주성전투에서 의병들이 입은 피해 상황은 연구자들마다 다르게 제시하였는데, 본문에서는 김상기의 견해에 따라 서술하였다.

64 홍주의병의 편제는 金祥起, 앞의 논문(2006. 6), 139쪽의 '〈표 1〉 홍주의병 편제 비교표'에, 대장 민종식부터 돌격장 남계원(南啓元, 남규진을 가리킴)·안병림(安炳琳)·곽한일(郭漢一)에 이르기까지 상세하게 정리되어 있다.

65 (자료 ㉤)에서 보았듯이, 『염재야록』도 『매천야록』과 거의 동일한 논지로, "공은 비록 홍주(洪州)에서 의병과 합류하지 않았지만 의병에게 많은 도움을 주었다."고 서술하면서, "이남규를 제거하지 않으면 호서지방이 편안하지 않을 것이다."라고 무고당한 사실을 기록하였다.

66 金祥起, 앞의 논문(1998. 4), 663쪽 ; 박민영, 앞의 논문(2003. 8), 185~186쪽 ; 박민영, 앞의 논문(2011. 12), 119쪽.

계망을 뚫고 탈출하는 데 성공하였다. 이전 합천전투에서 그러하였듯
이, 민종식의 참모들은 민종식을 탈출시킴으로써 재기를 도모하고자
하였다. 위당(爲堂) 정인보(鄭寅普)는 이러한 처사를 "적이 옴을 듣고 달려
죽음을 면한 자가 민종식이다. 이를 불가불 기록하여 후세에 알린다."
(聞敵跳免者曰閔宗植 此不可不書以示後)라고 신랄하게 비판하였으나, 의병장 민
종식이 홍주성에서 장렬하게 산화하지 않고 후일을 도모함으로써 예산
의병이 재기하는 구심점이 될 수 있었다.[67]

  홍주성이 일제 군경에게 함락된 이후, 살아남은 의병들은 인근 각지
로 분산 탈출하였다. 이들은 도처에서 재거하기 위한 노력을 경주하면
서 소규모의 의진을 다시 편성하여 항일전을 벌였는데, 분산된 홍주의
병이 재기하는 과정에서 구심점이 된 인물이 이남규와 그의 사촌이었
던 이용규였다. 민종식의 처남이기도 하였던 이용규는, 1906년 7월에
청양군 축치(杻峙)에서 의병 4백여 명을 재집결시킨 뒤 부여(扶餘)·노성
(魯城)을 지나 연산(連山) 부흥리(富興里)에서 일본군을 만나 교전하였으나,
훈련 부족과 화력의 열세로 패하였고, 간부들은 피체되거나 순국하고
말았다. 이후 이용규는 8월과 9월에도 연이어 거병을 시도하면서 실패
를 거듭하였으나, 이 과정에서 조직력·투쟁력 등을 발전시켜 나갔다.
  1906년 10월경(음력 9월) 이용규는 예산군 한곡(현 대술면 상항리)에 있던
이남규의 집으로 찾아가서 민종식 등을 만나 재기항전을 재차 도모하
였다. 이남규는 이미 홍주의병과 밀접한 관계를 맺고 막후 지원자의 구
실을 자담하였으므로, 홍주의병이 패산 후에도 중심인물들과 부단히
연락을 취하면서 재거를 모색하고 있었다. 이남규의 집에는 피신 중이
던 민종식을 비롯하여 이용규·곽한일·김덕진(金德鎭)·박윤식(朴潤植)·

---

[67] 金祥起, 앞의 논문(2006. 6), 144~145쪽.

박창로 등의 의사들이 집결하였고, 이들은 민종식을 다른 곳에 숨겨 놓고 이남규의 집에 수일 동안 머물면서 상의를 거듭하였다. 이렇게 민종식과 이용규 등 홍주의병의 중심인물들은 이남규의 후원하에 재기를 도모하면서, 대장에 민종식, 중군장(中軍將)에 황영수(黃英秀)·정재호(鄭在鎬), 운량관(運糧官)에 박윤식, 참모에 곽한일·이용규·김덕진 등으로 지휘부를 편제하였다. 여기에는 이남규·박덕일(朴德一)·박창로·이세선(李世善)·윤병일(尹炳日)·윤필구(尹弼求)·조희수(趙羲洙) 등도 참여하였는데, 이들은 대개 민종식과 관계가 돈독한 인물들이었다. 재편성된 홍주의병의 지휘부는, 예산 관아를 공격하여 활동의 근거지로 삼기로 하고 11월 20일을 거사일로 정하였다.

그러나 일진회원이 이 거사 계획을 일제에 밀고함에 따라, 동년 11월 17일(음력 10월 2일) 새벽 일본 헌병 10여 명과 지방병 40여 명, 일진회원 수십 명이 출동하여 재편성된 홍주의병의 지도부를 포위·습격하였다. 이때 이남규·이충구 부자를 비롯하여, 곽한일·박윤식·이석락(李錫樂) 등 몇몇 주모자들이 체포되었고, 피신하던 민종식도 11월 20일에 피체됨으로써 홍주의병이 예산에서 거의하는 계획은 다시 좌절되었다.[68]

여기서 11월 17일 체포를 면한 민종식의 거취가 어떻게 일제 군경에게 드러났느냐 하는 문제를 검토할 필요가 있다. 이와 관련하여 김상기는 "민종식은 미리 신창군 남상면의 성우영(成祐永) 집으로 대피하였는데, 이충구가 고문 끝에 간 곳을 말하였다. 그러나 민종식은 다시 공주 탑곡리 쪽으로 피신한 후였다. 일본경찰대는 신창에서 김덕진과 신창규(辛昌圭)를 체포하여 고문한 끝에 신창규로부터 민종식의 은신처를 알

---

68 이상에서 홍주의병의 재봉기 계획은 金祥起, 앞의 논문(1998. 4), 663~664쪽 ; 金祥起, 앞의 논문(2006. 6), 152~155쪽 ; 李恩淑, 앞의 논문, 53~56쪽 ; 박민영, 앞의 논문(2003. 8), 187~189쪽 ; 박민영, 앞의 논문(2011. 12), 118~121쪽.

게 되어 결국 11월 10일 민종식이 체포되어 공주부에 잡혀갔다."고 서
술하였다.[69] 이 견해에 따르면, 이충구·신창규 양인이 고문을 견디지
못하여 민종식의 거취를 누설하였다.

홍주의병사 연구에 기초 자료로 활용되는 두 개의 「의사이용규전」(義
士李容珪傳)[70]을 종합하여 판단하면, 11월 17일 피체된 홍주의병의 지도부

69 김상기가 인용한 자료는 "성덕기, 「의사이용규전」(독립운동사자료집 2, 333쪽)"
이었다. 金祥起, 앞의 논문(2006. 6), 153쪽. 그런데 본문에서 소개한 김상기의
견해는, 동일한 자료를 전거로 "이남규·이충구 부자도 함께 체포되어 공주감옥
에서 온갖 악형을 당하였다. 이때 이충구는 일병의 구타에 혓바닥을 깨물면서
도 민종식의 거취를 말하지 않았다."는 기존의 견해[金祥起, 앞의 논문(1998. 4),
664쪽]를 수정한 서술이었다. 김상기는 이후 다른 논문에서 "그러나 일진회원의
밀고로 11월 17일 새벽에…이남규·이충구 부자도 함께 체포되어 온갖 악형을
당하였다.…민종식은 미리 신창군 남상면의 성우영 집으로 대피하였다가 다시
공주 탑곡리 쪽으로 피신하였다. 일본경찰대는 신창에서 김덕진과 신창규를 체
포하여 고문한 끝에 민종식의 은신처를 알게 되어 결국 민종식은 11월 20일 체
포되어 공주부에 잡혀갔다."라고, 기존의 서술을 또 다시 수정하였다. 김상기,
「한말 충남지역의 항일의병전쟁」, 『충청문화연구』 제12집(충남대학교 충청문화
연구소, 2014. 6), 16~17쪽. 김상기는 이곳에서는 "이충구가 고문 끝에 간 곳을
말하였다."라고 종전에 서술하였던 구절을 삭제하고, 김덕진 1인을 더 적시하
여, 민종식의 은신처를 제공한 이로 김덕진·신창규 2인을 들었다. 한편 박민영
은 『三千百日紅』, 56, 83~84쪽을 전거로 "함께 끌려갔던 수당의 아들 이충구(李
忠求)는 하룻밤 사이에 세 차례나 흉형을 당했지만, 민종식의 거처를 끝내 발설
하지 않았다고 한다."고 일관되게 서술하였다. 박민영, 앞의 논문(2003. 8), 189쪽
; 박민영, 앞의 논문(2011. 12), 121쪽.

70 「병오(丙午)년에 공주(公州)를 거쳐 경성 경시청(京城警視廳)·일본 사령부(日
本司令部)·평리원(平理院) 등에서 조사 재판(裁判)한 문답」(앞으로 「재판 문답」
으로 줄임), 독립운동사편찬위원회 엮음, 『獨立運動史資料集-義兵抗爭史 資料
集』第2輯(1971년 초판, 1984. 9 고려서림 복간), 318~319쪽과 「의사 이 용규전
(義士李容珪傳)〈2〉」, 『獨立運動史資料集』第2輯, 333~334쪽[원문은 「丙午 公州
京城警廳 日本司令部 平理院 裁判問答」, 위의 책, 824쪽과 「義士 李容珪傳 貳」,
위의 책, 829쪽]에 1906년 10월 홍주의병 재거 회합과 피체 과정이 기록되어 있
다. 「재판문답」은 이진구가 엮어 간직했다는 「의사 이용규전」의 첫 머리에 포
함되어 있는데, 기존 연구자들은 이 자료도 「의사 이용규전」에 포함시켜 인용
하였다. 「재판 문답」에는 홍주의병이 이남규의 집에서 회합한 때를 '9월 보름
께'(九月望間)으로, 「의사 이용규전〈2〉」는 '9월 그믐'(九月晦日)으로 달리 기록

는 당일 예산주차소로 연행되었다가 곧 공주부로 압송되었다. 이 과정
에서 일제 군경은 민종식의 거취 등을 파악하기 위하여 피체자들을 결
박하고 때리며 온갖 악형을 가하였다. 이용규의 경우만을 예로 들면,
"머리뼈가 부숴지고 갈빗대가 부러지며 이가 빠졌으나 죽기를 무릅쓰고
가리켜 주지 않았다."(而李容珪 頭骨破碎 折脇落齒 抵死不指). 이러한 고문은 이
남규·이충구 부자에게도 예외는 아니었다. 「재판 문답」은 이용규가 고
문당한 내용에 이어서, 이남규 부자의 상황을 다음과 같이 기록하였다.

  (자료 ㉠)
  그들은(일본 군경을 가리킴 : 인용자) 이남규(李南珪) 부자를 어지러이 매
질했으나 끝내 말하지 않았다.
  그 아들 충구(忠求)가 혀를 깨물고 말하지 않아 목숨이 위태로운 것을 보
고 말하기를,
  "민 종식(閔宗植)이 의리를 좇아 절개를 세우는 것은 그 이치가 당당(堂
堂)한 바가 있지만, 충구(忠求)의 형(刑)을 받아서 목숨을 끊은 것은 그 명목
(名目)을 댈 데가 없느니라."
하니, 이에 그 거취(去就)를 말하였다. 이리하여 민종식(閔宗植)과 김 덕진
(金德鎭)도 역시 동시에 잡혀서 공주부(公州府)에 이르러 보니 황 영수(黃英
秀)는 벌써 이미 잡혀 갇혀 있었다.[71]

  위의 인용문에는, 민종식의 거취를 발설한 인사의 이름이 없는데, 이
충구가 발설하였다고 해석함은 무리라고 생각한다. 이충구는 목숨이

하였으나, 이남규 등이 체포된 날짜는 10월 2일로 동일하게 기술하였다.
71 "又掌李南珪父子 亂杖打擊 固辭不道 見其子忠求之嚼舌致厄 曰閔宗植之就義立
節 理所堂堂 忠求之受刑致命 名不可據 乃言其去就 閔宗植 金德鎭 亦同時被捉
因到公州府 黃英秀 業已被囚…"「재판 문답」,『獨立運動史資料集』第2輯, 319쪽
[원문은 위의 책, 824쪽].

위태로울 정도로 매질을 당하였어도 혀까지 깨물면서 끝내 말하지 않았는데,[72] 그가 일본 군경이 회유하는 말에 설득을 당하여 민종식의 거취를 발설했다고 보기는 어렵다. 그렇다면 일제 군경이 이충구가 치명 상태임을 이유로 들어서, 피체된 다른 의사를 회유·설득하였다고 봄이 타당하다. 이와 관련하여 「의사 이용규전〈2〉」의 다음 기록이 주목할 만하다.

(자료 Ⓔ)

이리하여 초 2일 미명(未明)에…의사(義士, 이용규를 가리킴 : 인용자)가 맨 먼저 잡혔고, 동지(同志) 곽 한일(郭漢一)·박 윤식(朴潤植)·이 석락(李錫樂) 등 몇 사람이 역시 잡히고, 이 참판(李參判) 부자도 함께 잡혀서, 그날로 여러 사람을 예산 주차소(禮山駐箚所)로 묶어다 놓고 위엄을 돋우어 꾸짖어, 민 종식(閔宗植)의 간 곳을 묻고 악형(惡刑)을 무수하게 했으나, 의사(義士)는 꾸짖는 말이 끊어지지 않았다.…(이하 이용규가 고문 당한 내용임 : 인용자)…

또 이 참판(李參判) 부자를 잡아다가 그 아들 충구(忠求)를 몹시 때리니 심지어 혓바닥을 깨물었다.

3일이 지난 뒤에 김 덕진(金德鎭)과 신 창규(辛昌圭)가 동시에 잡혀서 신 창규(辛昌圭)의 입으로 민 종식(閔宗植)의 간 곳을 말하니, 성 우영(成佑永)과 동시에 잡혀 공주부(公州府)로 갔다.[73]

---

72 홍이섭은 "이 때 일경들은 수당 부자에게 민 종식의 거처를 물었다. 그러나 끝내 대답하지 않았다. 그래서 몽치로 치니 골이 깨어지고, 이가 모두 부러지고, 몸이 모두 터졌다. 여기서 아주 악형을 당했다. 아들은 이 때 왜경들이 매질을 하자 혀를 깨물어 끊었다."고 다소 과장해서 기술하였다. 홍이섭, 앞의 논문, 58쪽. 홍이섭의 글은 학술 논문이 아니므로 일일이 전거를 밝히지는 않았지만, 앞서 본 두 개의 「의사이용규전」이 기록한 바 이용규가 당한 고문을, 이충구도 동일하게 겪었으리라는 추론에 근거한 듯하다.

73 "初二日未明…義士 始被禽 同志郭漢一 朴潤植 李錫樂 幾人 亦被禽 李參判父子 俱被禽捉 卽日 露縛諸人於禮山駐箚所 盛威喝問 閔宗植去就 惡刑無數 義士 罵

위의 기록에 따르면, 이충구는 온갖 악형을 견뎌내고 혀를 깨물기까지 하면서 민종식의 행방을 끝내 말하지 않았으며, 신창규가 발설하여 민종식이 체포되었다. 『삼천백일홍』은 이남규 부자가 모진 고문을 감당하면서 민종식의 거취를 발설하지 않았음을 "잡혔을 때 군하(郡下)에서 공(이남규를 가리킴 : 인용자)의 아들 충구씨는 공의 앞에서 민공(民公, 민종식을 가리킴 : 인용자)을 찾아내라 하여 하룻밤 사이에 세 차례나 흉형을 당하였으나 공은 아들을 일러 준엄히 거절시켰다."고 서술하였다.[74] 「재판 문답」이나 「의사 이용규전〈2〉」는 김덕진·신창규 의사가 고문당한 사실을, 이들의 이름을 직접 거론하면서 언급하지 않았으나, 피체된 의사들이 흉형을 당하였음은 이미 충분히 기록해 둔 터였다.

민종식의 거처가 어떻게 발각되었느냐는 문제보다도 본질은, 이남규 부자가 무슨 이유로 일제 군경에게 연행되었고, 왜 끝내는 참살당하였느냐 하는 데 있다. 이와 관련하여 「가장」은 "병오년(1906, 광무 10)에 홍양(洪陽)의 의병장 민종식(閔宗植)이 우리 집을 지나다가 들러서 묵게 되었다. 그런데 저들 무리들이 부군께서 뒤에서 이를 책동하는 것으로 의심을 하고는 부군을 공산(公山, 공주 公州) 감옥에 가두어서 유폐시켰는데, 순월(旬月) 만에 비로소 풀려나 돌아왔다."[75]고 짧게 기록하였다. 여기에는 고문 여부는 언급하지 않은 채, 이남규가 당한 참화가 민종식을 은닉시켜 준 데에서 발단하였음을 기술하였을 뿐이나, 이는 '평촌리의 화'가 일어날 당시 이남규의 문중 사람들과 제자들도 이미 주지하던 사실

不絕口…又掌李參判父子 亂擊子忠求 至嚼舌 居三日 金德鎭 與辛昌圭 同時被捉 辛昌圭 口招發閔宗植去處 與成佑永 同時被禽 上公州府 「의사 이용규전〈2〉」, 『獨立運動史資料集』 第2輯, 333~334쪽[원문은 위의 책, 829쪽].

74 『三千百日紅』, 84쪽.

75 "丙午洪陽義師閔宗植歷宿于家彼輩疑公運籌幽囚公山獄旬月始解還" 李昇馥, 「家狀」, 『국역 수당집』 3, 217~218쪽[원문은 위의 책 3, 71쪽].

이었다.[76]

이렇게 이남규 부자는 예산주차소를 거쳐 공주 감옥에서 온갖 악형을 견뎌내고 보름여 만에 석방되었다.[77] 이후 이남규는 형독(刑毒)을 다스리며 요양하였으나, 쇠망해 가는 국운을 지켜보면서 몸과 함께 의기마저 침체해 버렸다. 이장규는 이남규가 공주 감옥에서 풀려난 뒤의 심신 상태를 "이때 그대는 그 기운이 저상(沮喪)하고 병이 들어서 방 안에만 들어앉아 있으면서 도무지 세상의 삶에 대한 생각이 없어졌습니다."

---

76 이를테면 이남규의 문종제가 지은 제문에는 "그 뒤에 의사(義士) 민종식(閔宗植)이 도망하여 몸을 의탁하여 왔을 때에 공이 그를 숨겨주었는데, 이 때문에 일본의 도적들이 들이닥쳐 집을 수색하면서 위협하고 윽박질러 장차 화를 예측할 수 없었습니다. 그런데도 공은 정색을 하고 말하기를, '이 사람은 조정에서 함께 지낸 나의 옛 친구로서, 한 나라의 의로운 선비이다. 이러한 그가 위급한 일을 당해서 찾아왔으니, 어찌 숨겨주지 않을 수 있단 말이냐.'고 하면서 굽히지 않고 도적들을 꾸짖었습니다. 결국 붙잡혀 가서 감옥살이를 하는 욕을 당하였으며, 오랜 뒤에야 풀려나 돌아왔습니다."(其後義士閔宗植亡命來投公爲之藏匿外寇來索威脅困迫禍將不測公正色日此人吾同朝故友一國義士也有急而來安敢不藏罵賊不屈竟被俘囚之辱久而旣還)고 당시의 정황을 상세히 떠올렸다. 文從弟, 「祭文」, 『국역 수당집』 3, 231쪽[원문은 위의 책 3, 76쪽]. 뒤에서 인용할 삼종형 이장규가 지은 제문에도 이남규가 민종식을 은신시켰으므로 고초를 겪었다고 기술하였다.

77 「가장」에 따르면, 이남규 부자는 '순월' 만에 풀려났다. 『삼천백일홍』도 부자가 구금되었던 기간을 명확히 하지 않고 "공산(공주) 왜(倭)사령부에 유수(幽囚)시켰으나 수순후(數旬後)에 풀려 나왔다."고 모호하게 서술하였다. 『三千百日紅』, 83쪽. 그런데 삼종형 이장규가 지은 제문에는 당시의 정황을 다음과 같이 떠올리면서 '보름 만'이라고 밝혀 적었다. "시랑(侍郎) 민종식(閔宗植)이 의병을 일으켜서 적을 치다가 힘이 부치는 바람에 싸움에 패했는데, 막상 달아나서 몸을 숨기려 하자 형편이 곤란하여 의탁할 곳이 없었습니다. 이에 참담한 모습으로 그대를 찾아오니, 그대는 의리상 거절할 수가 없어서 개연(慨然)히 그를 받아들여 숨겨 주었던 것입니다. 이 때문에 그대는 일인들에게 붙잡히어 공주(公州)로 끌려가서 온갖 고초를 겪다가 보름 만에야 풀려나 돌아왔는데,…"(閔侍郎宗植擧義討賊力屈敗績避身避匿窮蹙無依躑屬來投義不可拒慨然保納由此而被執於日人驅去錦上備經困厄一望解還). 三從兄 章珪, 「祭文」, 『국역 수당집』 3, 251~252쪽[원문은 위의 책, 82쪽].

라고 기록하였다.[78]

해가 바뀌어 1907 정미년, 일제가 대한제국의 내정까지 완전히 장악하고 군대까지 해산함으로써, 대한제국은 사실상 일제의 식민지로 전락하였다. 일제는 헤이그 밀사사건(1907년 7월)을 빌미로, 고종 황제를 강제로 퇴위(1907년 7월 19일)시킨 데 이어, 순종이 즉위한 4일 후인 7월 24일 이른바 「정미7조약」(丁未七條約 ; 한일신협약, 제3차 한일협약)과 「부수각서」(附隨覺書)를 강행하였다. 이로써 일제는 사법권을 포함하여 대한제국의 내정을 완전히 장악하고, 군대까지 해산할 근거를 마련한 뒤, 마침내 7월 31일 군대를 해산하는 조칙(詔勅)을 비밀리에 발표하였다. 1907년 8월 1일 대한제국의 군대는 이렇게 강제 해산되고 말았다.

고종이 퇴위당하고 군대까지 강제 해산당하자, 일제의 노골화한 국권침탈에 저항하여 의병항쟁이 다시 드세게 일어나기 시작하였다. 후기의병이라 불리는 한민족의 항쟁이 전국에 걸쳐 확산되었고, 말 그대로 방방곡곡에서 의병 항쟁이 전개되었다. 그리하여 한국 내의 모든 산과 들이 의병과 일본 군경이 싸우는 전장(戰場)이 됨으로써 의병전쟁이라 일컫게 되었다. 비록 1910년 8월의 일한병합을 전후하여 국내의 의병들은 위축되었지만, 3·1민족운동이 일어나던 무렵까지 의병항쟁의 불길은 꺼지지 않았다.[79]

이러한 의병항쟁은 충남의 홍주지역에서도 예외가 아니었다. 홍주성 전투에서 탈출한 홍주의병들은 이후에도 부여·정산·당진 등지로 흩어져 산발 형태로 의병투쟁을 지속하였다. '평촌리의 화'가 발생하기 직전까지의 상황을 보면, 이남규가 왜 연행 도중 피살되었는지를 충분히

---

[78] "氣沮病蟄了無生意又". 三從兄 章珪, 「祭文」, 『국역 수당집』 3, 252쪽[원문은 위의 책, 82쪽].
[79] 홍영기, 『한말 후기의병』(독립기념관 한국독립운동사연구소, 2009. 8), 3~19쪽.

확인할 수 있다.

홍주성전투에서 우군관(右軍官)으로 활약한 홍순대(洪淳大)는, 1906년 11월 초 부여군 은산면(恩山面)에서 80여 명을 규합하여 의병을 재기하였다. 1906년 겨울 부여에서는 3백여 명의 의병이 일어나 옥문을 부수고 투옥된 의병들을 석방하였다. 비인·판교(板橋)·홍산 등지에서도 의병이 일어났고, 남포(藍浦) 성문에는 '의병대장 송(宋)'이라는 이름으로 격문이 내걸렸다. 격문은 일제의 앞잡이 노릇을 하는 관원들 즉 남포군수 이철규(李哲圭)를 처단하라고 요구하면서 각 면의 면장과 세무주사에게 경고한다는 내용으로, 1907년 1월 19일과 2월 1일에 걸쳐 두 차례 게시되었다.

한편 청양의 안병찬과 박창로, 면천의 이만식(李晚植), 서산의 맹달섭(孟達燮), 전라도 출신인 강재천(姜在天) 등도 홍주성전투 후에 충청도와 경기도 일대에서 항쟁을 지속하였다. 이만식은 면천의 한진(漢津) 출신으로 1906년 홍주의병에 가입하여 유격장으로 홍주성전투에 참전하였다. 그는 홍주성전투 후 박창로·강재천 등과 함께 정산의 칠갑산에 근거지를 두고 활동하였다. 그는 칠갑산전투에서 일본수비대와 격전을 벌였으며, 1907년 1월 말경에는 맹달섭과 김광옥(金光玉) 등 의병들과 함께 부여군 일세촌(日勢村)의 일본인 가옥을 공격하여 일본인 3명을 사살하였다. 그 후 그는 일본군의 추격을 받아 경기도 일대와 충청남도 당진 지역을 중심으로 활동하였다. 맹달섭은 1906년 홍주성전투에서 북문수비대장으로 일본순사 히지카타(土方)를 죽이는 등 전과를 올렸으며, 박창로는 1895년 홍주의병부터 안병찬과 함께 크게 활약한 인물이었다. 서산군 성연면(聖淵面) 명천리(鳴川里)에 거주하던 맹달섭은 1907년경부터 1909년에 이르기까지 청양·정산·공주를 근거로 하여 대흥군·부여군에 걸쳐 의병을 일으켰다. 그는 일본군에게 추격을 받자 경기도로 피신하여 죽산(竹山) 일대에서 경기 의병과 함께 활동하다가, 다시 당진 인근의 도서 지방으로 옮겨 활동하였다. 그는 1907년 6월 17일(음력 5월 7일) 당진주재소를 공격하여 일본인 순사를 사살하였다.

1907년 8월 군대해산 후 충남지역에서 봉기한 후기의병 가운데에는 당진군 고대면(高大面) 출신인 정주원(鄭周源)의 활동이 돋보였다. 그가 육군 장교였는지 여부는 확인되지 않으나, 대한제국 군대가 강제 해산당한 직후인 1907년 8월 죽산(현 경기 안성시 이죽면 죽산리)에서 곧바로 의병을 일으켰다. 처음에는 서용범(徐用凡)에게서 권유를 받고 그의 부대에 가입한 뒤, 부장으로 100~150명을 인솔하여 일본군 수비대를 격파하였다. 이후 정주원은 용인군(龍仁郡) 굴암(窟巖) 등지에서 의병을 초모(招募)하고 경기도 죽산·양지(陽智)·수원·안성 지역과 충청도 당진·서산 등지를 배로 이동하면서 활동하였다. 1907년 8월 25일에는 안성에서 의병 모임에 참석하였고, 8월 29일 일본군과 교전하였으며, 9월 이후에도 죽산과 양지 지역에서 활동을 계속하였다. 11월에는 한진에서 배를 타고 고온포(古溫浦)에 건너가 충청도의 당진과 서산 일대에서 활동하였다.[80]

충남지역의 후기의병은 1907년 7~8월과 1908년 봄에서 여름까지 집중해서 일어났다.[81] 이와 같이 홍주지역에서 의병들이 재기하는 움직임이 도처에서 일어나자, 일제가 불안을 느꼈고, 지역의 중요 인물들에게 감시와 탄압을 강화하여 나갔음은 번연한 일이었다. 이남규의 피화가 이의 하나였음은 곧이어 김복한을 탄압한 데에서도 충분히 확인된다.

---

80 이상에서 홍주성전투 이후 '평촌리의 화'가 발생하기까지 충남지역에서 봉기한 후기의병은 김상기, 앞의 논문(2014. 6), 17~28쪽 ; 李恩淑, 앞의 논문, 53~56, 76~79쪽에 의거하여 서술하였다.

81 충남지역의 후기의병은 1909년 이후 급격히 쇠퇴하였으며, 1910년부터는 일본군에게 철저하게 탄압을 받아 활동상을 찾아보기 어려울 정도로 소멸되어 갔다. 이러한 면에서 후기 충남의병은 다른 지역과 달리 고조기라기보다는 오히려 쇠퇴기 또는 독립군으로 전환하는 시기였다. 김상기, 앞의 논문(2014. 6), 28쪽.

이남규와 김복한이 당한 참화와 고초는 동일선상에 있었다.

1906년 11월 민종식이 이남규의 도움을 받아 재기를 꾀하다 체포될 때, 김복한도 민종식과 함께 의병을 계획하였다는 혐의로 일본군에게 체포되어 공주감옥에 구금되었다가, 한성경무청으로 이송·구금되어 경무보좌관(警務補佐官) 이와이 게이타로(岩井敬太郎)에게 공초(供招)를 받았다. 그는 이해 11월 말에 풀려났으나, 다음해인 1907년 10월 13일 보령군의 순사보조원 2인과 순검 1인에게 또 다시 체포되어 보령군의 관노청(官奴廳)에 구금되었다. 죄명은 민심선동죄였다. 김복한이 공주 감옥으로 이송하는 도중 조현(槽峴)에 이르자, 보조원 2인은 그에게 의병의 소재지를 대라며 구타하고 끝내는 총을 쏘며 위협까지 하였다. 다행히 한인 순검 정원조(鄭元朝)가 총대를 밀쳐서 탄환이 빗나갔으므로, 그는 목숨을 건질 수 있었다.[82]

이남규와 가까웠던 족친과 문인들이 증언하는 바에 의거하여 정황을 유추하면, 일제 군경에게 고초를 겪은 이후 칩거하던 이남규는, 가파르게 기우는 국망과 민족사를 수호하려는 움직임을 함께 지켜보면서 재거를 다짐하였다. 이남규의 삼종형인 이장규는 이남규가 순국하기 직전의 상황을 다음과 같이 적었다.

(자료 ㅍ)

또 금년에 저 칠적(七賊)들이 새로운 조약(條約, 丁未七條約)을 맺었을 때

---

82 김복한은 1907년 10월 22일 풀려한 뒤, 12월에 충주군 결성면 산수동(山水洞)으로 이거하여 자정(自靖)의 길로 들어섰다. 그러나 이때의 일로 인해, 그는 중풍에 걸려 밥을 먹고 책을 넘기는 일도 어렵게 되었다. 金祥起, 「金福漢의 學統과 思想」, 『韓國史硏究』 88(韓國史硏究會, 1995. 3), 84쪽 ; 金祥起, 「金福漢의 洪州義兵과 파리長書 運動」, 『大東文化硏究』 第39輯(成均館大學校 大東文化硏究院, 2001. 12), 347~349쪽.

에는 온 나라의 여론이 들끓었습니다만, 일을 도저히 어떻게 할 수 없게 되자 드디어 정의의 군대가 사방에서 일어나서 저들 왜놈들과는 같은 하늘을 이고 살지 않기로 맹세를 하였습니다.

  아, 그런데도 저 나라를 팔아먹으려는 무리들은 더더욱 시기심을 일으켜서 완악(頑惡)한 저희들의 괴수를 부추기니, 수십여 명의 떼거리들이 병기를 들고 그대의 집에 들이닥쳤습니다. 그리하여 그대들 부자가 함께 붙잡혀…[83]

이장규는 이남규의 참화가, 「정미7조약」 이후 정미의병이 봉기하였고, '매국배'(賣國輩)가 이를 우려하는 일제를 주족함으로써 발생하였다고 생각하였다. (자료 ◎)의 첫머리에서 확인하였듯이, 이남규의 문종제 이정규가 지은 제문도, 일제는 이남규가 1907년 봉기한 의병들에 합세함으로써 의진이 확대되는 사태를 염려하였고, 이것이 이남규가 참화를 당한 이유였음을 분명하게 지적하였다.

이장규나 이정규에게서 보듯이, 이남규의 친인척과 지인들은, 민종식 의병이 패산한 뒤 정미년 들어 전국에서 의병이 재거하자, 일제와 야합한 일진회 등 매국노들이 이남규를 꼭 집어 제거하려 한 데에서 '평촌리의 화'가 발생하였다고 믿었다. 이러한 상황 판단은 『매천야록』과 『염재야록』까지 이어졌다.

5. 맺는말

1907년 7월 「정미7조약」이 체결됨으로써 대한제국은 사실상 일본의

---

[83] "又於今年七賊之協約新條舉國與之事不可爲則義旅群起誓群不與日戴天 噫彼賣國輩尤生猜疑指喉頑酋數十餘名指兵突入父子被執…" 三從兄 章珪, 「祭文」, 『국역 수당집』 3, 252쪽[원문은 위의 책, 82쪽].

식민지가 되었다. 고종이 퇴위를 강요당하고 대한제국의 군대도 강제
해산되자, 전국에 다시 의병이 봉기하였다. 1906년 11월 민종식이 체포
된 뒤 홍주의병은 구심점을 잃은 듯하였으나, 이후에도 산발 형태로나
마 항쟁을 지속하던 터였다. 일제는 수차례 반복하여 제거하였던 홍주
의진이 또 다시 재기할까 우려하였다. 이남규는 내포지역에서 영향력
이 컸고, 제2차 홍주의병에도 깊숙이 관여하였으므로, 이는 충분히 현
실화할 수 있는 일이었다. 일제는 이 지역의 주요 인물들을 감시하던
중, 이남규와 홍주의병의 연계를 차단할 목적에서 그를 제거하고자 하
였다. '평촌리의 화'가 발단한 배경이자 원인이었다.

마침내 1907년 9월 26일(음력 8월 19일) 일제 군경과 일진회원 등 수십
명이 이남규의 집을 급습하였다. 이들은 이남규에게 단발로써 귀순하
였음을 보이라고 협박하였고, 그가 불응하자 결박하여 연행하려 하였
다. 이남규는 "선비는 죽일 수는 있어도 욕보일 수는 없다"고 일병들을
호통치면서 견여에 올랐다. 부친이 일본군에 끌려가자 아들 이충구가
배행하였고, 김응길·가수복 두 가노가 가마를 메고 따랐다. 애초 일병
들은 이남규를 살해할 작정이었으므로 일부러 천천히 이동하였고, 연
행 도중에도 이남규에게 단발을 계속 강요함으로써 참살할 빌미를 쌓
았다. 온양의 평촌 냇가에 이르렀을 때는, 이미 날이 저물어 어두웠고,
인가가 전혀 없어 주위에는 목격할 사람도 없었다. 참변은 술시 무렵에
인적도 없는 곳에서 일순에 일어났다. 일병은 이남규가 장차 의병을 일
으킬 가능성을 따지면서 단발하여 투항하든가 죽음을 택하라고 협박하
였다. 이남규는 여러 차례 호통을 치면서 단발을 거부하였고, 이제 거
의할 의사까지 내비치자, 일병들은 곧바로 그에게 칼을 휘둘렀다. 그는
이를 손으로 막으며 저항하였으므로 손가락이 모두 잘려나갔고 온몸이
난자당한 채 피살되었다. 아들 이충구는 부친의 몸을 감싸며, 자신을

대신 죽이라고 소리치며 저항하다가 부친에 이어 순국하였다. 가마를 메고 수행한 김응길·가수복 두 교노는, 두 부자의 목숨을 구하기 위하여 가마채를 끄집어내어 일병들에게 항거하다가 역시 온몸이 난도질을 당한 끝에, 김응길은 이남규·이충구와 함께 순절하였고, 가수복은 가까스로 목숨을 유지해 이날의 참상을 세상에 증언하였다. 이상이 가수복이 전한 '평촌리의 화'의 실상이었다.

난도질당한 3인의 시신은 평촌 냇가 근처 밭에 방치되었는데, 인근에 살던 유진원이 한밤에 그곳을 지나다가 발견하고 다음날 새벽녘까지 이를 지키다가 이남규의 가족에 알렸다. 가족들은 날이 바뀌어 새벽녘에야 변고를 알았고, 그 집의 윤판복이 앞장서, 이남규의 새끼손가락 하나만 찾지 못하고 피 묻은 토시와 함께 유체 세 구를 수습하여 예산 집으로 운구해 왔다.

이남규의 장손 이승복과 막역지우였던 안재홍은, 당시 16세의 소년으로 한나루(漢津;아산만) 하나를 격한 인접 지대 평택에서 홍주성전투의 장렬함과 참극을 전해 듣고 있었다. 그는 8·15해방 후인 1946년 5월 31일 홍성읍에서 거행된 '병오항일의병 추도대회'에 참여하여, 홍주성전투에서 전사한 의병들과 무고하게 살육된 홍주성인(洪州城人)을 추모하였다. "지금으로부터 四十週年前인舊韓國光武十年丙午閏四月九日이때이미 累日擧義에 시달린洪州義兵은 獰猛한帝國主義日本의侵略軍에게 거의全軍戰沒의慘劇을 이루엇다"로 시작하는 애도사는, 홍주성전투의 장렬함과 참극을 되뇌면서, 나아가 의병들의 항쟁을 다음과 같이 평가하였다.

韓末의義兵運動은 國際大勢에 비추어볼때 그는確實히갸륵한無識이오 아름다운悲劇이다…

그러나이無識, 이悲劇을通하야 나타나고있든獨立精神과 反抗爭의氣魄은

필경우리의解放과 祖國再造를가저오는 崇高하고 莊嚴한朝鮮民族不滅의靈
火를 번듯이켜노흔因果를지은 것이다…

　이와같이義兵運動은 完全히失敗되었으나 그를 通하야 表現된 民族精神은
새로은 革命的 反抗的諸手段을 取하야 海內海外에서꾸준히 展開되었나니
己未年의三一運動은 過去에있어서의 그最高峰이었고 그以後의 武力的 政治
的 文化的 밋社會的인諸運動이 잇써오늘날의 祖國再造의 局面을 誘致啓開
하게된것이다[84]

　'평촌리의 화'는 홍주의병에서 발단하였고, 이렇게 한국민족운동사에
기록되었다. 이남규 부자의 항일 정신은 본서가 주제로 삼는 이승복의
항일운동으로 이어졌고, 또 이승복의 장남 이장원의 삶으로 계승되었
다. 4대가 국가유공자로 서훈되는 가족사는 안재홍이 평한 그대로 "조
국재조를 가져오는 숭고하고 장엄한 조선민족 불멸의 영화"였다.

---

[84] 본문의 인용문은, 1946년 5월 31일 충남 홍주읍에서 거행된 '병오항일의병 추도
대회' 式場에서 안재홍이 낭독한 추도사의 원고를 『한성일보』가 요약하여 게재
한 글이다. 本社 社長 安在鴻, 「丙午抗日義兵哀辭」 上·中·下, 『漢城日報』
(1946. 6. 3·4·7). 안재홍은 애도사의 도중에서 최익현에 이어 이남규 부자가
순국한 사실도 잊지 않고 언급하며, 이들의 희생을 다음과 같이 기렸다. "또이
洪州義兵將閔宗植參判을 숨겨준탓으로 暴虐無禮한 敵刃에넘어지신 故參判修
堂 李南珪先生과 밋그令息의 두분英靈께向하야 哀悼와慰安과感謝와 敬意를表
합니다"

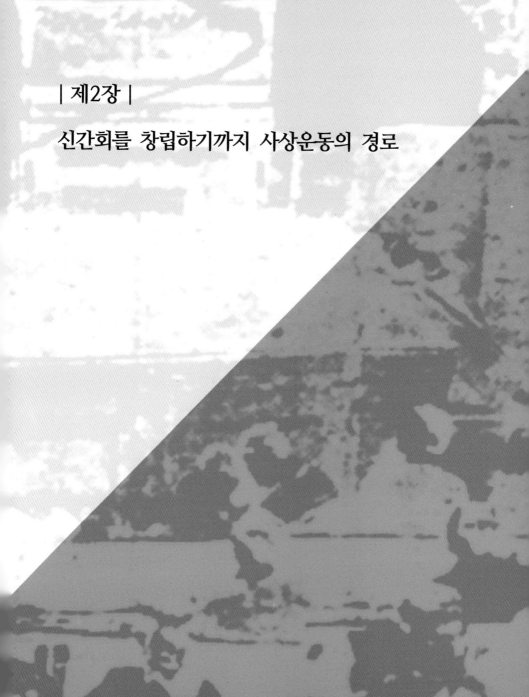

| 제2장 |

신간회를 창립하기까지 사상운동의 경로

1. 사상운동에 참여하는 시대 배경

1) 망명과 항일민족운동

본론에서 서술할 주제와도 관련이 있으므로, 이승복이 영구 입국하여 국내 활동을 전개하기에 앞서, 망명하여 항일운동을 전개한 활동상을 간단하게 언급하고자 한다.

이승복은 부조(父祖)의 탈상을 마친 이듬해인 1910년 상경하여 장통보통학교(長通普通學校)를 거쳐, 다시 휘문고등(徽文高等)보통학교(주간)ㆍ상동청년학원(尙洞靑年學院, 야간)에서 주야로 공부한 뒤, 대동(大東)법률전문학원에서 2년간 법학을 공부하였다. 전통 유가(儒家)에서 생장한 그가 위정척사(衛正斥邪) 사상과 대척되었던 신교육에 몰입ㆍ매진한 결단은, 이후 그의 민족운동이 좌익과 우익의 어느 한 극단에 서지 않고 중도를 걷는[1] 첫걸음이었다. 이렇게 신교육을 선택하여 정진하는 결기는, 1915년 7월

---

1 趙東杰, 「修堂 李南珪 선생의 독립정신과 유지」, 民族文化推進會, 『修堂 李南珪 先生의 독립정신과 詩의 세계』(民族文化推進會 修堂集 完譯 紀念學術講演會, 1999. 11. 5), 22쪽.

평생의 막역지우인 월봉(月峰) 한기악(韓基岳)²과 함께 러시아로 망명하여 민족운동을 실천하는 결행으로 이어졌다. 이와 관련한 이승복의 해적이를 바로잡는 의미에서, 그가 최초로 망명한 시기를 재검토해본다.

『삼천백일홍』은 이승복이 러시아령 니콜리스크(Nikol'sk-Ussuriisk, 尼古利斯克)로 망명하는 연도를 엇갈리게 기술하였다. 한 곳에서는 "청년 평주가 소학교 시절의 소꿉친구 월봉 한기악씨와 첫 망명 길에 오르기는 1913년의 일이었다."라고 서술하였고, 「평주 이승복 선생 약보(略譜)」의 '1913년(19세)' 항에서도 "3월, 청년학원 2년 수료. 뜻한 바 있어 국외망명.…백암(白巖) 박은식(朴殷植)·조완구(趙琬九) 제씨(諸氏)와 국문으로 「청구신문」 발행."이라고 정리하였다.³ 그런데 다른 곳에서는 "1913년 3월 청년학원을 수료한 그(이승복을 가리킴 : 인용자)는 곧 대동법률전문학원에서 법학을 전공했다.…대동법률전문학원을 2년 만에 수료한 평주는 큰 뜻을 품고 국외망명을 꿈꾸었다."고 적었다.⁴ 후자 쪽의 서술을 시간상으로 계산해 보면, 이승복이 망명한 해는 1915년이 된다.

뒤에 다시 보겠지만, 러시아령에서 발행된 신문으로 『청구신문』은 존재하지 않았으며, 『청구신보』(靑邱新報)가 발행된 시기는 1919년 7월 7일이었다. 정진석은 이승복의 신문(訊問) 기록과 일제 경찰 자료, 『청구신보』의 발행 시기와 서지 사항 등을 분석·검토한 뒤, "이승복의 망명 시기는 1915년이었을 것이 확실하다."고 결론지었다.⁵

2 平洲 李昇馥先生 望九頌壽紀念會, 『三千百日紅－平洲 李昇馥先生八旬記』(人物研究所, 1974. 7), 125쪽에 따르면, "지난 날 평주 선생의 막역지우 세 사람을 든다면 월봉·벽초(碧初)·민세(民世) 등이었다." 여기서 벽초와 민세는 각각 홍명희(洪命熹)와 안재홍(安在鴻)의 아호인데, 이승복은 한기악·홍명희·안재홍과 차례로 인연을 맺으면서 막역간이 되었다.
3 『三千百日紅』, 103·343쪽.
4 『三千百日紅』, 102쪽.
5 정진석, 「이승복의 항일 민주 언론활동」, 수당 이남규선생기념사업회 주최, 『평

그런데 이승복이 1915년에 러시아령으로 망명하였다는 증거는, 그의 막역지우 한기악이 이동녕을 추억하면서 남긴 글의 한 대목인 다음 구절에서 단적으로 확인된다. "石吾李東寧先生을뵈옵기는只今으로부터十年前七月에내가露國에留學하려고西伯利亞로向하엿슬째에「니코리스크」에서 初對面하게된것임니다 거진一年동안이나한집에부처잇스면서 만흔指導를밧고 여러가지괴로움을끼처섯슴니다"[6] 한기악은 10년 전 자신이 러시아로 떠났던 해의 달까지 정확하게 기억하였는데, 이에 의거하여 판단하면, 이승복이 한기악과 함께 망명한 때는 1915년 7월이 확실하다.

이승복은 1915년 한때 귀국하였으나, 1917년 가솔을 이끌고 재차 러시아로 망명하는 용단을 내렸다. 1917년 이후 혁명에 휩싸인 러시아의 상황이 한민족의 독립운동에 적합하지 않자, 그는 1921년 상해의 대한민국임시정부(앞으로 상해임시정부로 줄임)로 거점을 완전히 이동하였고, 이곳에서 이동녕·조완구·신규식(申圭植)·노백린(盧伯麟)·김구(金九)·안창호(安昌浩)·조소앙(趙素昂) 등과 교류하면서 임시정부 운동에 관계하였다. 이 과정에서 이승복은 국내에 연통제(聯通制)를 조직하는 책임을 띠고 한때 입국하여 활동하기도 하였다.

이승복이 상해임시정부에서 연통제 임무를 수행하였던 사실은 매우 중요하지만, 현재 자료상의 한계로 정확한 실상을 밝히기 어려우므로, 유추가 가능한 수준에서 정리하기로 한다. 『삼천백일홍』은 이승복이 임시정부에 가담한 연도를 불명확하게 기술하였다. 본문에서는 "1921년

주 이승복선생 서세삼십주년기념 학술대회 : 평주 이승복의 생애와 독립운동 (자료집)』(2008. 10. 30), 44~45쪽.

6 韓基岳, 「(밧게잇는이생각 異域風霜에氣體安寧하신가) 寬厚長者의李東寧氏」, 『開闢』第六十二號·第六卷第八號(開闢社, 1925年 8月號. 동월 1일 발행), 34쪽.

평주는 이동녕 조완구 제씨와 함께 상해에서 임시정부에 정식으로 참가하였다."고 서술하였는데, 「평주 이승복 선생 약보」의 '1919년 (25세)' 항에서는 "상해에 드나들며 임시정부와 연락을 취하면서 연통제 부서의 비밀 조직을 맡게 됨.", 또 '1921년 (27세)' 항에서는 "이동녕·조완구 제씨와 상해로 옮겨 가서 임시정부에 참가함."이라고 기술하였다.[7]

이동녕이 1919년 2월 러시아령 블라디보스토크(Vladivostok, 海蔘威)를 떠나 상해에 처음 도착한 때는 3·1민족운동이 일어난 지 10여 일 뒤인 3월 10일경이었고, 이때를 전후하여 이시영(李始榮)·조완구·조소앙 등 30여 명이 속속 도착하였다. 이후 이동녕이 북경(北京) 등지에서 동지를 규합하다가, 임시정부수립 운동에 전력을 기울이기 위해 다시 상해 프랑스 조계지에 자리를 잡은 때는 3월 하순이었다. 이 무렵 이회영(李會榮)·한기악·신채호(申采浩)·문일평(文一平)·신익희(申翼熙) 등도 상해로 집결하였다.[8]

이승복이 이동녕·조완구와 함께 상해로 이동하였다면, 이는 1919년 3월 무렵이 된다. 그런데 뒤에 보겠지만, 1919년에 이승복은 블라디보스토크에서 활동하고 있었다. 설사 1919년 상해임시정부가 수립된 이후에 그가 상해를 오갔을 가능성을 전혀 배제할 수 없다 하더라도, 연통제 임무를 수행함은 도저히 불가능하였으므로 1919년에 연통제 일을 보았다는 「평주 이승복 선생 약보」의 기술은 연도를 착오하였다. 그렇다면 이승복은 1921년 상해로 완전히 이동한 뒤, 이곳에서 상해임시정부 요인으로 이미 활동하던 중이었던 이동녕·조완구 등이 권유하여 임시정부 활동에 가담하였고, 이후 연통제 임무를 띠고 국내에 들어왔

---

7 『三千百日紅』, 119, 344쪽.
8 李炫熙, 『臨政과 李東寧研究』(一潮閣, 1989. 3), 194~202쪽.

다고 이해해야 할 듯하다.

『삼천백일홍』은 상해임시정부와 연통제의 관계를 설명한 뒤, "평주 선생의 회고에 따른다면 당시 강원도 월정사(月精寺) 주지 김(金)모 스님과 함께 연통제 명단을 가지고 밀입국하는 데 일단 성공을 했다는 것이나 뜻대로 되지 못했다."고 기술하였다.[9] 이승복의 2남 이문원(李文遠)에 따르면, 이승복은 자신이 월정사 주지 이(李) 모와 입국하였는데, 이 모는 나중에 친일하였다는 이야기를 자주 하였다.[10] 이에 의거하여 판단하면, 이승복이 연통제와 관련된 임무를 띠고서 월정사 주지를 지낸 스님과 함께 밀입국하였음은 사실이며, 훗날 친일한 월정사 주지 '이 모'는 이종욱(李鍾郁)을 가리켰음이 분명하다.

이종욱이 연통제와 관련된 임무를 수행하였으므로, 이승복이 이종욱과 함께 연통제 임무를 띠고 입국하였을 가능성은 충분하다. 그렇더라도 정확한 시기는 단언하기 어려우며, 실지 이승복이 이종욱과 동반 입국하였는지도 증명할 수 없으므로, 이종욱의 활동상을 통하여 유추하는 데에서 그치고자 한다.

강원도의 불교 민족운동에서 오대산(五臺山) 월정사는 중심에 선 사찰이었다. 송세호(宋世浩)는 경상북도 선산(善山) 출신이었지만, 1916년부터 월정사에서 승려 생활을 하였다. 그는 3 · 1민족운동이 일어나자 상해임시정부에 참여하여 임시의정원의 강원도 대표가 되었고, 1919년 5월 3일 차장급인 재무부 위원으로 선출되었다. 이후 상해임시정부의 군자금을 조달하기 위하여 승려 복장으로 일경(日警)의 검문을 피해가며 국내외를 내왕하는 동안, 대한민국청년외교단(大韓民國靑年外交團, 이하 청년외교단)의

9 『三千百日紅』, 116~118쪽.
10 김인식, 「이문원 중앙대학교 명예교수 면담」(2018년 8월 20일 국회의사당 의원회관 2층 3식당에서).

상해 지부장이 되어 활동하기도 하였다. 송세호는 1919년 11월 대동단(大同團) 사건에도 관여하였는데, 이 일로 일경에 체포되어 징역 3년을 받고 옥고를 치르다가 1920년 6월 가출옥하였다.[11]

이종욱은 강원도 평창(平昌) 출신으로, 1913년 월정사의 주지 대리가 되었다. 그는 월정사 승려 용창은(龍昌恩, 뒤에 청년외교단 단원이 됨)을 대동하고 서울의 탑골공원 3·1만세시위에 참가하였다. 이후 5월 상해임시정부에 합류한 뒤, 동년 1919년 12월 내무부 참사(參事)와 임시의정원 강원도 의원에 선출되었고, 상해임시정부는 이종욱에게 연통제를 실행하는 임무를 맡겨 국내로 자주 파견하였다. 또 그는 송세호가 추천하여 청년외교단의 외교특파원으로 선임됨으로써 상해임시정부와 청년외교단을 연결하는 임무도 수행하였는데, 이러한 활동으로 동 청년외교단 사건에 연루되어 궐석재판으로 징역 3년을 받기도 하였다. 이후 이종욱은 1923년 월정사로 돌아와 1927년 월정사 감무(監務), 1930년에는 주지가 되었고, 이 과정에서 친일의 길을 걸었다.[12]

이승복과 관련하여, 이종욱이 상해임시정부에서 연통제 임무를 실행한 사실을 주목할 필요가 있다. 상해임시정부는 연통제를 실시하는 1919년 7월부터 곧바로 국내에 특파원을 연송(連送)하기로 결정하였고, 특파원의 목적은 "1. 연통제 시설(施設), 2. 선전 급(及) 시위운동, 3. 내외지(內外地)에 종교·단체 급 유력자 연락"의 3개 항으로 설정한 뒤, 7월 16일부터 특파원 파견을 실행하였다.[13] 7월 16일에 선전과 시위운동을

---

11 임혜봉, 『일제하 불교계의 항일운동』(민족사, 2001. 6), 190~194쪽.
12 임혜봉, 위의 책, 192·194~198쪽. 이종욱이 상해임시정부에 참여하여 활동한 내용은 박희승, 「일제강점기 상해임시정부와 이종욱의 항일운동 연구」, 『大覺思想』第五輯(大覺思想研究院, 2002. 11), 229~235쪽을 참조.
13 金容達, 「대한민국임시정부의 국내 특파원」, 한국근현대사학회 편, 『대한민국 임시정부 수립 80주년 기념논문집』상(國家報勳處, 1999. 12), 382~383쪽.

목적으로 파견된 최초의 특파원이 함경남도 특파원 이종욱이었는데,
이 특파는 연통제 실시와도 밀접한 관련이 있었다. 이후 이종욱은 두
차례 더 파견되었다. 1919년 9월 8일에는 제2차 독립운동 준비와 실행
을 목적으로 경기도 특파원, 또 1920년 2월 26일 연통제 실시 목적으로
평안남도 외 12도 특파원으로 파견되었다.[14] 이렇게 이종욱은 상해임시
정부의 국내 행정조직인 연통제의 국내 총책 소임을 맡아 국내 특파원
으로 파견되었는데, 청년 승려들을 독려하여 전국 사찰의 재정모금을
꾀하였고, 주요 사찰을 기반으로 연통제를 확산하는 한편 의승군(義僧軍)
을 조직하는 일도 도모하였다.[15]

『삼천백일홍』에서 "밀입국하는 데 일단 성공을 했다는 것이나 뜻대
로 되지 못했다."라는 기술은, 국내 연통제의 조직 상황과 관련된 사실
성을 보여준다. 이승복은 국내로 잠입하는 데 성공하였지만 임무를 제
대로 수행하지 못하였다. 상해임시정부가 추진한 연통부의 설치는 평
안도·황해도·함경도에서는 순조롭게 진행되었으나, 경기도·충청도에
는 일부 지방 외에는 실현을 보지 못하였고, 강원도·경상도·전라도의
경우는 거의 설치되지 못하였다.[16]

연통제가 1919년 7월 설치되기 시작한 이래 1921년까지 2년도 채 지
속되지 못하였음[17]을 고려한다면, 이승복이 연통제의 임무를 띠고 입국
한 때는 1921년으로 추정할 수 있다. 그런데 이종욱이 연통제와 관련된

---

14 朴敏泳, 「대한민국임시정부의 연통제 시행과 운영」, 한국근현대사학회 편, 위의
책, 339쪽 ; 金容達, 위의 논문, 378·383~384쪽.
15 申鉉恩, 「日帝 强占期 江原道 僧侶의 活動에 대한 硏究」(강원대학교 교육대학
원 석사학위논문, 2009. 2), 47쪽.
16 독립운동사편찬위원회, 『독립운동사-임시정부사』 제4권(독립유공자사업기금
운용위원회, 1972. 12), 270쪽.
17 李延馥, 「大韓民國臨時政府의 交通局과 聯通制」, 國史編纂委員會 編, 『韓國史
論-大韓民國 臨時政府』 10(國史編纂委員會, 1981. 12), 112~125쪽.

임무를 띠고 1921년 재입국하였다는 공식 기록이 확인되지 않으므로, 이승복이 재입국한 시기를 비롯해, 이승복이 실지 이종욱과 함께 국내로 잠입하였는지, 아니면 이종욱과 이를 논의하는 단계에서 그쳤는지는 확언할 수 없다.

일제는 연통제를 상시 감시하여 탄압하였고, 이러한 결과 1921년 들어 국내의 연통제 조직은 사실상 붕괴되었다. 이승복이 밀입국하는 데 일단 성공하였으나, 소기의 성과를 거두지 못한 이유였다. 그렇더라도 짧은 시기였지만, 상해임시정부 안에서 활동하는 동안 형성된 인맥과 교분은, 그가 국내에 들어와 사회·공산주의 사상단체에서 활동하면서도, 한쪽의 극단으로 치우치지 않게 한 견인력이 되었다.

2) 귀국과 사상운동에 참여하는 배경

1923년 1월 초, 29세인 이승복은 상해임시정부를 떠나서 완전히 귀국하였다. "망명·유랑하며 전전하기 10여 년, 선혈 얼룩진 선대의 토시와 가승문자(家丞文字)를 싸들고 고국의 품에" 안기었다. 이후 그는 국내 민족운동에 본격 가담하기에 앞서 사회주의 사상운동에 관심을 보이고, 신사상연구회에 발기인으로 가담·참여함으로써 국내에서 '항쟁의 거점'을 탐색하기 시작하였다.[18]

이승복이 1923년 1월 귀국하기 전후, 국내에서는 3·1민족운동 이후 민족주의운동의 일부에서 표방한 문화운동과 당시 '신사조'·'신사상'으로 불렸던 사회주의 사상운동 사이에 민족운동의 방향성을 둘러싸고 치열한 논쟁이 벌어지고 있었다. 그가 귀국하기 전, 상해임시정부에서

---

18 『三千百日紅』, 124쪽.

활동하면서 사회·공산주의 사상을 어느 수준으로 접하였고, 민족주의와 사회·공산주의 사이의 사상 대립을 얼마만큼 경험했는지는 확인할 수 없지만, 일정한 정도 이러한 양상을 목격하였음은 당시 임시정부 내의 분위기로 미루어 짐작할 수 있다.

이승복이 귀국할 무렵, 국내에서도 두 이념의 상이점으로 인한 대립·갈등이 격화되었고, 이와 같은 시대상은 그가 사상단체에 가담하는 배경이자 동기였다. 그는 귀국하자마자 곧바로 무산자동맹회에 가담하면서 사회주의 사상단체에 첫발을 들여놓았고, 사회주의 사상을 탐색하면서 민족운동의 활로를 모색하기 시작하였다.

이승복이 귀국한 1923년 초, 식민지 조선사회는 지금까지 민족주의를 주도 이념으로 삼아 민족운동이라 단칭(單稱)하던 항일운동이, 민족주의운동과 사회주의운동으로 이미 선명하게 경계가 분화한 상태였다. 민족주의운동 일부에서 표방하는 문화운동이 사회주의라는 '신사조'·'신사상'과 대립·갈등 관계에 섰고, 양자는 신문·잡지 등 공개된 지면에서 치열한 논쟁을 벌였다. 격론은 논전으로 확대되었으며, 대체로 사회주의 계열이 문화운동 노선에 반기를 드는 형식으로 진행되었다.

한국근현대의 사상가로서 사회주의운동가였던 배성룡은 식민지시기 민족운동의 현장을 지켜보면서, 이 무렵 민족주의와 사회주의 운동 사이의 사상전(思想戰)도 예의 주시하였다. 그가 증언·평가하는 1923년 전후 식민지조선의 사회상은, 이 무렵 귀국한 이승복이 사회주의 사상으로 경도할 수밖에 없었던 이면을 보여준다.

배성룡은 1926년 초의 시점에서, 당시 조선민중운동[19]을 크게 민족운동기(1919~1920)·사회운동 제1기(1920~1925)·사회운동 제2기(1925년 이후)로

---

19 여기서 배성룡이 사용하는 민족운동은 민족주의운동을, 사회운동은 사회주의운동을 가리켰다.

나눈 뒤, 민족운동기인 1919~1920년까지를 다시 '순수 민족운동기'로 표현하였다. 그리고 사회운동 제1기를 다시 네 시기로 나누었는데 1920~1921년을 '민족 대 사회 계선의 불분명한 운동기'로, 1921~1923년을 '민족 대 사회의 분립 운동기'로 구분하였는데, 이른바 사기(詐欺)공산당사건[20]을 분립이 결정되는 중요한 계기로 들었다. 또 1923~1924년을 '부분적(部分的)의 분화 운동기'로 규정하였는데, 이는 사회운동이 사상·노농(勞農)·청년 등으로 분화된 발전상을 가리켰다. 배성룡은 이러한 시기 구분에 더하여 문화운동의 경향에도 일정한 평가를 내렸는데, "朝鮮의 文化派의新運動은 一九二二年 坚는一九二三年春까지를 一期로하고 以後朝鮮民衆運動의主潮는 確實히 社會運動方面으로 그方面을轉換한것으로 볼수가잇는가한다"라고 분석하였다. 그는 '문화파'를 '문화적 개조파'·'자유주의적 민족운동파'·'자본주의적 문화파' 등으로 표현하기도 하였다.[21]

1929년 1월 배성룡은, 1923년을 전후한 시기에 전개된 민족주의와 사회주의 사이의 사상전의 양상을 다음과 같이 구체화해 설명하였다.

朝鮮社會에서의 思想上의 對立的論戰衝突은이 二二年가을부터 熾盛하게 되엇스니 東明,朝鮮之光,新天地, 新生活等新聞紙法에依한週刊, 月刊의刊行

20 사기공산당사건이란 상해의 이동휘(李東輝) 계열의 고려공산당 자금이 1921년 5월 이후 국내로 유입되었고, 이 자금의 대부분이 민족개량주의자 장덕수(張德秀)의 수중에 들어가 장덕수·오상근(吳祥根)·최팔용(崔八鏞) 등 이른바 문화운동자·위장(僞裝)사회운동자들이 공산주의 이외의 활동에 사용하였다는, 즉 공산주의 선전비를 남비(濫費)한 사건을 가리켰다. 이 사건은 1921년 가을부터 내용 일부가 폭로됨으로써 여론이 비등하였고, 사회주의운동 내에서도 일대 논쟁과 알력을 일으켰다. 자세한 내용은 金俊燁·金昌順 共著, 『韓國共産主義運動史』 1(청계연구소, 1986. 7), 234~238쪽.
21 裵成龍, 「朝鮮社會運動의史的 考察(一)」, 『開闢』 第六十七號·第七卷第三號(開闢社, 1926年 3月號), 27~33쪽.

物이잇서서…그思想對思想의 鬪爭的氣勢는一大壯觀이엇다 이는一部面의事
實이아니오　全朝鮮的의事實이엿다…이二二年의年末부터는朝鮮社會에서는
그어느部類의人士를莫論하고民族主義와社會主義의그本質을알려고하고差異
를알려고하얏스며 朝鮮人으로서의 그利害得失을말하려하얏다 여긔에서『朝
鮮民衆의取할길이 社會主義에잇는가 쏘는民族主義에잇는가』하는見地에서
一主義者의贊成과主張을 他主義者가反對하고 論駁하야그底止할줄을 알지
못하게된것이다 이러한繼續現象인 一九二三年의그것은 더욱熾烈하야 거의
白熱化하얏든것이니 二二年의 이러한準備를 具한二三年의兩主義 兩思想의
爭鬪는實로朝鮮의思想界로하야금 限업시紛忙케하얏스며 限업시混亂케한것
이다[22]

　　1922년 1월 이른바 김윤식사회장 문제[23]에서 비롯하여, 1922년 5월
발표된 이광수의「민족개조론」이 야기한 논전, 1923년 들어 물산장려운
동·민립대학설립운동을 둘러싼 논쟁에서 보듯이, 민족주의자와 사회
주의자 사이의 분화는 사상전의 형태로 전개되었다. 다시 배성룡에 따
르면, 1922년 이후 전개된 "民族主義對社會主義의 小數識者의論爭問題
는 多數者의大論爭問題 全朝鮮的論爭問題로 化하얏다". 배성룡은 "『朝

22 裵成龍,「朝鮮社會運動小史(四)－物産獎勵와靑年黨大會」,『朝鮮日報』(1929. 1. 6).
23 운양(雲養) 김윤식(金允植)은 1922년 1월 21일 78세로 사망하였다. 대한제국의
　　대신이었던 김윤식은 일한병합에 기여한 공으로 중추원 부의장이 되어 자작(子
　　爵)의 작위를 받았으나, 3·1독립문서사건으로 징역 언도를 받는 동시에 작위도
　　박탈되었다. 그가 세상을 떠나자, 당시 동아일보사를 비롯한 언론계·교육계·
　　종교계 등에서 김윤식 사회장위(社會葬委)를 구성하였는데, 서울청년회와 조선
　　청년회연합회 간부인 장덕수·오상근 등도 사회장위에 관계하였다. 당시 사회
　　주의자들은 김윤식사회장을 극력 반대하였으므로, 이 여파가 서울청년회와 조
　　선청년회연합회 사이의 연합전선에도 균열을 초래하였다. 김윤식사회장 문제는
　　앞서 일어났던 사기공산당사건(최팔용·장덕수 등이 연루되었던)과도 연계됨으
　　로써, 민족주의운동에서 사회주의운동이 분리되는 결정타로 작용하였다. 자세
　　한 점은 金俊燁·金昌順 共著, 앞의 책 1, 108~113쪽을 참조.

鮮民衆을 救濟할道는 社會主義에잇는가 또는民族主義에잇는가?』하는 思想對思想의大鬪爭"은 "스사로 公正한判斷을 民衆의意思如何에 待티 아니할수가업섯다"[24]고 지적하였는데, 당시의 사회상을 반영하는 이 말은 이 무렵의 이승복에게도 그대로 적용된다.

1920년대 초 사회주의 이데올로기는 민족운동의 계급성, 나아가 민족 개량주의의 관념성과 비현실성을 들추어내는 유력한 무기가 되었고, 이론의 수준과 정합성 여부를 떠나 하나의 사회사조로 확고하게 자리 잡으면서 새로운 형태의 민족운동으로 부상하였다. 이러한 시대 분위기에서 사회주의사상은 '신사상'으로 불리었으며, 이를 이해함은 수용 여부와 관계없이 의당 요청되는 시대의식이었다.

2. 사상운동과 관련한 이승복의 회고담 검토

이승복은 일련의 논쟁이 사상전의 형태로 치열하게 전개되는 시점에 귀국하였다. 그는 논전이 진전되는 과정을 지켜보면서, 망명하기 이전 익혔던 신학문의 계몽주의·실력양성론과 전혀 다른 논리체계로 비판력을 휘두르는 사회주의 사상에 큰 관심을 가졌다. 추측하건대 망명항일운동 시절 러시아나 상해 지역에서 어느 정도 접하였을 사회·공산주의 사상도 사전 지식으로 작용하여, 그는 사회주의 사상을 더욱 연구할 필요성을 느꼈으리라 생각한다. 이와 관련하여 이승복이 남긴 회고담을 추려서 검토해 본다.

---

24 裵成龍, 「朝鮮社會運動의史的考察(一)」, 29쪽.

(자료 A)

ⓐ 내가 金相玉 열사를 上海에서 처음 알았는데,…正友會를 우리 집에서 만들 무렵 그가 내게 와서 불과 5, 6일 만에 사건(종로경찰서투탄의거를 가리킴 : 인용자)이 발생했어요. 그 때 나도 혼이 좀 나기는 했지만…한 10여 일 만에 내가 풀려 나기는 했지만,…

ⓑ 新思想研究會라는 것이 正友會·火曜會로 발전되어 결국 新幹會가 되는데 碧初(홍명희를 가리킴 : 인용자)가 定州 五山學校校長에 부임해 가면서 내게 부탁하기를…[25]

(자료 A-ⓐ)는 이승복이 종로경찰서 투탄의거(1923. 1. 12)[26]에 연루되어 '모진 수모'를 겪었던 사건을 직접 회상한 내용의 일부이고, (자료A-ⓑ)는 이승복 자신이 신간회의 강령·규약을 작성하는 등 신간회에 깊이 관계하였음을 증언하는 첫머리이다.[27] 위의 회고들은 그가 신간회운동에 가담하기 앞서, '항쟁의 거점'을 탐색하면서 거쳤던 사상운동과 조직상의 경로를 술회하였는데, 사실 관계가 덧얽혀 있으므로 이 문제부터 정리해야 이해가 가능하다.

이승복은 1921년부터 귀국하기 직전까지 상해임시정부 운동에 관계

---

25 (자료 A-ⓐ)와 (자료 A-ⓑ)는 각각 『三千百日紅』, 120쪽과 166쪽.

26 김상옥이 종로경찰서 투탄의거의 실행자였느냐의 사실 여부는 논쟁이 있지만, 종로경찰서가 폭파될 때 김상옥은 이미 국내에 잠입하여 폭탄 거사를 실행하려 움직였다. 김상옥은 작탄(炸彈) 거사를 위해 입국하기 전, 상해에서 임시정부 재무총장 이시영, 내무총장 김구, 외무총장 조소앙 등과 거사 방안을 상의하다가 의열단장(義烈團長) 김원봉(金元鳳)을 소개받아 의열단에 가입하였다. 김상옥의 작탄 의거는 1922년 6월부터 김원봉과 이시영 사이에 협의·합의된 작탄 투쟁 노선의 일환이었다. 김상옥의 의거 계획에는 국내 청년·사상 운동계의 거두인 김한(金翰)도 관계하였다. 김한은 1919년 상해에서 김원봉과 친분을 맺었다. 김영범, 『(한국독립운동의 역사 26) 의열투쟁Ⅰ-1920년대』(한국독립운동사편찬위원회, 2009. 9), 163~169쪽.

27 『三千百日紅』, 166~168쪽.

하는 동안 김상옥 열사를 처음 알게 되었다. 김상옥은 이시영의 소개로 이승복에게 와서, 효제동(孝悌洞)에 소재한 모 여관에서 5·6일 묵었는데,[28] 종로경찰서가 폭파된 후, 이승복은 이에 연루되어 아우·삼촌과 함께 종로경찰서에 끌려갔다. 아우와 삼촌은 이튿날 풀려났으나, 이승복은 경찰부로 넘어갔다. 그는 "며칠 갇혀 있는 동안 김상옥이가 죽은 것이 사실이라 한다면, 모든 것을 잡아떼도 그만일 것 같아 그렇게 했더니 결국은 무사하게" 풀려나왔다. 그가 석방될 수 있었던 데에는 장덕수가 헌병대에 가서 이승복의 "신변 문제에 대한 부탁을 하고 해서 그 덕"을 많이 보았다.[29]

이승복은 김상옥이 자신을 찾아올 때를, 자신의 집에서 정우회를 만들 무렵으로 기억하였다. 다 아는 바와 같이, 정우회는 1926년 4월에 발족하였고 김상옥의 의거와는 3년이 넘게 시차가 나므로, 이승복이 착오하였음은 분명하다. 그런데 만년의 기억에 혼동이 생겼다 하더라도, 자신이 귀국한 직후 일어난 큰 사건을, 더욱이 이로 인해 귀국한 후 첫 번째로 투옥된 사실에[30] 혼선을 빚었을 리 없음을 전제한다면, (자료 A-ⓐ)

---

28 (자료 A-ⓐ)에서 "그가 내게 와서"는, 김상옥이 이승복의 집에 머물렀다는 뜻이 아니다. 이문원에 따르면, 김상옥은 이승복에게 와서 효제동에 소재한 모 여관에 묵었다. 김인식, 「이문원 중앙대학교 명예교수 면담」(2008년 2월 27일 이문원 교수의 이촌동 자택에서).

29 『三千百日紅』, 120~121쪽.

30 10여 일의 짧은 기간이었지만, 이것이 이승복의 인생에서는 두 번째 옥고였고, 귀국해서는 첫 번째 옥고였다. 『삼천백일홍』에 따르면, 이승복의 첫 번째 옥고는 1915년 6개월간이었다. 이승복은 박은식·조완구와 함께 국문신문인 『청구신문』을 발행하기 위해, 주자(鑄字)를 최남선(崔南善)의 신문관(新文館)에서 연해주의 니콜리스크로 운반하였는데, 1915년 이승복이 일시 귀국하였을 때 이것이 문제가 되어서 서울 헌병사령부에 검거되어 6개월 동안 "피수(被囚)의 몸이 되게 했다." 이 옥고로 그는 가솔을 이끌고 완전 출국하기로 결단하였다. 『三千百日紅』, 113~114쪽. 그런데 정진석이 고증한 바에 따르면, 이승복의 첫 번째 옥고는 『삼천백일홍』의 기술과는 실태가 크게 달랐다. 우선 니콜리스크에서 발

에서 이승복이 '정우회'를 운운한 데에는 어떤 의미가 깔려 있었다. 한편 이승복은 자신이 가담한 첫 번째 사상단체로 신사상연구회를 언급하였는데, 이 단체는 종로경찰서 투탄의거가 일어난 지 약 6개월 뒤인 1923년 7월 7일에 발기하여 회원을 모집하였다.

　그러면 김상옥이 국내에 들어와 거의할 무렵 정우회를 결성하였다는 말을 어떻게 이해해야 할까. (자료 A)를 전체로 판단하면 두 가지를 유추할 수 있다. 첫째, 이승복은 종로경찰서 투탄의거가 일어나기 전후, 즉 그가 귀국하자마자 곧바로 사상단체를 결성하기 위하여 지인들과 논의하는 중이었고, 이 단체는 정우회로 이어지는 계열이었다. 이는 (자료A-ⓑ)에서 이승복이 가담한 첫 번째 사상단체로 신사상연구회를 먼저 언급하고, 화요회와 정우회를 곧이어 거론한 데에서 분명하게 확인된다. 종로경찰서 투탄의거가 일어날 무렵, 그는 신사상연구회의 전신에 해당하는 사상단체에 이미 가담하여 활동 중이었는데, 이 단체가 훗날 정우회까지 이어지므로 이때를 가리켜 정우회를 만들 무렵이라고

───────

　　행된 국문신문은 『청구신보』가 정확한 제호였고, 이는 니콜리스크의 고려족중앙총회에서 1919년 9월 7일(러시아력 6월 22일) 창간한 주간 신문으로 1918년 7월까지 발행되었다. 이후 전로한족중앙회(全露韓族中央會) 창설위원회는 1919년 7월 8일 제호를 『한족공보』(韓族公報)로 바꾸어 『청구신보』의 지령을 계승하기로 결정하고, 동년 8월 11일 주간으로 첫 호를 발행했다. 그렇다면 1915년 이승복이 주자를 러시아령으로 운반하려 하였다는 사건은 시기가 잘못 알려졌다. 일제 경찰 자료에 따르면, 이승복은 1919년 10월 블라디보스토크에 창설할 대한국민군(大韓國民軍) 총사령부[총사령 조성환(曺成煥), 총참모 박용만(朴容萬)]의 자금을 마련할 사명을 띠고, 박상환(朴祥煥)·김병희(金炳僖)와 함께 서울에 잠입하였다가, 12월에 검거되어 경기도 제3부에서 취조를 받고, 이른바 「제령(制令) 제7호」(정치에 관한 범죄 처벌의 건, 1919년 4월 공포) 위반으로 12월 8일 검찰에 송치되었다. 이 사건의 결말은 알려져 있지 않으나, 이로 인해 이승복이 일정한 기간 옥고를 치렀음은 분명한 사실이다. 이때 그가 국내로 들어온 목적 가운데 하나는 독립운동자금 즉 군자금을 모집함과 동시에, 『한족공보』—『삼천백일홍』에서 『청구신문』이라 기술한—를 인쇄할 활자를 구입하여 니콜리스크로 반출하려는 계획도 포함되어 있었으리라 생각한다. 정진석, 앞의 논문, 24~50쪽.

회고한 듯하다.

둘째, (자료 A)에서 이승복은 자신이 가입한 사상단체들이 진전하는 과정에서도 착오를 보였는데, 이들 단체들이 조직된 시간에 따라 배열하면, 신사상연구회 → 화요회 → 정우회 → 신간회의 순으로 계기성을 갖고 발전·확대하였다. 이승복은 정우회의 계열로 신간회 창립을 주도하였는데, 그는 이 주도성의 계통을 자신이 경과한 사상운동의 경로와 일치시키면서 정우회에 방점을 두어 술회하였다. (자료 A)는 자신이 참여하였던 사상단체들이 신사상연구회 → 화요회 → 정우회 → 신간회로 이어지는 연속성을 지니며, 무엇보다도 신간회를 창립하는 한 축인 정우회 계열, 즉 홍명희와 이승복 자신의 주도력―「정우회선언」은 이의 일부였다―을 강조한 표현이었다. 여기에는 정우회가 신간회에 참여하기로 결정함으로써, 신간회가 민족단일당으로 발전하는 계기가 마련되었다는 의미까지 내포되어 있었다.

그런데 (자료 A)에서 이승복은 정우회가 신간회로 이어지는 계기성을 언급하면서, 마치 정우회가 신간회의 전신인 냥 오해할 여지를 남겼으므로, 그가 말하려 한 맥락을 제대로 짚을 필요가 있다. 정우회는 이승복이 마지막으로 가담하였던 사회주의 사상단체였는데, (자료A-ⓑ)를 그가 경과한 사상단체의 순서로 읽지 않고, 이들 단체가 조직상으로 발전하는 과정으로 이해한다면, "정우회가 신간회가 된다"는 서술이 마치 역사 사실로 인식된다. 따라서 (자료A-ⓑ)의 의미를 당시의 사실과 연관지어 파악하지 않으면, 정우회가 신간회 창립을 주도하면서 그대로 신간회로 발전하였다고 오인할 수도 있다.

신간회 창립 배경을 언급하는 일부 연구들 가운데에는, 신간회에 이르는 사상단체의 발전 과정을 직선으로 단순화해서 신사상연구회 → 화요회 → 정우회 → 신간회가 되었다는 식으로 서술하는 예도 나타난다. 그러나 도식화가 주는 일목요연함의 뒤편에는, 복잡한 정황을 반영하여 파악하지 못하는 맹점이 따르기 마련이다. 이러한 단선화(單線化)는 신간회를 발기·창립하는 사실상의 주체인 좌익민족주의 계열을 전혀 염두에 두지 못하였고, 무엇보다도 신간회가 조선일보 계열이 주장한 민족주의 좌익전선을 표방하면서 출발하였다는 사실을 간과하였다.

신간회 발기자로 창립을 주도하는 이승복·홍명희 등 일부 인물이, 위에서 언급한 표면 사상단체에서 활동하였고, 「정우회선언」이 이들이 신간회에 참여하는 이론상의 기반이 되었으며, 신간회가 민족단일당을 지향하는 데에서 일정한 기능을 담당하였음은 분명한 사실이다. 그러나 신간회의 창립 정신은 이들 사회주의 계열의 사상단체와는 성격을 전혀 달리 하는 민족주의 좌익전선을 기치로 내세웠다. 정우회는, 좌익민족주의자들이 발기·창립하는 신간회를 민족단일당으로 발전시키기 위하여 신간회에 참여하기로 결정한 뒤 스스로 해체하였을 뿐, 좌익민족주의 조직체인 신간회를 창립하는 주도체가 결코 아니었다. 「정우회선언」을 계기로 경향 각지의 사회주의자들은 사상단체를 해체하자고 선언하였다. 이어 신간회가 창립되자, 각 지방의 사상단체 대부분은 '민족단일전선'의 명분을 내세우면서 스스로 해체를 단행하였고, 좌익민족주의 단체로 조직된 신간회에 참여함으로써 이를 민족단일당으로 발전시켰다.[31]

다시 강조하면, 신사상연구회 → 화요회 → 정우회 → 신간회로 이어지는 계기성에 의거해서, "정우회가 신간회가 된다"는 도식화는 역사 사실과 어긋나는 잘못된 역사 인식이다. 이러한 오해를 피하기 위해서는 (자료A-ⓑ)에서, 이승복과 마찬가지 정우회의 일원으로 활동한 홍명

---

31 이는 제2장 3-4)와 제2장 4-2)에서 상술함.

희를 언급한 데 주목해야 한다. 이승복이 거친 사상운동의 경로는, 그의 막역지우[32]로서 신간회를 함께 창립한 홍명희가 경유한 궤도이기도 하였다. 홍명희·이승복 두 사람이 동일 선상에서 사상운동을 추구한 배경은, 이승복이 벽초계(碧初系)로 신간회에 참여하는 계기가 되었다.

3. 사상운동의 경로

이 절에서는 이승복이 거친 사상운동의 경로를 개략하면서, 그가 신간회에 참여하는 배경과 이론을 살펴본다.

1) 무산자동맹회

(자료A-ⓑ)에서 이승복은, 자신이 처음 가담한 사상단체로 신사상연구회를 들었지만, 신사상연구회는 1923년 7월 7일[33] 발기·조직된 사회주의 표면 사상단체였다. 종로경찰서 투탄의거가 일어날 무렵, 신사상연구회는 아직 조직되지 않았으므로, 이 점에서 (자료A-ⓑ)는 (자료 A-ⓐ)

---

32 홍명희는 이승복의 '막역지우 세 사람' 가운데 하나로, 홍명희·이승복은 신사상연구회에서 화요회로, 다시 정우회의 활동으로 이어지는 과정, 또 동아일보사를 거쳐 시대일보사로 자리를 옮기는 행적이 일치하였다. 홍명희가 신간회에 이르기까지 거쳤던 사상운동의 경로는 강영주, 『벽초 홍명희 연구』(창작과 비평사, 1999. 11), 178~187쪽을 참조.
33 『동아일보』·『조선일보』는 신사상연구회가 조직되었음을 같은 날짜로 보도하였지만, 이 단체가 조직된 일시를 밝히지 않았다. 일제 관헌 자료에 따르면, 신사상연구회는 1923년 7월 7일 조직되었고, 박일병(朴一秉)·홍명희·김찬(金燦) 등을 수뇌로 하였으며, 1924년 11월 19일 화요회로 개칭하였다. 朝鮮總督府警務局, 『高等警察關係年表』(1930. 1), 138쪽.

와 모순된다. 종로경찰서 투탄의거가 일어나는 때를 전후하여, 이승복
이 정우회로 귀결되는 사상단체를 논의하였다면, 이는 신사상연구회의
전신인 무산자동맹회(無産者同盟會)를 가리킨다.

　무산자동맹회는, 무산자동지회(無産者同志會)[34]가 발족한 지 3개월 뒤인
1922년 3월 31일 같은 성격의 단체인 신인동맹회(新人同盟會)[35]를 규합하
여 결성한 사회주의 표면 사상단체로, 김한·원우관·신백우·김사국·
이영·김달현 등 7명으로 구성된 간부회의가 지도하였다.[36] 『개벽』에
실린 기사에 따르면, "壬戌之春一月十九日에呱呱의聲을發한" 무산자동
맹회는 1923년 1월 초 회원이 '불과' 40여 인이었고, 회관은 서울 관수동
(觀水洞) 47번지의 100간(間)되는 건축물에서 '陝窄'한 2간 반의 사무실을
'겨우' 10여 원에 빌려 사용하여 '無算(預算)者凍盟會'라 할 만큼 궁색한

34　이승복이 귀국하기 전, 국내에는 이미 수 개의 공산주의 그룹이 각 파별로 조직
　된 뒤, 비밀결사의 형태로 존재하면서 표면에서 사회주의 사상단체들을 조직하
　고 대중운동을 지도해 나갔다. 朴哲河, 「1920年代 社會主義 思想團體 硏究」(崇
　實大學校 大學院 史學科 博士學位論文, 2003. 6)의 'I. 각파 공산주의그룹의 형
　성과 사상단체'를 참조. 1921년 5월 결성된 조선공산당도 비밀결사 가운데 하나
　였는데, 무산자동지회는 이 당의 합법기관으로, 윤덕병(尹德炳)·신백우(申伯
　雨)·원정룡(元貞龍, 元友觀이라고도 함)·이준태(李準泰)·박일병—이들 5인은
　이후 신사상연구회의 발기인도 되었다— 등 19인이 발기하여 1922년 1월 19일
　서울 현저동(峴底洞)에서 조직하였다. 金俊燁·金昌順 共著, 앞의 책 2, 33~34쪽.
　배성룡은 무산자동지회가 앞에서 든 5인을 비롯해 김한·이수영(李遂榮)·이영
　(李英)·고(故) 김사국(金思國)·이혁로(李赫盧)·고 백광흠(白光欽)·진병기(陳
　秉基)·김달현(金達鉉)·김봉환(金奉煥) 등 19인의 발기로 조직되었다고 기술하
　면서, 발기인으로 모두 14명의 이름을 들었다. 裵成龍, 「朝鮮社會運動小史(三)
　ー勞働共濟會와靑年聯合會」, 『朝鮮日報』(1929. 1. 5). 무산자동지회·무산자동
　맹회의 성향은 박철하, 「1920년대 전반기 '중립당'과 무산자동맹회에 관한 연구」,
　『崇實史學』 第13輯(崇實大學校 史學會, 1999. 8) ; 박철하, 앞의 논문(2003. 6)의
　I-1의 〈비밀결사 '조선공산당'과 무산자동맹회〉를 참조.

35　1922년 2월 20일, 서울에서 부호의 아들인 장병천(張炳天)과 심상완(沈相完)·
　이영·신일용(辛日鎔) 등이 중심이 되어 조직한 사상단체였다. 金昌順 共著, 앞
　의 책 2, 35쪽.

36　朴哲河, 앞의 논문(2003. 6), 21쪽.

처지였다. 이와 같이 세력이 미약하였으므로 사업도 별로 없었다. "會規는別로制定한것이업고體는現今流行의委員制를用하는데", 상임위원은 김한·이준태·원우관·김달현 등이었다. "近日에는鍾路署投彈事件에關聯하야그幹部가警察署出入에눈코쓸새가업슴으로一月十九日創立紀念日에講演會한번도헐勇氣가없섯다"[37]

김한이 김상옥 의거에 연계되었음은 분명하다. 이승복이 김상옥에게 잠시 거처만 제공한 사실로 연루·구속된 사실 등을 고려하면, 김상옥 의거를 전후하여 이승복도 이미 무산자동맹회에서 활동하였다. 이승복이 상해임시정부 운동에 관계할 무렵 김상옥 열사를 처음 알았고, 김상옥이 이시영에게서 소개를 받고 이승복에게 왔다면, 이승복은 이미 상해 시절에 의열단과 관계있는 무산자동맹회의 존재를 알았을 가능성도 크다.

위 『개벽』의 기사는 무산자동지회가 창립된 1922년 1월 19일을 무산

---

37 尖口生, 「까마구의雌雄」의 '無産者同盟會', 『開闢』第三十四號·第四年第四號 (開闢社, 1923年 4月號, 4월 1일 발행), 52~53쪽. 본문의 인용문은 '간부'의 이름을 밝히지 않았으므로 누구인지 단정할 수는 없다. 김한 또는 다른 간부일 수 있으며, 이승복일 가능성도 배제할 수 없다. 김상옥이 입국하기 전 의열단의 김원봉은 김상옥에게 김한을 소개하였고, 김한은 거사에 쓸 대형 폭탄을 인계할 임무를 맡았으며, 김상옥은 서울에 와서 김한·전우진(全宇鎭)·윤익중(尹益重) 등과 함께 사이토 마코토(齋藤實) 총독을 암살할 계획을 세웠다. 윤우 엮어지음, 『서울 한복판 항일시가전의 용장 : 김상옥 의사』(백산서당, 2003. 10) 249·262·268쪽. 이승복은 종로경찰서 투탄의거가 일어난 1월 12일에서, 김상옥이 시가전을 벌인 끝에 자결 순국하는 1월 22일 사이에 구속되었다. 김한은 김상옥이 순국한 직후 피검되었고, 같은 사건의 피고 가운데에서 최고 형량을 언도 받고 5년간을 복역한 뒤 출옥하였다. 김영범, 앞의 책, 166~167쪽. 무산자동맹회의 창립 기념일인 1월 19일을 전후하여, "간부가 경찰서 출입에 눈코 뜰 새가 업슴"이라는 말은 특정 간부 한 사람을 지칭한다기보다는, 단체의 간부들이 종로경찰서 투탄의거에 연루되었고, 이것이 단체의 유지·존속에도 커다란 영향을 끼쳤음을 지적하였고 생각한다. 『개벽』에 실린 위의 기사가 쓰인 시점에서는, 종로경찰서 투탄의거와 관련하여 무산자동맹회의 김한 등이 이미 검속된 상태였으므로, 이 단체가 심한 타격을 입었음은 분명하다.

자동맹회의 창립기념일로 기술하였으며, 원고의 말미에 탈고한 시점을
'一月上旬稿'라고 밝혔지만,[38] 1923년 1월 12일 종로경찰서 투탄의거가
일어난 전후 상황까지 반영하였다. 이상을 보면, 1923년 1월 초 무산자
동맹회는 회원 수와 재정상의 궁핍함을 비롯하여 "內容의實力은아즉까
지너무도貧弱"[39]한 상태였으므로 어떠한 전기를 꾀하려 시도하였고, 이
러한 정황을 이승복은 "정우회를 우리 집에서 만들 무렵"으로 회고하였
다고 생각한다.

무산자동맹회는 조선공산당의 합법기관으로서 부르주아지를 향한
당의 합법투쟁을 수행하는 데 목적을 두었으며, 공산주의 신념을 가진
사람들을 당에서 받아들일 때까지 훈련하는 '당학교'의 구실을 담당했
다. 조선공산당·무산자동맹회의 김한이 의열단과 밀접한 관계를 맺고
활동한 데에서 보듯이, 조선공산당·무산자동맹회는 꼬르뷰로(高麗局)
국내부에 참가한 이후에도 조선혁명 방침에서 테러전술을 주장·견지
하였다. 1922년 12월 김한이 의열단 사건에 연루되면서 무산자동맹회의
활동은 일제 경찰에 철저한 감시를 받게 되었으므로, 조선공산당의 활
동은 조선노동연맹회로 중심지를 옮겼다. 이와 같이 사상단체 무산자
동맹회는 공산주의 비밀결사 조선공산당의 합법기관으로, 이후 1925년
4월 조선공산당을 창립하는 데 가담한 뒤 1926년 1월부터는 조선공산
당의 핵심을 이루었으며, 1926년 4월 정우회로 합동하면서 공식 해체하

---

38 이 원고는 무산자동맹회 외에 조선소작인상조회(朝鮮小作人相助會)·조선교육
협회·조선협회·조선노동연합회를 다루었는데, 탈고한 시기는 1월 상순이었으
나, 잡지를 인쇄하기 전에 이후의 상황 변화를 반영하여 무산자동맹회의 기사
를 다소 수정하였으리라 생각한다.
39 앞의 「까마구의 雌雄」. 참고로 무산자동맹회의 회원은 1922년 9월 현재 132명
에 달했다고 한다. 또 다른 자료는 1923년 3월 현재 60~70명의 회원을 말하고
있다. 朴哲河, 앞의 논문(2003. 6), 21쪽.

였다.⁴⁰

조선공산당은 1922년 들어, 상해파 고려공산당이 『동아일보』를 중심으로 한 국내의 문화운동 세력, 무엇보다도 자치운동(自治運動)·참정권(參政權) 운동을 획책하려는 세력들과 연계·결합하여 조선의 혁명 문제를 해결하려 한다는 의혹을 가졌으므로, 상해파 고려공산당의 지도자 장덕수의 혁명 전술과 『동아일보』를 강하게 비판하였다.⁴¹ 이러한 조선공산당의 반문화운동의 방침은 합법단체인 무산자동맹회에도 의당 이어졌다. 여기서 기억해야 할 바는, 1922년 초의 상황에서도 자치운동을 경계하는 공산주의 비밀결사와 사상단체가 존재하였으며, 이승복은 이와 연관된 표면 사상단체인 무산자동맹회에서 활동을 시작하여 신사상연구회로 이어나갔다는 사실이다.

2) 신사상연구회

신사상연구회가 사회주의운동사에서 차지하는 위치와 의미는, 사회주의 이론을 현실에 적용하기 위하여 이론 정비가 요구되는 시대 상황에서, 당시 서울청년회와 대립하는 위치에 있었던 무산자동맹회·조선노동연맹회의 인사들이 표면 조직을 필요로 하는 꼬르뷰로 국내부와 연결하여, 합법 연구단체를 표방하는 사상단체를 성립시켰다는 데 있었다.⁴² 신사상연구회는 합법 표면단체였으므로 단체의 목적과 발기인

40 朴哲河, 앞의 논문(2003. 6), 9~40쪽.
41 이애숙, 「1922~1924년 국내의 민족통일전선운동」, 『역사와 현실』 제28호(한국역사연구회, 1998. 6), 96~98쪽.
42 신사상연구회가 처음부터 꼬르뷰로 국내부의 표면단체로 창립되지는 않았다. 꼬르뷰로 국내부와 신사상연구회가 동일한 세력에게 장악되고, 표면단체와 지하 전위조직의 표리 관계로 정립된 때는 1924년 봄이었다. 장석흥, 「사회주의

의 이름을 언론에 공개하였다.

김경재에 따르면, "火曜會의前身은 新思想硏究會이엿고 新思想硏究會의前身은 無産者同盟이엿읍니다. 無産者同盟은 金翰, 申伯雨, 朴一秉, 陳秉基等의손으로 創立"되었다. 신사상연구회가 합법 연구단체를 표방하게 된 이유는, 전신이었던 무산자동맹회의 조직원 김한이 의열단과 박열(朴烈)의 투쟁에 연관되어 투옥된 사실에서 말미암았다. 일제가 실행단체인 무산자동맹회를 탄압·억압하자, 더 이상 '능동적 활동'을 할 수 없게 되었고, 이의 대책으로 신사상연구회가 출현하였다. "新思想硏究會는名實그대로 當時에 새로 輸入되고잇든 콤문이즘의 硏究가 그의목적"이었다.[43] 조직 자체가 탄압을 받아 활동이 불가능한 상태에 빠지자, 실행단체인 무산자동맹회는 연구단체인 신사상연구회로 전환할 수밖에 없었다.[44]

『동아일보』에 따르면 "홍수와가치팽배하게몰녀오는신사상을연구하야 조리잇는 갈피를 차저보랴는목덕으로 신사상연구회가생겨낫다" 신사상연구회는 이 목적을 달성하는 "실행방법으로는 강습과 토론을 하는외에 도서와밋잡지를 간행"함을 표방하였다.[45] 『조선일보』는 신사상연구회의 목적을 연구단체로 보도하는 데에서 더 나아가 새로운 사회를 건설하겠다는 취지를 다음과 같이 소개하였다. "이사회의 모든리치에 맛지안는 현상을 신(神)이나 운수에만 돌니어보닉면 오직져주와 불

수용과 신사상연구회의 성립」, 『한국독립운동사연구』 제5집(독립기념관 한국독립운동사연구소, 1991. 12), 69·71쪽.

43 金璟載, 「金燦時代의火曜會」, 『三千里』第七卷第五號(三千里社, 1935年 6月號), 45쪽.

44 김희곤·강윤정, 『잊혀진 사회주의운동가 이준태』(국학자료원, 2003. 12), 50~51쪽.

45 「新思想硏究會 새로발긔되엿다」, 『東亞日報』(1923. 7. 11). 이 기사는 끝 부분에 발기인의 명단을 실었다.

평싼이오 제도에돌니어 보닌면 우리가 참리치를 쌔달은뒤라야리치에 맛는 사회를건설하겟다" 이어 『동아일보』와 마찬가지로, "장차강습회와 토론회도기최하며도서와밋잡지도간행하리라"고 사업 계획도 보도하였 다.[46]

『동아일보』와 『조선일보』는 신사상연구회의 취지를 다른 각도에서 인용하였는데, 활동의 방향은 같은 내용으로 보도하였으며, 발기인의 명단은 순서도 똑같이 홍증식 · 홍명희 · 윤덕병 · 김병희 · 이재성(李載誠) · 이승복 · 조규수(趙奎洙) · 이준태 · 강상희(姜相熙) · 구연흠(具然欽) · 홍덕유(洪惠裕) · 원우관 · 박돈서(朴敦緖) · 김찬 · 박일병 · 김홍작(金鴻爵) 등 16명을 열거하였다. 두 신문에 따르면, 신사상연구회의 회관 위치는 경성 낙원동(樂園洞) 173번지였다. 이를 보면 신사상연구회는 신사상인 사회주의 사상을 체계 있게 연구함으로써, 사회제도의 모순을 깨닫고 이를 변혁하여 합리한 사회를 건설하겠다는 목표를 지향한 사상단체였다.

무산자동맹회가 활동이 금지된 후, 신백우 · 원우관 · 윤덕병 · 이준태 · 박일병 · 홍증식 · 구연흠 등은[47] 일제의 감시를 피하면서 사회주의 서적을 구입하여 열람하고, 1주일에 한 번씩 강독회를 열면서 점차 활동의 폭을 넓혀 나갔다. 이들은 꼬르뷰로 국내부에 참가하면서, 1923년 7월 '사회주의 연구 및 수련단체'로서 신사상연구회를 공개하고 회규를 개정한 뒤 회원을 공개해서 모집하기 시작했다. 이후 국내부의 김찬 · 김재봉(金在鳳) 등이 신사상연구회에 입회하면서, 꼬르뷰로 국내부의 야체이카가 지도하는 합법기관이 되었다. 신사상연구회는 내부에 도서

---

46 「新思想硏究會의創立 - 이사회의모든불합리흔이현상을 신이나운에부칠가졔도 에부칠가」, 『朝鮮日報』(1923. 7. 11).

47 京畿道警察部高等警察課, 『左傾團體系統一覽』(1927년 5월 현재)에 따르면, 신사상연구회가 창립될 때의 주요 인물은 박일병 · 원우관 · 윤덕병 · 김홍작 · 홍명희 · 김찬이었다. 朴哲河, 앞의 논문(2003. 6), 142쪽에서 다시 인용.

부·통계작성부·연구반 등을 설치하였다. 도서부에서는 사회주의 서적과 각종 신문·잡지 등을 구입하여 수시로 열람케 하면서, 동시에 서로 토의할 수 있도록 하였다. 통계작성부에서는 일반 사회상태와 경제지표를 조사하여 조선경제통계표를 작성하였다. 연구반에서는 1주일에 한 번씩 일반 회원을 모아 마르크스주의를 강론하고, 현재 조선 사회운동의 경제 현안을 토의하고, '내외보도부'(內外報道部)의 세계정세 보도를 협의하였다.[48]

신사상연구회가 꼬르뷰로 국내부와 연관성을 맺고 있었지만, 이승복이 신사상연구회에 가담한 동기와 목적은, '신사상연구회'라는 명칭이 의미하는 액면 그대로의 목적과 동일하였다. 당시 이론가이자 활동가였던 김경재도 신사상연구회의 전신이었던 무산자동맹회가 '실행단체'였으나, "콤문이즘의 연구가 그의 목적"이라고 분명하게 짚은 바를 보면, 신사상연구회의 목적은 명실상부하였다. 이승복은 신사상연구회에 가담하였으나[49] 사회주의사상을 연구할 필요 이상의 목적과 의미를 두지 않았다. 앞으로 몇 차례 더 확인하겠지만, 그는 사회·공산주의의 지하조직이나 1925년 조직된 조선공산당에도 가입하지 않았다.

이승복이 어떠한 경로로 신사상연구회에 발을 들였는지는 스스로 언급한 바가 없지만, 그가 무산자동맹회에서 활동하였다면 신사상연구회에 가담함은 자연스러운 행보였다. 이와 함께 그가 박돈서·홍증식과 맺은 친분도 하나의 계기가 되었으며,[50] 홍증식이 더 큰 영향을 주었으

---

48 朴哲河, 앞의 논문(2003. 6), 142~143쪽.
49 『三千百日紅』, 119~120쪽에 따르면, 이승복이 신사상연구회의 조직간사로 활동하였으나, 현재까지 연구된 바로는 사실 여부를 확인할 수 없다.
50 장석흥은 이승복이 신사상연구회에 가담한 동기·배경을 "홍증식, 박돈서 등과의 친교 관계를 통해 참여"하였다고 추측하였다. 장석흥, 앞의 논문, 77쪽. 이러한 추론은 타당성이 있으며, 무엇보다도 홍증식의 활발한 사회주의 활동이 영

리라 생각한다.

신사상연구회의 발기인·창립인 가운데 박돈서[51]·홍증식[52] 두 사람은, 상해임시정부가 수립되기 전후에 이승복과 함께 상해를 왕래하는 등 서로 밀접한 교분이 있었다.[53] 1920년 4월 설립된 조선노동공제회에

향을 크게 끼쳤으리라 생각한다.

51 박돈서·홍증식이 언제 귀국하였는지는 확실하지 않으나, 두 사람은 이미 1920년 4월 조선노동공제회에서 함께 활동하였다. 조선노동공제회는 박중화(朴重華) 외 240인이 발기하여 1920년 4월 3일 발기총회에 이어, 4월 11일 창립총회를 개최하고 임원선거를 실시하였다. 「勞働共濟會發起」, 『東亞日報』(1920. 4. 6) ; 「勞働共濟創立 – 십일일광무대에서 창립총회개최」, 『東亞日報』(1920. 4. 20). 『매일신보』에 따르면, 조선노동공제회의 발기인은 박중화 외 270명이었다. 『朝鮮勞働共濟會成立 – 發起人朴重華氏外近三百名」, 『每日申報』(1920. 4. 12). 조선노동공제회 창립총회에서, 박돈서는 박이규(朴珥圭)·차금봉(車今奉) 등과 함께 36명으로 구성된 위원부의 한 사람으로 선임되었다. 또 1921년 3월 13일 개최된 경성본회(京城本會)의 예비정기총회에서는 조선노동공제회 제1회 연합정기총회의 경성본회 대표자 61인을 선출하였는데, 그는 홍증식과 함께 대표자의 한 사람으로 선임되었다. 朴愛琳, 「朝鮮勞働共濟會의 活動과 理念」(延世大學校大學院 史學科 碩士學位論文, 1992. 12), 15~16쪽.

52 홍증식이 1920년 2월 노동문제연구회에 참가한 바(장석홍, 앞의 논문, 77쪽)를 보면, 그는 이미 1920년 초부터 국내 노동운동에 가담하는 쪽으로 민족운동의 방향을 탐색하고 있었다. 이어 1920년 4월 창립된 조선노동공제회에서 신백우·남정석(南廷晳)과 함께 3인의 교육부 간사로 선임되었다. 신용하, 「朝鮮勞働共濟會의 창립과 노동운동」, 『(한국사회사연구회 논문집 제3집)한국의 사회신분과 사회계층』(韓國社會史研究會, 1986. 12), 89쪽 ; 朴愛琳, 앞의 논문, 16쪽. 홍증식은 1921년 3월 13일 개최된 노동공제회 경성본회의 예비정기총회에서는 60명의 간사 가운데 총간사로 선임되었고, 조선노동공제회 제1회 연합정기총회의 경성본회대표자 61인의 한 사람으로 선출되었다. 박애림, 위의 논문, 16쪽. 또 신사상연구회가 조직된 뒤에는 꼬르뷰로 국내부에 가담하여 신사상연구회의 야체이카 책임자(당원 7명)가 되었다. 金俊燁·金昌順 共著, 앞의 책 2, 205쪽. 이어 1925년 4월 18일 결성된 고려공산청년회의 7인의 중앙집행위원 가운데 한 사람으로 피선되었다. 金俊燁·金昌順, 위의 책 2, 320~325쪽. 이를 보면, 홍증식은 일찍부터 공산주의운동에 깊이 관여하고 있었다. 홍증식을 1921년 5월 조직된 조선공산당 세력으로 분류하는 견해도 있다. 朴哲河, 앞의 논문(2003. 6), 41쪽. 꼬르뷰로가 국내에서 당의 기관을 조직하기 위한 활동에 들어간 때는 1923년 3월부터인데, 꼬르뷰로 국내부는 1923년 5월 이후 서울에서 조직되었다. 朴哲河, 위의 논문, 71·135쪽.

박돈서·홍증식이 나란히 가담하였음을 보면, 이들은 이승복보다 빨리 귀국해 노동운동에 관여하였다. 더욱이 홍증식은 상해임시정부가 수립되는 전후에 이미 이승복과 친분이 있었고, 이승복보다 먼저 귀국한 뒤 사회·공산주의 사상에 기울었으며, 이승복이 귀국한 때에는 벌써 공산주의 조직·운동에 깊숙이 관여하면서 공산주의자로 돌아섰다.

반면 이승복은 박돈서·홍증식과는 달리 노동운동에 관여하지 않은 채, 신사상연구회라는 표면 사상단체에 가입하여 신사상을 탐구하는 데 그쳤을 뿐 공산주의자로 전환하지는 않았다. 이후 이승복은 홍증식과 마찬가지로 언론 분야에서 표면 활동을 하였으나, 이전 상해임시정부를 왕래하면서 동지로 결합할 때와는 달리, 이면에서는 정치상의 노선을 달리 하였다.

신사상연구회 창립 회원의 면모를 보면, 대부분 30·40대들로 구성되었는데,[54] 이승복은 홍증식과 동갑으로 29세의 최연소 발기인이었다.[55] 이들 창립 회원은 꼬르뷰로 국내부에서 활동하며 노동운동이나 사상운동에 참여하였는데, 이승복·홍명희·김병희 등은 이러한 주류의 특징과는 구별되며, 이승복은 더욱 뚜렷하게 갈렸다. 이들은 사회주의 사상

---

53 민충식(閔忠植)이 증언한 바에 따르면, "상해 임시정부 수립 시대 그 전해에 평주가 잠깐 상해에 와서 서로 인사를 나누었죠. 나(민충식을 가리킴 : 인용자)는 만 3년 간 러시아 각지를 떠돌다가 상해로 와 있으면서 남양(南洋) 근처에 출장 갔다 와 보니 얼마 전에 평주가 김웅권(金雄權)·박돈서·성우 홍증식과 잠깐 다녀갔다거니, 또는 월봉 한기악씨와 함께 머물렀다거니 하는 후문을 들었"다. 『三千百日紅』, 116쪽. 이 회고는 시기상으로는 명확하지 않지만, 이로써 상해임시정부가 수립되기 전후 이승복이 박돈서·홍증식과 교류하였음은 충분히 짐작할 수 있다.

54 신사상연구회의 발기 회원 가운데 강상희·박돈서·조규수 등 확인하지 못한 사람을 제외하면, 신사상연구회는 30대 후반이 주류를 이루었다. 장석흥, 앞의 논문, 77쪽.

55 이승복·홍증식은 모두 1895년 생으로 당시 29세였으며 발기인 가운데 최연소였다. 두 사람은 1888년생인 홍명희에 비하여도 7살 연하였다.

을 실천하기보다는 이론으로 탐색하였으며, 식민지 민족문제를 해결하는 방법을 사회주의 이론에서 찾아보려는 공감대를 지녔다는 점에서는 다른 구성원들과 일치하였지만, 김찬·이준태·홍증식 등 공산주의를 실천하려는 계열들과는 이념상 뚜렷한 차이를 보였다. 이승복 등이 화요회가 주도하는 전조선민중운동자대회(全朝鮮民衆運動者大會)나 조선공산당(1925년 4월 결성된)에 가담하지 않았음—자의로 참여하지 않았든, 또는 타의로 제외·탈락되었든—은, 이들이 공산주의 실천가가 아니었음을 말해준다.[56]

3) 화요회

이승복이 신사상연구회에 가입한 이후, 그는 홍명희와 사상운동·언론활동에서 같은 궤도를 걸었다. 홍명희·이승복은 신사상연구회와 화요회에 이어 정우회 활동을 함께 하였고, 또 동아일보사에서 시대일보사로 이직하는 행보도 일치하였는데, 막역지우의 교분은 이렇게 형성되었다. 『시대일보』가 자금난으로 1926년 8월부터 휴간된 뒤 결국 발행권이 취소되어 폐간되자, 홍명희는 시대일보사를 떠나 같은 해 10월 오산학교 교장으로 취임하였으며,[57] 이승복도 시대일보사를 사직하고 1927년 3월 이후의 시기에 조선일보사로 자리를 옮겼다. 두 사람은 직업의 분야와 장을 달리 하게 되었으나, 민족운동의 영역에서는 신간회를 함께 발기·창립하며 조직화하는 동일한 노선을 걸었다.

---

56 장석흥, 앞의 논문, 77~78쪽.
57 홍명희가 오산학교의 교장으로 부임한 데에는, 그가 동아일보사에 재직할 때 사장이었던 남강(南岡) 이승훈(李昇薰)과 맺은 인연이 크게 작용하였다. 강영주, 앞의 책, 169쪽.

이승복이 홍명희와 사상운동·언론민족운동을 함께 한 경로는, 이승
복이 신간회와 인연을 맺게 되는 주요한 계기가 되었다. 그런데 두 사
람은 정우회까지 사상운동을 경과하는 동안 표면조직에 이름을 드러내
는 외에, 그다지 뚜렷한 활동이 드러나지 않는다는 공통점이 있었다.
이 점은 두 사람의 사상운동의 성격과 관련하여 매우 중요하다.

홍명희는 신사상연구회의 발기인이었으며, 1924년 11월 29일 신사상
연구회가 화요회로 전환한 뒤에도 활동을 계속하면서 간부직을 맡았
다. 이때 그는 동아일보 주필 겸 편집국장으로 재직하던 중이었다. 홍
명희의 동생 홍성희(洪性熹)도 1926년 초 화요회의 집행위원으로 활동하
였다. 이후 1926년 9월 홍명희는 홍성희와 함께 정우회 집행위원의 한
사람으로 피선되었다. 이러한 일련의 과정에서 홍명희가 마르크스주의
에 공감하였음은 분명하나, 이들 단체에서 그의 활동상은—자료상의
한계로 파악하지 못한 사실도 있겠지만— 뚜렷하게 드러나지 않는다.
홍명희의 장남 홍기문(洪起文)은 "쏘 그때(홍명희가 시대일보 사장으로 있을 때 :
인용자) 아버지는 화요회(火曜會)의 회원(會員)으로 게시었으나 그 역시 그
회의 내용을 별로 아지못하섰다."[58]고 기억하였다.

홍명희와 홍기문은 15살의 나이 차이로 맞담배를 피운 개방된 부자
사이로 유명한 만큼, 홍기문의 증언에는 지근 거리에서 부친을 지켜본
사실성, 즉 홍명희가 화요회에 가입하여 간부까지 지냈으나 이 안에서

58　洪起文, 「아들로서본아버지」, 『朝光』 第二卷第五號(朝鮮日報社出版部, 1936年
　　5月號), 187쪽. 강영주는 홍기문의 진술을 "액면 그대로 받아들이기는 어려울
　　듯하다."고 지적하면서도, "이는 화요회에서 홍명희가 주도적인 활동을 하기보
　　다는 주류를 이루고 있던 젊은 세대의 의견을 존중하고 그들의 의견을 추종하
　　는 태도를 취했던 것이, 당시 화요회 노선에 대해 일정한 불만을 느끼고 있었을
　　홍기문에게 심히 부정적으로 비쳤음을 뜻하는 것으로 해석되어야 할 것이다."
　　고 이해하였다. 강영주, 앞의 책, 186~187쪽.

주류 세력이 아니었음을 반영하였다고 생각한다. 홍명희는 화요회에서 '주도적 인물'이 아니었고, 이러한 양상은 정우회까지 되풀이되었다. 이승복도 홍명희와 마찬가지로 표면과 이면 어느 쪽에서든 화요회와 정우회를 주도한 인물은 아니었다.

그러면 이승복이 화요회에서 활동한 내용을 살펴본다. 꼬르뷰로 국내부는 1924년 11월 18일 예하 단체의 주류인 신사상연구회를 화요회로 개칭하였다. 화요회는 "불철저한 강령의 발표보다는 실천으로써" 자신의 목적을 대중에게 선전하기로 결의하고 강령도 발표하지 않았으나, 꼬르뷰로 국내부 세력이 중심이 되어 독자의 힘으로 공산당을 결성한다는 방침에 따라 조직되었다.[59] 1924년 11월 18일 열린 신사상연구회의 간부회는 이날 마르크스의 생일을 기해 명칭을 '화요회'로 개칭하고, 종전의 연구단체에서 행동단체로 전환하기로 가결하였는데, 이때의 회원수는 60여 명에 이르렀다.[60]

화요회는 마르크스가 태어난 화요일로 회의 명칭을 정하면서, 무산대중(無産大衆)에게 사회주의 사상을 선전·강화하는 '실행'을 강조하였다. 화요회의 윤덕병은 명칭을 개칭한 이유를 "여러분도 아시는바와가티 우리회는 본래신사상연구회(新思想硏究會)이엇슴니다 연구회라하고본즉 한갓연구단톄에 지나지아니함으로 실제로 하는일과는 회의일흠과 늘부합되지 아니하는뎜이 만흔갓닭으로 이에완전한사상단톄(思想團體)로

59 이 화요회가 중심이 되어 1925년 4월 17일 조선공산당을 결성하였다. 朴哲河, 앞의 논문(2003. 6), 84~95쪽.
60 金俊燁·金昌順 共著, 앞의 책 2, 41쪽 ; 스칼라피노·이정식 공저, 한홍구 옮김, 『한국공산주의운동사』 1(돌베개, 1986. 6), 102쪽 ; 서대숙 지음, 현대사연구회 옮김, 『한국 공산주의운동사 연구』(禾多, 1985. 8), 69쪽. 그런데 위의 책들은 신사상연구회가 화요회로 개칭한 날을 모두 11월 19일로 적었는데, 이날은 수요일이었다. 그렇다면 화요회로 개칭한 날을 11월 18일로 본 박철하의 기술이 타당하다.

들어내게하기위하야 작년겨울에 지금의화요회(火曜會)로일홈을곳치엇슴
니다"라고 설명하였다. 그리고 활동의 방향과 관련하여, 무산대중의 단
결을 위하여 잡지ㆍ'팜푸레트'ㆍ'리푸레트'를 발행하고, 서울 또는 지방
에서 때를 따라 강좌ㆍ강연회를 개최하겠다고 밝히면서, "우리는 무엇
이던지행한뒤에말하고자합니다."로 끝을 맺었다.[61]

윤덕병의 담화를 내보낸 기사의 제목에서 보듯이, 실행을 강조하는
화요회는 무산대중에게 사회주의 사상 선전을 강화하는 데 목적이 있
음을 밝히면서, 마르크시즘을 분명하게 표방하였다. 이 점에서 이승복
이 화요회에 가담하였음은, 그가 사회주의 사상을 수용하였음을 뜻한
다. 그러나 1926년 3월 현재의 기준에서 화요회원의 조선공산당 가입률
이 46.66%이었는데,[62] 이승복은 여전히 조선공산당에 가입하지 않은
53.34%에 속하였다.

화요회는 1925년 1월 3일 재경사회운동자간친회(在京社會運動者懇親會)를
개최하고, 인천ㆍ당진ㆍ예천 등 지방에서 출석한 15명을 포함하여 150여
명이 참석하여 서정희(徐廷禧, 노동운동)ㆍ조봉암(曺奉岩, 청년운동)ㆍ정종명(鄭
鍾鳴, 부인운동)ㆍ송봉우(宋奉禹, 형평운동)ㆍ임원근(林元根, 문예운동)ㆍ김한경(金
漢卿, 학생운동)ㆍ김장현(金章鉉, 사상운동) 등이 과거 1년간 각 분야별 운동의
상황보고를 하고 토의를 거친 뒤, 5개 항의 결의문을 발표하였다. 이
가운데 제4항인 "運動線의統一을各自가積極的으로努力할일"에서 보듯
이,[63] 이 모임의 취지는 사상단체의 단결을 실현하여 전선의 통일을 완

---

61 「火曜會―實行而已 꾸준히것겟다―尹德炳氏談」, 『朝鮮日報』(1925. 1. 1). 이 기
   사는 「보라!새조선의새거름 ◇경성안에잇는열두곳큰단례의 ◇금년에하랴는일
   하고자하는일」이라는 주제의 기획 기사로, 노농총동맹(勞農總同盟)ㆍ물산장려
   회(物産奬勵會) 등 경성 안에 있는 12개의 큰 단체를 소개하면서 각 단체의 중
   심인물이 담화한 바를 내보냈다.
62 朴哲河, 앞의 논문(2003. 6), 162~163쪽.

성하려는 데 있었다.

화요회는 이러한 목표의 연장으로 각지의 사회주의자들을 사상·조직의 면에서 통일해 나가고자 화화사(火花社)를 발기하였다. 화화사는 각지에 있는 사회주의자 23명이 발기하였는데, 동인제(同人制)로 사상운동 잡지 『화화』를 2월 중으로 창간할 계획을 세웠다. 또 이와 동시에 농민·부인 잡지를 발간하고 '팜푸렛트'·'리푸렛트'를 비롯하여 마르크스 -레닌주의 연구잡지를 발간할 계획도 지니고 있었다. 이승복은 김찬·박일병·김재봉·윤덕병·강상희 등과 함께 화요회 계열로서 경성 지역을 대표하는 6인의 발기인으로 참여하였다.[64] 이승복이 화화사 발기인에 참여한 목적은, 윤덕병이 표방한 바, 화요회가 사회주의 사상의 선전·보급을 실행하겠다고 강조한 노선과 일치하였다.

화요회는 1925년 2월 16일 각지의 민중운동자 72명을 망라하여 대회 준비위원회를 조직하고, 재경위원(在京委員) 20여 명으로 의사부(議事部)·심사부·통신부·서무부의 4개 부를 분담케 하고, 『조선일보』·『동아일보』 지상에 '전조선민중운동자대회 준비회'의 명의로 대회의 취지와 준

---

63 「◇地方서까지參加한主義者懇親會◇」, 『東亞日報』(1925. 1. 5) : 「最後까지圓滿한 社會主義懇親會－백오십명동지가모혀 삼일밤경성열빈루에서」, 『朝鮮日報』 (1925. 1. 5). 이 모임은 꼬르뷰로 국내부가 배후에서 조종함에 따라, 화요회와 북풍회가 명목상 사상단체의 단결을 실현하여 전선통일을 완성하기 위한 준비를 내걸었다. 그러나 본래 의도는 서울청년회를 사상운동전선에서 제외시키고 통일전선을 구축함으로써, 이를 기반으로 조선공산당을 창건하려는 데 있었다. 金俊燁·金昌順 共著, 앞의 책 2, 230~231쪽.

64 진주(晉州) 김재홍(金在洪), 광주(光州) 신동호(申東浩) 등 여타 지역의 발기인은 모두 1명씩이었는데, 경성 지역의 경우만 발기인이 6명이었다. 「'火花社'發起 ◇경향각디의주의자 사회운동에관계된 잡지와도서를출판」, 『東亞日報』(1925. 1. 28) ; 「『火花社』發起－사회주의잡지 발행」, 『朝鮮日報』(1925. 1. 28). 화화사는 무엇보다도 각 지방에 기관지 배포망을 구축하고 『화화』로써 사회주의운동의 사상·조직상의 통일을 꾀하려 하였다. 『화화』는 상해에서 발행된 화요파 조선공산당의 기관지 『불꽃』의 원형이었다. 朴哲河, 앞의 논문(2003. 6), 84~86쪽.

비위원 명단을 발표하였다. 여타 지역의 준비위원이 1~2명인데 비하여, 경성 지역의 경우 홍덕유65·장지필(張志弼)·민태홍(閔泰興)·김재규(金在奎)· 김상진(金尙震)·전무(全無)·구연흠·김한경·김재봉·김은곡(金隱谷)·주세죽(朱世竹)·허정숙(許貞琡)·권태휘(權泰彙)·윤덕병·안기성(安基成)·이석(李奭)·임원근·김단야(金丹冶)·박헌영(朴憲永)·김찬·조봉암·박일병·권오설(權五卨) 등 모두 23명이었다.66 이들은 대부분 화요회·북풍회 계열로, 이로써 종래의 부문별·지역별 운동계를 모두 망라하여 전국 규모의 민중대회를 개최하려 하였는데, 이는 조선공산당을 결당하려는 계획과 직결되어 있었다.67

그러나 이승복은 화요회가 야심차게 계획한 이 대회에, 자의인지 타의인지 확인할 수 없지만, 홍명희와 마찬가지로 준비위원에 이름이 오르지 않았다. 이를 보면, 이승복은 공산주의 사상의 선전 등 사상운동의 영역에서 단결을 꾀하려는 운동에는 이름을 나타내었으나, 공산주의 조직운동 즉 공산당에는 가담하지 않았음이 일관되게 확인된다. 이는 정우회에서도 마찬가지였다.

65 신문 보도의 홍덕우(洪悳祐)는 홍덕유(洪悳裕)의 오자로 보임.
66 「準備가着着進行되는 民衆運動者大會-각처동지를전부망라하야 삼월이십일까지신청접수」, 『朝鮮日報』(1925. 2. 18) ; 「大會準備委員會-모든 준비가 착착 진행되는◇……全朝鮮民衆運動者大會」, 『東亞日報』(1925. 2. 19). 『조선일보』는 1925년 2월 18일자 시평에서 민중운동자대회를 지지하면서, "民衆運動은弱者의 運動이다 弱者의唯一한自强術은 團結에잇는것이다"고 촉구하는 한편, "이大會의使命을重大視하는同時에 이를發起한諸氏에게對하야 愼重한努力을希望"하였다. 「(時評)民衆運動者大會」, 『朝鮮日報』(1925. 2. 18).
67 그러나 서울청년회 계열을 비롯하여 이를 좌절시키려는 세력들의 움직임도 있었으므로 원활하게 추진되지 못하다가, 4월 20일부터 이틀 동안 개막하기로 하였으나, 일제가 집회 금지를 내려 열리지 못하였다. 전조선민중운동자대회의 전모는 金俊燁·金昌順 共著, 앞의 책 2, 238~242쪽.

4) 정우회

1926년 4월 4일[68] 화요회가 주도하여,[69] 4단체합동위원회(화요회·북풍

---

[68] 정우회가 조직된 일자는 자료에 따라 4월 4일, 4월 14일, 4월 15일 등 다르게 나타나는데, 金俊燁·金昌順은 전거를 제시한 뒤 4월 14일로 기술하였다. 金俊燁·金昌順 共著, 앞의 책 2, 262·449쪽을 참조. 그러나 정우회 소식을 즉각 보도한 『조선일보』와 일제 경찰 자료에 따르면, 정우회는 4월 4일 창립되었음이 확실하다. 『조선일보』는, 4월 4일 정오에 경성 시내 돈의동 중국 요정 열빈루에서 정우회가 '발기총회'를 '개최'한다고 예보하였다. 「各團體消息-◇正友會發起總會」, 『朝鮮日報』(1926. 4. 4일자 '三日 夕刊'). 이어 정우회가 4월 4일 "예명과가티 사일오후령시반부터 시내돈의동(敦義洞)렬빈루(悅賓樓)에서창립총회를열엇"다고 보도하였다. 「思想團體 正友會-파쟁을업새고저 유지발긔로조직」, 『朝鮮日報』(1946. 4. 6). 당시 관할 종로경찰서가 검사에게 보고한 자료도, 4월 4일 정우회 발기총회에 이어 창립총회가 곧바로 진행되었음을, 『조선일보』보다도 더 상세하게 내용을 기록하였다. 「思想團體正友會組織ニ關スル件」(京鍾警高秘第三五八一號 大正十五年四月五日). 다른 일제 경찰 자료도 1926년 4월 4일자 항에서 '正友會組織(北風會派)'라 하고, 대정(大正) 4년 말 검거된 제1차 조선공산당 사건으로 다수 간부가 연좌(連坐)되어 회세(會勢)가 부진하게 되자 북풍파의 진흥책으로 손영극(孫永極)·정종명 외 8명의 수뇌가 정우회를 조직하였다고 기술하였다. 『高等警察關係年表』, 197쪽. 앞의 종로경찰서 보고도 북풍회가 정우회 창립을 주도했다고 기록하였다.
4월 14일 정우회가 조직되었다는 근거가 되는 『동아일보』 기사는(『동아일보』는 이때 정간 중이었음을 고려해야 한다), 4월 14일 항에서 "통일을 목덕하야각단톄(4단체를 가리킴 : 인용자)를해톄하고합동하야 『정우회』를새로히창립하고각단톄회원들은 일제히정우회에 입회하엿는데"라고 보도하였는데, 이는 4단체(화요회·북풍회·무산자동맹·조선노동당)가 4단체 해체식을 결행한 15일을 14일로 착오한 날짜였다. 상기 4단체는 4월 15일 4단체합동위원회를 열고 "운동의 통일을위하야사단톄를해톄하고 운동을 정우회로집중하자는 의견이 일치"되어서 즉시 4단체 해체식을 거행하고 4단체의 간판을 불태웠다. 「創立된正友會-統一運動成功-사단톄는해산하게되고 그회원은정우회에입회」, 『朝鮮日報』(1926. 4. 16일자 '十五日 夕刊'); 「四團體解體式」, 『朝鮮日報』(1926. 4. 16). 당시 한 잡지도 4월 15일에 "火曜會, 北風會, 無産者同盟, 朝鮮勞働黨四個思想團体가合同하야正友會를組織하다"고 기술하였다. 「最近世界相-自三月二十日 至四月十九日」, 『開闢』 第六十九號·第七年第五月(開闢社, 1926年 5月號. 5월 1일 발행), 60쪽. 그러나 15일은 4단체가 해체식을 거행하고 이미 조직된 정우회로 통합하기로 결의한 날이었다. 이를 보면, 당시는 4단체 해체식을 정우회의 창립과 동일시하는 인식이 있었던 듯하다.

회·조선노동당·무산자동맹회)를 통하여 정우회를 창립하였다. 정우회는 조
선공산당의 합법 사회주의 사상단체로 조직되었으나,[70] 언론에 공개한
바로는 '사회운동의 통일',[71] 즉 파벌·파쟁을 불식하는 데 목표를 두었
다. 이는 정우회가 스스로 해체를 선언할 때까지 일관한 목표이자 실천
강령이었다.

『조선일보』에 따르면,[72] 사상단체 정우회는 백기호(白基浩)·이봉수(李
鳳洙)·김경재·이호태(李鎬泰)·이민행(李敏行)·심상완(결석)·구창회(具昌
會)·배성룡(결석)[73]·김홍작·강용(姜鎔)·강상희·천두상(千斗上) 등이 발
기하여, 1926년 4월 4일 이들 발기인과 수십 명의 유지들이 참가하여
창립총회를 개최하였다. 창립총회는 이봉수·백기호·김경재 3인을 목
적기초위원으로 선정한 뒤, 이들 3인이 작성한 "本會는思想의研究와純
化及大衆의團結과覺醒을期함으로써目的함"이라는 목적서를 만장일치
로 가결하였다. 이후 방청인의 질문에 발기인이 "재경사상단테가 만흠
에도불구하고 쏘다시이와가티 유력한사상가들이 사상단테를조직함은
분렬되야잇는 조선사회운동의 파쟁을업새기 위함"이라고 설명하는 등,

---

69 뒤에 보겠지만, 일제 경찰 자료들은 북풍회 계열이 정우회 창립을 주도하였고
    파악하였다.
70 제1차 조선공산당 탄압 사건(1925년 11월, 세칭 '신의주 사건')으로 조선공산당
    이 궤멸 상태에 빠지자, 제2차 조선공산당의 책임비서인 강달영(姜達永)은 이를
    수습하면서 당세를 확장하는 데 주력하였다. 한편 화요회와 대립 관계였던 서
    울콤그룹에서는 화요회 조직을 제압할 목적에서 1926년 2월 조선사회단체중앙
    협의회(朝鮮社會團體中央協議會)를 발기하였는데, 강달영 당은 이에 대응하는
    조치로 정우회를 새로 발족시켰다. 정우회가 발족하는 과정은 金俊燁·金昌順
    共著, 앞의 책 2, 261~262·442~453쪽.
71 「四團體解體式」, 『朝鮮日報』(1926. 4. 16).
72 이하 정우회 창립총회와 관련하여 별도의 전거를 밝히지 않은 곳은 「思想團體
    正友會」, 『朝鮮日報』(1946. 4. 6)에 의거했음.
73 '결석'이라고 표기한 곳은 일제 경찰 자료에 의거했는데, 발기인으로서 창립총
    회에 결석하였음을 뜻한다.

발기인과 방청석 사이에 열띤 토론도 진행되었다. 이날 창립대회는 당
석에서 8명의 입회원자[74]를 입회시키고, 임시총회를 소집하기까지 회를
운영할 9명의 간사[75]를 선거[76]한 뒤 종료하였다.

일제 경찰 자료에 따르면, 정우회는 1926년 4월 4일 창립총회를 가진
뒤, 예정(4월 13일)을 변경하여 4월 10일로 앞당겨 임시총회를 개최하였
다. 경성부 견지동(堅志洞)의 시천교당(侍天敎堂)에서 개최된 이날 임시총
회에는 148명의 회원[77]과 서울회 계열인 50여 명의 방청자가 참석하여
열렸는데, 의장선거·경과보고·「정우회 규칙」발표 등에 이어 21명의
집행위원과 5명의 검사위원을 구성함으로써 회의 체제를 갖추었다. 이
날 발표한「정우회 규칙」에서는 서무부·회계부·조사부·연구부의 4부
를 두어 집행위원들로써 회무를 분장케 하는 규정을 두었다.[78]

---

74 일제 경찰 자료에 따르면, 창립대회에는 15·16명의 방청자가 있었는데, 발기인
   2명이 보증함으로써 이 가운데 8명을 당석에서 입회시켰다. 이 8명은 손영극·
   이민한(李玟漢)·김기환(金基煥)·정혁(鄭赫)·정희찬(鄭熙燦)·이극광(李極
   光)·이량(李亮)·조우제(趙佑濟)였다.
75 강상희·김경재·천두상·손영극·백기호·이봉수·이호태·김홍작·배성룡.
76 일제 경찰 자료에 따르면, 무기명 투표로 8명의 간사를 선정하였다. 여기서 姜
   明熙는 姜相熙의 오자이다. 이날 창립대회에서 4월 13일에 임시총회를, 4월 11일
   에 간사회의를 각각 열기로 결정하였다. 이상에서 정우회 창립총회와 관련하여
   인용한 일제 경찰 자료는 「思想團體正友會組織ニ關スル件」(京鍾警高秘第三五
   八一號 大正十五年四月五日)임.
77 일제 경찰자료는 이날 참석한 회원의 명단 126명을 적고 "外二十二名"이라 하였
   는데, 126명의 명단에 이승복은 보이지 않는다.
78 일제 경찰 자료에 따르면, 집행위원을 선출하는 방식과 결과로 장내 분란이 일
   었다. 정우회는 창립 당시에는 북풍회계가 세력이 컸으나, 집행위원을 선거한
   결과 화요회가 독전(獨專)하는 양상이 되었다. 집행위원으로 선출된 21명은 김
   세연(金世淵)·구창회·임형일(林炯日)·이봉수·이량·전해(全海)·이종태(李
   鍾泰)·김홍작·배성룡·김경태(金景泰)·이민한·권태휘·강상희·이승원(李
   承元)·천두상·임영선(林英善)·최형식(崔亨植)·백기호·김종태(金鍾泰)·권
   숙범(權肅範)·이극광이었다. 검사위원 5명은 배덕수(裵德秀)·김경재·오의선
   (吳義善)·박일병·정종명이었다. 「正友會臨時總會ニ關スル件」(京鍾警高秘 第

정우회는 이렇게 체제를 갖춘 뒤, 4월 15일에는 4단체 해체식을 거행
하면서 의욕왕성하게 출발하였으나, 창립된 그해에 6·10만세운동이 일
어나고 곧이어 제2차 조선공산당 탄압 사건이 발생하자, 정우회 관계자
도 116명이나 검거됨으로써 정우회 역시 8월 이후 활동이 거의 불가능
한 상태에 빠졌다. 이에 정우회는 "헛트러진진영을정돈할국면(局面)을수
습하기위하야", 9월 28일 집행위원회를 소집하고 위원보결(補缺)선거·회
무정리와 국면수습을 토의하였는데, 이때 이승복은 홍성희·김평산(金平
山) 등과 함께 13명의 위원으로 보선되었다.[79]

이어 김철수(金錣洙)를 중심으로 제3차 조선공산당이 재건되고, 안광
천(安光泉) 등 동경(東京)의 일월회(一月會) 세력들이 대거 국내로 들어와
정우회에 가입하자, 정우회도 새로이 진영을 정비할 필요가 생겼다. 이
에 다시 정우회는 11월 3일 상무집행위원회를 열어 사무분담·회관이
전·운동방침 등을 협의한 뒤 위원을 임명하였으며, 신정책을 수립하고
선언서를 발표하기로 결의하였다. 이날 회의에서 서무부·조사부·회
계부·연구부의 사무분장위원 21명과 검사위원 4인을 보선하였는데, 이
승복은 하필원(河弼源)·남정석·임형일·강상희 등 4인과 함께 연구부
에 배정되었다.[80]

三八七〇號 大正十五年 四月 十日). 이 경찰 자료에는 부서의 역원(役員) 명단
은 없는데, 4월 27일자 경기도 경찰 보고서에는 부서의 역원이 다음과 같이 배
정되었다. 서무부 임영의(林英宜는 林英善인 듯 : 인용자)·배성룡·전해·이규
송(李圭宋)·손영극, 회계부 구창해(具昌海는 具昌會의 오자인 듯 : 인용자)·김
경태·백기호·임형일·이태광(李泰光), 연구부 김세연·이극광·강상희·권태
휘·천두상, 조사부 김홍작·이봉수·김연의(金演義)·이량·이민한. 「正友會ノ
創立卜四團體合同委員會ノ解散ニ關スル件」(大正十五年四月二十七日 京高秘
第二一九六號—京畿道).

79 「◇團體와集會◇ 正友會執行委員會」, 『東亞日報』(1926. 9. 30). 『동아일보』 기
사에는 李承復으로 표기되었는데 李昇馥의 오자이다.

80 이날 결정된 사무분장위원은 서무부 안광천·김영식(金泳植)·권숙범·손영항

11월 3일 정우회가 새롭게 진영을 편성한 일은 신정책 수립, 즉 정우회운동의 방향성을 새롭게 정립하려는 목적과 직접 관계가 있었다. 이는 이날 회의를 보도한 신문 기사 「정우회신진용-새로운정책을수립한다고」의 제목과 부제에서도 충분히 확인된다. 이 기사는 "선언서는 근근발표하고저 방금긔초중이라더라."고 다시 강조하면서 끝을 맺었다. 신정책 수립과 선언서 발표를 연구부가 주관한다면, 이는 「정우회선언」으로 귀결되는 과정에 이승복이 관여·참여하였음을 말해 준다. 이 점에서 이승복이 연구부에 배정된 사실은 매우 중요한 의미를 지녔다.

정우회는 11월 3일의 결의에 따라, 11월 15일 집행위원회에서 '신정책'[81]인 「정우회선언」을 발표하였다. 이와 관련하여 눈여겨볼 점은, 정우회는 11월 15일 집행위원회를 열어 「정우회선언」을 통과시킴과 동시에 '강연회 개최의 건'을 결의하였는데, 이때 안광천·하필원·임형일·남정석·김평산 5인을 연사로 선정한 사실이다.[82] 이는 두 가지 의미에서 매우 중요하다.

첫째, 이 5인의 연사 가운데 안광천·김평산을 제외하면 3인은 정우회의 연구부에 속한 위원이었다. 안광천과 김평산은 각각 서무부와 회계부의 사무분장위원이었다. 연사가 해당 주제를 가장 잘 아는 사람이라는 상식을 감안할 때, 「정우회선언」의 취지를 강연한 연사가 대부분 연구부 위원이었다는 사실은, 「정우회선언」이 연구부를 중심으로 작성

(孫永桓)·강철(姜鐵), 조사부 김경태·김광수(金光洙)·천두상·서재국(徐在國)·이진태(李鎭泰)·이승원, 회계부 김평산·강용(姜鎔)·한낙서(韓洛敍)·동림(董林)·성세빈(成世斌), 연구부 하필원·남정석·이승복·임형일·강상희가 배속되었다. 「正友會新陣容」, 『東亞日報』(1926. 11. 6). 위의 임원진 21명 가운데 일월계로 확실하게 분류되는 사람은 안광천·김영식·하필원 3인뿐이었다.
81 당시 신문들은 「정우회선언」을 '신정책'이라고 명명하였다.
82 「分裂로統一에」, 『東亞日報』(1926. 11. 17) ; 「正友會의新陣容」, 『朝鮮日報』(1926. 11. 17).

되었음을 보이는 증거였다.

둘째, 이 연사 5명과 또 연구부 위원 5명 가운데 안광천·하필원을 제외한 나머지 사람들은 국내에서 활동하던 사람들이었음도 중시해야 한다. 1925년 8월 현재 임형일은 혁청단(革淸團) 대표였으며, 김평산은 경성청년회 대표였다.[83] 혁청단은 1923년 12월 15일 발기하였는데, 1924년 11월 26일 조봉암·김한경 등으로 임원을 개선한 뒤 화요회계로 존속하다가, 1927년 2월 10일 임시대회를 열어 해체를 선언하였다.[84] 경성청년회는 북성회(北星會) 계열이 1924년 12월 조직한 단체였다.[85]

앞서 보았듯이, 남정석은 1920년 4월 창립된 조선노동공제회에서 신백우·홍증식과 함께 3인의 교육부 간사로 선임되었다. 또 남정석은 정우회가 정식 해체를 결의하는 1927년 2월 21일 임시총회에서 사회를 보았으며, 김평산은 상무위원으로 해체선언서를 낭독하였다. 이날 총회에서는 이 해체선언서에 "다소수정을가하여가지고일반에발포하기로한후" 해체선언 발표 준비위원과 잔무처리위원으로 남정석·김평산·안광천 3명을 선출하였다.[86] 이때 김평산은 해체선언서를 낭독한 뒤 동 해체선언서를 수정하는 준비위원으로 선임되었다. 이를 보면, 남정석·김평산은 「정우회선언」은 물론, 해체선언서를 작성하는 데에도 관여한 이론

---

83 1925년 8월 20일 경기도 경찰부에서 사회운동의 각 단체를 소집하여, 경무당국의 수뇌들이 이들에게 「치안유지법」을 주의시키고 위반하지 않도록 경고하였는데, 임형일·김평산도 소속 단체의 대표로 초청되었다. 「制度의缺陷은肯定 ─사상단례에주의한당국의말」, 『東亞日報』(1925. 8. 22) ; 「京畿警察首腦者와 社會運動者와合席 ─경찰부장도사회운동은긍명 ─治安維持法으로意見交換」, 『朝鮮日報』(1925. 8. 22).

84 金俊燁·金昌順 共著, 앞의 책 2, 46~47쪽.

85 金俊燁·金昌順 共著, 위의 책 2, 224~225쪽.

86 「『正友』最後의會議 ─재작일오후시련교당에서 ─正式으로解體決定」, 『東亞日報』(1927. 2. 23).

가였다.

강상희는 1921년 3월 13일 열린 조선노동공제회 예비총회에서, 4월 2·3일 양일 개최될 정기총회(본회와 지회의 연합 개회)에 참가할 61인의 대표로 선정되었으며,[87] 신사상연구회 발기인이었다.[88] 또 한 가지 눈여겨 볼 점은, 임형일·강상희는 정우회 창립(1926년 4월 4일) 직후 열린 임시총회(4월 10일)에서 21명으로 구성된 집행위원회의 1인으로 선출되어 활동하였다는 사실이다.[89] 이 점에서 안광천·하필원 등 일월회계가 정우회를 움직였으며, 이들이 「정우회선언」을 주도하였다는 통설에는 분명 문제가 있다. 11월 3일 개편된 정우회의 신진용을 보더라도, 안광천·하필원 등 일월회계가 「정우회선언」을 주도하였다는 선입견을 배제하고 「정우회선언」의 문맥을 다시 보아야 한다.

이상의 두 가지 사실에 의거하면, 이승복은 「정우회선언」의 문안을 작성하는 데까지는 아니더라도, '신정책'의 방향을 결정하는 논의에 깊숙이, 적어도 일정한 부분 관여하였음은 확실하다. (자료A-ⓑ)에 보이는 이승복의 회고는, 「정우회선언」이 신간회운동에 합류하는 논리를 지녔으며, 자신이 이에 관여하였음을 나타냈다.

신사상연구회 → 화요회 → 정우회로 이어지는 사상운동의 과정에서 홍명희의 활동이 두드러지지 않았듯이, 이승복 역시 이들 단체에 이름을 드러낼 뿐 뚜렷한 활동을 보이지 않았으나, 「정우회선언」을 작성하

---

87 「公告(1921年 3月 23日 朝鮮勞働共濟會本會)」, 『東亞日報』(1921. 3. 27).

88 이후 강상희는 1929년 7월 신간회 경성지회 집행위원·상무집행위원을 거쳐, 1930년 4월 신간회 경성지회 서기장, 1930년 11월 신간회 중앙집행위원을 지냈다. 장석흥, 앞의 논문, 10쪽.

89 임형일은 서무부, 강상희는 연구부의 역원으로 배속되었다. 「正友會ノ創立ト四團體合同委員會ノ解散ニ關スル件」(大正十五年四月二十七日 京高秘第二一九六號—京畿道).

는 데 관여한 정황만은 분명하게 추정할 수 있다. 이승복의 최종 학력
은 18세인 1912년 대동법률전문학원 2년을 수료하였을 뿐,[90] 홍명희처
럼 일본에 유학한 경력도 없으며, 당시 자칭·타칭 이론가들처럼 대학
교육을 받은 바도 없었다. 그런데도 홍명희가 이승복에게 신간회의 강
령·규약을 작성하라고 위임하였음은, 이승복과 사상운동·언론민족운
동을 함께 한 경험에 의거해서 이승복의 능력을 신뢰하였음을 보여준
다. 여기에는 이승복의 사상운동의 경력, 무엇보다도 정우회의 연구부
에서 활동한 경력이 이러한 신뢰감을 뒷받침했다고 생각한다.

　지금까지 살펴본 이승복의 사상운동의 경로에서 나타나는 중요한 특
징은, 그가 가담한 단체가 모두 표면단체였다는 사실이다. '표면'이란
겉으로 드러났다는 뜻으로, 표면단체는 일제의 감시망을 피하여 비밀
리에 활동하는 비합법 지하단체의 반대개념이다. 신간회 역시 일제에
게 허가를 받고 설립된 합법 표면단체였다.

　이승복이 무산자동맹회를 거쳐, 최연소 발기인으로 신사상연구회 창
립에 가담하고, 이후 화요회를 거쳐 1926년 정우회에 가담하기까지 3년
간의 경로를 보면, 표면단체에서만 이름이 거론될 뿐, 이들 사상단체의
지도부인 지하조직=당과 관련 맺어 활동한 자취를 찾을 수 없다. 그는
공개된 영역의 합법=표면 사상단체에서 활동하면서, 사회주의 사상운
동의 단결을 목적하는 운동에는 이름을 나타내었으나, 이들 단체의 배
후로서 비밀 지하단체인 공산당 조직에서는 활동하지 않았다. 이승복
은 사회주의 사상을 일정하게 수용하였지만 공산주의자는 아니었다.
사회주의 사상에 공감하면서도 공산주의로 경사하지 않은 일관성은,
8·15해방 이후까지 포함하여 그의 전체 사상운동과 정치행태를 관통

---

90 『三千百日紅』, 102쪽.

하는 특징이었다.

이승복은 신사상연구회에 가입한 이후 신간회를 발기·창립하기까지, 막역지우 홍명희와 사상운동·언론활동에서 같은 길을 걸었으나, 이러한 경향성은 홍명희가 조선공산당에 가입했다는 일제 측 자료가 남아 있음과도 대조된다.[91] 춘헌(春軒) 김인현(金寅炫)은 "한 가지 빼 놓을 수 없는 사실은 평주가 영업국장으로 부임해 온 뒤 조선일보의 극좌 논조만은 퍽 지양된 점"을 지적하였는데,[92] 이 또한 그의 성향을 반증해 준다. 8·15해방 후 중간우파의 길을 걸어간 그의 정치활동이 다시 이를 증명한다.

4. 신간회에 참여한 사상의 배경

1) 반문화주의

이승복이 신간회에 참여하는 사상의 배경은, 그가 가담하였던 사상단체가 이론·조직상으로 발전하는 과정과 일치한다. 결론부터 말하면, 그가 참여하였던 사회주의 사상단체들의 이론상의 출발점은 반문화주의(反文化主義)였고, 귀결점은 정우회의 민족협동전선론인 단일정치전선론(單一政治戰線論)이었다. 그는 사회주의 사상을 접하면서 당시 사상 조류의 하나였던 문화주의의 반대편에서 출발한 뒤, 「정우회선언」의 단

---

91 홍명희와 조선공산당의 관계는 강영주, 앞의 책, 229~237쪽.
92 『三千百日紅』, 142~143쪽. 이승복이 조선일보사에 입사한 시기는 1927년 3월 27일 이후였다. 물론 이 시기 『조선일보』가 극좌 논조를 지양한 데에는 주필 안재홍과 편집국장 한기악 등의 영향도 크게 작용했겠지만, 이승복이 사회주의 사상 단체에서 활동한 운동 양태가 공산주의 방향으로 작동하지 않았음을 보여준다.

일정치전선론을 이론 배경으로 삼아 신간회 조직에 참여하였다. 이제 그가 신간회에 참여하게 되는 사상과 이론이 어떻게 형성되었는가를 확인해 본다.

종로경찰서 투탄의거는 이승복이 귀국하자마자 처음 경험한 국내 최대의 사건이었는데, 이 무렵 그의 사상의 향배가 무산자동맹회—신사상연구회로 결정되었음은 결코 우연이 아니었다. 여기서 이승복이 사회·공산주의 사상에 얼마큼 공감·경도했느냐보다 더 중요한 점은, 그가 거쳤던 사상운동의 경로가, 민족개량주의로 경사함을 막는 또 하나의 견제력—상해 망명 시절의 인맥과 함께—이 되었다는 사실이다.

국내 사상운동의 논쟁 과정에서, 민족개량주의의 이념이 나름 정합성을 갖추어 주의·주장을 선포한 때는 「민족적 경륜」이 발표된 1924년 1월이었지만, 1922년부터 문화운동을 둘러싼 논전은 벌써 확대되기 시작하였다. 민족운동이 민족주의와 사회주의로 분화·분립하고, 사회주의운동이 민족운동의 주류로 등장하는 1923년의 과정에서 민족개량주의의 성격은 충분히 드러났다. 이승복이 상해에서 민족운동에 가담하였다가 귀국한 직후, 그가 민족개량주의로 경도하지 않을 이념상의 토양은 국내에서도 이미 충분히 마련되어 있었다.

이승복은 종로경찰서 투탄의거에 연루되었지만, 장덕수의 '덕'으로 10여 일 만에 풀려났다.[93] 이승복과 장덕수의 친분이 언제부터 형성되었는지 확인하기 어렵지만, 이승복이 갓 귀국한 시점에 장덕수에게서 도움을 받을 만큼 가까웠음을 보면, 이승복의 국내 인맥은 문화주의·민족개량주의로 경사할 가능성이 높았다. 그러나 이승복은 빠르면 귀국 직후인 1923년 1월부터, 늦어도 동년 7월부터는 동아일보 계열의 문

---

93 제2장 2를 참조.

화주의와는 분명하게 선을 긋는 행보를 보였다. 여기에는 신사상연구
회로 이어지는 무산자동지회─무산자동맹회의 성향과 인맥이 크게 작
용하였다.

　장덕수는 일본 유학 시절 김성수(金性洙)[94]·송진우(宋鎭禹)와 인맥을 형
성하였고, 이를 기반으로 1920년 창간된 『동아일보』의 주간이 되었다.
이때부터 장덕수는 김사국 등에게 공격을 받아 미국 유학을 떠나는
1923년 4월까지, 『동아일보』를 기반으로 문화주의를 천명하면서 문화
운동을 제창하였다. 식민지시기는 물론 해방정국까지 걸쳐서, 장덕수는
김성수를 중심으로 형성된 이른바 '동아일보 그룹'의 핵심 멤버였다.[95]

　장덕수는 이미 『동아일보』 창간사 「주지를 선명하노라」에서, "(一)朝
鮮民衆의 表現機關으로 自任하노라"·"(二)民主主義를 支持하노라"·"(三)
文化主義를 提昌하노라"의 3개 주지[96]를 설명하면서, 문화주의의 기치

94　김성수·장덕수·이광수(李光洙) 3인은 모두 와세다(早稻田) 대학 출신인데, 이
　　들은 학연을 기반으로 일치되는 정파, 즉 1920년에서 1922년까지 대두했던 '점
　　진적인 문화적 민족주의의 계보'로 연계되었다. 이들 3인은 이 운동에서 각자
　　주도하는 구실이 있었는데, 김성수는 조직자이자 재정 지원자였으며, 이광수는
　　이론가였고, 장덕수는 청년지도자이자 언론인(동아일보의 초대 주간)의 소임을
　　수행하였다. M. 로빈슨 著, 김민환 譯, 『일제하 문화적 민족주의』(나남, 1990. 10),
　　95~96쪽.

95　장덕수의 문화주의·문화운동은 沈在旭, 「雪山 張德秀의 文化運動과 社會認識,
　　1912~1923」, 『한국민족운동사연구』 28(한국민족운동사학회, 2001. 8)을 참조.

96　「主旨를 宣明하노라」, 『東亞日報』(1920. 4. 1). 동아일보사는 1920년 1월 14일 발
　　기인총회에서 사장 박영효(朴泳孝)를 비롯하여 임원진을 결정한 뒤, 박영효의
　　집에 임원진이 모여 사시(社是)에 해당하는 3대 '주지'를 다음과 같이 결정하였
　　다. "1. 조선민중의 표현기관으로 자임하노라. 2. 민주주의를 지지하노라. 3. 문
　　화주의를 제창하노라." 1920년 7월 지령(紙齡) 100호 기념의 사고(社告)에서는
　　1항의 '조선민중'을 '조선민족'으로 바꾸었다. 이후 사시는 몇 차례 걸쳐 간결하
　　게 요약되었는데, 1926년 4월 21일의 사설에서는 "1. 민족의식의 표현. 2. 민주
　　주의. 3. 신문화건설"로, 1930년 9월 1일자 사설에서는 이를 다시 "1. 조선민족의
　　생존권의 주장 옹호. 2. 민주주의의 제창. 3. 신문화 향상의 촉진"으로 구체화하
　　였다. 東亞日報社, 『東亞日報社史』 卷一(東亞日報社, 1975. 4), 91~92쪽. 이상에

를 선명히 하였다. 그에게 문화주의는 '문화의 낙원'인 '독립'을 이루기 위해서는 정치뿐만 아니라, 경제 · 도덕 · 종교 · 과학 · 철학 · 예술 등의 모든 생활 분야에서 '내적 충실'을 기해야 이를 수 있는 방법을 가리키며, '문화운동'은 '생활 내용의 충실'을 위한 방편이었다. 그런데 3 · 1민족운동을 "원만한 문화의 수립을 위해 이민족의 지배에서 탈피하기 위한 전민족의 정치운동"으로 규정한 그의 논리는, 3 · 1민족운동이 실패로 돌아갔으므로, 이제 식민지 조선에서는 더 이상 정치운동이 불가능하다는 인식으로 이어졌다. 따라서 장덕수는 앞으로 새롭게 나타날 민족운동은 '정치적 방법'이 아닌 '사회적 방법'으로 진행되어야 하며, 이것이 '문화운동'임을 강조하면서 '인격주의'를 표방하였다.[97]

이와 같은 민족문제의 탈정치화 선언은 문화주의가 내세우는 전형의 논리였다. 문화주의를 인격주의로 이해하는 현상은 문화운동론자들의 일반성이었는데, 이들은 문화운동을 개인의 인격완성을 목표로 하는 '교화' 운동으로 간주하여, 개인의 개조='내적 개조'를 궁극의 목표로 생각하였다. 이러한 조류는 이광수의 「민족개조론」(民族改造論, 1922. 5)에서 보듯이 민족성개조론으로 이어지는데, 민족성개조론이야말로 문화운동의 개량주의 측면을 가장 강하게 보여주면서,[98] 『동아일보』가 주장하는 문화주의 · 문화운동과 궤를 같이하였다. 장덕수는 이광수가 귀국(1921년 5월)하기 앞서 『동아일보』의 문화주의-문화운동을 선창한 민족개량주의의 이데올로그였다. 이광수가 귀국하여 『동아일보』의 논설위원으로 활동하였듯이, 장덕수도 『동아일보』를 매체로 개량주의 이념을 주장하

서 보면, 동아일보의 문화주의는 신문화건설과 이를 촉진하는 이념이었다.

97 沈在旭, 앞의 논문, 204~208 · 216~220쪽을 참조.
98 박찬승, 『한국근현대정치사상사연구-민족주의우파의 실력양성론』(역사비평사, 1992. 1), 209~217쪽.

였다는 공통점이 있었다.

장덕수가 문화주의를 제창하면서 사회·공산주의운동에도 가담하였더라도, 그의 주의·주장의 기저는 여전히 문화주의였다. 그는 1920년 6월 사회혁명당(상해파) 결성에 참여하였고, 1921년 5월 상해파 고려공산당의 국내 간부였다. 『동아일보』의 초기 사설에는 이들 국내의 상해파 공산주의 그룹과 이의 모태 단체인 사회혁명당(상해파)의 견해가 강하게 반영되었다. 이들 공산주의 단체의 성원들은 문화주의를 명료하게 제안함으로써 『동아일보』에도 적극 참여하였는데, 장덕수가 대표되는 예였다. 이들은 민족혁명을 수행한 다음 공산주의혁명으로 이행한다는 연속혁명론의 관점에 서서 문화운동의 지도부 구실을 자담하였다.[99]

한편 장덕수(책임, 중앙위원)와 김명식(金明植, 기관지 담당) 사이의 관계를 예로 들어, 『동아일보』의 문화운동과 상해파가 추구하는 문화운동이 동일한지 검토할 필요가 있다는 견해도 제기되었다. 이에 따르면, 양자 사이에는 사회혁명당과 상해파 이전의 활동 경험에 차이가 개재하였고, 1922년 10월을 전후해 국내의 상해파는 좌우익으로 분열되었다. 장덕수·이봉수 등이 이끄는 우익은 『동아일보』와 함께 종래의 문화운동을 고수하였고, 김명식·유진희(俞鎭熙)가 이끄는 좌익은 문화계몽운동론을 폐기하고 신생활사(新生活社)를 중심으로 독자의 공산주의 그룹을 형성하였다. 어쨌든 『동아일보』를 통한 장덕수의 주장은 상해파가 아니라 『동아일보』의 시각을 반영하였으며, 1922년 상반기를 넘어서면 장덕수의 논설은 사회주의자뿐만 아니라 민족운동가로서 정체성마저 흔들리는 경향을 보였다.[100]

---

99 이애숙, 앞의 논문, 93~96쪽.
100 이현주, 『한국 사회주의세력의 형성 : 1919~1923』(일조각, 2003. 10), 171~185쪽.

이러한 측면을 고려하면, 이승복이 무산자동맹회–신사상연구회에 가담함으로써 민족개량주의로 경사하지 않았다는 점은 다시 강조할 필요가 있다. 신사상연구회의 배후 단체인 조선공산당은 이미 1922년 초부터 장덕수·『동아일보』를 거세게 비판하면서 자치운동을 경계하였고, 같은 시기 신사상연구회의 발기인의 한 사람이었던 신백우의 글도 동일한 경향을 보여준다. 이러한 성향들이 신사상연구회에 가담한 이승복에게 일정한 영향을 주었음은 분명하다.

이승복이 장덕수와 『동아일보』의 문화주의로 기울지 않은 이유는, 이들 사상단체가 문화주의의 대척점에 서서 사상운동을 추구하였기 때문이다. 이러한 방향성은 무산자동맹회의 전신인 무산자동지회가 조직될 무렵부터 결정되었다. 배성룡에 따르면, 무산자동지회는 창립총회에서 "一. 無産者의 生存權을 確立하랴는意味로써綱領을制定할것", "三. 機關誌『無産者』를發行할것" 등 4개 항을 결의하였는데, "이와가티 쏘렷이 無産者의×××目的하고 나오는思想運動團體는朝鮮에서 이것이처음이엇다."[101]

한편 신인동맹회는 무산자동지회와 사상 체계를 같이하는 사회주의 운동의 분파 조직으로, 레닌의 러시아혁명을 동경하는 공산주의 노선을 추구하였다. 신인동맹회는 발족한 지 한 달여 만에 무산자동지회와 통합하여 무산자동맹회로 발전 지향의 해체를 단행하였는데, 이로써 무산자동맹회는 국내에서 유일한 상설 사회주의단체가 되었다.[102]

무산자동지회의 발기인이자, 무산자동맹회의 7인 간부회의 한 사람

---

101 裵成龍, 「朝鮮社會運動小史(三)」, 『朝鮮日報』(1929. 1. 5). 金俊燁·金昌順은 위 인용문의 복자(伏字) '×××'을 '해방을'로 풀었다. 金俊燁·金昌順 共著, 앞의 책 2, 34쪽.
102 金俊燁·金昌順 共著, 위의 책 2, 34~35쪽을 참조.

으로서 신사상연구회의 발기인이었던 신백우는, 일찍부터 문화운동이
식민지조선 사회에 영향을 미치는 바를 크게 경계하는 한편, 문화운동
의 쓸모없음을 강하게 주장하였다. 그는『동아일보』와 문화운동을 연
관시켜 조롱하듯이 비판하면서, 이것의 본질이 자치운동·참정권운동
에 있음도 날카롭게 직시하였다. 그는 영국·일본·중국 등을 유학하거
나 조선에서 중등학교 이상을 수료한 지식층=지식계급들이, 이미 '사회
의 중추인물(中樞人物)'이 되어 문화운동을 주도한다고 지적하면서, 이의
실태와 본질을 다음과 같이 폭로하였다.

> …그리하여 社會前面에 浮動하는 무리의 口頭禪은 文化運動이라 합니다.
> 그런데 그 文化運動이라는 意義는 甚히 漠然하여 그 模型을 捕捉할 수 없습
> 니다.…民衆의 表現機關을 세우겠다고 얼마의 株金을 얻어다가 半年이 못되
> 어 料理債가 幾千圓이 되든지 말든지 貴族에게 諂媚하면서 民衆에게는 諭示
> 的 說法을 羅列하여 矜肆하는 態度야 말로 餘地없이『부르죠아』의 心法을
> 說明하였다, 이것도 文化運動이다, 朝에는 獨立을 夢하다가 夕에는 自治講
> 演을 하다가 又明日에 參政權獲得을 高調하는 者도 文化運動이다,…不純한
> 그이들의 思想에 무슨 主義 主張이 있어서 民衆에게 다시 말하면 ○○○○
> 에게 有效 有用한 運動을 할까요. 晝夜로 民衆을 欺瞞하지 못하면 배를 앓
> 는 彼等들은 到底히 믿기 어렵습니다.[103]

이승복은 무산자동맹회−신사상연구회로 이어지는 반문화주의 단체
에 가담함으로써 민족개량주의로 기울지 않았다. 물론 대정 연호를 거
부하고 일본말조차 쓰기 싫어하는 그의 비타협성은 '피어린 항쟁'이 새

---

103 申伯雨,「社會運動의 先驅者 出來를 促하노라(續)」,『新生活』總二號·第一卷
二號(三月號)(新生活社, 1922. 3. 21刊)[畊夫申伯雨先生紀念事業會,『畊夫 申伯
雨』(大韓公論社, 1973. 1)의 文集篇, 293~296쪽에서 다시 인용].

겨진 가족사에서 연원한다. 이러한 그의 유전 형질과 함께, 무산자동맹
회－신사상연구회에 가담하여 사회주의 사조를 연구·수용한 후천성도
그를 민족개량주의의 영향에서 벗어나게 한 주요한 작용력이었다.

이승복은 공산주의 각 파의 표면단체인 사상단체에 머물고, 당 조직
과 운동에는 관여하지 않았지만, 그가 최초로 가입한 사상단체가 무산
자동맹회－신사상연구회였다는 사실은 매우 중요하다. 동아일보계의
문화운동과 계보를 전혀 달리하면서, 상해파 지도자 장덕수와『동아일
보』의 노선을 강하게 비판하는 조선공산당·무산자동맹회가 신사상연
구회의 원류였다는 점, 이러한 요인이 이승복이 장덕수와 친분이 있으
면서도 문화운동으로 기울지 않게 한 중요한 사상 배경이었다.

2) 정우회의 민족적단일전선론

이승복이 신간회운동의 전(前) 단계에서 정우회 활동을 하였으므로,
「정우회선언」의 의미와 내용을 분석함으로써, 그가 신간회에 합류하는
사상의 배경을 확인할 수 있다.

「정우회선언」[104]은 이 자체가 가지는 복선과 함축성으로 인해, 당시
뿐만 아니라 오늘날에도 이를 축자(逐字) 해석하는 데에서 합의된 결론
을 끌어내기 쉽지 않고 여러 가지 논쟁점을 안고 있다. 이 점에서 "십여
폐지에밋치는긴것"이라고 선언서의 '대개요지'를 소개한『동아일보』의

---

104 「정우회선언」은 다음과 같이 보도되었다. 「分裂로統一에－新政策, 新局面 ‖ 새
　　로운정책밋테첫소리를친정우회 주의목덕이가튼단톄의합동을선언 『戰線合同
　　엔讓步도不辭』」,『東亞日報』(1926. 11. 17) ;「正友會의新陣容－강연회개최선
　　언서작성」,『朝鮮日報』(1926. 11. 17).『동아일보』가 "그발표된선언서는 십여폐
　　지에밋치는 긴것으로 그내용의 대개요지를 소개하면"이라 전제하면서 20줄 정
　　도로 요점만을 보도한 반면,『조선일보』는 "발표하는선언서전문은 다음과갓다
　　더라"고 하면서,「정우회선언」의「◇宣言草案」을 2단에 걸쳐 게재하였다.

보도는, 전진회(前進會)의 결의문과 검토문에 앞서, 「정우회선언」의 요체를 해석한 최초의 자료이므로 눈여겨보아야 한다. '분열로 통일에-신정책, 신국면'이라는 기사의 표제에서 보듯이, 『동아일보』가 맥을 짚은 바 신정책의 목적은 '통일'이었다. 그 이하의 부제에서도 「정우회선언」의 요점을 '합동'으로 요약했다. 이에 따르면, 「정우회선언」은 주의와 목적이 같은 단체와 합동하겠으며, 전선을 합동하는 데에는 양보도 불사하겠다는 강력한 합동 의지를 표명한 선언이었다.

「정우회선언」은 이론 측면에서 복잡하게 접근하기보다는, 당시에 이해된 원형을 먼저 검토해야 한다. 위의 『동아일보』 기사는, 이 선언을 둘러싸고 제기되는 논쟁 가운데, 첫 번째 해석이자 반응이었다는 점에서 매우 중요하다. 『동아일보』는 「정우회선언」이 주장하는 '통일'의 방향을 세 가지로 요약하였다. 요점을 추리면, 첫째 "사상단톄의 통일을 주당 할것", 둘째 "민족운동단톄가 대중을 배경으로하엿슬것가트면 적극적 으로뎨휴하야 대중의 리익을위하야반동단톄와 분연히 싸와야하겟다는것", 셋째, "목뎍과주의가 가튼운동단톄일것가트면 합동에 주저하지를안코 엇더한 양보라도 사양치안켓다는것"이었다.

「정우회선언」의 원의를 제대로 이해하기 위해서는 「정우회 해체선언」은 물론, 정우회가 해체에 이르는 과정에서 발표한 결의까지도 논점에 두고 파악해야 한다. 정우회는 1927년 2월 1일 집행위원회를 개최하여, 앞서 상무집행위원회에서 행한 임의해체 결의에 준거하여 해체를 결의하는 두 가지 성명을 발표하면서, 총회를 열어 정식 해체를 결의하기로 결정하였다.[105] 이날 발표한 성명에서는 "政治的으로同盟者的性質을가지고잇는 一般鬪爭要素와協同하야 統一된單一政治戰野[106]를具體的으

---

105 「正友會解體 委員會에서決議－지난일일성명서까지작명－總會에서 正式決定」, 「聲明要旨」, 『東亞日報』(1927. 2. 4).

로組織하기로 提唱高調함은 左翼精神을抛棄乃至曖昧化하고저함이아니
라"고 주장하였다. 여기서 「정우회선언」이 가리키는 정치투쟁과 협동
정신이 좌익민족주의자와 '단일정치전야'를 조직하려는 의미였음을 분
명히 알 수 있다. 또 "우리陣營內의一切의 機會主義에對하야不絕히果
敢한 意識的及政治的鬪爭을行"한다고 하였는데, 정우회의 정치투쟁이
기회주의, 즉 자치운동과 구별됨도 분명하게 확인된다.

1927년 2월 21일 정우회는 임시총회를 열어 해체선언서를 낭독하고
해체를 선언하였다.[107] "正友會는이에解體를宣言한다"를 제1항으로 시
작하는 6개 항의 「해체선언 초안」은 제2항에서, 국내외의 "戰線이大衆
運動으로의政治運動으로의轉換"하는 "當面客觀的의形勢에適應하야" "政
治鬪爭의全般的展開를鼓吹"할 필요성을 강조하였고, 이하 항목에서는
이를 위한 방향과 방법을 두 가지로 제시하였다. 3·4항에서는 "大衆的
政治運動을統一的으로展開"(3항)하기 위해서 "戰鬪的朝鮮小싹조아階級
과一致되는民族的役割을가진것"(4항)을 지적하면서, "爲先戰鬪的小싹로

---

106 필자는 이전에 '전야'를 '결사'(結社)로 오독하여 '단일정치결사론'이라 개념화하
    였다. 김인식, 「이승복과 신간회 강령의 이념·노선」, 『한국민족운동사연구』 62
    (한국민족운동사학회, 2010. 3), 191쪽. 두 글자를 오독하였지만, '단일정치전야'
    의 앞과 뒤에 각각 '통일'과 '조직'이라는 단어를 함께 생각하면, '단일정치결사'
    로 해석·표현해도 무방하다. 그러나 '전야'가 '전선'과 같은 의미로 쓰였고 '결
    사'와는 어의에서 일정한 차이가 있으므로, 「정우회선언」의 전체 맥락을 반영
    하여 '민족적단일전선론'으로 다시 개념화하고자 한다. 정우회의 「해체선언 초
    안」에는 '전선'이란 용어가 많이 등장하고, '협동전선'·'민족적 단일전선'도 사
    용되었으므로, 이러한 「정우회선언」의 문맥을 살리면 '민족적단일전선'론이 타
    당하다고 생각한다. 실지 지방의 사상단체들이 해체를 결의하는 과정에서 '전
    민족적 단일전선'을 많이 사용하였으므로, '민족적단일전선'은 신간회와 관련하
    여 사회운동자들 사이에는 이미 인지되어 공인된 용어였다고 생각한다.
107 「解體宣言草案」은 「戰線이整理되는 朝鮮의無産運動－經濟鬪爭으로政治鬪爭
    에－正友會는昨日解體」, 『朝鮮日報』(1927. 2. 22)에 실려 있다. 『中外日報』는
    '正友會解體宣言'으로 선언문의 전문을 게재하였다. 「朝鮮運動을大衆에이십일
    일대회에서－思想團體正友會解體」, 『中外日報』(1927. 2. 23).

조아階級과구든聯盟을매저야한다卽그들과協同戰線을結成하여야한다"(4항)고 강조한 뒤 "故로朝鮮運動當面階級[108]에잇서서最緊한組織은戰鬪的人民全般을包含한民族的單一戰線이다"(4항)라고 결론 내렸다.

신간회가 창립된 지 6일 만에 정우회가 해체를 선언하였고, 이에 동조하여 각 지방의 사상단체들도 잇달아 자진하여 해체하였다.[109] 더욱 중요한 점은, 이들 사상단체가 해체 문제를 둘러싸고 찬반을 논의하는 과정에서, 민족협동전선 문제도 함께 제기하여 토의하였다는 사실이다. 이는 사상단체 해체 문제가 곧바로 민족협동전선의 문제였음을 분명하게 보여준다.[110] 이러한 전형을 보여주는 사례가 개성 자유회인데, 동회(同會)는 1927년 3월 28일 집행위원회를 개최하여 다음 4개 항을 결의하였다.

　◇決議

一. 在來의經濟鬪爭에局限되엇든우리運動을一層階級的이며大衆的인政治運動으로轉換하야大衆을戰取하자

一. 朝鮮無産階級은階級的役割을가진同時에世界運動의當面客觀的條件에잇서서民族的役割을가진故로 (우리스스로를分離昻揚結晶시킴은勿論) 朝鮮의革命的小쑐조아民族主義者와提携하야民族的任務를履行하자

一. 이러케함에는在來運動을指導해오든思想團體는前進하는우리運動에벌서뒤떨어진것이니우리는새形態의組織이必要함을늣기는故로(原始

---

108 '階段'의 오자인 듯.

109 지방 사상단체가 해체하는 과정은, 먼저 집행위원회에서 논의·결정하여 해체선언서를 작성한 뒤, 회원들이 모이는 총회에서 해체를 결의하고 해체선언서를 발표하는 순서로 진행됨이 일반 양상이었다. 이를테면 뒤에서 보듯이, 개성에 소재한 사상단체 자유회가 대표되는 예였다. 朴哲河, 앞의 논문(2003. 6), 264쪽.

110 朴哲河, 위의 논문(2003. 6), 261~271쪽.

形態의)思想團體를解體하고새形態의組織으로投入하자

一. 三月三十日午後八時臨時大會를召集하고解體案을提出討議할것[111]

위의 인용문에서 1항은 「정우회선언」을 직접 지지하는 표현이었다.
2항에서 '혁명적 소쁘조아'는 좌익민족주의자들을 가리키므로, 동항(同
項)의 주지는 이들과 민족협동전선을 추진하겠다는 뜻이며, 이는 이미
창립되어 있는 신간회와 연관된 문제였다. 자유회는 신간회에 참여 또
는 지지한다고 명시해서 선언하지는 않았지만, 위의 결의사항들은 「정
우회선언」에 입각하여, 자(自)단체를 포함한 사상단체들을 해체하고 신
간회에 참여하여 민족협동전선체로 발전시키겠다는 표명이었다.

「정우회선언」이 발표된 후 사회·공산주의자들에게는 이른바 파벌청
산을 뜻하는 '운동선의 통일'이라는 과제와 함께, 정치운동(=정치투쟁)과
관련하여 민족주의자들과 협동하는 문제도 주요하게 제기하였는데, 후
자가 바로 민족단일전선론이었다. 신간회가 이미 발기(1927년 1월 19일)되
고 곧 창립(1927년 2월 15일)을 앞둔 시점인 2월 11일, 함경북도의 사회운동
자들은 정우회의 해체선언에 앞서서, 파쟁·파벌·파당을 청산하는 문
제와 연계하여 벌써 '전민족단일전선'을 제창하고 나섰다.

이날 열린 함북청년총연맹 정기대회에서는 조직문제에 이어 당면정
책을 토의하였는데, 이때 2·3인의 대의원들이 "在來의派爭分子를蕩盡
하야우리의運動線을統一하여야할것과從來에局限되엿든社會主義者의

---

111 자유회는 3월 30일 임시대회를 개최하여, 집행위원회가 제의한 해체 결의문을
    원안대로 만장일치 채택하고 해체 선언을 선포하였다. 「自由會의決議」, 『朝鮮
    日報』(1927. 3. 31) ; 「開城自由會 解體決議」, 『中外日報』(1927. 3. 31) ; 「自由
    會新決議 臨時大會準備」, 『東亞日報』(1927. 4. 2) ; 「自由會 解體可決-臨時總
    會에서」, 『朝鮮日報』(1927. 4. 6). 본문의 인용문은 『조선일보』의 기사이다. 『동
    아일보』·『중외일보』는 제4항을 제외하고 3개 항을 결의에 포함하였으나, 결
    의 사항은 맞춤법에서 몇 군데 차이가 있을 뿐 내용은 모두 동일하다.

獨占門戶를解放하야政治的不平要素를總網羅하는全民族的單一戰線을 促成하는政治運動으로轉換하여야하겠다는意味의論說"을 제창하였다.[112] 함북청년총연맹은 사상단체가 아니었으므로 자단체를 해체하겠다고 표명하지는 않았지만,[113] 이 구절에서 보듯이, '전민족적단일전선'을 표면단체의 형태로 촉성하자고 제안하였다. 좌익민족주의자(비타협민족주의자)들의 조직인 신간회가 이미 발기하여 창립을 목전에 둔 상황에서, '전민족적단일전선'은 이렇게 신간회와 관련된 문제였다.

함북청년총연맹은 「정우회선언」이 제기한 정치운동을, 대중 정치투쟁을 공개된 형태로 실행할 민족협동전선체로서의 '전민족적단일전선'을 결성하는 일로 해석하였고, 여기에 자치운동을 배격하는 과제까지 포함시켰다. 동 연맹은 정기대회에 앞서 1927년 1월 17일 "現下朝鮮運動의轉換期에在하야그聯盟自體의態度를鮮明히하고民衆의向路를바로잡기爲하야" "五大標語를決定"하였는데, 이 가운데 제2・3항이 "二. 非妥協的民族運動과協同戰線을組成하자", "三. 自治運動者를撲滅하자"였다.[114]

---

112 「嚴重한警戒裡에 咸北靑年大會 ◇組織問題當面政策等」, 『東亞日報』(1927. 2. 21) ; 「嚴重한警戒裡에 咸北靑聯大會－傍聽禁止로騷然－當面한重大案을決議」, 『朝鮮日報』(1927. 2. 22).

113 경상남도의 거제청년연맹에서 보듯이, 청년단체가 「정우회선언」과 신간회를 지지하면서 사상단체 해체 문제를 논의한 예도 있다. 거제청년연맹은 1927년 3월 1일 집행위원회를 개최하여 "正友會宣言을大體로贊成하는同時에" 6개 항을 결의하였는데, 이 가운데 1・2・3항이 "一. 正友會宣言及前進會檢討文에關한件(不遠間決議文發表) 二. 新幹會에關한件(그團體의實現에積極的努力) 三. 思想團體解體에關한件"이었다. 「正友會宣言과 靑總問題討議－巨濟靑聯에서」, 『東亞日報』(1927. 3. 4). 여기서도 「정우회선언」을 찬성하는 사회운동단체들은 신간회를 지지하면서 사상단체 해체에 찬성하였으며, 사상단체가 아닌 청년단체에서도 사상단체 해체 문제를 직접 논의하는 양상을 확인할 수 있다.

114 「標語決定」, 『東亞日報』(1927. 2. 21) ; 「非妥協的民族運動等의五大標語決定」, 『朝鮮日報』(1927. 2. 23).

이 점과 관련하여,『조선일보』가 함북청년총연맹 정기대회를 보도하
면서, 당면문제의 두 번째 토의사항과 5개 표어의 2항을 연결해, "(第
二)當面政策에잇서서는在來의派黨을깨트리고우리의運動線을統一하여
야할것과非妥協的民族運動者와提携하야全民族的單一戰線을組成하야
써政治的○○[115]을具體的으로展開하여야 되겟다는意味의論議가…"[116]
라고 기사화한 대목을 주목할 필요가 있다.『조선일보』역시 전민족적
단일전선을 조성하는 방법으로 비타협적 민족운동자와 제휴한다는 방
법론을 명시하였다.

함북청년총연맹이「정우회선언」을 수용하여 결의하고 제기한 문제
들은, 이 지역의 다른 사상단체와도 공유하는 시대의식이었다. 동 연맹
의 정기대회가 개최되었던 1927년 2월 11일 오후 동일 장소에서,[117] 함
북대중운동자동맹 제3회 중앙집행위원회가 열렸는데, 이 모임도 "전민
족적단일전선을 촉성"하자는 결의를 그대로 반복하였다. 동 집행위원
회는「정우회선언」에 동조하는 취지에서[118] "劃時期的重要事項과朝鮮
社會運動方向轉換期에臨하야該同盟으로서의態度를結晶하기爲하야宣
言書를作成發表할것을決議'하였는데, 5가지 결의사항 가운데 다음 1·
2·3항이 중요하다.

---

115 이는 鬪爭의 伏字로 보임.
116 「嚴重한警戒裡에 咸北靑聯大會」,『朝鮮日報』(1927. 2. 22).
117 함북청년총연맹 정기대회와 함북대중운동자동맹 제3회 중앙집행위원회는 경
   성청년회관(鏡城靑年會舘) 내에서 전자는 오전 10시, 후자는 오후 6시부터 열
   렸다. 한편 2월 11일 동일 경성에 사무소를 둔 사상단체 전위동맹도 제2회 집
   행위원회를 개최하고 해체를 결의하였다. 「前衛同盟解體」,『東亞日報』(1927.
   2. 21) ; 「前衛同盟 解體를決議」,『中外日報』(1927. 2. 22).
118 동 집행위원회는 신문 보도를 통하여 집행위원들에게 참석하기를 요망하였는
   데, 신문 지상에서 공지된 4개 항의 토의사항은 "一. 思想運動에關한件 一. 正
   友會宣言에關한件 一. 運動線統一에關한件 一. 當面問題에關한件"이었다. 「大
   衆運動者同盟－中央執行委員會－來十一日開催」,『東亞日報』(1927. 1. 27).

◇決議事項

一. 우리는運動線을統一하기爲하야在來의모든派爭分子를運動線에서驅
逐하고객굿한分離作用을行한後眞正한結合을하자

二. 觀念的, 部分的領域에서未脫한우리의運動을現實的, 階級的인政治的
形態로飛躍展開케하되政治的不平要素를總網羅하는全民族의單一戰線
을促成토록하자…

三. 倂立한思想團體가團體利益을爲하야階級全體의利益을等閑視하는運
動初期의團體主義의弊害를確實히看破하얏슴으로爲先各思想團體의
解體를宣告하는同時에本同盟執行部를設置하도록하자[119]

위의 3항은 기존의 사상단체들이 '단체주의의 폐해'에 빠졌음을 비판
하면서, 우선 각 사상단체들이 해체를 선고하자고 제안하였다. 이는 자
단체도 해산하겠다는 표명이었다.[120] 이러한 결의는 1·2항의 목적을
실천하려는 방편이었다.

'진정한 결합'과 '전민족적단일전선'은 「정우회선언」의 요체였고, 이
는 다시 '전민족적단일전선'으로 귀결된다. 함북대중운동자동맹이 제창
한 '전민족적단일전선'[121]은 '정치적 불평요소를 총망라'하는 광범위한

---

119 「思想團體解體-咸北大衆運動者同盟決議-民族單一戰線을促成」, 『東亞日報』
(1927. 2. 21) ; 「派黨을깨치고 眞正한結合-咸北大衆運動者同盟에서五個項決
議」, 『朝鮮日報』(1927. 2. 21). 본문의 인용문은 『동아일보』의 기사인데, 다음
『조선일보』의 보도와는 표현에서 차이가 난다. "一. 우리의運動線을統一하기
爲하야在來모든派黨을깨트리고眞正한結合을促成하자", "二. 政治的○○을가진
鬪爭要素를總網羅한民族唯一戰線을構成하야政治的○○의具體化組織化에努
力하자." 『동아일보』와 『조선일보』가 각각 '전민족적단일전선'·'민족유일전선'
으로 달리 표현하였지만, 당시 양자는 같은 의미로 사용되었으며, 모든 투쟁요
소를 총망라하였다는 점에서도 일치하는 뜻을 지녔다.
120 이 결의문은 함남사회운동자동맹 자체를 즉각 해체하겠다고 결의하지는 않았
는데, 뒤에 보듯이, 동 단체가 해체를 결의하기까지는 꽤 시간이 걸렸다.
121 『조선일보』의 기사 제목과 『동아일보』 기사의 부제를 비교해보면, 『동아일보』
는 '진정한 결합'을 '민족단일전선'으로 구체화하여 표현하였다.

구도였으므로 민족협동전선의 범주였다. 이는 민족주의계열도 포함하
여 단일전선을 구축하자는 말인데, 전민족단일전선을 촉성하는 방법은
아직 제시하지 않았으나, 이때는 신간회가 발기인대회를 개최하여 강
령까지 공개한 뒤 창립을 목전에 둔 상태였다. 당시 언론들도 신간회가
2월 15일 창립대회를 개최한다고 모두 예보한 터였으므로, 위의 결의사
항이 굳이 신간회를 언급하지 않았더라도, 제2항이 신간회를 지지하는
결의였음은 쉽게 짐작할 수 있다. '전민족적단일전선'은 신간회와 제휴
하여 민족단일전선을 촉성하자는 말이었다. 이 시기 정우회 계열은 좌
익민족주의자와 사회주의자들이 협동하여 표면단체(조직)를 구성하자는
이론을 가졌으므로, 민족단일전선론은 좌익민족주의자의 조직으로 출
발하는 신간회를 민족단일전선체로 발전시키려는 논리였다.

개성의 자유회가 집행위원회 결의에 이어, 이틀 만에 임시대회를 개
최하여 해체를 선언한 데 비해, 함북대중운동자동맹은 집행위원회가
개최된 지 3개월여나 지나서 5월 8일에 직접 해체를 결의하였다. 이날
함북대중운동자동맹은 동맹원 40여 명이 출석하여 제2회 정기대회를
개최하고, "思想團體解體의 必要를 長時間力說討議한 結果滿場一致로同
同盟의解體를決議宣言"한 뒤, 금후의 운동방향으로 3개 항을 결의하였
다.[122] 위에 인용한 『동아일보』의 기사가 보여주듯이, 이 정기대회의 중
심 토의사항은 사상단체를 해체하는 건이었고, 이는 신간회를 지지하
는 여부와 직결되었으며, 또 신간회의 존재는 프롤레타리아트의 독자
성을 유지하는 문제와도 연관되었다. 다음 3개 항의 결의사항은 이러한
논점들을 포함하고 있었다.

---

122 「咸北大衆運動者同盟 大會決議로解體−大衆敎育者同盟을新組織」, 『東亞日報』
     (1927. 5. 13) ; 「咸北運動者同盟−解體宣言과新幹會支持−定期大會에서決議」,
     『朝鮮日報』(1927. 5. 17).

◇決議事項

一. 咸北大衆運動者同盟解體의件

朝鮮의社會運動은이제從來의局限되어잇든 經濟的鬪爭으로부터一層階級的이며大衆的인政治的鬪爭으로飛躍하지아니하면아니될一大轉換期에到達하엿다 그럼으로우리는思想團體의役割도終了되엇슴을確認하고咸北大衆運動者同盟은解體키로함

二. 新幹會에關한件

우리는政治的戰野를힘잇게展開하며朝鮮民衆의全體的利益을代表할民族的單一黨[123]을支持하기爲하야新幹會를積極的으로支持하는同時에그와對立의形態로나오는團體는撲滅하기로함

三. 大衆敎育者同盟組織의件

大衆에게完全한意識을注入할啓蒙運動의任務만을마타할機關의必要를늣겨서 卽席에서『大衆敎育者同盟』을組織하고執行委員을選擧함

孟斗恩 朴老英 李雲赫 南潤九 金昌一[124]

함북대중운동자동맹의 결의사항은 『동아일보』와 『조선일보』의 두 신문 보도 사이에 문구상의 차이가 나타난다. 우선 제1항을 보면, 『조선일보』는 '함북대중운동자동맹 해체의 건'이 「정우회선언」에 의거한

---

[123] 『조선일보』의 이 '민족적단일당'은, 각주 124)에서 보게 될 『동아일보』의 '조선민족단일전선'과 표현이 다르다. 이 시기 『조선일보』는 신간회를 '민족단일당'으로 규정하고 있었다.

[124] 본문의 3개 결의사항은 「咸北運動者同盟」, 『朝鮮日報』(1927. 5. 17)에서 인용하였다. 『동아일보』는 『조선일보』에 비하여 다음과 같이 간결하게 보도하였다. "今後運動方向에對하야는一.意識分子는各部門運動에投入할것二.朝鮮民族單一戰線樹立의促成을爲하야新幹會를支持할것三.쌕르조아지—의意識과鬪爭하며프로레타리아트칼트에注力하기爲하야大衆敎育者同盟ㅁㅁ(두 글자 판독불능 : 인용자)新組織의形態를樹立하기로決議하엿다더라" 「咸北大衆運動者同盟大會決議로解體」, 『東亞日報』(1927. 5. 13).

바였음을, 『동아일보』는 동 단체를 해체한 이후 운동방침으로 동맹원
들을 각 부문운동에 투입한다는 대책을 세웠음을 보여준다. 제2항이 신
간회를 직접 지목하여 지지를 표명한 데에서는 일치하지만, 이를 '조선
민족단일전선'과 '민족적단일당'으로 각각 규정하였다. 이 결의사항에는
사회·공산주의자들이 신간회를 민족단일전선[125]에서 민족단일당으로
규정[126]해 나가는 과정과, 『조선일보』가 이를 반영하는 시점이 반영[127]
되어 있다. '정치적 전야'·'조선민중의 전체적 이익을 대표'라는 구절에
는 당시 사회·공산주의자들이 신간회의 성격과 사명을 규정하는 시각
이 압축·표현되었다. 제3항은 '대중교육자동맹'을 새로 조직한다는 데
에서 두 신문의 보도가 일치하지만, 신조직의 목적의식을 달리 표현하
였는데, "쌕르조아지의 의식과 투쟁하며 프로레타리아트 칼트에 주력"
한다는 『동아일보』의 보도가 더욱 선명한 듯하다. 이 신조직은 '대중교
육'을 목적으로 하면서도, 기존의 함북대중운동자동맹의 중심인물이 그
대로 집행위원으로 선임되었다. 바로 이 지점에서, 민족단일전선을 촉

<hr/>

125 이균영은 1927년 2~3월에는 '좌익민족단일전선'이란 용어가 많이 나타났으나,
  1927년 4월부터 이는 거의 쓰이지 않고 '민족단일당'이 주로 사용되었다고 지적
  하였다. 李均永, 「支會設立에 따른 新幹會의 '組織形態' 檢討」, 『韓國學論集』
  第11輯(漢陽大學校 韓國學硏究所, 1987. 2), 200~201쪽. 그러나 원산에 소재한
  사회단체들이 '좌익적민족적단일전선'을 사용한 바 있지만, 이보다는 '좌익적
  '이 생략된 '민족단일전선'이 더 일반화된 용어였다.
126 한상구에 따르면, 3차 조선공산당은 1927년 4월경부터 민족단일당을 신간회로
  못박기 시작하였고, 이와 동시에 신간회를 지지하는 태도도 표명하였다. 또 이
  무렵 각 도위원회를 향하여, 신간회에 공산주의자를 동원하여 밑에서 헤게모
  니를 확보하라는 지령을 내렸다. 1927년 5월부터 지회 설립이 활발하게 일어난
  까닭은, 3차 조선공산당의 민족단일당론이 협동전선의 일반론으로 자리 잡음
  에 따라, 각 지방의 사회주의 세력들이 신간회를 지지하여 지회를 설치하는 쪽
  으로 활동을 통일하여 갔기 때문이다. 韓相龜, 「1926~28년 사회주의 세력의 운
  동론과 新幹會」, 『韓國史論』 32(서울大學校 國史學科, 1994. 12), 229~230쪽.
127 『조선일보』는 1927년 5월 12일자 사설에서 「민족단일당」의 제목으로 신간회
  문제를 논하였다. 「民族單一黨」, 『朝鮮日報』(1927. 5. 12 社說).

성하는 하나의 방편으로 사상단체 해체를 결의하고, 신간회와 대립하는 단체를 '박멸'하겠다고 공언할 만큼 신간회를 지지하는 운동노선이, 이른바 프롤레타리아트의 계급독자성을 확보하는 문제와 연동되었음을 확인하게 된다. 함북대중운동자동맹은 대중교육과 이를 위한 조직을 방법론으로 합의하였다.[128]

그러나 「정우회선언」을 둘러싸고 논쟁이 치열하였듯이, 모든 사상단체가 「정우회선언」이 제기한 사상단체 해체에 동조하지는 않았다. 민족단일전선을 인정하고 신간회를 지지하면서도 사상단체 해체를 반대하는 경우도 많았고, 찬반의 태도를 분명하게 결정하지 않은 예도 나타났다.

함북대중운동자동맹이 만장일치로 해체를 결의한 바와는 달리, 함경남도의 일부 사상단체들은 사상단체 해체에 반대하면서 신간회를 지지하는 경우도 있었다. 한 예를 들면, 신간회가 발기하여 창립을 10일 앞둔 1927년 2월 5·6일 양일에 걸쳐, 함남사회운동자동맹이 제2회 집행위원회를 개최하고 "過般元山靑年會襲擊事件과正友會에서決議發表한思想團體解體,今後運動方針等"을 토의한 후 4개 항의 결의문을 발표하였다.[129]

---

128 전북 군산 및 경남 고성·하동 등 일부 지방의 사상단체에서는, 사상단체를 해체한 뒤 해당 지역 사회에 '사회과학의 보급 촉진'·'사회운동 지식 습득'을 실행하기 위하여 교양단체의 필요성을 제기하면서, 산업노동조사연구소(군산)·신흥과학연구회(고성)·사회과학연구회(하동) 등 연구기관을 설치하였다. 朴哲河, 앞의 논문(2003. 6), 270~271쪽. 함북대중운동자동맹이 대중교육자동맹을 설치하기로 한 결의도 이와 같은 의도에서 출발하였겠지만, 프롤레타리아트의 계급의식과 독자성을 더욱 명확하게 내세웠다.

129 「運動者同盟-委員會開催」, 『東亞日報』(1927. 2. 10) ; 「運動者同盟의重大案件決議-元山靑年會襲擊事件과 思想團體解體說에」, 『中外日報』(1927. 2. 9) ; 「『元山事件과 戰線을整理』-咸南社會運動者 同盟委員會의決議」, 『朝鮮日報』(1927. 2. 10).

이 결의문 가운데 1·2항은 해 지역 사회의 문제였고, 3·4항이 「정우회선언」과 직간접으로 연관되었는데, 「정우회선언」이 주장하는 사상단체해체의 논리가 '오류'임을 조목조목 반박하면서, 사상단체해체를 반대하는 데에서 더 나아가 동일 주의자(主義者)들 사이의 주의전(主義戰)까지 선포하였다. 모든 사회주의 단체들이 서로 대립하는 가운데에서도 운동선을 통일·정리하자고 주장함은 일반 현상이었지만, 함남사회운동자동맹은 '진정한 마르크스주의론'으로 파쟁을 전파(戰破)하겠다고 주장하였다. 이는 자기 단체를 유지하면서, 대립하는 다른 사회주의 사상단체와도 주의전을 포기하지 않겠다는 선언이었다. 「정우회선언」에 입각하여 사상단체해체론이 제기·확산되는 분위기에서, 함남사회운동자동맹은 이를 거스르고[130] 동 동맹에 가입하지 않은 운동자들에게 가입을 권유하는 한편, 사상단체가 조직되지 못한 곳에서는 사상단체를 속히 조직하도록 노력하겠다고 결의함으로써 사상단체해체를 명백히 반대하였다.

함남사회운동자동맹의 강경한 논리가, 「정우회선언」을 둘러싼 사회주의 단체들 사이의 논쟁이 격화되었음을 반영하듯이, 함남사회운동자동맹이 결의문을 발표한 지 10여 일이 지난 2월 18일에 이 결의를 비난하는 결의가 즉각 뒤따랐다. 이날 원산에 소재한 사회단체들이 모여서,[131] "咸南社會運動者同盟執行委員會의決議는派閥的觀念에서小數委員을擁護한것이라하야이에警告"하면서,[132] 금후의 운동방침으로 3개 항

---

130 『高等警察關係年表』 1927년 3월 5일자 항목에 따르면, 함남의 사회운동자 35명이 함흥에 모여 먼저 발기회에서 정우회·기타 단체 방향전환에 반대 성명을 내었지만, 결국 함남사회운동동맹을 조직하였다. 앞의 『高等警察關係年表』, 218쪽.

131 『동아일보』는 이를 '사회단체협의회'로 표현하였다.

132 필자는 이전에 발표한 논문에서, 본문에서 인용한 기사를 함남사회운동자동맹

을 결의하였는데, 1·2항은 다음과 같다.

> 一. 우리의 運動을 統一키 爲하야 從來의 派閥을 打破하고 眞正한 結合을 할것
> 二. 우리의 運動을 觀念的 部分的 境地로부터 現實的 階級的으로의 具體的 形
>   態로 展開키 爲하야 左翼的 民族的 單一戰線과 提[133]할것[134]

위의 인용문에서 1항은 모든 사회주의 사상단체들이 주장하는 일반론이고, 2항은 「정우회선언」에 동의하는 대목이다. 「정우회선언」을 지지하는 사상단체의 결의들이 대체로 '전민족적 단일전선'을 '촉성'·'조성'한다고 표현하였는데, 여기서는 "좌익적 민족적 단일전선과 제휴할 것"이라고 한 대목이 눈에 띈다. 이때는 이미 신간회가 창립(2월 15일)되었음을 지방의 사상운동 단체들도 다 알고 있는 상황이었고, 또 문맥상 '좌익적민족적단일전선'은 이미 조직되어 있는 단체이므로 이것이 신간회를 가리켰음은 분명하다. 따라서 이 '제휴'를 함북청년동맹 등이 결의한 바 '촉성'·'조성'과 연관하여 해석하면 신간회에 가입함을 뜻하였다고 보아야 한다. 재(在)원산 사회단체협의회는 이렇게 신간회를 좌익적민족적단일전선으로 성격규정하고서 제휴하려 하였다.

재원산 사회단체협의회의 결의가 신간회를 직접 지칭하여 '전민족적 단일전선'으로 규정하지는 않았지만, 이후 '전민족적단일전선'이라는 용어는 신간회와 관련되어 지속해서 확산되어 나갔다. 「정우회선언」에 반대하여 사상단체해체와 민족단일전선을 지지하지 않는 사상단체들

집행위원회가 의결한 결의 사항이라고 전혀 잘못 기술하였다[김인식, 「창립기 신간회의 성격 재검토」, 『한국민족운동사연구』 92(한국민족운동사학회, 2017. 9), 165쪽].

133 提携에서 携의 탈자인 듯.

134 「社會團體協議會 ◇今後運動方針을 決定」, 『東亞日報』(1927. 2. 25).

사이에서도 신간회를 지지하는 경향은 나타났다.

　당시의 운동노선을 이분법으로 획일화할 수 없는 이러한 양상은, 신간회를 지지하는 추세가 대세이면서도, 사회·공산주의자들 사이에 프롤레타리계급의 독자성 문제가 여전히 해결해야 할 중심문제였음을 보여준다. 사상단체 해체를 반대하면서도 좌익민족주의단체인 신간회와 제휴하자는 주장은 신간회를 민족협동전선체로 인정하는 논리였으므로, 민족적단일전선론에 가세하여 신간회를 민족단일당으로 지지·발전시키려는 조류에 합류하기 마련이었고, 1927년 5월 들어 사회·공산주의자들은 신간회를 '민족단일당'으로 성격규정하였다.

　이상을 정리하면, 「정우회선언」 자체가 좌익민족주의 조직인 신간회를 발기·창립하는 1차 동력은 아니었지만, 「정우회선언」의 협동전선론(단일정치전야론·민족적단일전선론)은 사회·공산주의자들이 좌익민족전선으로 창립되는 신간회에 참여함으로써 좌익민족주의자들과 결합하는 이론 배경이 되었다. 나아가 「정우회선언」의 사상단체해체론이 신간회=민족단일당론과 결합되면서, 좌익민족주의자들이 신간회를 창립한 애초 의도와 달리, 사회·공산주의자들은 신간회의 성격을 협동전선체로 규정하여 나갔다.

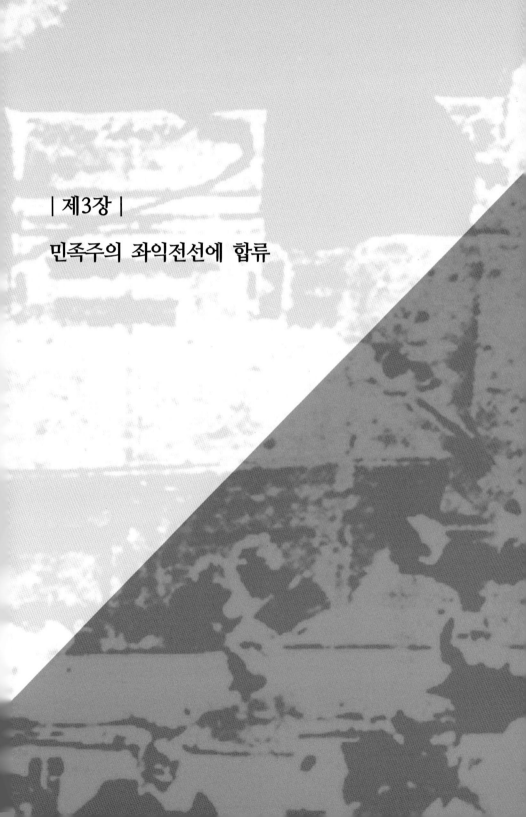

| 제3장 |

민족주의 좌익전선에 합류

1. 『조선일보』와 신간회운동의 방향성

1) 신간회의 대변지 『조선일보』

이승복은 정우회 계열로 홍명희와 함께 신간회를 발기·창립하는 데 참여하였으나, 이 과정에서 두 사람의 사상운동의 방향도 이동하였다. 이때부터 이승복은 사회주의에서 좌익민족주의로 전환하였으며, 조선일보사에 몸담음으로써 좌익민족주의자로서 사상과 입지를 구축하였다. 이러한 행보를 명확히하기 위하여, 이승복이 조선일보사에 입사하는 시점부터 먼저 확인해 본다.

이승복이 조선일보사 영업국장으로 영입된 시기는, 조선일보사의 사장이 월남(月南) 이상재(李商在)에서 우창(于蒼) 신석우(申錫雨)로 계승된 직후였고, 주필에 민세(民世) 안재홍(安在鴻), 편집국장에 월봉(月峰) 한기악(韓基岳)이 재직할 때였다.[1] 부사장 신석우가 사장으로 취임한 날은 이상재

---

[1] 平洲 李昇馥先生 望九頌壽紀念會, 『三千百日紅 － 平洲 李昇馥先生八旬記』(人物研究所, 1974. 7), 136쪽.

가 중환으로 사장직을 사임한 뒤인 1927년 3월 27일이었다.[2]

신석우가 사장이 된 뒤 이승복을 초빙하였으므로, 이승복이 조선일보사에 입사한 시기는 1927년 3월 27일 이후였으며, 이때는 1927년 2월 신간회가 창립되어 한창 초기 조직화가 이루어지는 중이었다. 이승복이 조선일보사의 영업국장으로 초빙된 때가, 신간회가 창립된 직후였다는 사실은 매우 중요하다. 그는 정우회(正友會) 내의 홍명희 계열에 서서 신간회에 가입하였으나, 조선일보 계열의 안재홍과 함께 신간회를 좌익민족주의 조직으로 완성해 나갔다. 이승복의 전체 삶에서 볼 때, 이는 자연스러운 행보였다.

신간회 창립을 전후해 조선일보사의 경영 상황은 매우 어려웠다. 선임 영업국장이었던 홍증식(洪增植)이 사회·공산주의자들의 조직망을 확대하느라 돈을 많이 썼고, 그의 후임 영업국장 최선익(崔善益)도 견지동(堅志洞) 사옥을 짓는 데 거금을 들였기 때문에 경영상태가 매우 악화된 상태였다. 신임 사장 신석우는 새 영업국장을 물색하다가, 동아일보사·시대일보사에서 영업국장을 지내면서 자금 동원 능력이 탁월하였다는 평가를 받고 있던 이승복을 삼고초려한 끝에 영입하였다.[3]

이후 이승복은 조선일보사의 만성 재정난을 타개하는 데 전력을 기울였다. 1931년 한 언론비평가는 『동아일보』와 『조선일보』의 '대항전' 양상을 조망하는 글에서, '兩紙比較와 人物對照'의 소제(小題)로 두 신문의 영업국장을 다음과 같이 비교하였다. "營業局長으로는 兩紙가 다 適材를 어덧다하겟다. 다만 東亞日報의 梁源模氏가 「직히」려드는 消極的인데反하야 朝鮮日報의 李昇馥氏가 「쓸코나가랴」는 積極的 人物이다.

2 朝鮮日報60年史 편찬위원회, 『朝鮮日報60年史』(朝鮮日報社, 1980. 3), 614·664쪽.
3 조선일보사 사료연구실, 『조선일보 사람들-일제시대편』(랜덤하우스중앙, 2004. 12), 111쪽.

이것은 兩社의 살님사리形便上 그러한 人物을 要하게된데잇슬것이다."[4]
재정구조가 안정된 동아일보사에 비하여, 열악한 재정난이 만성화된
조선일보사에서, 영업국장 이승복이 '뚫고나가려는' 적극성을 보일 수
밖에 없었던 상황을 반영한 적실한 인물평이었다.

이승복은 조선일보사에 입사한 뒤, 조선일보사를 '항쟁의 거점'[5]으로
삼아 신간회운동과 언론민족운동을 전개하면서, 안재홍과도 평생의 막
역지우이자 동지로서 교분을 쌓았다. 이 또한 그의 인생사와 민족운동
사에서 간과해서는 안 될 중요한 의미를 지녔다.

그러면 『조선일보』와 신간회 양자 사이의 관계를 좀 더 살펴본다.
1927년 1월 초 비타협 민족주의자들이 모여서 신간회를 발기하기로 합
의한 장소가 조선일보사였다는 사실이[6] 상징하여 보여주듯이, 신간회는
태생부터 『조선일보』와 밀접한 관계가 있었다. 이 무렵 『조선일보』의
논조는 신간회운동의 취지·방향성과 그대로 일치하였는데, 창립 당시
신간회의 성격이 어떠하였는지를 말해 준다. 이승복은 『조선일보』와
신간회의 관계를 다음과 같이 증언하였다.

　(자료 B)
　朝鮮日報 진용은 처음부터 간부진 거의 모두가 신간회에 가담해 있었던
관계로 代辯紙라 할까, 機關紙의 성격을 지녔읍니다.…新幹會 창설 이듬해
조선일보가 1백여 일 동안 停刊당한 것도 新幹會 활동과 무관한 것일 수 없
었죠. 신간회 해소가 논의될 때 우리는 끝까지 반대하는 입장을 固守했지만,
뜻대로는 안됩니다.[7]

4　壁上生,「〈新聞戰線의 展望〉 東亞對朝鮮의對抗戰—歷史·現象·陣容·其他—」,
　『彗星』創刊號·第一卷第一號(開闢社, 1931年 3月號), 77쪽.
5　『三千百日紅』, 124쪽에 나오는 표현이다.
6　李炳憲,「新幹會運動」, 『新東亞』(東亞日報社, 1969년 8월호), 194쪽.

위의 회고에서 이승복은 조선일보사·『조선일보』와 신간회의 관계를 ①조직, ②사상·이념(노선), ③지속성의 세 측면에서 강조하였다. 첫째는 '조선일보 진용'이라 할 만큼 조선일보사의 간부가 대거 신간회에 참여하였다. 둘째는『조선일보』는 신간회의 대변지·기관지 구실을 하면서 신간회의 이념·노선과 활동상을 보도하였다. 셋째, 이러한 방침은 창립 이후 지속되어 100여 일 정간 사태를 감수하였고, 신간회해소론이 대두할 때도『조선일보』는 신간회 해체를 반대하는 태도를 고수하였다.

(자료 B)에서, 이승복이 신간회해소를 운운하면서 '우리는'이라는 표현을 사용한 데 주목할 필요가 있다. 이승복은 자신을『조선일보』와 일체화시키면서, 신간회가 창립된 이후 해체될 때까지 전 과정을 '조선일보 진용' 즉 조선일보 계열이 주도하였음을 강조하였다. 그가 이렇게 '우리는'이라는 일체성으로『조선일보』와 신간회의 관계를 회고한 데에는 충분 타당한 근거가 있었다. 첫째와 셋째 문제는 다른 곳에서 서술하려 하므로, 먼저 둘째 면을 확인해 본다.[8]

『조선일보』가 신간회의 대변지·기관지 구실을 자임하였고, 세간에도 그리 인식되었음은, 신간회운동에 직간접으로 관계했던 인사들이 증언하는 사례가 매우 많다. 신간회해소 논쟁이 한창 일어나던 무렵, 한 평론가는 "新幹會에對하야 朝鮮日報는 絶對支持를하여왔다. 더구나

---

7 『三千百日紅』, 167쪽. 『조선일보』는 1928년 5월 9일자 사설 「제남사건(濟南事件)의 벽상관(壁上觀) – 전중(田中) 내각의 대모험」으로 무기정간을 당하였다가 (필자 안재홍은 금고 8개월을 받음), 정간 133일째인 9월 19일 무기정간이 해제되었다. 『조선일보』의 제4차 정간이었다. (자료 B)에서 말하는『조선일보』정간 사태는 이를 가리키는 듯하다. 이 4차 정간은 朝鮮日報60年史 편찬위원회, 앞의 책, 429~435쪽을 참조.

8 신간회와 조선일보사의 인맥은 이 책의 제4장 3에서 상술함.

最近 解消論에 對하여는 社說로써 斷然 反對를 主張하엿다."고 평하엿다.[9] 이는 그대로 사실이었다.

신간회 지회에서 활동한 이증복은 "조선일보를 세상에서 신간회의 기관지라고도 하였으며 때로는 기관지로 자처했던 적도 있었던 것이다."고 증언하였는데,[10] 이관구[11]는 이보다 훨씬 강한 어조로 『조선일보』와 신간회 사이의 '밀접한 관계'를 설명하였다. 이에 따르면, "(조선일보는 : 인용자) 신간회 대소 활동을 빠짐없이 보도했고 또 신간회의 투쟁활동이 바로 「조선일보」의 주요 논설, 주요 기사가 되었던 사실로 보아 신간회라는 민족단일전선(民族單一戰線)의 기관지임을 자임하였던 것이다."[12] 나아가 이관구는 신간회운동을 가리켜 "조선일보가 그 항일 민족통일전선 온상이었고, 또 그 전선의 명맥은 조선일보의 대변으로 유지되었다."고 지적하면서,[13] "신간회운동은 어떤 면에서 보아 「조선일보」를 통한 우리나라 최초의 프레스 캠페인"[14]이었다고 의의를 부여하였다.

실지 『조선일보』는 신간회가 발기·창립되는 직후부터 신간회 관계 소식을 당시 신문들 가운데 가장 상세하게 보도하였다. 1927년 9월부터는 아예 「신간회기사 일속(一束)」·「신간회소식」이라는 고정란을 두었고, 1929년부터는 「신간회 각지소식」으로 변경하여 매일같이 상설된 지

---

9 壁上生, 앞의 글, 75쪽.
10 李曾馥, 「新幹會小史③－左翼系進出로混亂惹起 會員은三萬이나內面은한때沈滯」, 『한국일보』(1958. 8. 9).
11 이관구는 신간회 발기인이었고, 이후 신간회의 선전·총무의 일을 맡아보았으며, 당시 『조선일보』의 논설위원이었다.
12 朝鮮日報 社史編纂委員會 編, 『朝鮮日報 五十年史』(朝鮮日報社, 1970. 3), 321~322쪽.
13 「李寬求氏의 回顧談 : 〈筆鋒도〉줄기차게－惡辣한 總督府에 抵抗－內部受難… 左翼分子들策動」, 『朝鮮日報』(1964. 5. 3).
14 앞의 「李寬求氏의 回顧談」; 朝鮮日報 社史編纂委員會 編, 앞의 책, 321~322쪽.

면을 통하여 수(數) 3단 이상의 분량으로 신간회 지회의 설립 상황과 활동상을 자세하게 보도하였다.[15] 이렇게 『조선일보』가 신간회 중앙본부와 지회의 활동 내용을 빠뜨리지 않고 보도하였으므로, 자칭 타칭 신간회의 '기관지'·'대변지'였음은 분명한 사실이었다.

이러한 모습은 "조선일보의 신간회인지 신간회의 조선일보인지? 그 시대의 이 두 기관은 혼연일체"[16]였다고 할 만큼, 『조선일보』는 발기·창립에서 해체에 이르는 신간회의 전 과정에서 신간회를 일관되게 지지하였다. 더욱 중요한 점은, 『조선일보』가 시사를 보도하는 언론 본연의 기능과 아울러 신간회의 이념과 노선을 주도하였으며, 이는 바로 창립 당시 신간회의 성격이 어떠하였는지를 말해 준다.

신간회를 최초 발의한 홍명희·안재홍·신석우 3인 가운데 안재홍(주필)·신석우(부사장)가 조선일보계 인사였고, 강령과 규약을 작성하며 발기를 주도한 이승복은 신간회가 창립된 뒤 조선일보 영업국장으로 영입되었다. 또 『조선일보』의 필봉[17]이 그대로 신간회의 이념·노선을 '민족주의 좌익전선'으로 규정·선도하였다. 『조선일보』는 신간회의 발기인 대회가 발기인과 강령을 공개하기에 앞서, 즉 신간회가 한창 발기를 준비할 때 벌써 신간회의 이념·노선을 제시하였고, 강령이 공개된 후에는 신간회를 '민족주의 좌익전선'으로 천명하였다. 이 중심에는 안재홍이 있었다. 그러면 당시 조선일보 계열이 내세운 민족주의 좌익전

---

15 『三千百日紅』, 149쪽 ; 이균영, 『신간회연구』(역사비평사, 1993. 12), 233쪽 ; 신용하, 『신간회의 민족운동』(독립기념관 한국독립운동사연구소, 2007. 12), 41쪽.
16 이는 당시 조선일보 기자였던 김을한(金乙漢)의 표현이다. 『三千百日紅』, 138~139쪽.
17 신간회가 창립된 뒤 조선일보를 운영하는 트리오는 이승복·안재홍·한기악이 있었다. 신문을 지속하기 위해 전국 각처에서 돈을 끌어들이는 작업은 영업국장 이승복이 도맡았고, 신문의 논조는 주필(이후 부사장으로 승임)인 안재홍이 전담했으며, 신문 제작은 편집국장 한기악이 두뇌를 짜냈다. 『三千百日紅』, 144쪽.

선의 내용을 살펴본다.

2) 『조선일보』, '민족주의 좌익전선'을 천명

『조선일보』는 1926년 중반 이후 자치운동을 강하게 반대하는 노선을 여러 차례 밝혔는데, 신간회가 발기되는 1927년 신년을 맞아 반(反)자치주의를 더욱 분명하게 내세웠다. 1927년 『조선일보』 신년 사설은 일제가 획책하는 자치운동을 "統治階級의사람들의準備하는序曲"으로 빗대어 경계하면서, 이를 제압하는 '先驅者的目的意識'을 강조함으로써 신간회가 창립됨을 예고하였다. 그리고 이의 사명이 우경=타협 노선인 자치운동을 제압하는 데 있음을 다음과 같이 천명하였다. "그리하여右傾밋墮落을防止하면서最終의날까지前進하여야한다. 妥協이냐?그妥協이냐?吾人은너를사랑할수업다 吾人은다만그것이우리戰陣의엽헤 걸처섯는것을보면서制勝의運籌를게을리할수업는바이다 一九二七年아吾人은그대에아첨지안는다"[18] 여기서 신간회운동이 반자치운동을 지표로 출발하였음을 분명히 확인하게 된다.

신간회가 발기를 한창 서두르는 와중인 1월 5일, 『조선일보』는 동일자의 사설[19]에서 "所謂 妥協的밋右傾的勢力의出現이 早晩에잇을것"이며, 이들이 "統治階級의사람들의 힘들여準備하는엇더한戲曲"인 자치론

18 「壯志益新한又一年-懊惱로부터鬪爭에」(1927. 1. 1 『朝鮮日報』 社說)[安在鴻選集刊行委員會 編, 『民世安在鴻選集』 1(知識産業社, 1981. 6), 200~202쪽에도 실려 있음. 앞으로는 『民世安在鴻選集』을 『選集』으로 줄임.
19 「轉換期의朝鮮」, 『朝鮮日報』(1927. 1. 5 社說). 이 사설은 논조와 용어를 볼 때 안재홍이 집필하였다. 사설 가운데 "吾人은일즉 朝鮮今後의政治的趨勢를論한바잇섯다"고 하였는데, 이는 「朝鮮 今後의 政治的 政勢」(1926. 12. 16~19 『朝鮮日報』 社說)[『選集』 1, 187~196쪽 所收]을 가리켰다.

에 '호응'하여 '타협운동'을 획책하리라 예견·경계하면서, 이에 대응하여 비타협 세력인 '左翼各派로서의任務'·'左翼的任務'를 세 가지로 강조하였다.

첫째는 "統治階級의사람들에게 쉴새업는衝擊을 줄" 반일 투쟁이다. 둘째는 "大衆들의墮落坐는腐敗를防止하고 因하야 그의反撥的前進을持續하도록하여야할것"으로, 조선 민중들이 자치운동 등 타협주의에 물들지 않고 반일투쟁에 나서게 하는 일이다. 셋째, 앞의 두 가지를 위해서 "무엇보담도必要한것은 組織的인一定한運動이大衆으로 하야금 항상目標意識에依하야 움즉이고坐訓練될수잇도록하는것"으로, 대중을 목적의식성으로써 훈련하는 운동 조직·단체를 결성해야 한다.

이 사설은 "이로써轉換期의朝鮮은 비롯오意味가잇는 것이다"고 끝맺으면서, '좌익적 임무'를 실행할 조직체의 필요성과 출현을 예고하였다. 이상의 세 가지는 곧 출범할 신간회의 사명을 가리켰다. 이 사설은 타협운동이 대두하는 즈음에, 대중이 이에 쏠리어 타락함을 방지하고, 통치계급에 쉴 새 없는 충격을 줄 조직·단체를 결성하여, 대중을 목적의식성으로써 훈련하자는 '좌익적 임무'=비타협 투쟁을 강조함으로써 신간회 결성이 임박하였음을 예고하였다.

신간회가 발기인 대회를 열어 '민족주의 중 좌익전선'을 천명하기 3일 전, 『조선일보』의 시평[20]은 '妥協的民族主義運動'을 감시할 '非妥協的民族主義의運動'의 임무를 다시 강조하였다. 그리고 신간회로 결집할 '非妥協的民族主義者의 總團結이퍽必要한것'을 외치며, '解放運動의最左翼을形成'한 각종 운동단체, 즉 사회주의 단체에게도 비타협 민족주의운동의 '좌익적임무'에서 '통일'하자고 제안하였다.[21] 이는 「정우회선언」부

---

20 「實際運動問題」, 『朝鮮日報』(1927. 1. 16 時評).

터 시작하여 정우회가 해체에 이르는 과정에서 발표한 결의·선언문에
대응한 반응이었는데, 정우회가 의도·목표한 바와 별 차이가 없었다.
나아가 이 시평은 현재 조선에서 '실제운동'은 '정치운동'을 의미하는데,
'정치운동'에는 '民族主義的妥協運動'과 '非妥協'의 '兩種의運動'이 있으
리라 '예상'하면서, "이에對한制勝의策戰으로서大衆의右傾的墮落을防止
하고 그의反撥的前進을 促成코저하는者"인 비타협 민족주의운동의 임
무, 즉 신간회의 사명을 다음과 같이 밝혔다.

> 非妥協的民族主義의運動이 當面한妥協的民族主義運動을監視하고同時
> 에 그에對한大衆의無反省의趨參을防止하며 그리하야 그들을墮落밋屈從의
> 危機로부터究竟的인前進에나아가야할것을 니저버리지안케하는것은 그의代
> 表的인任務인까닭이다.[22]

이 시평은 이로써 「정우회선언」 가운데 논란이 된 '정치운동'의 개념
을 좌익민족주의의 처지에서 명확하게 제시하여 못박았다.

1927년 1월 19일 이승복·안재홍·홍명희를 필두로 하는 28인의 신간
회 발기인이 정식으로 발기인대회를 마치고, 신간회 강령을 공표하였
다. 발기인의 숫자는 더 논의할 여지가 있으므로 뒤에서 다시 검토하겠
지만, 여기서 눈여겨보아야 할 점은 신간회 발기를 보도하는 국내 신문
의 해석과 평가이다. 모든 신문은 각 기사의 제목과 부제에서 「劃時期

---

21 단 이 사설은 '통일'이 하나의 조직·단체 속에서 결합함인지, 아니면 별개의 단
   체를 유지하면서 '협동'하자 함인지, '통일'의 형태와 방법을 뚜렷하게 제시하지
   않았다. 이는 정우회가 제안한 민족적단일전선론(民族的單一戰線論)에 좌익민
   족주의자가 아직 응답하지 않았음을 뜻한다. 민족적단일전선론은 제2장 4-2)를
   참조.
22 이 시평에서 '제승의 책전'·'우경적 타락'·'반발적 전진' 등은 안재홍이 집필한
   논설에 자주 등장하는 용어이다. 이를 보면, 이 시평도 안재홍이 집필하였다.

的會合이될 新幹會創立準備－민족덕각성촉진과우경사상배척－純民族
主義團體로創立準備는二月十五日」,[23] 「民族主義로發起된 新幹會綱領發
表◇창립총회는이월십오일◇機會主義는一切로否認」,[24] 「民族主義團體
新幹會의出現－목하창립을준비중」[25] 등 신간회가 '민족주의' 단체로 조
직됨을 일매지게 강조하였다. 『조선일보』는 더 나아가 '순민족주의'라
고 표현하였다.

지금까지 연구들에서는, 신간회가 민족협동전선체로 발전·존속하였
다는 사실 때문에, '민족주의로 발기된'·'순민족주의단체'라는 너무나
자명한 이 문구를 문자 그대로 중시하지 않았다. 이들 보도는 창립 당
시의 신간회가 사회주의자와 민족주의좌파의 연합전선인 민족협동전
선체가 아니라, 좌익민족주의 단체로 출발하였음을 단적으로 증명하는
1차 자료이다. 신간회 발기를 국내 신문에 앞서 보도한 「대판조일신문
부록조선조일」(1927. 1. 14)의 「민족운동의 유력자 신간회를 조직하고 강
령을 정해 전선에 신운동을 시도하다」라는 기사 제목에서도, 신간회의
성격은 명확하게 드러난다. 이 신문은 3개 항의 강령도 소개하였는데,
이에 따르면 '신간회'라는 단체명이 이미 결정되었고, 발기인은 27명이
었다.[26]

이처럼 국내 신문에 앞서, 일본 신문이 신간회가 '민족운동의 유력자'
들로 조직됨을 먼저 보도하였고, 이후 신간회의 대변지로 자임하였던

---

23 『朝鮮日報』(1927. 1. 20).
24 『東亞日報』(1927. 1. 20).
25 『中外日報』(1927. 1. 20).
26 「民族運動의 有力者 新幹會를組織して 綱領을定め全鮮에 新運動을試圖みる」,
   『大阪朝日新聞附錄朝鮮朝日』(1927. 1. 14)[水野直樹, 「新幹會의創立をぬぐて」,
   飯沼二郎·姜在彦 編, 『近代朝鮮의社會と思想』(未來事, 1981. 3), 294·315쪽에
   서 재인용].

『조선일보』가 신간회의 성격을 '순민족주의 단체'로 규정하였다. 더욱
이 당시 신간회를 경계하였던 『동아일보』가 신간회가 '민족주의로 발
기'되었다고 보도하였는데도, 신간회가 민족협동전선체로 창립되었다
는 와설(訛說)은 지금까지도 정설이 되어 있다. 운동 주체가 직접 선언한
문건조차 무시한 이러한 통설은, 당시 신문 기사들의 일부만 들추어보
아도 명백한 오류임이 곧 드러난다. 무엇보다도 신간회 창립을 전후하
여 『조선일보』가 전개하는 논지를 보면 쉽게 확인된다.

　『조선일보』는 사설에서 신간회의 강령을 풀어 밝히면서, 신간회 창
립이 준비되고 있음을 공개하고, 다음과 같이 신간회의 성격을 '민족주
의 좌익전선'·'민족적 좌익전선'으로 명백하게 천명하였다.[27]

　　그리하야右傾的思想을排斥하고民族主義의 左翼戰線을形成하야 써變動되
　려는時局에策應하고 그成果를後日에期코저함이그目的이라한다 이는朝鮮人
　된者가 누구나眞摯한考慮를 要할時代意識을代表한者이다…機會主義의否認
　은 民族主義의左翼戰線을 形成하려하는者들로서는또업서서아니될 條件일
　것이다…民族的左翼戰線을形成하야 右傾的思想밋그運動을排斥하고 大衆으
　로하야금一定한目的意識에依하야 그의反撥의前進을 繼續케하도록 그의存
　在의意義와 밋時代의使命을 堅實쏘鮮明하게表現하기는 자못容易한일이아
　니다

　안재홍은 신간회를 발의·발기한 한 사람으로서 신간회의 이론가 구
실을 자담하였는데, 이 사설에서 신간회 명칭의 유래와 강령을 설명하
고 신간회의 운동노선을 제안하면서, 좌익민족주의자들이 신간회로써

27 「新幹會의創立準備－眞摯한努力을要함」(1927. 1. 20 『朝鮮日報』 社說). 이 사
　설도 안재홍이 집필하였는데, 『選集』 1, 204~206쪽에도 실려 있다. 『選集』에는
　이 사설을 1월 10일자로 표기하였으나 1월 20일자 사설이었다.

의도한 바를 명확하게 설명하였다. 1927년 들어와 『조선일보』는 자치운동을 우경=타협주의로 비판하면서 좌익의 임무를 강조하는 한편, 신간회가 발기되리라 예고하였는데, 이제 신간회가 발기되자 신간회의 성격을 '민족주의의 좌익전선'·'민족적 좌익전선'이라고 규정하였다.

신간회 창립대회가 열리기 6일 전, 조선일보 사설[28]은 '墮落을意味하는機會主義'와 '右傾的인安協運動'인 자치운동을 추구하는 '民族右翼의 集團'을 경계하는 한편, 신간회를 '非安協的인 民族主義左翼戰線'·'民族左翼戰線'·'左翼民族戰線' 등으로 표현하면서 "民族左翼戰線으로써 自任하려는" 신간회의 운동의 목표를 다음과 같이 제시하였다.

> 非安協的인 民族主義左翼戰線을形成하야 먼저大衆의鞏固한團結을맨들어가며 그의政治的訓練을鬪爭과아울러나아가게함이 퍽必要한것인까닭이다… 民族左翼戰線…그의 究竟의目的이 左翼的인民族主義運動으로써 政治的鬪爭을持續함에잇는것이오 그리하야그의究竟的解決을期함에잇는것이니…久遠한目的의 非安協인左翼民族戰線을 形成하는데에는아모무計와失策이업는것이다 그리고左翼民族戰線은 當然히最左翼인 社會運動戰線과 聯結하게될것이다…

위의 사설은 신간회운동의 목표를, 대중을 '정치적 훈련'하면서 "좌익적인 민족주의운동으로써 정치적 투쟁을 지속함"에 있다고 못박았다. 이때 정치투쟁은 비밀결사가 아니라 합법 표면단체로 추진하며, 대중의 당면이익이 맞부딪히는 현장에서 전지(戰地)를 형성해 투쟁해 나가겠다고 선언하였다. 또 신간회라는 좌익민족주의의 조직을 분립·유지하면서 사회주의운동과 협동할 방침임을 표명하였다. 이로써 정우회의

---

28 「民族左翼戰線의意義밋使命」, 『朝鮮日報』(1927. 2. 9 社說).

'통일' 제안에 '통일' 형태를 답하였다. 여기서 '좌익민족전선'의 '좌익'이 타협주의 세력에게서 자신들을 '분리'하려는 의도와, 사회주의세력과 '협동'을 추구하겠다는 의미를 동시에 내포하였음을 확인하게 된다. 나아가 이 사설은 신간회운동의 방향을 다음과 같이 천명하였다.

> <u>오늘날의朝鮮에잇서 秘密結社가아니고는 民族左翼戰線의任務를다할수업</u><u>다하지마는</u> 大衆的鬪爭을促成함에는 이純正한理論에만殉할수업다 大衆의政治鬪爭은 그戰地에서의實績으로써 비롯오 그價値의判斷을내릴것이다 이러한見地로서 吾人은民族左翼戰線으로써自任하려는新幹會의將來를만히祝福하고또鞭撻하려는것이다 (밑줄은 인용자)

위 인용문을 온전히 이해하기 위해서는, 밑줄 친 첫 문장의 의도를 먼저 파악해야 하는데, 이 구절은 신간회가 출범하는 목전에 『동아일보』가 보인 냉소와 비판을 의식한 표현이었다.

신간회가 발기된 후, 『동아일보』는 「현하 표면의 단체운동」이라는 제하의 사설을 세 차례에 걸쳐서 연재하였다.[29] 사설의 제목에서 '표면의 단체운동'은 누가 보아도 '순민족주의'를 표방하고 출발하는 신간회를 가리켰다. 『동아일보』는 바로 신간회가 자신들의 문화주의-타협주의 노선에 반기를 들자, 이를 탐탁스럽지 않게 여기면서 경계하는 논조를 펼쳤다.

우선 사설(상)은 "우리社會에서는 團體運動이 *存在할餘地가업다*"는 말로 서두를 시작하면서, 일제가 조선인의 단체운동을 탄압하는 방침이 단체운동 자체가 존속하기 어려운 근본 원인임을 지적하였다. 그러나 이 사설은 이내 다른 방향으로 논지를 돌렸다. "그럼으로 正確하게現實

---

29 「現下表面의團體運動」 上·中·下(1927. 2. 2·3·4).

을論斷하면 朝鮮人은 그團體에所屬한人員全部가 當局者의意思대로움
직이지아니하는以上 오즉朝鮮人의團體運動은 秘密結社로밧게다른方法
이업도록하고 잇는것이다", "짜라서생각이徹底한사람이면 朝鮮內에서
團體行動을하려면秘密團體나陰謀團體로밧게다른方法이업다고하는斷
案을내리게하는것이다" 이러한 귀납법은 비타협·순민족주의·좌익민
족주의를 외치는 신간회조차 '당국자의 의사'대로 움직일 수밖에 없다
는 단정 아래, 신간회가 동아일보 계열과 차별화를 시도하더라도, 비밀
결사가 아닌 바에야 자신들과 어차피 동류일 수밖에 없음을 지적하려
는 논리였다.

　이처럼 「현하 표면의 단체운동」의 1회분은 표면의 단체활동이 현 조
건 아래에서는 가능하지 않음을 내비치며, 신간회의 표면 활동을 냉소
하는 데에서 출발하였다. 이어 신간회가 출범하는 목적이 자치운동의
배격에 있음을 알고서, 타협운동을 추진하는 『동아일보』를 향하여 비
난의 화살을 겨누지 말라고 경고하였다.

　이러한 경계심은 3회분 사설에서 '표면운동단체'로 출발하는 신간회
―신간회라고 명시하지 않았지만―에 세 가지 충고를 던졌는데, 그중
둘째는 "表面의運動團體는 그目的이同一한同類團體間에 無用한軋轢의
씨를샐리지아니하여야한다."고 강조하였다. 이어 셋째에서 "또다시第三
의必要條件으로 正確한觀察力의所有者가되여야한다"고 권고하면서도,
다시 "在來에우리나라사람들에게는 同志間에誤解와謀陷과中傷이만하
엿다"고 지적하면서 "誤解와 謀陷과中傷이업도록하여라…남에게잇도아
니한罪를 잇는것처럼밋어가지고 同志로하에금敵을삼고正面의敵에게
漁夫의利를주고마는拙劣한結果를짓지마자"라고 충고하였다.

　『조선일보』 사설(1927. 2. 9일자)은 이러한 『동아일보』의 논조에 대응하
여, 민족좌익전선이 비밀결사가 아닌 합법운동=표면운동을 통하여 절

대독립의 비타협 노선을 추진하겠다는 의지를 강하게 내비쳤다. 이 사설은 이러한 논지에 입각하여 신간회의 강령 3개 항을 설명하였는데, 강령 제1항과 제2항에 의거하여 신간회운동의 방향을, 좌익민족주의운동 노선에 근거한 대중의 합법 정치투쟁으로써 민족문제의 구경적 해결(=독립)을 도모한다는 뜻으로 풀이하였다. 이는 좌익민족주의의 개념과 관련해서도 중요하다.

3) '민족주의 좌익전선'의 의미

『조선일보』사설(1927. 2. 9일자)에서는 '민족주의좌익전선'·'좌익민족전선'이라는 용어 앞에 '비타협적'이라는 수식어가 붙었는데, '좌익적인 민족주의운동'라는 용례에서도 보듯이, 좌익=비타협이라는 뜻이므로 '비타협적 민족주의좌익전선' 등의 표현은 강조를 위한 동어반복이었다. 신간회가 창립되는 전후 시기의 좌익·우익 개념은 요즈음 좌익=사회·공산주의, 우익=민족주의 또는 보수주의라는 의미로 사용하는 용례와는 꽤나 달랐다.[30]

신간회가 창립되기 전후, 민족운동의 노선을 둘러싼 논의에서 '민족좌익전선' 등 '좌익'(좌경)·'우익'(우경)이 각각 '비타협'·'타협'이라는 용어와 연결되어 빈번하게 사용되었고, 이것이 합법표면단체로 출발한 신간회의 노선과 직결되어 논쟁을 일으켰다. 신간회를 비난 또는 경계하

---

30 안재홍은『조선일보』를 매체로 좌익민족주의를 제창하면서 신간회운동을 주도한 이데올로그였는데, 이 시기에 그가 좌익·우익의 용어를 어떠한 개념으로 사용하였는지는 김인식,「植民地時期 安在鴻의 左翼民族主義運動論」,『白山學報』第43號(白山學會, 1994. 7), 165~169쪽 ; 金仁植,「안재홍의 좌우익 개념규정과 이념정향의 변화」,『한국근현대사연구』제49집(한국근현대사학회, 2009. 6), 89~95쪽을 참조.

는 일부 세력들은, '좌경'은 비합법 노선이고 합법화는 곧 타협이라는 등식을 내세우면서, 일제에 허가를 받은 합법단체 신간회가 '비타협'의 '좌경'을 표방함은 모순이라고 비판하기도 하였다. 이렇게 '좌경'·'우경'의 용어가 '비타협'·'타협'의 범주에서 비합법주의·합법주의의 차원으로 논점이 확대되자, 한 논자는 신간회를 지지하는 처지에서 '좌경'·'우경'의 개념상의 혼란을 다음과 정리하였다.

> 요사이 左傾右傾의 用語가 만히 流行된다. 그러나 그 用語를 쪽다 잘 알고 쓴다고는 못할 것이다. 만히 左傾이라면 곳 非妥協 右傾이라면 妥協으로 速斷하는이가 만타. 그러나 決코 左傾右傾의 對立이 妥協非妥協의 對立과 同意는아니다. 新幹會 創立에 對하야도 非難이 多少잇스나 全部이 用語上 誤解로 돌아가고만다. 新幹會가 이미 朝鮮에 잇서 左傾戰線을 버린다고 하면서 이 制度아래서 엇재서 看板을 부치고 綱領을 發表하는야? 그것이 벌써 妥協이 아닌가? 이런 質問이 그들 非難者의 武器다. 그러나 아까도 말한바와 가치 左傾運動이 決코 現實을 否認하고 아니 一步더 나아가서 抗爭權을 抛棄하고 오즉 自抛自棄하는 그러한 非妥協의 運動이아니다. 우리는 어대까지든지 現實을 承認하고 그러고 現實에 對하야 抗爭할 決心을 가지고 비록 臥薪嘗膽이라도 하여 우리의 主張을 徹底히 베풀고자 한다. 要컨댄 非妥協妥協은 政治的 抗爭의 認否認의 區別이요 左傾右傾은 政治的 態度의 ○○ 對外 ○○의 區別이다. 用語의 混亂으로 因緣하야 空然한 是非를 일삼는 것은 取치 못할 닐이다.[31]

위의 인용문은 신간회가 표방하는 '좌경'·'비타협'과 관련하여 주목할 내용을 담고 있다. 여기서 "현실을 부인"·"현실을 승인"하는 등의 문구는 당시 사회에서도 오해를 불러일으킬 여지가 있었지만, 이는 각

---

31 한별, 「時評(左傾?右傾?)」, 『現代評論』 總三號·第一卷第三號(現代評論社, 1927年 4月號), 6쪽.

각 '비합법'(비밀결사 또는 은둔)·'합법'(표면 합법단체)을 의미하는 표현이었
다. 이 논자는 신간회가 '좌경전선'을 표방하면서 일제 식민지체제하에
서 합법으로 간판까지 달았으니 '타협'하지 않았느냐는 일부의 비난에
답하였다. 비밀결사의 문제는 직접 언급하지 않은 채 에두른 표현들을
사용하였지만, 일제 식민지체제에서 자포자기하여 은둔하는 방식의 '비
합법'이 아니라면, '현실'에 '항쟁'하는 '정치적 항쟁'의 여부로 '타협'·'비
타협'을 구별해야 한다는 논지는 분명하였다. 복자(伏字)로 처리되어 단
언할 수 없지만, '정치적 태도'로 '좌경'과 '우경'을 구별해야 한다는 뜻이
었으므로, 이는 곧 일본제국주의에 대응하는 '정치적 태도'로써 '좌경'과
'우경'을 갈라야 한다는 제안이었다. 결국 이 논자는 신간회는 일본 제
국주의에 타협하지 않고, 비타협의 자세로 '정치적 항쟁'을 철저히 관철
할 '좌경전선'임을 주장하고자 하였다.

식민지시기 가인(街人) 김병로(金炳魯)·긍인(兢人) 허헌(許憲)과 함께 '3대
민족변호사'·'3인'으로 유명한 애산(愛山) 이인(李仁)에 따르면, "신간회의
창립선언문에 보이는 좌익전선 운운이란 말은 요즘 우리가 생각하는
그것과는 아주 판이"하였다. 그는 이때 '좌익'은 "일제와 타협하여 실력
을 양성하자는 일부 자치운동파에 대한 반발의 의미가 컸고, 말하자면
선명하고도 적극적인 항일을 하자는 흐름"이었다고 지적하였다.[32] 이를
보면, 일경에게 압수된 신간회 창립선언문에 '민족주의 좌익전선'이라
는 용어가 포함되었음을 추측하게 하면서, 당시 '좌익'은 '반자치론'이
전제된 비타협 항일투쟁의 개념이었음을 분명하게 확인하게 된다.

이인은 이러한 맥락에서 신간회를 발의한 두 주역인 안재홍과 홍명
희를 언급하였다. 우선 안재홍을 가리켜 "내 막역지우이었던 민세 안재

32 『三千百日紅』, 173쪽.

홍 같은 사람은 다소 진취 성향의 민족주의자였다고 할까, 정작 공산주의 진용한테는 늘 공격의 대상이 되었거든…"이라고 회고하였다.[33] 이인은 홍명희가 월북하였음을 아쉬워하면서, "벽초는 원래 민족주의자였다. 해방이 되자 그가 저쪽으로 가게 된 것은 우리들의 실책이었다. 북으로 갈 위인이 아니었다."고 단언하였다. 또 홍기문(洪起文)을 언급하면서도 "그의 영식(令息) 홍기문이 역시 사회주의에 동조할 인물일지언정 공산주의를 할 위인이 아님을 나는 잘 안다."고 확신하였다.[34]

이인은 당시 『조선일보』의 논조와 신간회운동의 방향성을 연관시켜 '좌익'·'우익'의 용례를 다음과 같이 설명하였다.

> 당시 新幹會本營인 朝鮮日報는 「民族主義 左翼戰線」으로 신간회의 性格을 밝히고 있었는데 여기에서의 왼편길은 요즘의 左傾路線이 결코 아니다. 당시 左翼戰線은 社會主義를 결부해서 쓰는 것이 아니라 그 당시 國內의 형편이 즉시 完全獨立을 주장하는 세력이 지배적이었는데 日本統治下 自治를 주장했던 崔麟 一派와 구분해서 그렇게 불렀다. 그러니까, 어디까지나 民族主義內部에서 左傾, 右傾의 구별이 있었다.[35]

위 인용문에서, 이인은 매우 중요한 본질을 몇 가지 짚었다. 첫째, 조선일보사가 신간회의 본영이었다. 둘째, 『조선일보』는 신간회의 성격을 '민족주의 좌익전선'으로 밝혔다. 셋째, 이때 좌익전선은 해방 후의 일반 용례였던 공산주의가 아니라 '완전독립'을 지향한다는 뜻이 담겼

---

33 『三千百日紅』, 173~174쪽. 본문의 인용문에서 줄임표(…)는 원문임.

34 李仁, 「나의 交友半世紀」, 『新東亞』(東亞日報社, 1974년 7월호), 283~284쪽. 이승복이 회고한 바에 따르더라도, 홍명희의 작은 아들 홍기무(洪起武)만이 '열렬한 좌경'이었다. 『三千百日紅』, 174쪽.

35 李文遠, 「李仁 會見」(1974. 5. 31)[李文遠, 「新幹會의 社會敎化」, 『韓國學』 26輯 (中央大學校 韓國學研究所, 1982 여름), 20쪽에서 다시 인용].

으며, 반면 우익=우경은 자치론자를 가리켰다. 이렇게 민족주의 내부에 좌와 우의 구별이 있었다.

여기서 주의할 점은, 신간회운동기『조선일보』가 사용한 '좌익'이라는 용어는 독립된 용례로 홀로 쓰이기보다는,[36] 대부분 '민족주의 좌익전선' 또는 '좌익 민족주의'와 같이 '민족주의'라는 용어와 동반하였음을 주목해야 한다. '좌익'은 '민족주의'와 연결되어 자치노선과 구별되는 독립노선을 지칭하였다. 이런 의미에서는 좌익 자체는 차별성을 드러내는 전제어였으며, 사실상 강조하려는 주요소는 민족주의였다. 신간회운동기에 사용된 좌익=좌경의 용어는, 어쩌면 한국근현대사에서는 유일하다 할 만큼 민족운동의 방향성을 지시하는 긍정성·선도성을 지녔음을 기억할 필요가 있다.

1927년 1월 20일자『조선일보』사설이 이미 지적하였듯이, 신간회는 "우경적 사상을 배척하고 민족주의 중 좌익전선을 형성"할 목적으로 결성되었다. 그러면 비타협 민족주의자들이 신간회로써 목표하였던 민족주의 좌익전선(=민족적 좌익전선, 좌익민족전선, =비타협적 좌익민족전선)의 구도, 즉 개념과 정치노선을 확인해 보자.

이인에게서 보았듯이, 신간회운동기를 당대로 살았던 인사들이 '민족주의 좌익전선'의 의미를 명백하게 증언하였고, 국내에서 신간회연구를 선도한 송건호도 이미 이를 정확하게 해석하였다. 그는 1927년 2월 9일자『조선일보』의 사설과 1927년 1월 16일자『조선일보』의 시평을 활용하면서, "당시 민족운동에 있어서는 「민족좌익전선」이라는 말이 유행했다. 이 말의 뜻은 사회주의를 뜻하기보다는 홍명희가 말한 것처럼 우파 민족진영, 즉 자치론자들에 대한 비타협적 민족운동을 뜻한 것이었다."

---

36 물론 앞서 보았듯이, '좌익 각파'·'최좌익'이라는 용례가 있었다.

고 간단하게나마 지적하였다.[37] 송건호는 민족좌익전선이 요즈음 민족주의우파로 지칭되는 자치론자들에 대립하여 사용된 용어임을 올바로 짚었다.

그런데도 송건호가 지적한 바는 주목받지 못한 채, 이후 '민족좌익전선'은 전혀 다른 뜻으로 곡해되었다. 신간회운동의 전 과정을 일률해서 협동전선운동으로 인식하였으므로, 발기·창립 당시의 신간회도 협동전선체로 출발하였다고 당연시하였기 때문이다. 이에 따라 '민족주의 좌익전선'·'민족좌익전선'이 협동전선을 뜻하는 개념으로 이해되었고, 이러한 경향은 아직도 강하게 남아있다. 그러나 '비타협적 민족주의'가 협동전선의 개념이 아니라면, '민족주의 좌익전선'도 결코 협동전선을 의미한다고 볼 수 없다.[38]

'민족주의 좌익전선'은 말 그대로 '민족주의 가운데 좌익으로 구성되는 전선'으로 '좌익민족주의의 전선'을 가리키며, 이를 줄여서 민족적 좌익전선·민족좌익전선·좌익민족전선이라고도 지칭하였다. 민족주의 (=민족적 =민족)·좌익·전선이 결합한 이 합성어에서, 근본어는 민족주의·민족적·민족이다. '민족주의'(민족적)는 민족운동의 근본 이념과 노선을 지칭하는 용어로 민족주의 이념을 가리킴은 재론할 필요가 없다. 종래에는 신간회가 협동전선체로 출발하였다는 통설에 갇혀서, 대다수

---

37 宋建鎬, 「新幹會運動」, 尹炳奭 外編, 『韓國近代史論』 II (知識産業社, 1977. 8), 448쪽.

38 이 점은 창립 당시 신간회의 성격과도 관련되어 있으므로, 이미 김인식, 앞의 논문(1994. 7), 178쪽 ; 韓相龜, 「1926~28년 민족주의 세력의 운동론과 新幹會」, 『韓國史研究』 86(韓國史研究會, 1994. 9), 160쪽에서 분명하게 지적하였다. 필자는 창립기 신간회의 성격을 재검토하면서 '민족주의 좌익전선'의 의미를 더욱 분명하게 강조·서술하였다. 김인식, 「창립기 신간회의 성격 재검토」, 『한국민족운동사연구』 92(한국민족운동사학회, 2017. 9), 151~160쪽. 이하 이 논문의 내용을 요약해 본다.

의 연구자들이 너무도 자명한 이 '민족주의'라는 말을 해석하지 않았거
나, 때로는 생뚱하게 오독하였다. 민족은 민족공동체로서 nation을 의미
하기도 하겠지만, 신간회는 민족구성원을 비타협 민족주의라는 사상과
노선으로써 결속시켜 일제에 대항하려 하였으므로, 이때의 '민족'도 민
족주의와 별개로 생각할 수는 없었다. 이를 고려하지 않으면, 민족좌익
전선을 또다시 엉뚱하게 민족협동전선으로 해석하게 된다.

한마디로 '민족주의 좌익전선'은 비타협 민족주의운동 노선을 뜻하였
다. 이때 '비타협적 민족주의'에 사회·공산주의자들까지 포함된다고 해
석함은 무리이다. 당시 사회·공산주의자들도 비타협 민족주의자와 협
동하는 문제를 논의하고 있었지만, '사회주의'와 '민족주의'라는 용어는
운동의 목표와 방법에서 서로 다른 지향점을 지닌 각각의 운동노선을
가리켰다. 앞의 2)항에서 인용한 자료들에서 보았듯이, 비타협 민족주
의자들은 '민족주의 좌익전선'을 '우경적 사상·운동'인 '기회주의'와 대
립시켰으며, 또한 '해방전선의 최좌익'인 사회주의와도 구별하였다. 이
미 확인하였듯이, 신간회 발기를 보도하는 모든 신문들이, 신간회가 '민
족주의 중 좌익전선'을 목표로 '민족주의 단체'·'순민족주의 단체'로 조
직되었음을 강조한 사실에 주목해야 한다.

신간회 창립 이전의 『조선일보』의 논지를 다시 정리하면, '우경적 사
상·운동'을 '우경적 타협운동'·'민족주의적 타협운동'(=타협적 민족운동)과
등치시키고, 이러한 '우경적 타협운동'을 주도하는 '민족우익의 집단'을
'기회주의'로 규정하였다. 이 기회주의가 자치운동을 가리킴은 당시의
분위기에서 누구나 아는 바였다. 그리고 우경·타협을 바로 '타락'으로
인식하였으므로, 민족주의 좌익전선은 무엇보다도 자치운동으로 나타
나는 '우경적 타락'을 방지하기 위하여 '우경적' 사상·운동을 부인·배
척하는 데에서 출발하였다. 따라서 가장 급선무는 '대중의 우경적 타락

을 방지'하는 일이었다. 이를 위해서는 '자연생장성'에 따르기 쉬운 대중을 '공고한 단결'로 조직화하여 '정치적 훈련과 투쟁'을 실천하게 하여야 한다. 이는 민족의 독립·해방이라는 '일정한 목적의식'을 실천하는 '구경적인 전진'인데, 일제에 대항하여 '반발적 전진'(=정치적 투쟁)을 계속하는 데 '구경의 목적'이 있었다.

이상에서 보았듯이, 『조선일보』는 신간회를 좌익민족전선·민족주의 좌익전선으로 규정하였다. 신간회는 좌익민족주의자가 대중을 선도하는 정치투쟁의 단체로서, "좌익적인 민족주의운동으로써 정치적 투쟁을 지속"하는 데 목적이 있었다. 이를 풀어 말하면, 민족주의 좌익전선인 신간회는 자치운동으로 대표되는 타협운동에서 조선인 대중들을 분리·조직·훈련해, 한민족의 독립·해방이라는 '목적의식성' 아래, 정치투쟁을 수행하는 좌익민족주의의 결합체로 출발하였다.[39]

신간회가 창립된 직후인 1927년 2월 24일자 『조선일보』의 한 시평[40]은 좌익민족주의의 결집체인 신간회의 의의를 '단일민족진영'으로 평가하였다. 이 시평은 첫머리에서 '단일민족진영'의 개념으로 신간회의 성격과 지향점을 다음과 같이 명확하게 제시하였다.

單一民族陣營을 要求하는소리가한참놉흐다 그리고非妥協的인 民族主義運動의出現과밋그의後援或은協同을主張하는것은 또現下朝鮮의時代意識으로되어잇다 單一民族陣營이란그것은即無用한 派爭的分裂을許치안는 統一的인 民族主義의陣營을要求하는 現下民衆의要約된또代表的인 意思이니 理想으로서民族的總力量을集合하야 닥처올變動되는時局에 對應케하자함이그 根本目的이다…

---

39 김인식, 「신간회의 창립과 민족단일당의 이론」, 『白山學報』 第78號(白山學會, 2007. 8), 238쪽.
40 「單一民族陣營」, 『朝鮮日報』(1927. 2. 24 時評).

위의 인용문에서 '단일민족진영'은 단일한 민족협동체를 뜻하는 협동전선의 개념이 전혀 아니었다. 따라서 '단일민족진영'은 민족주의와 사회·공산주의를 모두 포함하여 민족 전체를 대표하는 단일당의 뜻을 지닌 '민족단일당'과는 애초 다른 지향점과 목표를 지녔다. '단일민족진영'은 말 그대로 풀면 단일한 민족주의진영이라는 뜻으로, 위의 시평은 이를 '비타협적인 민족주의운동'을 추진하는 '통일적인 민족주의의 진영'이라고 분명히 밝혔다. 이것이 신간회를 발족시킨 조선일보 계열이 본디 의도·목표한 바였다.

이렇게 '단일민족진영'이라는 말과 문맥을 선입견 없이 그대로 읽으면 오해의 여지가 없는데도, 신간회가 민족협동전선체로 창립되었다는 와설에 얽매여 이를 제대로 해석하지 못하였다.[41] 사회·공산주의자들이 신간회에 적극 참여함으로써 신간회가 민족협동전선체로 발전한 뒤, 『조선일보』는 민족단일당을 민족유일전선으로 표현하였다. 신간회 지회가 104개 처에 이르자 『조선일보』는 사설로 이를 논평하면서, "現下朝鮮의 歷史的過程에잇서서 무엇이가장緊切한問題이냐하면 그는곳 民族唯一戰線으로서의 民族單一黨의 堅實한結成인것을 누구든지否認할수업슬것이다 그리고이러한歷史的使命을爲하여서 新幹會는萬人의 期待 激勵 支持 聲援밋注目 監視 傍觀 冷笑의가운대에 그組織過程을 걸어가고잇는것이다"[42]라고 천명함으로써, 민족단일당을 '민족유일전선'

---

41 우선 필자부터 '단일민족진영'을 완전히 오독하여 전혀 엉뚱한 결론을 내렸다. 필자는 기존에 발표한 논문에서 "좌익민족주의는, 좌익민족전선을 중심으로 하여 민족단일진영을 완성시켜야 한다고 주장하였는데, 이때의 '민족단일진영'이란 협동전선을 전제로 사용한 용어이다."라고 잘못 서술하였다. 김인식, 앞의 논문(1994. 7), 180쪽. 『조선일보』가 '단일민족진영'을 주장하게 된 배경과 이것의 의미는 김인식, 앞의 논문(2017. 9), 161~169쪽.
42 「新幹會의急速한發展－支會設置一百突破」(1927. 12. 23 『朝鮮日報』 社說). 이 사설은 안재홍이 집필하였는데, 『選集』 1, 248~250쪽에도 실려 있다.

으로 표현하였다. 이처럼 '단일민족진영'은 '민족단일당'과는 뜻과 범주
가 전혀 달랐다.

『조선일보』의 시평(1927년 2월 24일자)은 비타협 민족주의운동의 결집체
인 신간회가 '시대의식'의 산물임을 강조하면서, "우경적 타협적인 민족
주의단체의 출현"을 경계하는 한편, 신간회의 노선이 궁극에서 '비타협
적 민족주의'임을 다시 강하게 못박았다.

> 單一民族陣營은 現下의時代意識이 朝鮮人大衆에게내리는 確乎한至上命
> 令인感이 잇게한다그리고 單一民族陣營그것은 結局非妥協的民族主義를
> 把持하는 左翼民族戰線으로서의 存在를 그의最後的인 理想으로하고서의일
> 인것은 또萬人이 沈黙한가운대에도 普遍的으로承認하고 잇는것이 明白하
> 다…吾人은아즉 所謂右傾的 妥協的인 民族主義團體의出現의準備를 是認할
> 事實을 捕捉치못하엿고 또이것을미드려하지도안는다 妥協運動의說이 자못
> 盛行함에不計하고…

여기서 '단일민족진영' = '비타협적 민족주의' = '좌익민족전선'이라는
말은 같은 뜻과 범주로 사용되었으며, 이의 대립개념은 '우경적 타협적
인 민족주의'의 '타협운동'이었다. 이처럼 『조선일보』는 '민족주의 좌익
전선'='좌익민족전선'을 표방하면서, 자치운동에 맞서 신간회 발기·창
립을 주도하였다.

「신간회선언」은 일제 경찰에게 발표를 금지·압수당하였으므로[43] 최
종 발표하려던 전문을 확인할 수 없지만, 이의 원형인 「신간회선언 초

---

43 신간회 발기인대회에서 선언과 강령을 발표하려 하였는데, 선언은 압수당하였
  고 강령만 발표하였다. 朴明煥, 「新幹會回顧記」, 『新東亞』 第五十四號·第六卷
  四號(新東亞社, 1936年 4月號, 1936. 4. 1刊), 154~155쪽 ; 李曾馥, 「新幹會小史
  ①-36前의〈民族單一黨〉 民族協同戰線의旗幟내걸고」, 『한국일보』(1958. 8. 7).

안」이 남아 있어 신간회 창립의 목적을 파악하는 데 도움이 된다. 위의 초안은 "조선문제는 아직 이의 해결 방법을 찾지 못하고 있다.…외래사상을 복사하는 변론(辯論)과 정치간상(政治奸商)이 농단하는 행동이 문제의 핵심을 애매하게 하기 쉽다. 우리는 언제나 진지한 가슴과 냉정한 머리로써 핵심을 직시하여 정당한 방법을 파악하지 않으면 안된다.… 우리는 계급보다도 민족을 취하고 목전보다도 장래를 생각한다. 정당한 방법은 오로지 우리들의 견지에 섰을 때 파악된다. 고식적 계획이나 공소한 이론으로는 문제의 해결을 기대할 수 없다."[44]고 천명함으로써 신간회운동의 방향을 뚜렷하게 제시하였다.

「신간회선언 초안」이 문제 삼은 '정치간상이 농단하는 행동'이 자치운동을, '외래사상을 복사하는 변론'은 공산주의 사상과 제도를 직수입하려는 맹목주의를 가리켰다. 위의 선언은 조선문제를 해결하려는 그릇된 두 가지 '해결방법', 즉 자치운동과 공산주의운동을 모두 배격하면서, 조선문제를 해결하기 위하여 신간회운동이 나아갈 '정당한 방법'을 제시하려 하였다. 이러한 원칙은 계급보다도 민족을 우선하였고, 눈앞의 자치권을 획득하는 근시안보다는 장래의 민족독립을 절대목표로 설정하였다. "오로지 우리들의 견지에 섰을 때 파악된다."는 확신은, 자치운동과 공산주의운동 양자를 배격하는 노선으로, 절대독립을 추구하는 민족정체성 안에서 계급문제를 해결하려 하였다. 이렇게 「신간회선언 초안」은 사회·공산주의 사상을 직수입하려는 노선은 물론, 자치론·자치운동을 획책하는 자들을 '정치간상'으로 배격한 데에서 좌익민족주의의 이념을 천명하였다.

---

44 「新幹會宣言草案」, 朝鮮總督府警務局 編, 『朝鮮の治安狀況』(1927年版)[不二出版, 1984年 3月 復刻版 發行].

2. 이승복과 신간회의 초기 조직화 과정

1) 이승복의 신간회 활동상

이승복의 신간회 활동과 관련하여, 당시 언론 보도나 일제 관헌 자료 등을 비롯하여 눈에 띄는 바는 매우 극소하다. 그 자신도 이렇다 할 기록을 남기지 않았으며, 신간회의 강령·규약 작성 등과 관련한 몇 토막의 회고담이 전부이다. 이승복 자신이 신간회 활동과 관련하여 구체상을 밝히지 않았으므로, 그의 신간회 활동상을 온전히 밝히기는 어렵지만, 우선 그가 회고한 바를 정리하면 다음과 같다.

(자료 C)
ⓐ碧初가 定州 五山學校校長에 부임해 가면서 내게 부탁하기를 〈내 아들 起文이와 함께 綱領 작성을 비롯한 新幹會의 모든 조직을 해 놓게.〉 하더군. 그래서 내 숙소에서 모든 일을 논의해 나갔죠. 체코와 愛蘭 등지의 獨立運動 취지를 참고하여 3大綱領이 정해졌습니다. 처음엔 〈新韓會〉라는 이름으로 했다가 당국과 절충이 잘 안 돼 碧初가 지은 〈新幹會〉가 됐죠. 綱領도 처음 〈我民族은〉으로 세 번 반복해 썼다가 〈우리는〉으로 뜻을 완화했습니다. ⓑ총독부와의 관계는 申錫雨 사장이 맡았고, 月南 李商在 선생과 洪碧初가 初代 正·副會長에 선출되나 벽초는 굳이 이를 사양하여 權東鎭씨에게 부회장을 맡기지요. 權부회장은 사실 일을 맡아 한 분이기도 하지만, 日軍司令部에 드나든다 하여 배척받았던 같소이다. ⓒ강령 3항은 東亞日報社 古下·仁村 중심의 研政會의 自治主義 폐단에 반기를 든 것이어서…[45] (인용문 안의 영어 원문자는 인용자)

---

45 『三千百日紅』, 166~167쪽.

(자료 C)는 제2장 2에서 인용한 (자료 A)에 이어지는 내용이다. 신간
회 강령이 작성되는 배경·경위와 강령의 최초 형태를 복원하는 데 매
우 중요한 자료가 된다.

(자료 D)

　幹事 숫자가 많게 되어 總務幹事라 해서 各部마다 總務를 두고 그 밑에
幹事를 딸려 두기로 했지. 초창기에 나는 宣傳部 총무간사로 선출됐는데, 金
活蘭·金玉卿 여사가 幹事로 나를 도왔던 기억이 있고, 내가 업무부로 옮긴
뒤에 그들은 그때 槿友會라는 신간회 자매 단체를 만들었기 때문에 그만두
게 되었죠. 그러니까 나는 29년까지 新幹會에 몸을 담고 中央本部의 일을
봤던 것이죠.[46]

위의 (자료 C)·(자료 D)가 이승복이 밝힌 자신의 신간회 활동상이었
다. 강령·규약 작성의 문제를 서술하기에 앞서, 먼저 신간회의 창립대
회를 비롯해 신간회의 중앙조직이 완성되는 과정을 확인함으로써, 이
승복과 관련한 사실 관계를 확인·정리하고자 한다.

　신간회 창립대회를 3일 앞둔 2월 12일 오후 2시, 신간회와 조선민흥
회의 대표들이 모여 두 단체가 합동하기로 결의하고, 동일 저녁 7시에
합동발기인총회[47]를 개최하기로 합의하였다. 합동을 결의하는 이 모임

---

46 『三千百日紅』, 167~168쪽.
47 조선민흥회는 2월 12일 발기인계속대회에서 창립대회 개최와 선언·강령 발표
　를 전격 취소하고, 신간회와 합동을 추진할 합동위원 10명[최익환(崔益煥)·이
　병의(李炳儀)·민덕(閔德)·권태석(權泰錫)·김연중(金演重)·이병욱(李秉旭)·
　신현익(申鉉翼)·명제세(明濟世)·신현구(申鉉九)·김항규(金恒奎)]을 선정하여
　잔무 처리를 위임하였다. 「民興,新幹 兩團體合同決議－가튼취지알에분립은유
　감－合同委員十氏選定」, 『中外日報』(1927. 2. 13) ; 「朝鮮民興會 新幹會와合同
　－십이일발기인회에서결정」, 『朝鮮日報』(1927. 2. 13)『중외일보』에는 위의 합동
　위원 이름이 김연차(金演車)·김한규(金漢奎)·신현기(申鉉基)로 달리 기명되었

에서는, 회명은 신간회를 채용하고 신간회의 강령까지 그대로 승인하
자는 데 의견이 합치하였다. 이에 따라, 2월 12일 오후 8시 신간회관에
서 신간회 발기인 전부와 조선민흥회 발기인 전부가 모여 합동발기총
회를 개최하였다. 신석우가 사회를 보아 진행한 이 회의는 신간회 규칙
(=규약)·대회세칙(細則)·지회세칙 등의 초안을 심의한 후, 동월 15일 오
후 7시에 종로중앙기독교청년회관 안에서 창립대회를 열기로 결정한
다음, 창립준비위원 12명[권동진(權東鎭)·명제세·최익환·신석우·권태석·이병욱·
홍명희·장지영(張志映)·김항규·안재홍·한위건(韓偉鍵)·이병의]을 선거하여 창립
사무 일체를 위임하고 동 10시에 폐회함으로써 신간회와 조선민흥회의
합동이 완료되었다.[48]

마침내[49] 1927년 2월 15일 신간회 창립대회가 열렸다.[50] 이 창립대회

으나 『조선일보』의 명단을 따랐다. 이어 동일 오후 2시 신간회 창립준비위원과
조선민흥회원 합동위원 10명이 모여 합동을 결의한 후, 동일 저녁 7시에 신간회
관에서 합동발기인총회를 개회하기로 합의하였다. 「新幹,民興合同-됴선민흥
회와신간회합동」, 『東亞日報』(1927. 2. 14). 2월 12일 신간회와 조선민흥회의 합
동 회의는 신문에 따라, '합동발기인총회'·'합동발기총회'·'발기대회' 등으로 용
어에 다소 차이가 나는데, '발기대회'라는 표현은 1월 19일 신간회의 발기인대회
와 혼동할 수도 있으므로, 『東亞日報』(1927. 2. 14) 보도에 의거하여 '합동발기
인총회'로 명명하였다.

48 「民興,新幹合同完成-會名은新幹會대로-선언강령도그대로인증-創立은十五
日靑年會에서」, 『中外日報』(1927. 2. 14) ;「新幹會創立總會-십오일밤청년회관
에서개최 민흥회와신간회의합동성립-民興,新幹合同完成」, 『朝鮮日報』(1927. 2.
14) ;「新幹,民興合同-됴선민흥회와신간회합동」, 『東亞日報』(1927. 2. 14). 『중
외일보』·『조선일보』는 기사 내용이 거의 같으나 다소 차이도 보인다. 『중외일
보』에 따르면, 오후 7시 '발기인회'를 열기로 한 합의에 의거해서 동 8시에 '발기
대회'가 열렸는데, 『조선일보』에 따르면 오후 7시에 '발기회'에 이어 8시에 '발기
대회'를 개최하였다. 한편 『東亞日報』는 오후 7시부터 신간회사무소에서 '합동
발기총회'가 개최되었다고 보도하였다. 위의 「新幹,民興合同-됴선민흥회와신
간회합동」.

49 『조선일보』·『중외일보』는 신간회와 조선민흥회가 합동하였음을 보도하는 기
사에서 신간회 창립대회의 예정 일시와 장소를 예고하였으나, 『동아일보』는 별
도로 기사화하여 공지하였다. 「新幹會創立總會-금십오일밤청년회관에서」, 『東

는 경성 시내의 종로중앙기독교청년회관 홀(대강당)에서 개회하였는데, 정각(定刻) 1시간 전부터 장내는 이미 '입추의 여지'가 없었다.[51] 회원 점명 후 확인된 인원, 400여 명의 회원 가운데 200여 명의 회원(여자 회원도 7·8명)이 참석하였으며, 2층의 방청석도 가득 차서, 무려 1,000여 명의 회중(會衆)[52]이 운집하였다. 신간회 창립의 열기가 뜨거웠음에 비례하여, 일제 경찰의 감시·경계도 삼엄하였다. 소관 종로경찰서는 물론 경무국(警務局) 경찰부와 서대문경찰서 등의 각 고등경찰계원 십수 명이 임

亞日報』(1927. 2. 15).

50 당시 3개의 국내 민간지가 모두 신간회 창립대회의 모습을 보도하였다. 본문에서 신간회 창립대회의 진행과정은, 다음의 신문 기사들을 종합하여 정리하였다. 「新幹會創立大會 會衆은無慮千餘-회원에석기어방텽객도쇄도-會場은肅然中緊張」, 『朝鮮日報』(1927. 2. 16) ; 「投票選定結果-會長은李商在氏-부회장은홍명희씨로」(십오일오후십일시긔), 『朝鮮日報』(1927. 2. 16) ; 「熱中한會衆 討議로 徹夜-간사삼십오씨를선거해 新幹會順調로創立」, 『朝鮮日報』(1927. 2. 17) ; 「新幹會創立大會-이백여명회원이출석하야 대회창립하고부서를제명」, 『東亞日報』(1927. 2. 17) ; 「各地支部設置-학생부도두어」, 『東亞日報』(1927. 2. 17) ; 「新幹會創立完了-십오일밤청년회에서-會長李商在,副洪命憙」, 『中外日報』(1927. 2. 17). 위의 3개 신문에서 기사 내용이 일치하는 대목은 따로 전거를 밝히지 않았으나, 특정 신문에만 기사화되었거나, 기사 내용들 사이에 차이가 있는 곳은 출처를 제시하면서 설명하였다.

51 『조선일보』는 이를 다음과 같이 보도하였다. "신간회의 창립대회는 이야말노조선에잇서서는 민족주의단톄로 획시기뎍(劃時期的)큰모임인만큼회원과방텽인을 물론하고 정각전부터조수가티 밀려들어 방텽석은정각이되기 약한시간 전부터 립추의여디가 업스리만큼 만원의성황을 일우엇스며…", "장내는숙연(肅然)한중에도 매우긴장미(緊張味)를씌운공긔가넘치어 자못삼엄(森嚴)한빗치가득한중에 순서(順序)를조차의사(議事)를진행하엿다"「新幹會創立大會 會衆은無慮千餘」, 『朝鮮日報』(1927. 2. 16).

52 『조선일보』는 "회원뎜명(點名)하매출석회원이이백여인으로방텽인과합하야무려 천여명에달하얏스며"라고 참석인원을 산정하였다. 『동아일보』는 "회원의 뎜명(회원총수사백여인중 출석회원이백인)이잇고"라고 회원의 숫자를 명기하였으나, 방청인의 숫자는 "녀자회원도 칠팔인이잇섯고 이층방청석에는방청인으로 대만원"이었다고 두루뭉실 표현하였다. 『중외일보』는 "개회시에는 상하회장에 무려칠백명의 남녀 인사가 모혀섯다"고 보도하였다.

장(臨場)하여,[53] 신간회 창립대회의 긴장감은 더욱 고조되었다.

신간회 창립대회는 정각보다 15분 늦은 오후 7시 15분에 시작하였는데, 신석우가 사회를 보아 개회를 선언한 뒤, 신석우를 임시의장으로 추천하고, 김준연(金俊淵)·신현익·장지연(張芝淵) 3인을 서기로, 권태석 외 11인을 사찰(査察)로 추천한 데 이어, 회원 점명이 있은 후 순서를 좇아서 의사진행으로 들어갔다. 먼저 신간회와 조선민흥회의 합동경과 보고에 이어, 회의 명칭은 편의상 제3간판(第三看板)을 붙이지 않고 신간회라 정하였다는 그동안의 경과를 상황보고하고 나서 규약(규칙) 심사에 들어갔다. 방식은 규칙 심사위원으로 권동진·최익환·박래홍(朴來泓)·송내호(宋乃浩)·이동욱(李東旭) 5인을 선거하여 규칙을 심사케 하였는데 대체로 무수정 통과시켰고, 선언을 검토하는 일은 규칙심사 위원에게 일임한다고 가결하였다. 계속하여 임원선거에 들어가서는 투표 선정의 방식을 택하기로 하고 창립준비위원에게 전형을 시켰다. 먼저 회장을 무기명 투표하는 순서로 들어가서 후보자 이상재·권동진 양인 가운데 176표 대 52표로 이상재가 당선되었고, 부회장에는 권동진·홍명희 양인이 후보로 올라 132표 대 122표로 홍명희가 당선되었다. 다음 일반 간사를 선거하는 순서에서는 간사 정원 35명의 배수인 70명을 전형하여 이 중에서 35명을 선출코자 하였으나, 시간이 이미 16일 오전 1시에 이르렀고, 퇴장한 회원도 다수 있었으므로 간사를 선거하는 일반투표는 전형위원에게 개표를 일임하고,[54] 회장이 간사회를 소집하는 외에 정기대회가 있도록 세칙을 만들자는 결의가 있은 후 16일 오전 1시경에 일단 폐회하였다.[55] 그러나 참석자가 모두가 산회하지는 않았으며, 이

---

53 「新幹會創立完了」, 『中外日報』(1927. 2. 17).
54 이상 본문에서 임원을 선거하는 내용은 『중외일보』에 의거했다.
55 신간회 창립대회의 진행과정은 『조선일보』보다 『동아일보』가 오히려 상세하게

석(離席)하지 않은 일반 회원들과 간사 전형위원은 대회를 계속 진행하였다. 이들은 간사 선거와 개표를 완료하여 34인의 간사를 선정하고, 나머지 의사진행을 마친 뒤 17일 오전 4시 30분경에 완전히 폐회하였다. 이승복은 신간회 창립대회일에 회원들이 무기명 투표한 결과 35인의 간사 가운데 1인으로 선출되었다.

이상이 신간회 창립대회가 진행된 과정이었다. 그런데 신간회 창립대회를 보도하는 신문들 사이에 몇 가지 점에서 차이가 나타나므로, 이를 정리할 필요가 있다.

첫째, 간사를 선정한 방식에서, 전형위원이 전형하였느냐, 회원들이 무기명 투표하였느냐의 문제인데, 『동아일보』와 『조선일보』의 보도가 달랐다. 먼저 『동아일보』에 따르면, 무기명 투표로 정부회장에 이상재·홍명희를 각각 선출한 뒤 "간사(幹事)는삼십오인을 선거하기로 한후 전형위원으로권동진(權東鎭)씨외십일인을 선명하여 간사후보자칠십인을 선발하여 가지고그중에서 삼십오인을 전형케하기로 전형위원들에게일임"하였다.[56] 이를 보면, 간사는 전형위원이 전형하는 방식으로 선출하였다.

그런데 『조선일보』는 "임원선거(任員選擧)에들어가임원을선거함에는 투표선정(投票選定)함이조타하야 투표한결과와회장(會長)으로는…니어 기타 간사(幹事)등을또한투표선정키로하야투표하는중이엇다(십오일오후십일시긔=이하는석간에="고 보도하였다.[57] 이 기사는 2월 15일 오후 11시경까지를 기록하였는데, 오후 11시 현재에는 간사 투표가 진행 중이었다.

보도하였으므로, 본문에서 서술한 내용은 주로 『동아일보』의 기사에 의거하였다.
56 「新幹會創立大會」, 『東亞日報』(1927. 2. 17).
57 「投票選定結果」, 『朝鮮日報』(1927. 2. 16). 이 기사에서 "이하는석간에"서 '석간'은 '조간'의 오자이다.

『조선일보』는 다음날인 2월 17일 조간에서 신간회 창립대회의 모습을
다음과 같이 마저 보도하였다. "조간속보=신간회(新幹會)창립대회는 회
장과부회장을 선거한후간사(幹事)를선정함에쏘한투표로 선정키로한후
투표한결과간사는 모다삼십오인으로 그씨명은 다음과가튼바 삼십오인
이나되는 다수한간사를…"[58]

『동아일보』는 신간회 창립대회가 16일 오전 1시에 폐회되었다고 보
도하면서, 이후의 진행과정은 보도하지 않고 선정된 간사의 명단만을
보도하였다. 반면 『조선일보』는 동일 오전 4시 30분까지의 진행 상황을
기사화하였으므로, 간사 선거 방식에서는 『조선일보』가 정확하게 보도
하였다.[59] 35명의 간사도 정부회장과 마찬가지로 무기명투표로 선거하
였다.

둘째는 신간회 창립대회에서 선정한 간사의 숫자가 35명이었는가 하
는 문제이다. 앞서 인용한 2월 17일자 『조선일보』의 '조간속보'는 간사
선거 결과를 보도하면서 "…간사는 모다삼십오인으로 그씨명은 다음과
가튼바"라고 하면서, '가나다順으로 다음과 같이 간사의 명단을 나열하
였다.

金明東 · 金俊淵 · 金活蘭 · 金順福 · 金永燮 · 權東鎭 · 權泰錫 · 張志映 · 鄭
春洙 · 趙炳玉 · 李昇馥 · 李淨[60] · 李東旭 · 李順鐸 · 李灌鎔 · 李鈺 · 李鍾翊(李

58 「熱中한會衆 討議로徹夜」, 『朝鮮日報』(1927. 2. 17).
59 이와 관련하여 『중외일보』의 기사는 다음과 같다. "그다음에는 일반간사(幹事)
를 선거하기에 닐으럿는데 간사명원 삼십오명의 배수(倍數)인 칠십명을전형하
야 그중에서 삼십오명을 선출코자하얏스나 시간이이미십륙일오전한시에니르럿
고쏘한 퇴장한회원도 다소잇섯슴으로 간사선거의 일반투표(一般投票)를전형위
원이 개표(開票)할것을 일임하고 폐회하얏는데" 「新幹會創立完了」, 『中外日報』
(1927. 2. 17). 이를 자세히 보면, 역시 간사선거는 일반투표로 진행하였고, 이를
전형위원이 개표하기로 하였으므로 간사는 무기명투표로 선출하였다.

鍾翼)·明濟世·文一平·朴東完·朴來弘·朴熙道·白寬洙·宋乃浩·申錫雨·安碩柱·安在鴻·吳華英(吳夏榮)·俞珏卿·崔善益·崔益煥·韓基岳·洪淳泌·洪性熹[61]

『조선일보』는 기사의 부제와 기사 내용에서도 '35명'이라는 간사 숫자를 명시하였지만,[62] 위의 명단을 세어 보면 실지 34명이다. 『동아일보』는 신간회 창립대회가 오전 1시에 폐회하면서, "삼십오인을 전형케 하기로 전형위원들에 일임하고"라고 보도하였는데,[63] 다른 기사에서는 "간사는다음과갓다더라"고 하면서 숫자를 명시하지 않은 채, 실제로는 위의 34명의 명단을 무순(無順)으로 나열한 뒤 '외일인'(外一人)이라 하였다.[64] 『중외일보』도 기사 본문에서는 "삼십오명을 선출코자하얏스나", "당선된일반간사의 씨명은 아래와갓더라"고 하면서 간사의 숫자를 적시하지 않은 채 34명의 명단을 보도하였다.[65] 3개 신문이 모두 34명의 명단을 나열하였음을 보면, 간사의 수는 애초 35인으로 정하였으나, 이유를 알 수는 없지만 1명의 간사는 창립대회에서 결정하지 못한 듯하다. 또 뒤에서 보듯이, 간사의 1인이었던 권동진이 부회장으로 선정된 뒤 간사 2인을 보선(補選)하였음을 볼 때, 창립대회일에는 34명의 간사가 선출되었음이 분명하다.

---

60 『중외일보』는 李貞으로 기명하였다.

61 『中外日報』에는 洪命熹로 되어 있는데, 이는 오자이거나 착오였다. 홍명희는 창립대회에서 부회장으로 선출되었으므로 간사로 선정될 수 없고, 『朝鮮日報』·『東亞日報』는 모두 洪性熹로 記名하였다. 괄호안의 李鍾翼·吳夏榮은 『동아일보』에 보도된 기명이다.

62 「熱中한會衆 討議로徹夜 – 간사삼십오씨를선거해 新幹會順調로創立」, 『朝鮮日報』(1927. 2. 17).

63 「新幹會創立大會」, 『東亞日報』(1927. 2. 17).

64 「各地支部設置」, 『東亞日報』(1927. 2. 17).

65 「新幹會創立完了」, 『中外日報』(1927. 2. 17).

한편 『동아일보』가 보도한 바 창립대회에서 통과된 규약에 따르면, 신간회는 경성에 본부를 두고 각 지방에는 지부를 두며, 회원은 20세 이상의 조선인 남녀로써 동회 강령을 승인하는 자로 하고, 20세 이하의 학생에게는 별도로 학생부를 두도록 하였다. 또한 중앙조직으로 서무부·재무부·출판부·정치문화부·조사연구부·조직부·선전부의 7개 부서를 두었다.[66] 이로써 신간회는 창립대회일에 중앙조직의 체계를 완성하였으나, 35명의 간사를 부서에 배정하고 각 부서의 책임자인 총무간사를 선정하지 못하였으므로, 중앙조직의 인선이 완전히 이루어지지는 않았다.

또 후술하듯이 부회장으로 당선된 홍명희가 '개인 사정'으로 부회장직을 고사함에 따라, 부회장을 재선임해야만 했다. 2월 17일 신간회는 간사회를 열어서 홍명희의 사임을 수리하고 권동진을 부회장으로 새로 선정한 뒤, 간사 2인을 보선하여 홍명희·한위건을 선정하였으며 안재홍·홍명희·권태석·최선익·박동완·이승복·신석우 7인을 총무간사로 호선(互選)·결정하였다.[67] 이어 2월 21일 신간회는 총무간사회를 소집하여, 부회장 권동진이 사회를 보아 7개 부서에 다음과 같이 총무간사를 배정함으로써 중앙조직의 임원을 일단락하였다. 이날 이승복은 선전부 총무간사로 배정되었다.[68]

　　서무부총무 권태석
　　재정부총무 박동완

66 「各地支部設置」, 『東亞日報』(1927. 2. 17).
67 「新幹會幹事會－부회장사임－총무간사선거」, 『中外日報』(1927. 2. 20).
68 「新幹會部署－총무간사회에서각부책임자선명」, 『朝鮮日報』(1927. 2. 23) : 「◇團體와集會◇－▲新幹會總務幹事會」, 『東亞日報』(1927. 2. 23) ; 李炳憲, 앞의 글, 195쪽.

　정치문화부총무 신석우
　조사연구부총무 안재홍
　출판부총무 최선익
　조직부총무 홍명희
　선전부총무 이승복

　각 부의 총무간사 밑에 배속된 간사가 어떻게 구성되었는지는 아직 확인되지 않는데, 이승복이 (자료 D)에서 언급한 두 명의 여성 인사가 배정되었다면 이는 김활란과 유각경이었다.[69]

　셋째는 창립대회가 폐회한 시간이다. 『동아일보』·『중외일보』는 16일 오전 1시, 『조선일보』에는 16일 오전 4시 반으로 보도하였는데, 무려 3시간 30분의 차이가 난다. 추측하건대 오전 1시경에 이르자 시간이 많이 경과하였고, 다수의 회원들이 이미 퇴장하였으므로 일단 폐회를 선언하였다고 보인다. 그러나 전형위원을 비롯해 이석하지 않은 일반 회원들이 간사를 선출하는 개표까지 마무리하고, 나머지 의사일정을 마친 후 4시 30분경에 완전히 산회하였다.

　이와 관련하여, 홍명희의 장남 홍기문이 '대산생'이라는 필명으로 남긴 「신간회 창립대회 방청기」가 참고가 된다. 그는 정부회장 선거를 마치고 간사를 선출하는 과정을 다음과 같이 기술하였다. "그러고 幹事三十五人選擧. 會場은지지개, 하품, 잠고대로찻다. 아닌게아니라 時計를보니 벌서十二時가넘엇다.…참다못하였든지 어썬분으로부터幹事의開票는 開票委員에게맛기고 閉會하자는特請이들어왓다. 會內를살펴어보니 살금살금달어난분이三分之二以上이나 되는모양이다. 閉會."[70] 빈정

69　(자료 D)에서 김옥경은 유각경(俞珏卿)을 착오하였다고 생각한다.
70　袋山生,「新幹會創立大會傍聽記」,『朝鮮之光』第六十五號·第七卷三號(朝鮮

거리는 듯한 표현에서 '3분의 2'라는 숫자가 과장되었음을 확인할 수도 있지만,[71] 몇 가지 사실도 보여준다. 이로써 추측하면, 간사를 무기명 투표하는 동안 날이 바뀌었고, 많은 회원들이 투표를 진행하는 과정에서 이미 회장을 빠져나갔으므로, 회원 중 한 사람이 개표는 개표위원에게 맡기고 폐회하자고 제안하였다. 이에 임원을 선거하는 등 중요한 의사일정은 이미 마치었으므로, 16일 오전 1시에 일단 폐회를 선언하였다.

그러나 신간회 창립대회는 산회하지 않고 간사 선거를 개표하고 남은 의사일정을 마친 뒤 오전 4시 30분경에 완전히 폐회하였다. 2월 17일자『조선일보』의 '조간속보'의 다음 기사에서 저간의 사정을 짐작할 수 있다. "조간속보=신간회(新幹會)창립대회는…다수한간사를 투표함으로 자연히만흔시간을 요하얏스되의사토의에 렬중한 회원들은밤이 깁흔것도 아지못하고극도로 그에열중되엇섯는바 간사를선정한후 폐회하니 째는십륙일오전네시반이엇다"[72] 이 기사에 따르면, 신간회 창립대회가 완전히 폐회하고 산회한 시간은 16일 오전 4시 30분으로, 이렇게 시간이 걸린 이유는 간사를 투표하고 선정하는 데 많은 시간이 소요되었기 때문이다.

이로써 신간회는 좌익민족주의 단체로서 중앙조직의 체계를 완결하였다. 이는 신간회 창립을 보도한 민간지의 평가이기도 하였다. 당시 3개 민간지 가운데『동아일보』[73]를 제외한『조선일보』·『중외일보』는

之光社, 1927. 3. 1 간행), 75쪽.

71 『중외일보』는 "시간이이미십륙일오전한시에니르럿고쪼한 퇴장한회원도 다소잇섯슴"이라고 보도하였다. 「新幹會創立完了」, 『中外日報』(1927. 2. 17).

72 「熱中한會衆 討議로徹夜」, 『朝鮮日報』(1927. 2. 17).

73 본장 1-2)에서 서술하였듯이, 『동아일보』는 「現下表面의團體運動」上·中·下 (1927. 2. 2·3·4)이라는 제하의 사설을 세 차례에 걸쳐서 연재하다. 이 사설은 신간회 자체를 탐탁스럽지 않게 평가하면서 경계하는 논조를 펼쳤으나, 신간회 창립을 보도하는 『동아일보』의 기사는 긍부(肯否)의 논평을 곁들이지 않고, 창

신간회 창립대회의 광경을 보도하면서 신간회 창립에 커다란 의미를 부여하였다. 향후 신간회의 '기관지'·'대변지'를 자임하는『조선일보』는 "신간회의 창립대회는 이야말로조선에잇서서 민족주의단톄로 획시기덕(劃時期的)큰모임"[74]이라고 신간회를 긍정평가하였다.『중외일보』도 "민족 긔회주의운동(民族機會主義運動)을배격하고 출생한신간회(新幹會)"라고 성격규정하면서, "긔미운동(己未運動)이후순민족주의 운동단톄로는 처음일일쑨아니라 쏘는그회의주의와 강령이적극덕(積極的)인만콤세간의 긔대가큰바"[75]라고,『조선일보』보다 더 강하게 신간회의 출발을 격려하였다.『중외일보』는 사설을 통하여서도 "同會(신간회를 가리킴 : 인용자)는 純民族主義를標榜하는政治的結社로 新記錄을지은者"[76]라고 신간회 창립의 의의를 인정하였다.『조선일보』와『중외일보』는 신간회가 순민족주의 단체로 출발하였다고 평가하는 데에서 완전히 일치하였다.

신간회가 중앙조직의 체계를 완결하는 2월 21일, 우연이었겠지만 정우회도 임시총회를 열어서 논의한 결과 만장일치로 해체하기를 가결하였는데, 이것이 정우회의 마지막 모임이 되었고 이로써 정우회는 완전히 자진 해체하였다.[77] 이는 사회·공산주의자들이 민족단일전선론에 의거하여 신간회에 참여하겠다는 의도를 공개화한 행동이었다.

이승복은 (자료 D)에서 '29년까지' 신간회 중앙본부의 일을 봤다고 회고하였는데, 이는 아마 신간회 복대표대회(1929년 6월)가 열린 때까지를

립대회 등의 모습을 객관성 있게 사실 그대로 기사화하였다.
74 「新幹會創立大會 會衆은無慮千餘」,『朝鮮日報』(1927. 2. 16).
75 「新幹會創立完了」,『中外日報』(1927. 2. 17).
76 「新幹會의創立을보고」,『中外日報』(1927. 2. 17).
77 「戰線이整理되는 朝鮮의無産運動－經濟鬪爭으로政治鬪爭에－正友會는昨日解體」,『朝鮮日報』(1927. 2. 22) ;「朝鮮運動을大衆에이십일일대회에서－思想團體正友會解體」,『中外日報』(1927. 2. 23) ;「『正友』最後의會議－재작일오후시련교당에서－正式으로解體決定」,『東亞日報』(1927. 2. 23).

염두에 둔 듯하다. 그러나 좀 더 정확히 말하면, 이승복은 1928년 8월경까지 신간회 중앙본부에서 활동하였다.

『조선일보』는 주필 안재홍이 집필한 사설「제남사건의 벽상관-전중내각의 대모험」(1928년 5월 9일자)으로 무기정간을 당하였다가, 133일째인 동년 9월 19일 무기정간이 해제되었다. 일제가 필자 안재홍에게 금고 8개월의 형을 언도하고, 『조선일보』에 제4차 정간이라는 가혹한 탄압을 가한 의도는, 신간회와 『조선일보』의 사이를 떼어놓으려는 데 있었다. 총독부는 이전부터 조선일보사 간부를 불러 신간회에서 손을 떼라고 종용·경고하였는데, 이 정간 사태를 계기로 무기정간을 해제하는 조건으로 사주(社主) 신석우에게 "언론기관과 사회운동기관과의 관계를 끊을 것"을 강요하면서, 신석우뿐만 아니라 조선일보사 전 사원이 신간회에서 탈퇴하라고 압박하였다.[78] 조선일보 측은 이를 받아들여 1928년 8월 3일 열린 본부 간사회의에서, 신석우·이승복이 총무간사직을, 한기악·홍성희(洪性熹)·장지영·안석주(安碩柱)가 간사직을 사임하였고,[79] 이로써 신간회 본부의 표면에서 조선일보계가 주도력을 발휘했던 활동도 사라졌다.[80] 이승복은 이렇게 신간회 중앙본부의 간부직에서 강제로 물러났다.

이승복은 신간회와도 밀접하게 연관된 재만동포옹호동맹(在滿同胞擁護同盟)의 상무위원으로 피선되어 활동하기도 하였다. 재만동포옹호동맹

---

78 朝鮮日報 社史編纂委員會 編, 앞의 책, 339쪽.

79 이날 간사회에서는 사임한 총무간사를 대신하여 이정·이경희(李慶熙)를 보선하였고, 간사의 보선은 대회까지 보류하였다. 「新幹會幹事 六氏가辭任」, 『東亞日報』(1928. 8. 5).

80 이균영, 앞의 책, 157쪽. 조선일보 계열이 사실상 장악했던 신간회의 중앙조직에서 조선일보 계열들이 대거 탈락하였음은, 중앙조직의 성격에 매우 큰 변화가 왔음을 말한다. 신간회가 복대표대회로 조직 체계에 커다란 변화가 왔지만, 이 이전에 중앙조직에 한 차례가 큰 변화가 있었음을 주목할 필요가 있다.

은 1927년 12월 9일 신간회가 중심이 되어 각 사회단체 대표 70여 명이
모여, 안재홍·신석우에게서 각각 재만동포의 생활상태와 구축상황을
보고 받은 후 창립된 단체였다.[81] 재만동포옹호동맹은 결성된 다음날인
10일 제1회 중앙집행위원회를 열어 상무위원을 선정한 뒤 구축되는 만
주동포를 적극 옹호하는 성명서를 발표하였다. 이날 구성된 임원진을
보면 위원장은 안재홍이었고, 12명의 상무위원에 30명의 위원을 두었는
데, 이승복은 상무위원의 한 사람으로 선임되었다.[82]

성명서는 각계 사회단체의 궐기를 호소함과 동시에, 적당한 인원을
시급히 만주에 파견하여 만주에서 구축되는 동포의 상황실태를 조사해
서 필요한 대책을 실행하기로 하였다. 신간회 중앙본부가 중심이 된 재
만동포옹호동맹이 성명을 발표하고 호소하자, 즉각 광범위한 반응을
불러 일으켰다. 신간회 경성지회가 적극 후원을 결의한 데에서 비롯하
여, 전국 각지의 지회들이 호응하여 일어났다. 신간회 중앙본부가 서울
에서 재만동포옹호운동의 횃불을 들자, 이 운동은 삽시간에 전국으로
번졌고, 급기야 일제 경찰이 이를 중지시키려고 탄압하기 시작하였다.[83]

2) 신간회의 초기 조직화를 주도

이상에서 검토한 바, 이승복이 신간회의 발기인으로서 강령과 규약
을 작성하였고, 신간회를 창립한 뒤에는 선전부 총무간사로 신간회 중
앙본부에서 일하였으며, 1927년 12월 9일 신간회가 중심이 되어 결성한

---

81 「各方面有志를網羅하야 在滿同胞擁護同盟－동포구축문뎨로분긔한시내각단뎨
中國側에交涉,調査員派遣」, 『朝鮮日報』(1927. 12. 11).
82 「同胞驅逐과擁護運動－兩民族의友誼尊重－急迫한同胞積極擁護등네가지대책
과태도를결의－在滿同胞擁護同盟聲明」, 『朝鮮日報』(1927. 12. 12).
83 신간회의 재만동포옹호운동은 신용하, 앞의 책, 157~165쪽.

재만동포옹호동맹의 상무위원으로 피선되어 활동하였다는 정도가, 이승복의 신간회 운동과 관련하여 드러난 전부이다.

그러나 신간회를 발기·창립하고 중앙본부의 조직화를 마치는 신간회운동 초기 과정에서 이승복은 중심에서 활동하였다. 이승복이 직접 남긴 기록 등은 없으나, 이를 뒷받침할 증언은 매우 많다. 당시 조선일보에 재직하였던 춘헌(春軒) 김인현(金寅炫)은 "곁에서 지켜 보니까 신간회의 실제 일은 모두 평주가 했어요. 각계 각층의 저명 인사들을 끌어들인 것이 모두 평주의 힘이었고, 자금 동원이라든가 당시 사회운동 전개가 모두 평주의 역량으로 되었읍니다."라고 회고하였다.[84] 또 이관구도 "벽초와 대단히 가깝게 지낸 평주는 모든 일에 있어서 서로 의논해서 해 나갔으며, 초기 신간회운동을 이끌어 나가는 데 있어서 중심적인 역할을 했다 해도 과언이 아니다. 더욱이 책임적 지위에 나가지 않고 언제나 뒤에서 일을 처리하곤 했다."고 술회하였다.[85]

신간회에는 회의 재정을 담당하는 재정부가 있었는데, 선전부 총무간사 이승복이 회의 운영에 필요한 경비를 조달하였으므로, 세간에는 마치 그가 재정부 총무간사인 냥 착각하는 시각도 있었던 듯하다. 더욱이 이 무렵 이승복은 조선일보사의 영업국장으로서 신문사의 재정까지 책임져야 하는 상황이었다. 이증복은 조선일보사와 신간회 양자의 재정을 떠맡아야 했던 이승복의 '자금조달' 능력을 다음과 같이 증언하였다.

그리고 會의 運營에있어서도 別로 窘塞을 느끼지않았던것이다 그初代의 財務部 總務幹事이었던 李昇馥은 그當時 朝鮮日報社營業局長現職을 兼任

---

84 『三千百日紅』, 178쪽.
85 『三千百日紅』, 286쪽.

하였는데 新聞社 運營資金調達과 新幹會運營資金調達에 있어서는 그企劃手法에 있어서는 너무나 有名하여서 謀士로다른사람의 追從을不許할만했던것은現在六十代生存人士들이 首肯할것으로 생각된다[86]

여기서 이증복은 이승복을 재무부 총무간사로 기술함은 기억에만 의존한 착오[87]였지만, 한편으로는 이승복이 신간회 중앙조직에서 명목상의 직책보다는 재정부 총무간사에 해당하는 일을 사실상 수행하였다는 반증이기도 하다. '현재 60대 생존 인사' 운운함은 동시대인으로서 세간에 인식된 바를 증언한다는 뜻이었다.

신간회 연구를 개척한 조지훈은, 이승복의 활동을 창립 당시 신간회의 성격과 관련지어 다음과 같이 지적하였다. "창립 당시 중앙본부의 간부진은 민족주의자들이 강대한 포진을 하고 있어 좌익도 이때는 아직 고개를 들지 못했던 것이다. 특히 창립 초에 있어서 재무부 총무간사 이승복은 운동자금 조달과 기획에 수완을 떨쳐 공헌하였고 모사로서의 이름을 얻은 바 있다."[88] 가지무라 히데키(梶村秀樹)는 조지훈이 서

---

86 李曾馥, 「新幹會小史②-森嚴한警戒裡創立總會-初代會長엔月南李商在氏가被選」, 『한국일보』(1958. 8. 8).

87 이증복은 위의 글에서 몇 가지 착오를 보였다. 우선 "회무 부서로는 총무부, 재무부, 조사연구부, 조직부, 선전부 5부만 우선 두기로 하고"라고 기술하였는데, 신간회는 창립대회 날 곧바로 7개의 부서를 두었다. 이증복의 글에서 총무부는 서무부, 재무부는 재정부로 바로 잡아야 한다. 또 이증복은 "창립 당시의 각부 총무간사로는 총무부에 안재홍 / 재무부에 이승복 / 조사연구부에 송내호 / 조직부에 홍명희 / 선전부에 박래홍 대개 이러하였으며…"라고 하였는데, 홍명희만이 옳고 나머지는 모두 오류이다.

88 趙芝薰, 「韓國民族運動史」, 高大民族文化硏究所 編, 『韓國文化史大系』I(高大民族文化硏究所, 1964. 11), 777쪽. 조지훈의 부친 조헌영(趙憲泳)은 신간회 동경지회를 창립한 주역이었다. 조지훈은 위에서 서술한 내용의 출처를 밝히지 않았는데, 아마 부친에게서 전문하였을 수도 있다. 그런데 위의 인용문 가운데 이승복을 재무부 총무간사로 서술하고, 또 앞에서 5인의 총무간사를 이증복과 동일하게 기술함 등을 볼 때는, 조지훈 자신이 참고문헌으로 인용한 이증복의

술한 내용을 참고한 뒤, 당시 사회·공산주의자들이 위축된 정황과 관련시켜 동일한 견해를 다음과 같이 내놓았다. "거듭되는 대검거로 마르크스주의자측이 큰 타격을 받았던 탓도 있어서 특히 초기에는 부르조아 민족주의자에게 일정한 실무적 부담이 지워져 있었다. 창립시에 신간회의 사무소는 이갑수(李甲洙)의 집이었고 재무는 이승복이 혼자서 맡고 있었다."[89]

이승복의 신간회 활동과 관련한 모든 증언들이, 이승복이 신간회의 재정을 전담하였다는 데에서 일치하는데, 이 중에서도 이관구가 '초기 신간회운동'이라고 지적한 대목이 매우 중요하다. 신간회운동에서 이승복의 활동은 초기 조직화 과정에서 더욱 뚜렷하였다. 이들 말에 따르면, 신간회의 발기·창립에서 중앙인사의 섭외 등을 이승복이 맡았으며, 조선일보사의 자금난을 영업국장인 그가 감당하였듯이, 신간회 선전부 총무간사의 직책으로 신간회의 자금 문제까지 해결하였다는 뜻이 된다.

창립기 신간회 규약 제7조에 따르면, "본회 회원은 회비로 1연에 금(金) 3십 전을 본회에 납입함을 요함"이라 규정하였다.[90] 그러나 회비만으로 신간회를 운영하기에는 턱없이 부족하였으므로, 이승복은 신간회 선전부장으로 재임하면서 신간회 초창기 1년 동안의 재정을 '남몰래 전담'하여[91] 대충(代充)하였다.

글을 참고하였음이 분명하다.

89 梶村秀樹, 「新幹會研究를 위한 노트」, 『勞動運動史研究』 48(1969)[스칼라피노·李庭植 외 6인 지음, 『新幹會研究』(동녘, 1983. 10) 所收, 199쪽].

90 이 책의 부록 「新幹會綱領及規約」을 참조.

91 김진배, 『가인 김병로』(가인기념회, 1983. 12), 60쪽. 김진배는 "가인 김병로나 평주 이승복은 돈 얼마 내놓았다고 해서 그것을 내세우는 사람이 아니었다고 한다."고, 자신이 전문한 바를 기술하였다.

이와 관련하여, 김병로는 신간회의 재정을 약 1년간 '독력'으로 꾸려 온 경험을 바탕으로 매우 입체감 있게 이승복의 고충을 증언하였다.

여기에 다시 附言할 것은 新幹會를 運營하는동안 그所要되는 經費關係인 바 所謂 會費라는 것은 有名無實이었고 創立後 一年동안의 經費는 그當時 財政責任者이었던 李昇馥君이 專擔支出 하였으므로 그內容은 詳細히 알수 없으나…

김병로의 말에 의거하면, 회비만으로 신간회를 운영하는 경비를 꾸려 나갈 수 없었으므로 회비는 사실상 유명무실하였고, 막대한 운영 비용은 결국 '재정책임자'가 '전담지출'할 몫이었다. 신간회 창립 이후 1년 동안은 이승복이 신간회를 운영하는 경비를 '전담지출'하였으므로, 김병로가 이 기간의 상세한 내용을 파악할 수 없었지만, 아래에서 보듯이 김병로는 자신이 경험한 바를 이야기하였다. 이와 비교하면 이승복이 어떠한 경비를 어떻게 '전담지출'하였는지도 유추할 수 있다.

다 아는 바와 같이, 신간회는 1929년 6월 복대표대회를 열어 허헌을 중앙집행위원장으로 삼아 중앙간부진을 재구성하였다. 이때 56명의 중앙집행위원과 8명의 중앙집행위원, 13명의 중앙검사위원을 선임하여 중앙의 집행부를 재조직하였는데, 김병로는 중앙집행위원의 한 사람으로 선출되었다.[92] 김병로는 허헌 집행부에서 '재정책임자'가 되어 중앙집행위원장 허헌과 "합력하여 약 1년 동안의 경비를 지출"하였다. 1929년 11월 광주학생운동이 일어나자, 12월에 들어 신간회의 중앙 지도부는 항쟁을 전국으로 확산시키려고 계획하던 중 일제에게 적발되어 대규모의 탄압을 받았다. 이른바 민중대회사건이었다. 이 사건으로 중앙집행

---

92 이균영, 앞의 책, 178~180쪽.

위원장 허헌을 비롯해 이관용·조병옥·홍명희 등 신간회 회원 44명이 검거됨으로써 신간회의 중앙조직은 사실상 와해되었다.[93]

허헌이 구속되자, 김병로는 "중앙집행위원장의 직무를 대행"하면서 "독력으로 경비를 지출"하였는데, 당시의 상황을 다음과 같이 회고하였다.

新幹會의 經常費는 그다지 多額이아니었으나 그 數年間의 實情으로는 海外運動者의 潛入이 頻繁하였으므로, 그 連絡關係에 所要되는 經費가 적지 아니하였고 常任委員중에는 生活의補助를 하여야할사람도 있는關係로 每月 總經費로는 多額을 要하였으나 나는 그 數年동안에 物質關係에 있어서는 남의 援助를 받아본 일도 없고 援助를 要求하여 본일도 없었던 것이다 이러한 經費問題를 여기에 말할 必要가 없겠지마는 내가 體驗한 바와 모든 社會實情을 考察하면 金錢이란 鄙陋한 것이지마는 아무리 훌륭한 事業이라도 이것을 成就하려면 所要되는 金錢이 없어서는 아니되는 것이므로 어떤 事業을 經略하려면 먼저 所要經費를 正確性있게 策定하고 한두사람이라도 全的責任을 自擔할覺悟가 없다면 中途에서 經費關係로 事業이 沈滯되거나 그렇지아니하면 不義의 財貨를 貪求하기에 沒頭하여 그事業에 對한 屈辱과 世人의侮蔑을 招來하기에 이르는것임을 말하여 둔다[94]

김병로의 말에 따르면, 신간회를 운영하는 총경비는 크게 경상비, 해외운동자가 잠입하는 데에서 연락관계로 소요되는 경비, 상임위원의 생활 보조비 등으로 구성되는데, 경상비보다 나머지 두 가지가 더 큰 비중을 차지하였으므로 총경비는 다액을 요하였다. 김병로는 변호사라

---

93 이와 함께, 조선청년총동맹·조선노농총동맹·근우회 관계자 47명도 체포되어, 민중대회사건과 관계된 피체포자의 수는 모두 91명에 달하였다. 이균영, 위의 책, 207~210쪽.
94 이상에서 김병로가 회고한 바는 街人 金炳魯,「隨想斷片(21)—經費維持에 許多한難關」, 『京鄕新聞』(1959. 4. 10).

는 사회·경제상의 지위가 뒷받침해 주었으므로, 이 '다액의 총경비'를 남에게 원조를 받거나 요청하지도 않아도 '전적책임을 자담'할 수 있었다. 그가 '비루'한 '물질관계'로 굴욕과 모욕을 초래하지 않았던 이유였다.

그러면 이승복은 신간회의 총경비를 '전담지출'하되 '자담'할 수 없었던 사회·경제상의 처지에서, 굴욕과 모멸을 초래하지 않으면서도 소요 경비를 어떠한 방법으로 정확히 책정하고, 금전이라는 비루한 물질 관계를 해결하였는가. 더욱이 그는 만성 재정난에 시달리는 조선일보사의 운영 경비도 동시에 조달해야 했다.

김병로가 회고한 바를 참고하면, 이승복이 신간회를 운영하는 총경비를 전담하는 과정에서 부르트는 고충은 형언할 수 없이 컸겠지만, 이 또한 '막후의 책사'가 '모사'라는 달갑지 않은 말을 감당하면서 수행할 몫이었다. 강령·규약은 명문화하는 작업이었으므로 이승복의 활동이 명확하게 결과로 드러났지만, 신간회의 초기 조직화나 활동을 위한 자금동원은 이면에서 진행되었으므로 지인과 주변 인사들의 증언으로 남아 있을 뿐이다.

"각계 각층의 저명 인사들을 끌어들인 것이 모두 평주의 힘"이라 김인현의 증언은, 이승복이 신간회의 초기 조직화 과정에서 발기인을 비롯하여 중앙조직을 담당할 인사들을 섭외하였음을 보여준다. 이승복이 조선일보사에 입사한 때는, 신간회가 창립되어 중앙조직을 이미 완료한 3월 말 이후였으므로, 그가 이러한 대인 교섭에 전념하여 신간회의 초기 조직화를 도모할 시간상의 여유는 충분하였다.

여기서 초기 조직화라는 의미는, 신간회의 중앙본부에 좌익민족주의자들을 결집함으로써 신간회를 명실상부한 좌익민족전선체로 출발시키는 한편, 강령·규약을 작성함으로써 신간회의 정신을 정립하고, 향후 지회가 설립되는 과정에서도 좌익민족주의의 운동노선을 관철시킴을 포함하였다. 이를 한마디로 정리하면, 신간회를 좌익민족주의자의 결집체인 좌익민족전선체로 조직화하는 일이었고, 그는 이를 완성하기에 주력하였다. 이승복이 신간회운동에 가장 크게 공헌한 바는 강령·규약을 작성하고, 발기·창립과 중앙본부의 조직을 완성함으로써 신간회운동 초기 과정에서 신간회를 좌익민족주의자의 결집체로 조직화한 일이었다. 그러면 이를 좀 더 살펴본다.

3) 신간회의 초기 조직화 과정에서 이승복과 홍명희

이승복은 신간회의 발기인 가운데 한 사람이었다. 신간회는 1927년 1월 19일 발기인대회를 열어 3개 항의 강령을 발표하였는데, 그는 발기인[95]의 한 사람으로 참여하였을 뿐 아니라, 발기인을 선정·교섭하는

---

95 신간회 발기인의 숫자와 명단은 자료에 따라 약간의 차이가 있으므로, 연구자들 사이에도 시각의 차가 다소 나타난다. 水野直樹, 앞의 논문, 315~316쪽 ; 이균영, 앞의 책, 98쪽 ; 신용하, 앞의 책, 39쪽. 신간회 발기인의 숫자도 자료에 따라 다른데, 이를테면 일제 경찰자료인 慶尚北道警察部, 『高等警察要史』(1934. 3), 49쪽에서는 34명의 명단을 적고 있다. 미즈노 나오키(水野直樹)는 위의 논문에서 이들 자료들을 종합하여 검토한 뒤 "이상을 정리하면, 27인설(人說)·28인설·34인설·36인설 등이 된다. 아마 발기 준비 단계에서는 27명의 발기인이었지만, 1월 19일의 발표 단계에서 1인이 늘어나고, 그 후 1월 말경까지 새롭게 7인이 발기인에 참여하는 한편, 발기인에서 탈퇴한 자(河載華)가 나왔다고 추측할 수 있다."고 결론을 내렸다. 신용하는 『동아일보』 보도에 의거하여 27명의 발기인은 초기의 명단이고, 34명의 발기인은 후에 추가된 창립 직전의 명단이라고 해석하였다. 발기인의 숫자가 27명·28명·34명 어느 쪽이든, 이승복은 모든 자료에서 발기인 명단에 다 포함되었다.
그런데 1월 19일 발기인 대회에 참석한 발기인은 28명이 확실하다. 종래에는 『중외일보』(1927. 1. 20)의 기사를 찾지 못하여 이를 활용하지 못하였는데, 『중외일보』의 기사가 28명이었음을 증빙하는 자료가 된다. 조선일보 계열이 신간회의 발기·창립을 주도하였고, 이후 『조선일보』가 신간회의 '기관지'·'대변지'로 불렸음을 고려하면, 발기인의 숫자를 28명으로 보도한 『조선일보』가 당시의

데에도 '막후교섭의 제1인자'다운 활동을 보였다. 신간회를 발기·창립
하는 세 주역으로 보통 신석우·안재홍·홍명희를 거론하지만, 이러한
표면 활동의 이면에는 이승복이 있었다. 위의 세 사람이 '진순한 민족
당'으로서 순민족주의 단체를 조직하기로 결의한 이후, 이승복은 이에
참여하여 발기인을 확대하고, 강령과 규약을 작성하는 작업을 주도하
였다.

　이승복이 (자료 C-ⓑ)에서 "총독부와의 관계는 신석우 사장이 맡았
고,…"라고 회고하였듯이, 조선일보사 부사장인 신석우는 총독부와 접
촉하여 신간회를 합법단체로 허가받는 일을 주로 맡았다.[96] 이는 뒤에
다시 서술하겠다. 『조선일보』의 주필인 안재홍은 본디 성격상 조직 활

　　현장을 전하는 가장 정확한 자료이다. 『朝鮮日報』는 '◇發起人氏名(가나다順)'
　　을 다음과 같이 28명으로 보도하였다. 金明東 金俊淵 金鐸 權東鎭 鄭在龍 權泰
　　錫 李甲成 李灌鎔 李錫薰 李昇馥 李淨 文一平 朴東完 朴來弘 白寬洙 申錫雨
　　申采浩 安在鴻 張志映 曺晩植 崔善益 崔元淳 河載華 韓基岳 韓龍雲 韓偉鍵 洪
　　命熹 洪性熹. 「劃時期의會合이될 新幹會創立準備」, 『朝鮮日報』(1927. 1. 20).
　　한편 『동아일보』의 경우 기사에서는 "신간회(新幹會)발긔인이십팔씨 련명으로
　　작일 좌긔와가튼삼개조의 강령을발표하엿는데…"라고 보도했으나, '發起人氏名
　　(가나順)'을 소개하는 데에서는 27명의 명단을 제시하였다. 이 명단은 가나다순
　　이라 하였으나 순서가 다소 틀렸고, 權泰錫을 鄭泰奭으로 오기하였으며, 李灌
　　鎔이 빠졌다. 「民族主義로發起된 新幹會綱領發表」, 『東亞日報』(1927. 1. 20).
　　『중외일보』는 기사 내용에서는 발기인의 숫자를 밝히지 않고, '發起人氏名(가나
　　다順)'으로 27명의 명단을 게재하였는데 권태석이 鄭泰奭으로, 朴來弘이 朴來泓
　　으로, 河載華가 河在華로 되었으며, 『동아일보』와 마찬가지로 이관용이 빠져
　　있다. 「民族主義團體 新幹會의出現」, 『中外日報』(1927. 1. 20). 이렇게 『조선일
　　보』와 『동아일보』·『중외일보』는 발기인 명단에서 이름 표기에 약간의 차이를
　　보였으나, 위의 『동아일보』 기사에서 '이십팔씨'를 '이십칠씨'의 오자로 보기는
　　어렵고, 『동아일보』·『중외일보』가 權泰錫을 鄭泰奭으로 오기하였고, 또 이관
　　용을 누락시키는 공통점을 볼 때, 1월 19일 발기인 대회에서 공개한 신간회 발
　　기인은 이관용을 포함하여 28명이었음이 확실하다.
96　조선일보사 부사장 신석우가 동사의 사장으로 취임한 날은 1927년 3월 27일이
　　었으므로, 신석우가 신간회의 강령이라든가 발기인대회·창립대회 등으로 조선
　　총독부와 교섭할 때는 부사장의 지위였다.

동과는 거리가 멀었다. 그는 신간회의 조직 완비를 위한 대외 교섭 등의 활동보다는 신간회의 이념과 방향성을 정립하여 공개·홍보하는 데 치중하였고, 이는 『조선일보』의 논설·시평 등으로 나타났다. 안재홍은 신간회의 이념으로 좌익민족전선·민족주의 좌익전선을 제창하고 선도한 이데올로그였다. 이렇게 당시 조선일보 계열의 인물들이 신간회의 이념·정신을 정립하고(안재홍), 이를 강령·규약으로 명문화하여 신간회 발기·창립의 조직화 실무를 담당하였으며(이승복),[97] 총독부와 접촉하는 섭외 활동(신석우)을 벌이는 등 가장 중요한 세 부면에서 신간회 창립을 주도하였다고 해도 과언이 아니다.

신간회의 중앙조직을 비롯하여 외견상으로 보면, 조직부 총무간사로 선임된 홍명희가 신간회 발기·창립에서 조직 문제를 의당 전담하였다고 이해하기 쉽다. 강영주는 신간회의 조직상의 구조에 근거하여, 신간회 복대표대회(1929년 6월) 이전의 제1기 신간회를 실제로 이끈 기관은 총무간사회였음을 지적하였다. 나아가 그는 이 시기 신간회가 지회의 설립을 비롯한 조직 확대가 가장 시급한 과제였던 만큼, 이를 주관하는 부서인 조직부 총무간사 홍명희야말로 총무간사 중에서도 가장 중요한 위치를 차지하였다고 강조하였다.[98]

물론 홍명희가 신간회운동 전체에서 차지하는 비중은 결코 적지 않다. 그가 신간회 조직을 발의하고, 이를 발기·창립하는 데 누구보다도 큰 구실을 하였음은 분명한 사실이다. 신간회가 해체된 후 3년이 지나

---

97 이승복이 조선일보사 영업국장으로 입사한 시기는 신석우가 사장으로 취임한 이후였으므로, 이승복이 신간회를 발기·창립할 무렵에는 홍명희와 연관되어 정우회 라인으로 가담하였다. 그러나 그가 신간회 일에 관계하면서 이념 정향이 조선일보 쪽으로 옮겨갔으며, 또 조선일보사 영업국장으로 입사한 시기도 신간회 창립 시기와 시차가 크지 않으므로, 이승복을 조선일보 계열로 보았다.
98 강영주, 『벽초 홍명희 연구』(창작과 비평사, 1999. 11), 209쪽.

서, 한 논자가 홍명희를 가리켜 "氏(홍명희를 가리킴 : 인용자)는 新幹會創立
에 누구보다도熱心이엿고 總務幹事로서 晝夜不撤 新幹會를生命과갓치
생각하고 新幹會運動에 努力하엿섯는바"라고 평가한 바[99]는, 홍명희와
신간회의 관계가 세간에 어떻게 인식되었는지를 단적으로 보여준다.

신간회 해체를 앞둔 시점에, 한 논자는 "洪氏는 스서로 新幹會의産婆
에 任하는同時에 쪼한 그어머니로서 自處하는傾向까지잇다. 그래서 그
엇더한 難關이든지 自己는 必死的으로 新幹會를 안고 넘어갈覺悟를 機
會잇슬쌔마다 吐露하엿스며"라고 지적하였는데,[100] 이는 신간회와 홍명
희의 관계를 매우 적절하게 표현하였다고 생각한다. 신간회운동 전 시
기에 걸쳐서 홍명희에게 신간회는 '생명'과 같았다. 그러나 신간회 창립
기에 한정하여 본다면, 홍명희는 신간회의 '산파'였지 '산모'는 아니었
다. 신간회의 초기 중앙조직을 완비하여 신간회를 출범시킨 사실상의
'산모'는 이승복이었다.

안재홍이 신간회와 관련하여 신문의 사설·시평 또는 잡지의 논설
형식으로 많은 글을 남긴 데 비해, 홍명희는 안재홍과 함께 신간회를
발의·창립하는 두 주역이었고, 신간회의 '산파'·'어머니'로 자처하면서
도 신간회의 노선을 제시하는 글을 거의 남기지 않았다. 홍명희는 시대
일보사·동아일보사에 근무한 경력을 비롯해, 문필가로서 자타가 인정
하는 필력을 지녔는데도, 그가 신간회와 관련하여 쓴 글은 현재로서는
「신간회의 사명」한 편만이 남아 있을 뿐이다.

홍명희의 글은 제목에 신간회라는 명칭을 넣었고, 글 가운데에서 그
스스로 "나는新幹會發起人의한사람이라"고 밝힌 바를 보면, 그가 이 글

---

99 安明浩, 「新幹運動者들의動態－解消以后의그들은어디로갓나」, 『新朝鮮』續刊
    第五號(新朝鮮社, 1934年 9月號), 28쪽.
100 明源鎬, 「新幹會紛糾側面觀」, 『新民』第六十五號(新民社, 1931年 3月號), 10쪽.

로써 신간회의 방향타를 논하려 하였음을 쉽게 짐작할 수 있다. 그는 '究竟成功'을 위하여 "一時的이아니요繼續的인또는個人的이아니요團體 的" "行動으로努力하여할" '科學的組織'으로서 신간회 지녀야 할 사명을 제시하고자 하였다. 그는 신간회의 진로를 가리켜 "대례新幹會의나갈 길은民族運動만으로보면가장왼편길이나社會主義運動까지兼치어생각 하면중간길이될것이다."라고 제시하였다.[101]

　두 쪽 미만의 짧은 글 하나로써, 홍명희가 신간회의 이념과 노선을 어떻게 구상하였는지 상세하게 파악하기는 어려운 일이다. 더욱이 그 는 글의 핵심이라 할 '가장 왼편 길'에 대비되는 '중간길'이 무엇인지 분 명하게 설명하지 않았다. 이 때문에 당시 한 논자는, 신간회의 '責任者 의一人'인 홍명희의 「신간회의 사명」이라는 글과 신간회 강령을 한데 묶어서 "決코漠然하게나도自己意識을表明하얏다볼수업섯다"고 비판하 였다.[102] 이는 『조선일보』 사설 등을 매체로 삼아 신간회의 방향을 제 시한 안재홍과도 매우 대조된다. 신간회의 초기 조직화 과정에서, 조직 부 총무간사 홍명희는 글과 행동에서 적극성을 보이지 않았는데, 여기 에는 홍명희 개인의 사정이 있었다.

　신간회가 발기·창립될 무렵 홍명희는, 오산학교 교장직을 수행하였 으므로 신간회를 발기·창립하는 조직 임무에 마음만큼 십분 전념할 수 없는 여건이었다. 그가 학교장직을 수행하면서 신간회 일에 주력하 기에는, 당시의 통신과 교통 수단이 오산과 서울을 연결하거나 왕래해

---

101 洪命熹, 「新幹會의使命」, 『現代評論』 創刊號·第一卷第一號(現代評論社, 1927年 2月號. 1월 15일 인쇄, 1월 20일 발행), 62~63쪽. 이때 홍명희는 오산학교의 교 장으로 재직 중이었는데, 이 글을 기고할 때에 자신이 소속한 명의를 밝히지 않았다.
102 扶蘇山人, 「我等은무엇을하얏는가?——九二七年中의朝鮮運動回顧(二)」, 『中外 日報』(1928. 1. 2).

야 하는 분주함을 받쳐줄 수 없었다. 더욱이 오산학교의 특성상 녹록한 문제가 아니었다.

홍명희는 신간회 활동에 전념하기 위하여 1927년 1학기 중, 즉 7월 이전에 오산학교 교장직을 사임하였는데,[103] 이러한 사실을 역으로 해석하면, 그가 오산학교장직을 수행하면서 신간회운동에 전념하지 못하였다는 말도 된다. 그가 강령 · 규약 작성 작성을 비롯해 신간회의 중앙조직을 이승복에게 '부탁'해야 하는 사정이 이를 단적으로 보여준다. 홍명희가 동아일보사에 재직하던 시절 남강(南岡) 이승훈(李昇薰)이 동아일보사 사장으로 재임하였던 인연이, 홍명희가 오산학교장으로 부임한 동기이자 연고였다면, 홍명희는 신간회 활동으로 인하여 이승훈과 서먹하게 되어 오산학교장을 그만두어야 했다. 강영주가 분명하게 지적하였듯이, 이승훈은 신간회 자체를 탐탁지 않게 생각하였고, 또 조만식처럼 학교 일에 전념하는 교장을 원하였으므로, 신간회 활동으로 학교를 자주 비우는 홍명희의 분망함을 달갑게 여기지 않았다. 이러한 오산학교의 분위기와 오산학교장의 지위는, 홍명희가 신간회를 발기 · 창립 · 조직하는 데 주력할 수 없게 한 중요한 '개인 사정'이었다.

홍명희는 신간회 창립대회에서 부회장으로 선출되자 극구 사양하였다. 신간회 창립대회에서 임원선거는 무기명 투표로 진행되어 "會長李商在 副會長洪命熹 량씨를선거"하였다.[104] 그런데 홍기문의 방청기에 따르면, "任員選擧에이르러 會場(會長의 오자 : 인용자)으로李商在氏當選⋯ 副會長으로 洪命熹氏當選. 規約審査委員으로자조그림자를나타내든氏는 副會長當選소리에 어대로인지飄然히자최를감추고말앗다"[105]

103 강영주는 초기 신간회의 조직화 과정에서 홍명희의 주도성 · 지도력을 강조하면서, 이러한 점을 부각시켰다. 강영주, 앞의 책, 169~171쪽.
104 「新幹會創立大會」, 『東亞日報』(1927. 2. 17).

당시 이상재는 민족운동의 원로였으나 78세의 고령인데다가 와병 중
이었다.[106] 신간회 창립총회에서 이상재가 회장으로 추대된 의미는, 그
가 실제로 지도력을 발휘하기 기대하였다기보다는 민족운동에서 차지
하는 상징성에 있었다. 따라서 홍명희가 부회장에 당선된 사실은, 그가
회원들 사이에서 신간회를 사실상 이끌어갈 지도자로 인정받았음을 뜻
하였다.[107] 그런데 홍명희는 부회장에 당선되자마자, 사임 의사를 밝히
지도 않은 채 어디론가 사라져 버렸다.[108]

신간회 회원들에게 신망이 두터웠던 홍명희가, 왜 부회장직을 고사
하였는지 직접 언급한 바 없으며, 아들 홍기문도 홍명희가 부회장에 선
출되자 왜 '표연히' 사라졌는지 이유를 밝히지 않았다. 이승복 또한 (자
료 C-ⓑ)에서 홍명희가 "굳이 이를 사양하여 권동진씨에게 부회장을 맡
기지요."라고 했을 뿐이다.

이와 관련하여, 박명환은 "…副會長에는 洪命熹氏가 當選되였으나
卽時辭任하고 다시 銓衡選擧한 結果 權東鎭氏가 當選되고 幹事三十五
人을 選擧하였다"고 회고하였다.[109] 박명환의 글은 신간회 활동을 한 인
사들의 회고담 가운데는 가장 이른 시기에 작성된 글이지만, 여기에도
몇 가지 오류가 보인다. 위의 회고에 따르면, 창립대회 당일에 홍명희
가 부회장직을 '즉시 사임'하자 '다시 전형 선거'하였다. 35인의 간사를
전형한 날이 창립대회 날이었으므로, 이는 신빙할 만하다.

---

105 袋山生, 앞의 글, 75쪽
106 이상재는 신간회가 창립된 지 40여 일 지난 3월 29일 서거하였다. 전택부, 『월
　　남 이상재』(韓國神學研究所, 1983. 4), 241~247쪽.
107 강영주, 앞의 책, 207쪽.
108 미즈노 나오키는 위에서 인용한 대산생의 방청기 및 신문에 부회장이 홍명희
　　로 보도되었음을 근거로 삼아, 홍명희가 대회 개회 도중에 사의를 표명하지는
　　않았다고 판단하였다. 水野直樹, 앞의 논문, 299쪽.
109 朴明煥, 앞의 글, 156쪽.

그러나 신간회 창립대회가 폐회되는 시간까지 보도한 당시 신문과 홍기문의 「방청기」에는 부회장을 재선거했다는 보도는 없었다. 그렇다면 홍명희는 창립대회 석상에서 '즉시 사임'을 표명하지 않았고, 창립대회 당일 회원들이 '즉시' 직접 선거로 부회장을 재선출하는 절차도 진행되지 않았다. 권동진이 어떠한 방식으로 부회장에 '전형'되었는지는 확인되지 않았으나, 창립대회 날 회원들이 직접 선출하는 방식을 거쳐 당선되지 않았음은 분명하다.

박명환의 회고기에서 '전형선거'라는 말에 유의하여 저간의 사정을 유추한다면, 홍명희는 신간회의 간부진 일부에게 간접으로 사의를 표명하였고, 아마 전형위원들이 부회장을 전형하는 방식으로 재선출이 이루어졌으리라 추측한다. 신문 보도에 따르면, 신간회 창립총회는 밤이 늦어 35명의 간사를 각 부에 배당하는 일은 권동진 등 12명의 전형위원에게 위임하고 창립총회를 마쳤으므로, 전형위원들이 부회장을 전형하였을 가능성은 있다. (자료 C-ⓑ)에서 이승복이 권동진을 긍정 반부정 반으로 평가한 바를 보면, 권동진은 신간회의 실무를 담당할 능력은 물론이거니와 일제 당국과 교섭할 역량도 갖추었다고 세간의 인정을 받은 편이었고, 이것이 그가 부회장으로 전형된 이유였던 듯하다. 창립대회가 있은 지 6일째인 2월 21일에 열린 총무간사회에서 "부회장 권동진(權東鎭)씨사회하에" "각부의총무간사를 결명하얏다"는 보도를 보면,[110] 홍명희가 부회장직을 사임한 뒤, 권동진이 부회장으로 선출된 일자는 2월 16일에서 2월 20일 사이였다.

필자가 확인한 바, 홍명희가 사임한 이유를 언급한 유일한 자료는 이승복의 회고담이었고, 많은 연구자들이 이에 의거하여 홍명희가 부회

---

110 「新幹會部署 – 총무간사회에서각부책임자선명」, 『朝鮮日報』(1927. 2. 23).

장을 고사한 이유를 나름 추정하였다. 이증복에 따르면, "副會長에는 洪命熹가 當選되었으나 자기의 個人的事情도 있었거니와 會勢의微妙한 事情도있어서 卽席에서 辭任하고 다시 銓衡하여 權東鎭이 當選되었다"[111]

이와 관련하여 미즈노 나오키는 "일시 사회주의계의 사상단체에도 가담한 적이 있었던 홍(홍명희를 가리킴 : 인용자)은 앞에서 서술한 바와 같은 신간회에 대응하는 사회주의자의 자세를 고려하여, 신간회의 조직으로서의 결속을 유지하기 위해서 부회장이라는 지위에 취임함을 삼갔다고 생각된다."고 추측하였다.[112] 미즈노는 홍명희가 사회주의 계열이었다는 단정 아래, 사회주의자들의 대(對)신간회 전술 차원에서 홍명희가 부회장에 취임하지 않았다고 해석하였다. 그러나 이 시기 홍명희가 이러한 전술에 입각하여 신간회 활동에 참여하였는지는 의문이다.

이균영도 미즈노와 비슷한 맥락에서 "그(홍명희를 가리킴 : 인용자)는 신간회 창립과정에서 민족주의자와 사회주의자 사이의 교량적 역할을 하였는데 부회장 취임으로 이 역할이 곤란하지 않을까 하는 염려가 그의 사퇴 이유였으리라 추측된다."고 기술하였다.[113] 회원들에게 신망을 받아 부회장에 선출되었으므로, 부회장직이 오히려 '교량' 역을 수행하는 데 큰 힘이 될 터인데, 오히려 '곤란'하게 된다는 추론은 이해하기 어렵다.

미즈노와 이균영은 '회세의 미묘한 사정'만을 추론하고 '개인적 사정'은 언급하지 않았는데, '회세의 미묘한 사정'은 막연한 표현이므로 판단을 보류하겠지만, 홍명희의 '개인적 사정'이 그의 오산학교장직과 관련 있었음은 분명하다. 이상재가 서거한 뒤, 홍명희가 후임 회장으로 선임

---

111 李曾馥, 앞의 「新幹會小史②」.
112 水野直樹, 앞의 논문, 299쪽.
113 이균영, 앞의 책, 102~103쪽. 이균영은 明源鎬, 앞의 글, 10쪽을 증거로 들었다.

된 사실은 여전히 그를 향한 회원들의 두터운 신망을 뜻하였지만, 이때
도 그가 고사한 이유는 겸손함의 발로라기보다는 '개인적 사정'을 여전
히 무시할 수 없었던 여건에 있었다.

홍명희가 조직부 총무간사 직에 충실하여 신간회운동에 적극 나선
때는 1927년 7월부터였다. 그는 오산학교장을 사임한 뒤에야, 지회 신
간회 설립을 촉진하는 지방순회강연을 다니면서 신간회 조직부 총무간
사 본연의 임무에 전념할 수 있었다.

신간회 중앙본부는 1927년 7월부터 전국 각 지역을 돌며 지방순회강
연을 시작하였는데,[114] 신간회가 창립된 후 홍명희는 안재홍과 함께 신
간회 중앙간부 가운데 누구보다도 앞장서서 지방순회강연을 많이 다녔
다. 이는 신간회 지회 설립을 촉진함으로써 신간회를 조직화하려는 목
표와 밀접한 관련이 있었다.[115] 신간회 지회가 설립될 때, 대부분의 지
회는 설립대회에 특파원을 파견해 달라고 본부에 요청하면서 때로는
특정한 인물을 지명하기도 하였는데, 이러할 경우 홍명희는 가장 많은
특파 요청을 받았다. 홍명희는 안재홍과 함께 지회 설립 대회에 가장
많이 참여하였는데, 이들 두 사람은 경남·경북 지역을 거의 도맡다시
피 하였다.[116]

홍명희가 1926년 10월 오산학교장에 취임한 지 채 1년도 되지 않은
1927년 7월경 오산학교장을 사임한 데에는, 신간회 조직부 총무간사로
서 지회 설립을 촉진하는 지방순회에 주력하여야 할 사정이 크게 작용
하였으리라 생각한다. 그는 1927년 6월 18일 안재홍과 함께 김천(金泉)

114 李炳憲, 앞의 글, 197~198쪽.
115 김인식, 「안재홍의 신간회 운동」, 『애산학보』 33(애산학회, 2007. 12), 99~100쪽.
116 이균영, 앞의 책, 261~262쪽. 홍명희와 안재홍의 지회 설립·조직 강화운동은
    강영주, 앞의 책, 213~215쪽 ; 김인식, 앞의 논문(2007. 12), 99~101쪽을 각각 참조.

지회 설립대회에 참석하여 기념강연함을 시발로, 동년 7월 이후부터 경
상남북도 지회 설립대회에 왕성하게 참석하여 지회 설립 활동을 지원
하였다.

신간회운동 전반이 아니라, 발기·창립기의 초기 조직화 과정에서
홍명희의 구실이 강조된 반면, 홍명희를 대행한 이승복의 몫은 과소평
가된 측면이 많았다. 이승복이 조선일보사의 영업국장으로 입사한 시
기는 신간회가 창립된 이후였고, 또 근무처가 서울이었으므로, 그는 홍
명희에 비해 신간회 창립과 조직에 주력할 수 있는 시간과 공간상의 여
유가 충분하였다.

(자료 C-ⓐ)에서 이승복은 자신이 신간회 강령과 규약 등을 작성하게
된 계기·경위를 언급하였는데, 여기서 주목해서 보아야 할 몇 가지 방
점이 있다. '부탁'한 내용은 "강령 작성을 비롯한 신간회의 모든 조직"이
었는데, 이는 신간회의 강령·규약을 비롯하여 발기인과 창립 이후 중
앙조직에 참여할 임원진들을 섭외·구성하는 사항이었다. 즉 신간회의
초기 조직화와 관계되는 일이었다.

홍명희가 이승복에게 신간회와 관련된 일들을 '부탁'하는 상황[117]에
는, 홍명희가 이에 전념할 수 없었다는 그의 여건이 작용하였다. 홍명
희는 겨울 방학을 이용하여 상경한 동안, 안재홍·신석우와 함께 신간
회를 발의하였으나, 오산학교의 교장으로 재직하였으므로 이후 신간회
의 초기 조직화 작업에 전념하기 어려웠다. 그가 이승복과 자신의 장남
인 홍기문에게 신간회의 강령·규약 등을 작성하고 조직을 완성하는

---

117 강영주는 "신간회의 강령·규약 등 구체적인 조직 준비를 한 것은 이승복과 홍
   기문이었으며, 이들은 다름 아닌 홍명희의 지시에 따라 움직인 것이었다."고
   기술하면서, 신간회의 초기 조직화 과정에서 홍명희의 지도력·주도성을 재차
   부각시켰다. 강영주, 위의 책, 206쪽.

일까지 위임한 데 이어, 신간회의 부회장직마저 고사해야만 했던 이유
는, 오산학교장이라는 직책과 신간회의 조직 완성이라는 두 가지 일을
양립·완수할 수 없었던 그의 '개인 사정' 때문이었다. 홍명희가 이승복
에게 '지시'하였든, 아니면 '부탁'하였든──물론 양자 사이의 뉘앙스 차이
는 매우 크지만── 신간회 강령·규약과 신간회의 중앙조직을 완결한
사람은 이승복이었다. 뒤에 보겠지만, 홍기문은 부친의 '지시'에 수동태
로 부응하였을 뿐이다. 이러한 점에서 홍명희는 신간회의 '산파'였고,
이승복이 신간회의 '산모'였다.

　(자료 C-ⓐ)에서 '강령 작성'은 말 그대로 신간회의 강령을 작성하라
는 뜻이고, 이는 신간회의 정신·성격을 규정하는 일이었다. 그런데 '모
든 조직'은 무엇을 말하는가. 이는 조직 체계를 규정하는 규약을 포함
하여, 규약이 내규(內規)하는 사실상의 실제 조직을 완결함을 가리킨다
고 보아야 한다. 이는 비타협 민족주의자들을 접촉하여 발기인에 참여
시키고, 창립과 동시에 중앙본부에 참여할 인사들을 섭외하는 일까지
포함하여 신간회의 중앙조직을 완결지음을 말한다. 또한 여기에는 의
당 자금의 문제도 따른다. 이승복은 홍명희가 자신에게 '부탁' 즉 위임
한 사안들을 뭉뚱그려 회고하였다. 이상을 정리하면, 이승복은 신간회
를 발기·창립하는 막후의 대인 교섭 등 신간회의 초기 조직화 과정과
자금 동원의 문제 등을 담당하여 사실상 신간회의 조직을 완성한 주역
이었다.

4) 신간회 강령·규약을 작성

　그럼 이승복이 강령과 규약을 작성하는 과정을 살펴본다. 이승복이
강령을 작성하였음은 이제 정설이 되었지만, 조선일보사의 신석우·안

재홍·백관수 등이 강령을 작성하였다는 일제 관헌 자료[118]도 있으므로
이 문제를 먼저 짚어 본다.

미즈노는 자신이 인용한 일제 관헌 자료와 이승복의 회고담을 소개
하면서, 이 두 가지를 참고한 추론을 내놓았다. 그는 "결정지을 만한 근
거가 없지만"이라는 단서를 달고서, 이승복도 조선일보사 영업국장이었
던 점을 고려하면, 조선일보사 간부에 홍명희(또는 홍기문)가 가담하는 형
식으로 원안이 작성되었다고 추정하였다.[119] 미즈노는 조선일보사 간부
가 누구인지를 밝히지 않았으나, 이승복이 신간회 강령을 작성할 당시
조선일보사 영업국장이었다는 서술은 사실이 아니며, 홍명희가 가담하
였다는 추론도 잘못되었다.

(자료 C-ⓑ)에서 이승복도 언급하였듯이, 조선일보사 부사장 신석우
는 총독부와 절충하는 일을 맡아보았을 뿐이다. 이는 일제 관헌 자료에
서 뒷받침되며,[120] 당시 세간에도 그렇게 인식되었다. 신간회가 해체된
이후 신간회운동의 주역들의 동태를 기술한 논자는, 신석우를 가리켜
"新幹會의總務幹事로서 新幹會와當局과의交涉關係는 거의혼자 도마터
가지고하엿섯다고해도 過言이아닐것이다"라고 평가하였다.[121]

신석우가 신간회의 합법화를 위하여 조선총독부와 교섭하였음을 증
언하는 예는, 이승복 이외에도 많다. 조선일보사의 기자였던 김을한에

---

118 京畿道警察部, 『治安槪況』(昭和四年版), 附載團體名簿[水野直樹, 앞의 논문,
   315쪽에서 다시 인용].

119 水野直樹, 앞의 논문, 294쪽.

120 『獨立運動終息後ニ於ケル民族運動ノ梗槪』(昭和二年一月), 15項[水野直樹, 위
   의 논문, 315쪽에서 다시 인용]. 미즈노는 이 문서에 근거하여, 당국과 절충하
   는 일은 조선일보사 부사장 신석우가 오로지 맡았다고 서술하였다. 水野直樹,
   위의 논문, 294쪽.

121 安明浩, 「新幹運動者들의動態 – 解消以后의그들은어디로갓나」, 『新朝鮮』 續刊
   第五號(新朝鮮社, 1934年 9月號), 28쪽.

따르면, "신간회를 만들 때에도 표면의 대외교섭은 우창이 많이 했"
다.[122] 여기서 '표면의 대외 교섭'은 조선총독부와 접촉하여 신간회의
명칭·강령·규약을 허가받는 등 신간회가 합법단체로 인정받는 교섭
을 가리켰다. 이원혁은 신간회의 명칭, 강령·규약 등을 비롯해 "허가교
섭은 신석우 씨가 담당하여 수삼 차나 거듭 수정에 수정을 가하여 결국
에는 집회의 허가를 얻었다. 그간 고충은 이루 형언치 못할 정도이었
다."고 기술하였다.[123] 이관구도 동일한 내용을 증언하였다. 이에 따르
면, 신간회의 원래 명칭은 "처음에는 신한회(新韓會)로 한 것인데 신석우
씨가 총독부에 등록하러갔다가 「한」자가 들어간다고 거절을 당해 옛날
에는 「한」자와 「간」자가 같은뜻으로 쓰였고, 또 「고목신간」(古木新幹)이
란 말도 있고 해서 「한」을 「간」으로 고쳤다"[124] 이렇게 신석우는 결정
된 사항들을 총독부와 절충하는 일을 담당하였다.

　백관수가 강령 작성에 관여하였다는 증거도 확인되지 않는다. 백관
수는 1926년 12월 조선일보사의 편집인 겸 영업국장으로 입사하였으므
로, 조선일보계로 신간회 발기인으로 참여하였고, 신간회 창립 후에는
간사직을 수행하였다. 그러나 그의 전기에는, 그가 조선사정조사연구회
(朝鮮事情調査研究會)·조선일보의 계열로 신간회 창립을 주도했다고 서술
하였지만, 강령을 작성하였음은 언급하지 않았다.[125]

　앞서 보았듯이, 안재홍은 『조선일보』 지상을 통하여 자치론·자치운

122 『三千百日紅』, 138쪽.
123 李源赫, 「新幹會의 組織과 鬪爭」, 『思想界』(思想界社, 1960년 8월호), 81쪽. 뒤
　　에 보겠지만, 여기서 '수삼차'라는 표현은 아주 정확한 지적이다.
124 앞의 「李寬求氏의 回顧談」. 조병옥에 따르면, '간'에는 "새로운 한국은 새 줄기
　　(幹) 또는 새 뿌리를 길러야만 된다고 생각"한 바도 작용하였다. 趙炳玉, 『나의
　　回顧錄』(民敎社, 1959. 8), 95~96쪽.
125 尹在根, 『芹村 白寬洙―봄기운은 어찌 이리 더딘가』(東亞日報社, 1996. 8),
　　150~156쪽.

동을 비판하며 신간회의 이념·노선을 좌익민족주의로 정립·공개하는데 주력하였고, 이러한 논리가 강령·규약에 반영되었음은 유추할 수있다. 이승복이 신간회 강령·규약을 작성하는 작업은, 신간회의 정신과 운동의 목표를 정립하고 이에 기초하여 중앙조직의 체계를 완성하는 일이었으므로, 이것이 신간회의 이념·노선을 꾸준히 제시한 안재홍과 독립된 상태에서 이루어졌다고 보기는 어렵다.

신간회 강령이 공개되었을 때, 이를 체계 있게 해설한 최초의 사람은 안재홍이었다. 1927년 1월 19일 신간회가 발기인대회를 마치고 3개 항의 강령을 공표하자, 안재홍은 다음날인 1월 20일자 『조선일보』 사설을 통하여 신간회 창립이 준비되고 있음을 공개하고, 신간회의 성격을 '민족주의 좌익전선'·'민족적 좌익전선'으로 명백하게 천명하였다. 이 사설은 신간회 명칭의 유래[126]와 강령을 풀어 밝히면서, 신간회의 운동노선을 제안하였는데, 여기서 좌익민족주의자들이 신간회로써 의도한 바가 명확하게 드러난다. 그런데 이 사설에서 인용한 강령은 총독부의 허가를 받기 전후의 강령이 섞여 있었다. 이를테면 제1항은 총독부의 허가를 받기 이전의 강령과 후의 강령을 섞어서 "政治的 經濟的의 究竟的 解決이란것이 全朝鮮人의運動의目標이라하면 그의覺醒을提唱하는것은 한必須한方策을表示함이라고볼것이오"라고 설명하였다. 2항과 3항인 "團結을鞏固히함"·"機會主義를 一切否認하는것"은 총독부가 허가한 강령을 들어 해설하였다.

여기에는 신간회 강령이 수정되어 가는 과정이 반영되어 있는데, 이

---

126 이 사설에서 안재홍은 "『新幹』의意義는 『古木新幹』이라는熟語에依하야 今日 자못零落散亡의悲運에잠긴朝鮮人에게 그生新한生活의時代가오기를希望하는 뜻을부첫다함이 그命名者의말이라한다 그는朝鮮人된者의 萬衆이함께希願하 는바이오"라고 설명하였다. 「新幹會의創立準備」(1927. 1. 20 『朝鮮日報』 社說).

는 신간회를 발의·발기·창립하는 데 안재홍이 깊숙이 관여·주도하였으며, 신간회 강령을 작성하는 과정에서도 안재홍과 이승복이 교감하였음을 보여주는 방증이라 하겠다. 좌익민족주의를 천명하는『조선일보』의 논지를 강령에 명시하는 작업에서, 이러한 교류는 충분히 가능한 일이었고, 어쩌면 당연히 있어야 하는 일이었다. 이승복의 전체 민족운동의 경로를 보더라도, 그가 신간회에 참여하는 시점은 정우회의 계열에서 좌익민족주의로 이동하는 중요한 전환점이었다. 이후 해방정국에서도 이승복은 안재홍의 막후 책사로서 안재홍과 정치 이념·노선을 함께 하였다.

그러나 안재홍은 이승복이 신간회 강령 등을 작성하는 과정에서 교감을 나눈 한 사람이었을 뿐, 안재홍이 신간회의 강령과 규약을 작성하는 작업에 직접 참여하지는 않았다. 조선총독부와 교섭하는 문제 등을 고려하면서, 신간회의 강령과 규약을 완료하는 중책을 담당한 사람은 이승복이었다. 이는 이승복과 그의 지인들이 구체 정황을 들어 증언하는 바를 보아도 확실하다.

(자료 C-ⓐ)에서 이승복이 회고한 바에 따르면, 이승복은 홍기문을 이끌면서 신간회의 강령·규약을 기안하고 완결하였다. 이는 홍명희가 경성역까지 자신을 배웅 나온 이승복에게 강령·규약 등 신간회 조직을 '부탁'한 데에서 비롯되었다.[127] 이 배웅에는 막역지우인 홍명희·이승복 두 사람 사이의 정리(情理)보다 더 큰 목적성이 담겨 있었다. 홍명희가 이승복에게 신간회의 강령·규약을 작성하라고 '부탁'하자, 이승복은 이를 주도하여 실행했다.

겉으로 드러나지 않는 이승복의 활동 가운데, 신간회의 강령·규약

---

127 김인식, 「이문원 중앙대 명예교수 면담」(2008년 2월 27일 이문원 교수의 이촌동 자택에서). 이문원이 부친 이승복에게서 전문한 이야기이다.

을 작성한 일은, 그가 신간회운동에 남긴 가장 뚜렷하게 가시화된 성과
물이었으므로, 이 과정에서 이승복의 주도성은 다시 강조할 필요가 있
다. (자료 C-ⓐ)에서 이승복은, 홍기문이 담당한 구실을 더 이상 언급하
지 않았으나, 이승복은 홍기문을 들이끌면서 신간회 강령·규약 작성에
주력했다. 이때의 사정을 팔봉(八峯) 김기진(金基鎭)은 다음과 같이 증언
하였다.

> 신간회의 배후 인물은 平洲였어요. 團成社 위에 자리잡은 慶雲洞의[자그
> 마한] 그의 하숙방에서 碧初의 슈息 起文이를 데리고 그 綱領·規約을 정했
> 는데, 그 코치는 전부 平洲가 했어요.[新幹會라 이름짓기는 碧初요, 正副會
> 長으로 月南 李商在·權東鎭,…다수가 신간회 幹部로 관여하나, 그 핵심체
> 는 平洲 李昇馥씨였다.] 본래 그의 性味가 밖에 廣告하고 다니는 기질이 아
> 니어서 세상에 알려지지 않았을 뿐이죠.[128]

강영주는 강령·규약을 작성하는 데에서 홍기문이 매우 적극성을 띠
었다고 주장[129]하였으나, 사실과 거리가 있는 듯하다. 김기진이 '데리
고'·'코치'라고 표현한 바가 오히려 정확하다고 생각한다. 강영주는 신
간회가 해소되는 1931년까지 홍기문의 삶과 활동을 살폈는데, 홍기문이
신간회운동에 적극 참여하였다는 관점에서 그의 신간회 활동을 추적하
였다. 이에 따르면, 홍기문은 1927년 6월 경성지회가 설립되면서 동 지

---

128 『三千百日紅』, 177, 286~287쪽. 김기진이 이승복의 신간회운동을 회고한 대목
   은 『삼천백일홍』에서 두 군데 나오는데 내용은 대동소이하다. 첫 번째에서는
   구어체로 구술하였고, 두 번째에서는 문어체로 기술하였는데, 의도를 정확하게
   전달하기 위하여 두 회고를 한 군데로 모아 정리했다. 본문에서 대괄호 안의
   문장은 문어체로 기술한 286~287쪽에서 인용하였다.
129 홍기문의 신간회운동은 강영주, 「국학자 홍기문 연구」, 『역사비평』 통권68호
   (역사비평사, 2004. 8)을 참조.

회의 간사로 선임되었고, 이후 신간회가 해체될 때까지 적극 활동하였다. 그러나 신간회 창립 당시 홍기문은 부친이 권유하는 바에 피동태로 마지못해 따랐을 뿐이었다. 사실 그가 신간회의 강령·규약을 작성하는 데 관여하였는지도 의문이 든다.

홍기문은 신간회 발기·창립 당시에는 아직 24세의 '젊은 맑스쌍이'[130]였고, 이후에도 마르크스주의를 사상의 기반으로 삼았지만, 신간회 창립에는 그다지 적극성을 띠지 않았으며 오히려 냉소하였다. 이는 다음 두 가지 사실로 미루어 판단할 때 분명하다. 첫째, 신간회가 발기되고 있는 무렵, 홍기문은 자치운동자와도 연결할 수 있다는 생각을 글로 표현하여 비난을 받았다. 그의 이러한 태도는 연정회(研政會)의 자치운동에 대항하여 신간회가 창립되는 근본정신과는 매우 상반되었다. 또 그는 신간회 창립을 방청한 뒤 발표한 방청기에서, 신간회 창립을 반기며 큰 기대를 표현하는 당시 일반의 분위기와 달리, 오히려 냉소하는 어조로 신간회 창립의 광경을 묘사하였다. 이를 좀 더 살펴본다.

홍기문은 『조선지광』(朝鮮之光) 1927년 1월호에 「정치운동자에 대한 오인(吾人)의 태도」를 발표하였는데, 신간회의 창립 정신과는 배치되는 자치운동론을 주장해 물의를 일으켰다. 당시 민족협동전선을 추진하던 정우회 내 일월회(一月會)계 일부 인사들이 비타협 민족주의자들뿐 아니라 자치론을 주장하는 타협주의 세력과도 과감하게 제휴해야 한다는

---

130 홍양명은 자신이 1925년 봄 동경에서 홍기문을 처음 만났을 때의 인상을 '젊은 맑스쌍이'로 표현했다. 1931년 무렵에도 홍양명은 "君(홍기문을 가리킴 : 인용자)의 思想的立端에對하여는 그父親 洪命熹를 聯想함으로써 民族主義 云云하는이가 만치마는그가 恒常努力하는方面이 어데까지든지 맑스學에忠實하고 잇슴을 筆者는 自信잇게 말할수가잇다."고 단언하였다. 洪陽明,「前衛線上의人物評 : 才人型의洪起文氏-新幹運動線上의少壯鬪士」,『三千里』第十四號·第三卷第四號(三千里社, 1931年 4月號), 28~29쪽.

견해를 품고 있었는데, 홍기문의 자치론은 그러한 일각의 견해를 대변하는 '돌출적 발언'이었다.[131] 한 논자는 1926년 한 해의 사회운동을 개관하면서, 민족주의자와 제휴하는 문제를 언급한 대목에서 "洪起文氏는 『우리××××는××的으로 自治運動者와結合하야 現在의朝鮮問題를 展開식히지안하고아니된다』고 하엿다"라고 문제가 되었던 홍기문의 글 일부를 소개하였다.[132]

신간회가 발기되고 4년여의 시간이 흐른 뒤, 홍양명은 홍기문이 "種種의 失敗를 過去에 演出한적도 적지 안으니"라고 전제한 뒤, 홍기문이 자치운동자와도 결합하자고 주장한 바를 떠올리며 "先年「朝鮮之光」에 政治運動에對한 意見을 씀으로써 그理論이 改良主義的이라하야 物議를 이르키게한것은 君(홍기문을 가리킴 : 인용자)의 가장 큰 汚點의 하나이며 너머나 깁흔 思慮업는 輕擧이라고 밧게 볼수업는것이다."라고 비판하였다. 나아가 홍양명은 "君은 그非凡한 才分과 奇異縱橫한 接人性째문에 才人一般의 그러함과가치 輕卒에近한 一面의 弱點이잇는듯하다. 自重함이 더욱만키를 그의將來를爲함보담도 그의 미칠터인 運動線의 影響을 爲하야말하야 두는바이다."라는 충고로 인물평을 끝맺었다.[133] 자

---

131 강영주, 앞의 논문, 186쪽.

132 燕京學人, 「轉-換-期-에-臨-한-朝鮮社會運動槪觀(三)=過去一年間의回顧」, 『朝鮮日報』(1927. 1. 5). 『조선지광』 1927년 1월호에 발표된 홍기문의 글은 현재 전하지 않고, 위의 연경학인의 글에서 한 토막이 인용되어 있다. 『조선지광』은 매월 1일을 발행일로 발간되었으므로, 홍기문의 글이 실린 호는 1927년 1월 1일이 발행일이었다. 그렇다면 1927년 1월 1일에 발행된 잡지의 내용이, 같은 달 5일자 『조선일보』의 비평문에 반영되었다는 뜻이 된다. 한편 홍기문이 이 글을 쓸 때는, 그가 신간회의 강령·규약을 작성하는 일에 관계하기 이전이었다. 홍명희가 이승복에게 신간회의 강령·규약을 작성하라고 위임할 때에는 『조선지광』 1927년 1월호가 인쇄되는 중이었거나 또는 인쇄된 이후였으므로, 홍기문은 이보다 앞서 글을 탈고하였다.

133 洪陽明, 앞의 글, 29쪽.

치운동자와 관련한 홍기문의 '돌출적 발언'이 '경거'였음을 꼬집는 결론
이었다.

신간회 정신과 전혀 배치되는 '개량주의적' 이론이, 1922년 1월 중국
에 유학한 이래 1925년 여름 일본 유학에서 귀국하는 동안 익힌 마르크
스주의에 따른 소신인지, 아니면 홍양명이 지적한 대로 '경졸에 근한
일면의 약점' 탓인지는 단정하기 어렵다. 그렇더라도 홍기문이 신간회
정신과 전혀 배치되는 '개량주의적' 이론을 표출하는 행태를 보더라도,
이 시기 그가 부친의 권유를 거역하지 못해 신간회에 관여하였음은 분
명하다.

홍기문은 당시의 자신을 가리켜 "나는 동경서돌아와서 아버지를 도
와가지고 신간회로 쫓아는 다니게되나마 아버지께 대한 신념(信念)이 더
올라가지는 못하였다."[134]고 회고하였는데, 그가 신간회에 어떠한 시각
과 태도를 지녔는지 단적으로 보여준다. 홍기문이 해외 유학을 시작하
면서 아버지를 향한 '숭앙'이 '회의'로 바뀐 변화는, 그의 정신세계가 아
버지 홍명희에게서 독립하는 과정이었다.

1920년대에 홍명희·홍기문 부자는 사회주의운동과 신간회운동에 함
께 가담했지만, 서로 미묘한 갈등관계에 있었다. 홍명희가 화요회(火曜
會) 계통이었던 반면, 홍기문은 일월회에 가담하여 활동하였으므로, 계

---

134 洪起文,「아들로서본아버지」,『朝光』第二卷第五號(朝鮮日報社出版部, 1936年
5月號), 187쪽. 홍기문이 중국에서 유학을 시작할 무렵부터, 그의 "아버지에대
한숭앙심(崇仰心)"이 "아버지에대한 회의(懷疑)로 바뀌기 시작하였다. 홍기문
은 이때를 "우리 아버지의 행동과 말씀을 예수교도들의 성경(聖經)처럼 위하야
저버릴까 겁하고 본바드려 고심(苦心)하였다. 그러나 중국서 지내는동안 나는
차차로 모든 선배(先輩)에 대하여 회의(懷疑)가 생기기 시작하는 동시 우리 아
버지에 대한 신념(信念)도 전만 아조못하게 되었다. 우리 아버지의 어려운곳은
작구 적어만 보이고 오즉 우리 아버지의 단처(短處)와 험점(欠點)은 그 반비례
(反比例)로 커지는것 가탓다."고 회고하였다. 洪起文, 위의 글, 185~186쪽.

파의 차이로 인한 사상의 문제도 홍기문이 홍명희에게 불만을 갖게 된한 요인이었다.[135] 이러한 이유들로 신간회를 보는 시각에서도 홍명희와 홍기문은 타협할 수 없는 차이가 개재하였다. 홍기문이 언제부터 아버지 홍명희와 '정치상 견해'를 동일하게 하였는지는 확인할 수 없다. 확실한 시기부터 따진다면, 홍명희가 민중대회사건으로 옥고를 치를 무렵부터[136] 두 부자는 신간회운동 노선에서 동일하였지만,[137] 적어도 신간회가 창립되는 전후 시기 두 사람의 간극은 매우 컸다.

홍기문은 "아버지에 대한 신념이 더 올라가지 못"할 만큼 성장한 자신의 신념에 따라, 신간회 정신과는 전혀 배치되는 '개량주의적' 이론을 표출하였다. 그는 신간회운동에서도 아버지와 달리 생각하였으므로, 아버지를 '도와가지고'·'쫓아는 다니게 되나마' 정도의 피동태로 신간회

---

135 강영주, 앞의 논문, 185쪽.

136 신간회가 민중대회를 개최하기로 예정하였던 1929년 12월 13일 당일, 홍명희는 일경에게 체포되어 12월 24일 「보안법」 위반으로 경성지방법원 검사국으로 송치되었고, 1930년 1월 6일 기소되었다. 강영주, 앞의 책, 220~221쪽.

137 홍명희가 민중대회사건으로 구속될 무렵을 전후하여, 홍명희·홍기문 부자는 『三千里』 제4호가 「아버지人物評, 아들人物評」의 난(欄)에 게재할 목적으로 요청한 인물평에 응답하였다. 여기서 홍기문은 "또아버지의 政治上社會上 見解와 나의見解는 大體에잇서서 符合됩니다 가령 新幹會를 말할지라도 그보는 方法에잇서서 저와 아버지는 꼭갓습니다. 이点에잇서서 나는 아버지에게對하야 肉親愛以外에 同志로써 尊敬과 사랑을 항상늣기고잇습니다."라고 말하면서, 아버지 홍명희와 자신의 '정치상사회상의 견해'까지 답하였다. 홍기문 스스로 "혹 見解가 다를째면 우리는 理論을通하야 激烈히 싸워도 봅니다 엇든째는 밤을 밝혀가면서……"라고 밝혔듯이, 부자간은 때로는 격렬한 논쟁을 벌이는 사이였다. 洪起文, 「아버지人物評 洪命熹評 : 昆忠學者(타입)과 受難의그의 半生」, 『三千里』 第四號(三千里社, 1930年 1月號, 1930년 1월 11일 발행), 15쪽. 이를 보면, 적어도 신간회가 해체될 무렵에는, 홍명희와 홍기문 두 사람은 신간회를 비롯해 정치상의 견해들이 대체로 일치하였다. 홍명희도 「아들의人物評 洪起文 評 : 多少早熟하고 根氣잇는靑年」이라는 제하에 홍기문을 인물평하였다. 잡지에 홍명희가 평한 내용이 게재되었음을 보면, 기고는 홍명희가 구속되기 전에 이루어진 듯하다.

에 참여하였다.

이러한 이유 때문인지, 홍기문이 「신간회 창립대회 방청기」에서 그려내는[138] 신간회 창립의 모습은 매우 의아스럽다. 강영주는 이 방청기를 "홍기문은 좌익계 투사들의 비합법적 회합에 익숙한 인물답게, 합법단체로 출발한 신간회 창립대회의 광경을 다소 풍자적인 필치로 스케치하고 있다. 또한 어딘지 모르게 국외자의 입장에서 쓴 듯하여, 당시 그가 신간회를 자신의 중심적인 활동무대로 여기지 않고 있었던 것처럼 느껴진다."고 평하였는데, 정확한 지적이라고 생각한다.[139]

우선 글의 제목에서 보듯이, 홍기문은 신간회 회원으로서 주체가 되어 참관기를 쓰지 않고, 신간회와 직접 관계가 없는 제삼자의 처지에서 방청기를 작성하였다. 더욱이 신간회가 출범함에 호응하는 방청객이 아니라, 신간회 자체를 애초 탐탁스러워하지 않는 시각에서 창립대회를 비뚤게 보았다. "會場은 基督敎中央靑年會舘의大講堂. 定刻은午後七時. 定刻前부터 밀리어드는會員과傍聽客은…會員틈에몰래끼어들어가려다가 쫓기어나는사람 會員인데안바다준다고 사살하는사람, 내가몬저들어가겠다 네가몬저들어가겠다싸홈질하는사람―한판의修羅場이되엇다. 그틈을간신히뷔어잡고會場에썩들어서니…" 홍기문은 창립대회가 시작되는 풍경부터 이렇게 '수라장'이라고 비아냥거렸다. 그는 창립대회가 개회한 이후의 모습도 계속 빈정거리며 묘사하였다. 방청석이 '立錐의餘地'가 없을 만큼 창립대회가 '相當한盛況'을 이루었다고 인정하면서도, "그러나 盛況임에도不拘하고엇전지會場內의空氣는 活潑치못하고 潑剌치못하다. 會員의多大數가 勿論紅顔의少年이건만 그少年들은 모도

138 袋山生, 앞의 글, 74~75쪽.
139 강영주, 앞의 논문, 185~186쪽.

老人의탈을쓴少年인것갓다. 鬪士의모임에서엇는氣分 그것보담은紳士의 茶菓會에서엇는 氣分이생긴다."고 조롱하였다. 홍기문은 이상재를 회장으로 선출하는 장면도 "氏의當選을 報告하는議長의목소리와 會員의拍手소리는會場안을요란케하다 엇전지힘업는소리가치들린다."고 냉소하였다. 이러한 비웃음은 창립대회가 폐회하는 모습을 기술하면서 극에 달했다. "그러고幹事三十五人選舉. 會場은기지개, 하품, 잠고대로찻다. 아닌게아니라 時計를보니 벌서十二時가넘엇다. 몸편한사람으로 말하면 벌서벼개우에단쑴이무르녹든째다. 참다못하였든지 어썬분으로부터幹事의開票는 開票委員에게맛기고 閉會하자는特請이들어왓다. 會內를살펴어보니 살금살금달어난분이三分之二以上이나 되는모양이다. 閉會." 홍기문은 이렇게 비웃듯이 '폐회'라는 단어로 방청기를 끝맺었다.

『조선일보』가 기사의 제목과 부제부터 비롯하여 신간회 창립대회를 다소 감격스러운 어조로 묘사하면서, 참석한 회원과 방청객들의 분위기가 대회 내내 진지하였음을 전하려 하였다면, 홍기문의 방청기는 이와 상반되는 시각과 어투로 시종일관하였다. 홍기문은 신간회 창립대회가 밤 12시 넘겨서 마지못해 폐회한 듯 사실마저 왜곡하였다. 반면 『조선일보』는 35인의 간사를 투표로 선출하느라 많은 시간이 흘렀으나, 회원들은 의사토의에 열중하여 신간회 창립대회는 2월 16일 오전 4시반 쯤에 폐회하였다고 시말을 그대로 보도하였다.

홍기문이 창립대회의 의미와 열기를 전달하기보다는, 대회 과정의 비뚤린 모습만을 샐그러뜨려 전달한 이유와 의도를 단언할 수는 없다. 다만 자치운동을 수긍하는 논설을 발표한 지 두 달여 지나서, 동일 잡지에 신간회를 냉소하는 글을 게재한 점에서 나름 일관된 측면이 보인다. 이 시기 그의 정치노선과 신간회의 지향점이 달랐음은 분명하다.

방청기의 내용만으로 추측하면, 홍기문이 신간회를 탐탁지 않게 여긴 이유는, 신간회가 '투사의 모임'이 아니라 '신사의 다과회' 같은 소부르주아지 단체였기 때문인 듯한데, 이도 앞서 그가 발표한 논설의 '개량주의적' 이론과 모순된다. 논설의 '개량주의적' 태도와 방청기에 보이는 투사성(鬪士性) 가운데, 어느 쪽이 이 무렵 홍기문의 정치성향인지 확언할 수 없지만, 양자 모두 '좌익민족주의'를 표방하는 소부르주아지의 합법 정치단체 신간회와는 어울리지 않았다.

다소 길게 설명하였지만, 이 시기 홍기문은 신간회 발기와 창립을 주도하는 좌익민족주자들과는 성향이 매우 달랐으므로, 그가 신간회를 창립하는 일에 적극 나섰을 리도 없었다. 그가 신간회와 관련하여 '참모적 역할'·'책사'라는 평을 들을 때는, 신간회해소론이 등장한 이후 신간회가 해체될 무렵이었다.[140] 이와 같은 점들을 고려하면, 홍명희가 이승복에게 홍기문과 함께 신간회 강령 등을 작성하라고 위임하였다고 해서, 홍기문이 이 과정에 실제 참여하였는지는 의문이 들며, 신간회의 성격과 정신을 규정하는 강령, 이를 반영하는 조직 체계로서 규약은, 이승복이 홀로 직접 작성하였다고 생각한다.

본론으로 환원하면, 이승복은 홍명희에게서 '부탁'을 받고서 신간회를 초기 조직화하는 작업을 대행하였다. 여기서 주목해야 할 점은, 홍명희가 강령 작성 등을 이승복에게 '부탁'하기 전, 신간회가 이미 발의

---

140 신간회가 해체될 무렵 한 논자는, 신간회 내의 분규 문제를 논하는 가운데 홍명희가 신간회에 헌신하는 측면을 강조한 뒤 "氏(홍명희를 가리킴 : 인용자)는 自己의 뜻을 그寵愛하는 令息洪起文君에게 굿게傳하엿다 그리하야그令息亦是 그父親에게 못지안은 誠意를가지고 新幹運動에參加하야 新進銳氣의活動으로 今次紛糾에잇서서도 京城支會陣營에잇서서參謀의役割을 다하고잇는것은 누구나 아는바이다."라고 지적하였다. 明源鎬, 앞의 글, 10~11쪽. 또 홍양명은 "最近의그가一般世評과가치 新幹會一方의 最大의策士로 認케된다면 君으로서는 도리혀當惑할일이아닐가고 나는 생각한다."고 평하였다. 洪陽明, 앞의 글, 29쪽.

되어 있었다는 사실이다. 즉 홍명희가 이승복에게 신간회의 강령 작성
등을 '부탁'하면서—또는 이보다 앞서—, 홍명희는 자신이 안재홍·신석
우와 함께 신간회를 발의한 정황을 비롯해 신간회의 지향점·성격 등
을 이승복에게 충분하게 설명했고, 이승복은 이를 전해 들은 뒤 동일한
목적의식으로 강령·규약을 작성하였다.

   (자료 E)

   …大正 15년(1926년을 가리킴 : 인용자) 말기에 동아일보사장 金性洙, 주
필 宋鎭禹 및 천도교 최린 등은 총독부 要路의 사람과 회견하여 자치문제로
의견을 교환한 일이 있으며, 그 무렵 그들은 문화정치도 막다른 금일의 조
선에 자치제도를 시행하여 민족의 감정을 완화할 대책이 있을 법한 인상을
깊게 한 듯하여서 그 후 이를 崔南善에게 말한 일이 있었는데, 당시 우연히
평안북도 정주 소재 오산학교 교사인 홍명희는 동기휴가를 이용해 出京하여
최남선을 방문한 곳에서 최남선한테 그들의 의중을 전문하고 함께 서로 자
치 문제를 협의하면서 밤을 밝힌 적이 있으며 다음날 홍명희는 안재홍을 방
문하여 신석우를 招致하여 대책을 협의한 결과, 급속히 眞純한 民族黨을 조
직해야 한다고 一決하고 권동진·박래홍·박동완·한용운·최익환의 찬동
을 얻어 홍명희가 북경 신채호에게 飛檄하여 그의 찬동을 얻어 발기인에 가
담시키고 당국과 접근성을 지닌 신석우를 개재시켜 표면 그의 양해를 얻어
新幹出枯木의 말에서 취하여 신간회라는 명칭 하에 昭和 2년 15일 그의 창
립을 하였으니…[141]

   위의 일제 자료는 신간회가 발기·창립되는 문제와 관련하여 많이

---

141 梶村秀樹·姜德相 編,『現代史資料(29)－朝鮮(5)共産主義運動(一)』(みすず書房,
   1972. 8), 95쪽. 이 자료는 1926년 말의 상황을 기록하고 있다. 여기서 '그들의
   의중'이란, 동아일보사장 김성수, 동사의 주필 송진우, 천도교 최린 등이 총독
   부 요로자(要路者)와 협의하여 조선에서 자치제도를 시행하기로 꾀한 일을 가
   리켰다.

인용되는데, 여기서 신간회의 발의자를 포함하여, 신간회가 발의되는 시점과 동기·목적을 분명하게 알 수 있다.

그럼 신간회 발의자 문제를 먼저 살펴본다. 결론부터 말하면, 신간회를 발의하는 출발점은 홍명희에게서 비롯되어 안재홍을 거쳐 신석우 3인이 동의한 데에서 발단하였다. 홍명희와 안재홍은 신간회로 귀결되는 민족주의 단체를 최초로 발의한 두 주역이었다. 두 사람은 1914년 친분을 맺은 이래, 1925년에는 조선사정조사연구회에서 함께 활동함으로써 사상운동의 측면에서도 동일한 입각점을 이미 일정하게 형성한 터였다. 이 문제는 한국민족운동사에서 매우 중요한 의미를 지니고 있으므로 좀 더 설명이 필요하다.

1913년 중국에서 제2차 혁명이 한창 일어나던 여름 무렵, 와세다(早稻田) 대학 3학년생으로 진급한 안재홍은 민족운동의 진로를 탐색할 목적에서 뱃길로 상해로 건너간 뒤, 다시 뱃길로 청도(靑島)로 가서 제남(濟南)·천진(天津)·북경(北京)·산해관(山海關)을 경유하여 봉천(奉天)을 거쳐 서울로 돌아왔다. 그는 이때 동제사(同濟社)에 가담하였고, 경제 토대가 없는 해외운동보다 국내투쟁에 주력하기로 각오하고 와세다 대학을 졸업하였다.[142] 그는 상해에서 "허다한 우리 혁명선배와 동지들을 만났으나 그 빈곤 자못 딱도 하였고, 북경의 동지들은 더욱 곤고"[143]하였음을 목격하였다. 안재홍의 중국 순방(巡訪)은 그 자신에게는 국내 민족운동에 투신하기로 결심하는 전기가 되었고, 상해에서 홍명희와 맺은 친분과 우정이 훗날 동지애로 결속하는 계기로도 작용하였다.

홍명희는 자신이 상해에 체류하던 시절을 "한때 湖岩(文一平의 아호임 :

---

142 崔恩喜, 「交友半白歲」, 『女苑』(1965년 8월호)[『選集』 3(1991. 12), 453쪽에서 다시 인용].
143 「담배와 亡國恨」, 『新天地』(1950년 1월호)[『選集』 5(1999. 12), 116쪽].

인용자)·나(홍명희를 가리킴 : 인용자)·丹齋(申采浩)爲堂(鄭寅普) 蘇印[144](趙鏞殷)
民世(安在鴻)들이서로 몰켜단였지."라고 회고하였는데,[145] 이를 보면 홍명
희와 안재홍 사이의 교분은 1913년 무렵부터 출발하여 발전하였다. 홍
명희의 대작『임꺽정』이 1928년 11월부터『조선일보』에 연재되었던 배
경에는, 당시『조선일보』의 주필 겸 발행인이었던 안재홍이 곤궁한 처
지의 홍명희를 배려하는 우정이 있었다.[146]

   홍명희·안재홍 사이의 두터운 교분은 민족운동의 이념과 노선을 일
정하게 공유하는 동지애로 이어졌다. 두 사람이 한국민족운동사에서
한 공간에 함께 이름을 올리는 첫 출발은 1925년 9월 15일 창립된 조선
사정조사연구회(朝鮮事情調査硏究會)였다. 세세한 각론에서는 편차가 존재
하였지만, '조선의 역사'와 '민족성'을 기반으로 삼아 사회주의를 토착화
하려는 이 회의 취지와 노선[147]은, 홍명희와 안재홍이 공유하는 민족운
동의 총론이었고, 두 사람이 신간회에서 합류하는 접점이자 공통분모
였다. 홍명희·안재홍이 신간회를 발의한 두 주역으로서, 지회 조직을
설립·강화하는 운동에서 두 축을 이루었던 양태도 두 사람의 공통된
목적의식에서 가능하였다.

   둘째로 신간회를 발기하자는 논의가 시작된 때를 살펴본다. 결론부
터 말하면, 아직 회명이 결정되지 않은 상태에서 '신간회'로 귀결되는

---

144 '印'은 '卬'의 오자로 보임.
145 「夏宵一席 洪碧初·玄幾堂對談 (社會 : 李源朝)」,『朝光』第七卷第八號(朝光
   社, 1941年 8月號), 105쪽.
146 홍명희는 당시를 다음과 같이 회고하였다. "글세 그게 그前에 安在鴻氏等이 朝
   鮮日報에 게실땐데 한달에 生活費로 얼마식 주마고 해요, 그런데 그냥 줄수는
   없으니 그對身 글을 무어든지 쓰라고 하는군요. 그래서 그때는 生活이 좀 궁
   한때라 그걸 쓰기 始作한겝니다." 「〈李朝文學〉其他 洪命熹, 毛允淑兩氏問答錄」,
   『三千里文學』創刊號(三千里社, 1938年 1月號), 101쪽.
147 조선사정조사연구회의 성격과 활동상은 이 책의 부론 3을 참조 바람.

'진순한 민족당'이 발의되는 기점은, 오산학교 교장[148] 홍명희가 '동기휴가' 기간 동안 서울에 올라온 무렵이었다. 이 '동기휴가'는 매우 중요한 단서인데, (자료 C-ⓐ)에서 이승복이 회고한 '부임해 가면서'라는 말을 문자 그대로 해석하면 이와 충돌이 일어난다. 이승복이 회고한 바에도 신간회가 발의되는 시점과 관련하여 중요한 문제가 깔려 있으므로, 이 문제를 세심하게 살펴보아야 한다.

홍명희가 오산학교장으로 부임한 때는 1926년 10월경이었다. '부임'을 말 그대로 '임명'·'발령'의 의미로 해석하면, 신간회는 10월경에 발의되어 조직에 착수했다는 말이 된다. 홍기문은 1926년 여름에 이미 귀국하였으므로[149] 10월경에 이승복과 함께 신간회 강령을 작성하는 일에 동반할 수도 있었다. 만약 1926년 10월에 이승복이 홍명희에게 신간회와 관련한 '부탁'을 받았다면, 이는 신간회가 1926년 10월경에 발의되었다는 설의 근거가 된다.[150] 그런데 이를 뒷받침하기에는 자료가 부족하며,

---

148 강영주는 (자료 E)에 나오는 '교사'가 '교장'의 오류라고 지적하였으내강영주, 앞의 책, 203쪽], 큰 범주로 생각하면 교장도 교사이므로, 자료의 신빙성을 의심할 정도의 오류는 아니었다. 강영주는 홍명희가 오산학교 교장으로 취임한 시기를 1926년 2학기 중인 1926년 10월 무렵으로, 또 오산학교 교장직을 사임한 때를 1927년 8월 말 이전으로 추정하였다. 강영주, 위의 책, 169~171쪽. 이승복은 신간회 발기 당시 홍명희가 오산학교의 교장이었음을 정확하게 회고하였으나, 부임하는 시점을 착오하였다.

149 강영주, 앞의 논문, 179쪽.

150 미즈노는 두 개의 자료를 인용하여 1926년 10월 또는 11월에 신간회 발기가 준비되고 있었다는 기록을 제시하였다. 첫째는 光宇·鐵岳 著, 『朝鮮前衛黨當面の問題』(1930년)[天津 發行 『階級鬪爭』 第二號(1929년 12월호)의 일본어 역], 84項의 "11월경(1926년 : 水野直樹)에 이르러서는 좌경민족주의자를 자칭하는 모모 군을 중심으로…신간회의 발기가 준비되고 있었다."는 구절이다. 또 하나는 신간회 조직 계획을 최초로 보도한 『대판조일신문부록조선조일』의 1927년 1월 14일의 기사로, "2·3월 전부터 여러 차례 회합하여 협의하여 왔는데, 수일 전 경성의 모소(某所)에서 창립위원회를 열고"라는 대목이다. 水野直樹, 앞의 논문, 314쪽.

오히려 '동기휴가'를 증거하는 자료들은 신간회 관계자들의 증언[151] · 회고록을 비롯하여 매우 많다.

일제 관헌 자료인 (자료 E)에 보이는 '동기휴가'는, 홍명희 등이 신간회를 발의하고 조직화를 추진하는 시점과 관련하여 매우 중요한 단서이다. 이에 의거하면, 홍명희가 '동기휴가'를 얻어서 서울에 온 다음날부터 신간회를 발의하자는 논의가 시작되었다. 이승복이 홍명희가 오산학교장으로 '부임'할 때라고 회고한 대목은, 말 그대로 새로 임명되어 내려갔다는 뜻이 아니라, 당시 오산학교의 학사 일정과 관련해서 판단해야 할 표현이었다.

결론부터 말하면, 홍명희가 신간회 발기를 최초 발의한 시점은 1926년 12월 말경이었고, 홍명희가 신간회 창립 준비에 착수한 때는 1927년 1월 초순경이었다. 이를 논증하려면, 다소 번거롭지만 당시 오산학교의 학사 일정[152]과 이승복이 회고한 바를 종합해서, 신간회가 발의되고 홍명희가 이승복에게 강령 · 규약을 작성하라고 위임한 시점을 추정해야 한다.

당시 오산학교는 3학기제였는데, 1926년 당시의 학교 행사를 살펴보면, 12월 25일(토요일) 제2학기 종업식(학생들에게 성적통지까지 끝냄)을 행한

---

151 서울파 사회주의자들의 지도자인 권태석은, 일월회가 민족단일당 운동을 주도한 듯 자처하고 세간에도 그렇게 인식되어 있는 오류를 비판하는 가운데, "그러나唯一戰線黨은 一九二六年…同年八月朝鮮民興會의發起와 同年冬에新幹會의發起…모도가一月會와는아무關聯도업시…"라고 기술하였는데, 이를 보면 신간회는 1926년 겨울에 발의하였다. 權泰錫, 「朝鮮社會運動槪觀(二)――千九百二十七年을回顧하며」, 『朝鮮日報』(1928. 1. 4). 권태석은 조선민흥회를 발기한 주역이었고, 또 조선민흥회를 신간회에 합류시키는 데에도 앞장섰으므로, 신간회가 발기 · 창립되는 저간의 사정을 잘 알고 있는 인사였다.

152 강영주, 앞의 책, 203~206쪽. 종전에는 이 '동기휴가'를 그다지 중시하지 않았는데, 강영주는 이 이를 처음으로 오산학교의 학사일정과 관련시켜 신간회가 발의되는 날짜 등을 추정하였다.

뒤 2학기를 마쳤고, 1927년 1월 1일(금요일) 신년배하식(新年拜賀式)을 갖고, 1월 8일 시업식을 시작으로 제3학기 수업을 시작하였다.[153] 이로써 판단하면, 홍명희가 '동기휴가'를 얻어 서울에 올라온 날은 25일 이후였다. 여기서 '방학'이 아니고 '휴가'라 표현한 일제 자료가 정확하였음을 확인할 수 있다. 학교장인 홍명희가 신년배하식에 참석하기 위하여 12월 31일에 정주로 돌아갔다면, 그는 곧 다시 상경해야만 했다. 그렇다면 12월 31일에서 1월 7일 사이에 경성과 정주를 오가야 하는 매우 분망한 일정이었다. 설사 홍명희가 신년배하식에 참석하지 않고 서울에 계속 체류했더라도, 1월 8일 이전에는 분명 정주로 복귀했다. 어쨌든 그는 1926년 12월 31일, 늦어도 1927년 1월 7일까지는 정주로 돌아갔거나, 아니면 1927년 1월 1일부터 1월 7일 사이에 서울과 정주를 오가야만 했다.

이승복이 회고한 '부임'은 인사발령상의 의미라기보다는, 홍명희가 교장직 때문에 정주로 다시 내려갔어야 하는 정황을 뜻하였다고 보인다. 즉 홍명희가 12월 25일 이후 상경하였다가, 1월 1일 또는 1월 8일 이전에 정주로 복귀해야 하는 바쁜 상황을 가리켰다. 홍명희는 이 짧은 시기에 가능한 다수의 민족주의 진영 인사들과 접촉하면서, 또 자신과 평생의 지기였던 신채호에게 신간회 발기인으로 참여해 달라는 전문도 발송하는 등[154] 분주하게 움직였지만, 오산학교장이라는 현직은 그가

153 1927년 1월 16일에는 빙상대회, 2월 11일에는 기겐세쓰(紀元節) 배하식이 있었다. 五山中·高等學校, 『五山八十年史』(1987. 5), 231~232쪽 ;『五山百年史』(學校法人 五山學園, 2007. 5), 211~212쪽.

154 홍명희(1888~1968)가 신채호(1880~1936)에게 '비격'하여 신채호를 발기인으로 참여케 하였다는 (자료 E)의 기록도 정확하므로, 해당 일제 자료의 신빙성을 높인다. 신간회 발기인 가운데 신채호가 유일하게 해외 체류자였으므로, 신채호가 가담하게 된 정황을 좀 더 검토해 본다. 홍명희는 1913년 봄 상해에 도착한 뒤 동제사(同濟社)에 가담하였고, 동제사가 청년들을 교육할 목적으로 1914년 1월 세운 박달학원(博達學院)에서 신채호·박은식(朴殷植)·문일평·조소앙 등과 조선청년들을 교육하였다. 이때부터 홍명희는 신채호와 인연을 맺기 시작

폭넓게 행동하기에는 시간상으로도 상당한 제약을 주었다. 홍명희가
강령을 비롯해 신간회의 조직화에 전념할 수 없는 상황이 여기에 깔려
있었다.

___

하였다. 1918년 6월 홍명희는 북경에 체류하던 중, 당시 보타암(普陀庵)에서
『조선사』를 집필하던 신채호를 방문하여 달포 동안 교유하면서 평생지기로서
의 막역한 우정을 쌓았다. 홍명희는 상해에 이어 북경에서 신채호를 만난 뒤
신채호의 학식·재능·사상·인간됨을 높이 평가하였고, 이후 두 사람은 다시
재회하지는 못했으나 서로 충심으로 경애하는 벗이요 동지가 되었다. 홍명희
가 동아일보사에 재직하던 시절에, 신채호는 서울에서 극심한 생활고에 시달
리는 처자의 생활 방도를 위하여 자신의 조선사 관계 논문들을 『동아일보』에
연재해 주기를 홍명희에게 부탁하였고, 신채호의 시평과 논문들이 1925년 1월
부터 『동아일보』 지상에 게재·연재되기 시작하였다. 그러나 1925년 김성수가
동아일보사장으로 복귀하면서 『동아일보』가 민족개량주의 노선으로 회귀할
조짐을 보이자, 신채호는 이를 간취하고 홍명희에게 퇴사를 강력하게 권유하
는 편지를 보내기도 하였다. 1936년 2월 홍명희는 신채호가 중국에서 옥사하였
다는 소식을 접하고 누구보다도 애통해 하면서 상실의 아픔을 노출하였다. 강
영주, 앞의 책, 95~99·117~119·164~166·259~260·295~296쪽. 북경에 체제 중
인 신채호를 신간회 발기인으로 참여시킨 데에는 홍명희의 공이 절대 컸다. 안
재홍도 신채호에게 발기인으로 참여하기를 요청하였으나, 이때 신채호는 수락
하지 않은 듯하다. 신채호가 옥사한 뒤 안재홍이 신채호를 애도하는 글 가운데
다음 구절이 저간의 사정을 짐작케 한다. "筆者(안재홍을 가리킴 : 인용자), 故
人을 알기는 隆熙時代의 일이다. 그는 十一年 前輩요, 또 社會의 先達이라, 深
交가 없었고, 다음 滬上客舍에서 만났으나 參商燕鴻, 오래 서로 친할 겨를이
없었다. 후에 京城에서 某會를 創設함에 미쳐, 나 尺書로써 그 發頭人 됨을 권
한데, 그는 返信으로써 이를 辭하되 그 切切한 論旨가 모두 肯綮에 맞았으니,
이는 丹齋의 眞面目을 보임이 족한 것이다." 「嗚呼, 丹齋를 哭함」(1936. 2. 27
『朝鮮日報』), 『選集』 4(1992. 9), 187쪽. 이를 보면, 신채호는 안재홍이 권유한
바에는 수락하지 않았으나, 홍명희가 재차 가입하기를 요청하자 승낙한 듯하
다. 필자는 이전 안재홍의 글을 확대 해석하여 오독한 결과 안재홍이 "중국에
있던 신채호에게 연락하여 사양하는 그를 설득해 발기인으로 참여케 하였다."
고 잘못 서술하였다. 김인식, 앞의 논문(2007. 12), 92쪽. 안재홍에게 신채호는
존경하는 '전배'·'선달'로 '심교'가 깊지 못하였으나, 홍명희에게 신채호는 8살
의 나이 차이에도, "丹齋와 사귄 時日은짜르나 사귄情誼는깊어서 나(홍명희를
가리킴 : 인용자)의 五十半生에 中心으로 景仰하는 친구가 丹齋"였다고 표현할
사이였다. 洪命熹, 「上海時代의丹齋」, 『朝光』 第二卷第三號(朝鮮日報社出版
部, 1936年 4月號), 212쪽.

이상을 종합하여 판단하면, 홍명희가 서울에 체류하면서 신간회를 발의한 때는 1926년 12월 26일 이후였으며, 그는 1926년 12월 31일 또는 1927년 1월 7일경까지 서울에서 발기인의 일부를 섭외하는 등 조직 활동에 착수하였고, 1926년 12월 31일 또는 1927년 1월 7일경 정주로 돌아가면서 이승복에게 강령·규약 작성을 비롯하여 발기인 등을 선정하는 초기 조직화를 부탁하였다. 이러한 모든 일들은 1926년 12월 26일부터 1927년 1월 7일 사이에 진행되었다.

이병헌에 따르면, 1927년 1월 초순경 권동진·홍명희·이갑성·박동완·백관수·안재홍·신석우·한기악 등이 조선일보사에서 회합하여 신간회를 발기하기로 합의하였고, 이후 발기인들과 접촉하여 취임 승낙을 받는 동시에 강령을 초안하는 등 창립 준비를 서둘렀다.[155] 이때 '1월 초순경'은 1월 8일 이전으로 보아야 한다.

셋째로, 신간회가 발의되는 동기·목적은, 홍명희가 최남선[156]을 만나서 자치파들의 동향을 전해 들은 계기에서 비롯되었다. 이는 가장 중요한 바로, (자료 E)의 첫머리에서 일부 자치론자들이 총독부 측과 자치문제를 논의한 일을 눈여겨본다면, '진순한 민족당'을 사회주의자들까지 포괄하는 협동전선체(협동전선당)로 보기는 어렵다. 여기서 '진순한'이란 자치운동에 대립시킨 성격규정이며, '민족당'은 당시의 용례 그대로 '민족주의당'을 가리키므로, '진순한 민족당'이라는 말 그대로 자치운

---

155 李炳憲, 앞의 글, 194쪽.
156 홍명희와 최남선은 1926년 말 현재 20년 지기로, 이 시기 두 사람 사이의 정치 노선에 차이가 컸다고 하더라도, 홍명희는 최남선이 지은 『백팔번뇌』(百八煩惱)의 발문(跋文)을 쓸 만큼 최남선의 지인이었다. 홍명희에게 최남선은, 자치운동론자들이 정치조직을 결성하려는 움직임을 전해듣는 통로였다. 류시현, 「東京三才」(洪命熹, 崔南善, 李光洙)를 통해 본 1920년대 '문화정치'의 시대」, 『韓國人物史研究』 제12호(한국인물사연구회, 2009. 9), 346~352쪽.

동을 반대하는 민족주의정당을 뜻하였다. 자치운동의 소식을 듣고 '다음날' '급속히' 조직하기로 결정하였다는 데에서 알 수 있듯이, 신간회는 자치운동이 세력화하는 데 위기를 느낀 좌익민족주의자들이, 자치운동에 대항하여 자신들의 세력을 결집할 목적에서 출발시킨 좌익민족주의 운동조직으로서 '진순한 민족당'이었다.[157] 신간회가 발기되었음을 보도하는 당시 신문들이 신간회를 가리켜 '순민족주의'를 표방하는 단체로 규정하였음은, '진순한 민족당'이 어떠한 성격인지를 보여준다. 신간회의 강령에는 좌익민족전선으로 창립되는 신간회의 정신과 운동 방향이 제시·명문화되어 있었다.

5) 신간회 강령의 특징과 수정 과정

신간회 강령은 총독부와 접촉하는 과정에서 몇 차례 수정을 거쳐[158] 발기인대회를 개최한 1927년 1월 19일 공포되었다. 총독부의 허가를 통과해야 하는 현실을 고려하면서, 신간회의 강령과 규약 속에 시대정신과 신간회의 목적을 명문화하는 실무 작업은 이승복이 담당하였다. '아민족'·'조선민족'을 '우리는'으로 표현하는 수사와 복선은, 총독부를 상대하는 '고충' 속에서 '제갈량'인 그가 창안한 어구였다. 본장 2-1)의 (자료 C-ⓐ·ⓒ)에서 이승복은 자신이 강령을 작성한 취의를 회고하였는데, 여기에 강령 작성의 정신과 주안점이 집약되어 있다.

1927년 1월 19일 신간회는 발기인대회를 개최하고, 일제의 승낙을 받은 3개 항의 강령을 최종 채택하여 공표하였고, 이는 발기인의 명단과 함께 1월 20일자 『조선일보』·『동아일보』·『중외일보』 3개 국내 신문

---

157 김인식, 앞의 논문(1994. 7), 175~176쪽.
158 李源赫, 앞의 글, 279쪽.

에 모두 보도되었다.[159] 신문 지상에 공개된 3개 항의 강령은 다음과
같다.

(자료 F)

一. 우리는 政治的, 經濟的覺醒을促進함

二. 우리는團結을鞏固히함.

三. 우리는機會主義를一切否認함

일제에게 승낙을 받아 공개된 이 최종 강령을 보면, 언뜻 보아도 표
현들이 모호하다. 이는 신간회에 참여하였던 인사들이 일매지게 증언
하는 바이지만, 당시 일제 경찰이 관찰할 때에도 특이하게 보였다. 신
간회 창립에 참여한 조병옥은, 신간회 강령이 모호한 이유와 의도를 다
음과 같이 회고하였다.

이 綱領으로 보아서는 民族運動의 단체라고 생각하기에는 曖昧한 點이
있을지 모르나, 우리들로서 그 以上 강령내용을 露骨的으로 表現하여 日帝
의 탄압을 自招하는 結果가 될 것을 심중히 考慮하여 內容的으로는 抗日鬪
爭의 目的達成을 爲한 民族運動團體였지만, 綱領속에는 그「民族」이라는 글
字를 표현하여, 民族運動을 露骨的으로 表示하지 않았던 것이다.[160]

조병옥이 말하고자 한 바는, 합법단체인 신간회는 '민족'이라는 말로
써 신간회의 목적인 항일투쟁의 '민족운동'을 공개해서 표명할 수 없었
던 현실이었다. 이원혁도 "그 규약, 강령, 정책이 어느 면으로 보아서는
다소 약점이 있다는 평이 그때에도 있었으나 반일운동을 전개하자니까

---

159 본장의 1-2)의 앞부분을 참조.

160 趙炳玉, 앞의 책, 96쪽.

하는 수 없이 결함이 있다고 자인하면서 발기"하였다고 회고하였다.[161]

그러나 이러한 모호함이 역으로 일제를 자극하고 긴장시키는 효과도 가져왔다. 일제의 한 경찰 문서는 신간회 강령의 모호함과 지회의 과격한 행동을 연관시켜 파악하면서, 마치 모호한 강령이 원인인 듯이 강령을 문제 삼았다. 이 문서는 "창립 후에 회의 행동은 애매한 강령을 걸고 태도를 분명하게 하지 않았으며 행동은 자못 과격함"을 지적하면서, 1928년 경기도에서 2회에 걸쳐 검거된 조선공산당 사건 관계자의 약 4할이 신간회 회원이었던 사실을 들어, 1928년 2월과 1929년 2월의 신간회 정기대회를 금지시켰다고 밝혔다.[162]

실지 1928년 2월 신간회가 정기대회를 개최하려 하자, 종로경찰서장은 신간회 강령의 '공막'함이 오히려 과격함을 자극하는 배경으로 주시하면서 집회를 금지했다. 종로경찰서장이 신간회 총무간사 신석우를 불러 전달한 대회 금지 「이유서」는 다음과 같았다.

◇理由書

新幹會는昨年春組織된爾來朝鮮人의健全한目的을促하고[朝鮮人의健全한 自覺을促進하고] 穩健合法的으로行動함이分明할것가트면敢히干涉取締를加할必要를認치아니하나組織以來觀望하건대同會는單히比較的空漠한綱領三項을揭한外에組織의目的實施事項等이那邊에在한지이에對하야具體的發表를볼수업고더욱이나各地에組織된支會中에는恒常着實을缺하고遂히激越한言動에出한事例가不少하다

如此히目的이不明할뿐더러此等不穩當한支會를가진本會의大會開催를容認함과如한事는徒히事端을惹起하야社會秩序를害하는念慮가有하다고認함에依하야治安維持上此開會를禁止함[163]

161 李源赫, 앞의 글, 279쪽.
162 『高等警察要史』, 49~50쪽.

이 「이유서」를 보면 집회 금지의 이유는 신간회의 강령이 '공막'하여 목적이 '불분명'하고, 지회가 과격하다는 데 있었는데, '애매'·'공막'한 강령이 오히려 일제를 자극·긴장시키는 효과를 가져왔다는 역설을 보여준다.

신간회 강령의 '애매'·'공막'함은 총독부의 승인을 받아야 하는 합법단체 신간회의 불가피한 제약성이었지만, 신간회 운동의 목표와 방향을 일제에 노출하지 않으면서 투쟁을 고무하려는 함축성을 의도한 전술이었다. '우리는'으로 시작하는 강령이 완곡한 표현이면서도 강한 직설법이었음과 같은 맥락이었다.

본디 강령의 원안은 "「민족자주」를 제1로 하는 강력한 것이었는데, 그렇게 하면 합법단체로서의 등록이 안될 것 같아 초점을 흐리게" 하였다는 이관구의 증언은,[164] 신간회의 최종 강령에 반영된 당시의 사정과 의도를 그대로 보여준다. 강령의 모호함 자체가 신간회운동기를 일관하여 사회주의자들에게는 비판의 과녁이 되었다.

이를테면 한 논자는 조선민흥회와 신간회가 합동한 사실을 두고서 "於是乎朝鮮運動의新局面展開의巨大한足跡의第一步는내어드듸게되엇다"고 평가하면서도, 신간회 강령의 모호함을 들어 신간회가 목적의식성이 없이 출범하였음을 다음과 같이 강렬하게 비판하였다. "그러나創立當時의新幹會는 自己의歷史的背景과時代的任務를明確히 ㅁㅁ하지못

---

163 「來二十五日에開催될 新幹大會突然禁止◇보안법데이됴를덕용하여◇去去益甚한集會取締」, 『東亞日報』(1928. 2. 8) ; 「萬人囑目의二月十五日! - 新幹大會突然禁止七日午前鍾路署에서理由書發表 - 理由는事端惹起와秩序妨害」, 『朝鮮日報』(1928. 2. 8). 『조선일보』도 「금지이유서」라 하여 전문을 게재하였는데, 『동아일보』와 문구상에서 차이가 있다. 본문에서는 『동아일보』를 인용하였으며, 대괄호는 『조선일보』의 구절이다. 『조선일보』는 대회 금지를 비판하는 시평을 실었다. 「(時評) 新幹大會 禁止」, 『朝鮮日報』(1928. 2. 8).
164 앞의 「李寬求氏의 回顧談」.

하얏다 다시말하면自體의압길과自體의活動에對하야目的意識的認識을 正確히把握하지못하얏섯다" 이 논자는 홍명희가 제시한 "新幹會의갈길 은…中間길이라" 한 말을 인용하면서, 신간회 강령의 3항과 1항을 함께 들어 "…等을表明함에不過한것을보든지 決코漠然하게나도自己意識을 表明하얏다볼수업섯다"고 비판을 이어갔다.[165]

신간회의 모호한 강령은, 뒷날 신간회를 해소하려는 사회주의자들에게 하나의 빌미를 제공하였지만, 강령의 모호성이야말로 신간회의 발기·창립을 사회주의자가 아닌 좌익민족주의자가 주도하였다는 주요한 반증이기도 하였다.[166] 이는 신간회의 본디 명칭인 신한회가 민족주의의 성격에서 말미암았음과 마찬가지였다.[167]

이승복이 작성한 최초의 강령을 확인할 수 없지만, 신간회 강령의 원의를 파악하려면 일제에게 허가를 받기 전의 강령들을 초안에 가깝게 복원하여야만 한다. 신간회 강령의 이념·정신을 규명하기 위해서는 1927년 1월 19일 공개된 최종 강령에 이르기까지, 총독부의 검열을 거친 과정을 살펴보아야 한다. 미즈노 나오키가 총독부에 접수된 최초의 강령을 이미 언급하였지만,[168] 공개된 최종 강령에 이르는 과정을 다시 세밀하게 추적할 필요가 있다.

(자료 C-ⓐ)에서 "강령도 처음 〈아민족은〉으로 세 번 반복해 썼다가" 라는 이승복의 회고를 참작한다면, 최초의 강령은 '아민족은'으로 시작

165 扶蘇山人, 앞의 글.
166 김인식, 앞의 논문(2007. 8), 234쪽.
167 한 논자는 "新幹이라는 幹字가 韓의古字라한다니 그것이 事實이라면 新幹會의 精神이那邊에在한것은 推測하기에 어렵지안타 짤아서 그內部에 左右로 갈님 이잇다고하드래도 그것은 極히距離가 갓가운 民族主義內의 分岐일것이다."라고 지적하면서, '신한'이라는 명칭으로 신간회의 성격을 민족주의로 규정하였다. 明源鎬, 앞의 글, 12쪽.
168 水野直樹, 앞의 논문, 293~294쪽.

했겠지만, 이 형태의 강령은 남아 있지 않다. 일제 측 자료에 근거하여 현재까지 확인할 수 있는, 일제 관헌이 접수한 최초의 안은 『재등실문서』에 남아 있는 다음의 강령이다.

(자료 G)

一. 朝鮮民族으로서 政治 經濟의 究竟的 解決을 圖謀함.

二. 民族的 團結을 鞏固히 함.

三. 妥協主義를 否認함.[169]

이승복이 회고한 바를 참작한다면, 이도 애초 강령은 아니었지만, 일제 관헌이 접수한 최초의 안으로 원형에 가장 가깝다고 할 수 있다. 다른 일제 자료에도 이와 비슷한 "一. 朝鮮民族의 政治的及經濟的 究竟解決을 도모함. 一. 民族的 團結을 鞏固히 함. 一. 妥協主義를 否認함."이라는 강령이 남아 있음[170]을 보면, (자료 G)가 일제가 접수한 최초의 형

---

[169] 朝鮮總督府警務局, 「獨立運動終熄後ニ於ケル民族運動ノ梗槪」, 『齋藤實文書』 10 (1927. 1, 高麗書林 復刊, 1990. 11), 243쪽. 이균영은 (자료 G)에 보이는 강령의 출처인 『재등실문서』를 水野直樹, 「新幹會の創立をめぐって」, 飯沼二郎・姜在彦 編, 『近代朝鮮の社會と思想』(未來社, 1981. 3), 315쪽에서 다시 인용(미즈노는 일본국회도서관에 소장된 『재등실문서』에서 이를 인용하였다)하였음을 밝힌 뒤, "1월 14일에는 조선일보 지상에 다음과 같은 강령이 발표되었다."고 서술하면서, 3개 항의 강령을 다음과 같이 소개하였다. "(1)조선민족으로서 정치, 경제의 구경적 해결을 도모한다. (2)우리는 단결을 공고히 하는 것을 목적으로 한다. (3)우리는 기회주의를 일체 부인한다." 이균영, 『신간회연구』(역사비평사, 1993. 12), 97쪽. 그런데 여기서 이균영은 매우 혼동된 서술을 하였다. 그가 말하는 '조선일보'는, 미즈노가 자료로 활용한 『대판조일신문부록조선조일』을 가리켰다. 미즈노는 논문 315쪽의 각주 21)에서 이를 『조선조일』로 약칭했는데, 이균영은 이를 '조선일보'로 오독한 듯하다. 또 이균영이 열거한 3개 항은 미즈노가 인용한 『재등실문서』와 『대판조일신문부록조선조일』의 강령과도 전혀 다르다. 위의 1항은 『재등실문서』를, 2・3항은 『대판조일신문부록조선조일』에 소개된 강령으로, 이균영도 양자를 섞어서 인용하였다.

[170] 京畿道警察部, 『治安槪況』(1929)의 附載團體名簿[水野直樹, 「新幹會運動に關

태일 근거는 충분하다. 처음 작성한 강령에서 '아민족은'이라는 주어를 사용할 수 없게 되자, 이승복은 숙려한 끝에 주어를 두루뭉실하게 처리하여 1항에 '조선민족으로서'를 내걸고, 이것으로써 2항과 3항의 주체로 삼으려 하였으리라 생각한다.

이어 『재등실문서』는 1927년 1월 20일자로 언론에 보도된 최종 강령을 기록하기에 앞서, 두 번째로 제출된 강령을 적으면서 개변(改變)된 사유를 남겼다. 이에 따르면, "그리고 그 후 강령이 도저히 당국의 허가를 받기 어려워 보여 강령 제1항 「조선민족으로서」 및 제2항 「민족적」은 「오등은」으로, 제3항을 「오등은 기회주의를 부인함」으로 고쳐 다시 다음과 같이 변경하였다."고 설명한 뒤, 수정된 강령을 다음과 같이 적었다.

(자료 H)

一. 吾等은 政治的 經濟的 覺醒을 提昌함.

二. 吾等은 團結을 鞏固히 함.

三. 吾等은 機會主義를 否認함.[171]

『재등실문서』에는 국내 언론에 보도된 최종 강령까지 포함하여 세 개의 강령이 기록되었는데, 이것이 중간 형태로 최종 강령과 거의 같다. 최종 강령은 1항에서 '제창'이 '촉진'으로, 3항에 '일체'라는 말이 덧붙었을 뿐이다. 『재등실문서』에 남아 있는 최초 강령에서 '조선민족으로서'·'구경적 해결'·'민족적'·'타협주의'가 다시 거부당하자, 주어를

する若干の問題」, 『朝鮮史研究會論文集』 No.14(朝鮮史研究會, 1977. 3), 87·114쪽 ; 水野直樹, 앞의 논문(1981. 3), 293~294·315쪽에서 다시 인용].

171 「獨立運動終熄後二於ケル民族運動ノ梗概」, 『齋藤實文書』 10, 245쪽.

'우리는'이라는 내세우고 좀 더 모호한 표현으로 대체하였다.

　이승복은 자신이 작성한 최초 강령이 '아민족은'으로 시작한다고 하였는데, 이는 주어가 명확하였다. 『재등실문서』에 남아 있는 최초의 강령은 주어를 분명하게 내세우지 않았는데, 이에 비하여 (자료 H)에서는 각 항의 주어가 '오등은'으로 일매지게 되어 있다. 여기서 '오등은'이 '우리는'을 일본말로 옮긴 결과인지, 실지 '오등은'으로 허가를 제출하였는지는 확실하지 않으나, 이것이 공표된 강령과 거의 같음을 볼 때, '우리는'을 일본어로 번역하였다고 생각한다.

　신간회 강령과 관련하여 또 한 가지 중요한 사실로, 1927년 1월 20일자로 국내 언론에 보도된 최종 강령에 앞서, 일제 관헌 자료와는 다른 형태로 언론에 보도된 강령이 있었음을 주목해야 한다. 신간회가 발기되고 있음을 보도한 일본 신문에 게재된 강령이었다. 언론으로서는 신간회 조직 준비를 국내외에서 최초로 보도한 『大阪朝日新聞附錄朝鮮朝日』(1927년 1월 14일자)은 신간회 강령을 다음과 같이 소개하였다.

　　(자료 I)
　　첫째, 我等은 정치적 경제적 구경의 해결을 圖한다.
　　둘째, 我等은 단결을 견고하게 함을 목적으로 한다.
　　셋째, 我等은 기회주의 일체를 부인한다.[172]

　『대판조일신문부록조선조일』에 따르면, 명칭도 이미 '신간회'로 확정되었고, 발기인도 27명으로 되어 있어, 1월 14일이면 신간회를 발기할 준비가 이미 끝났음을 보여주는데, 동 신문이 보도한 강령은 아직 최종 강령은 아니었다. 미즈노는 이 안이 원안과 최종안 즉 (자료 G)와 (자

---

172 본장의 1-2)의 각주 26과 같음.

료 F)의 중간 형태로 당국과 절충한 일단을 엿볼 수 있다고 기술하였
다.173 그런데 (자료 I)에서 '구경의 해결'이라는 문구를 보면, 이 강령은
『재등실문서』에 나타나는 중간형태의 강령인 (자료 H)보다 앞섰던 강
령으로 보인다. 즉, 신간회 측은 '구경의 해결'이 총독부에게 거부당하
자 (자료 H)로 다시 수정하였다고 생각한다.

신간회 발기인대회에서 강령을 공표하자, 『조선일보』는 사설 「신간
회의 창립준비」에서 이를 해설하였는데, 여기서 인용하는 신간회 강령
은 총독부 검열 단계와 최종 형태가 뒤섞여 있어, 강령이 수정되는 과
정을 짐작케 한다. 위 사설은 앞 부분에서 "우리들의政治的 經濟的覺醒
을促進한다는것과團結을鞏固히함과 밋機會主義를一切否認함이 그의綱
領으로하는바이오"라고 신간회 강령을 소개하였다. 이어 의미를 풀면
서, 제1항을 "政治的 經濟的의 究竟的解決이란것이 全朝鮮人의運動의
目標이라하면 그의覺醒을提唱하는것은 한必須의한方策을表示함이라고
볼것이오"라고 설명하였다.174 즉 강령을 소개하는 데에서는 공표된 최
종 강령을 인용하였으나, 이를 설명하는 데에서는 '각성'을 총독부의 최
종 허가를 받기 전의 '구경적 해결'로, '촉진'도 '제창'으로 인용하였다.
각각 (자료 I)와 (자료 H)의 강령과 동일하다. 이를 보면 '구경적 해결'
이 '각성'보다는 최초의 형태임을 알 수 있다. 현존하는 자료로 판단할
때, 신간회의 강령은 공개된 최종안을 포함하여, 총독부의 검열 과정에
서 수차례 수정되었는데, 이를 순서대로 정리하면 (자료 G) → (자료 I)
→ (자료 H) → (자료 F)이다.

이승복이 회고한 바에 따르면, 애초 강령에서 주어가 '아민족' 또는

173 위와 같음. 미즈노는 (자료 H)를 언급하지 않았다.
174 「新幹會의創立準備」(1927. 1. 20 『朝鮮日報』 社說).

'조선민족'이었을 터인데, 이는 (자료 G)에 형태가 남아 있다. 강령 2항
에서 주 단어인 '단결'은 최초 문구가 '민족적 단결'이었는데 '민족적'을
생략하였고, 강령 1항의 최초 형태는 '구경 해결', 3항은 '타협주의'였다.
여기서 '조선민족'·'민족적'이라는 주체가 '우리는'으로, '정치·경제상의
완전독립'을 뜻하는 '구경해결'이 '각성'으로, 자치운동을 가리키는 '타협
주의'가 '기회주의'라는 에두른 표현으로 각각 바뀌었다.[175] 달리 말하
면, '우리'의 실체는 조선민족이며, '단결'하는 주체도 조선민족이며, 기
회주의는 바로 우경 타협주의 노선인 자치운동을 가리킴이 원의였다.
최종 강령은 본래 의도를 완화해 표현하였지만, '구경해결'이 정치·경
제의 완전독립과 해방을 가리키며, '타협주의'가 자치론·자치운동을 가
리켰음은 당시의 통념이었다.

사회·공산주의자들이 신간회에 대거 참여하고 신간회가 민족단일당
으로 전환하자, 1927년 11월 들어 좌익민족주의자들은 자치운동에 대항
하는 '민족운동자 정수분자(精髓分子)의 결속단(結束團)'으로서 신간당(新幹
黨)을 재결성하려고 시도하였다. 이때 이전 신간회의 3대 강령을 좀 더
명확한 문구로 수정하였는데, 제1항은 "오등의 정치적 경제적 구경의
해결을 도한다", 제2항은 "오등의 단결을 공고히 한다"로 (자료 I)와 유
사하였다. 그러나 제3항은 "오등은 자치운동을 배척한다"로,[176] 이전의
타협주의·기회주의의 실체인 '자치운동'을 분명하게 드러내어 배격하
였다.

이는 1927년 12월 18일의 「신간회 동경지회의 제2회대회 보고 급 제
출의안」에서 더욱 분명히 확인된다. 신간회 동경지회 제2회 대회는 현

---

175 김인식, 앞의 논문(2007. 8), 234쪽.
176 梶村秀樹·姜德相 編, 앞의 책, 96~97쪽.

강령의 '미온 평범성'을 지적하면서, 이를 "1. 우리는 조선민족의 정치적 경제적 해방의 실현을 기(期)함. 2. 우리는 전 민족의 총역량을 집중하여 민족적 대표기관이 되기를 기함. 3. 우리는 일체 개량주의운동을 배척하여 전민족의 현실적 공동이익을 위하여 투쟁하기를 기함"으로 개정하기를 제안하였다.[177]

조지훈이 지적하였듯이, 동경지회가 제시한 안은 누가 보더라도 명확하였다. 이 안은 '정치적 경제적 각성 촉진'을 '조선민족의 정치·경제의 해방을 실현'으로 수정함으로써 신간회의 궁극목표를 확호하게 제시하였다, '단결'도 신간회가 조선민족의 총역량을 집중하는 민족대표기관의 의미로 구체화하였고, 단결의 목적이 제1항의 강령을 실현하는 데 있음을 분명하게 재확인함으로써 '민족자주'를 강력하게 표현하였다.

---

177 趙芝薰,「韓國民族運動史」, 高大民族文化研究所 編,『韓國文化史大系』I (高大民族文化研究所, 1964. 11), 782~783쪽.

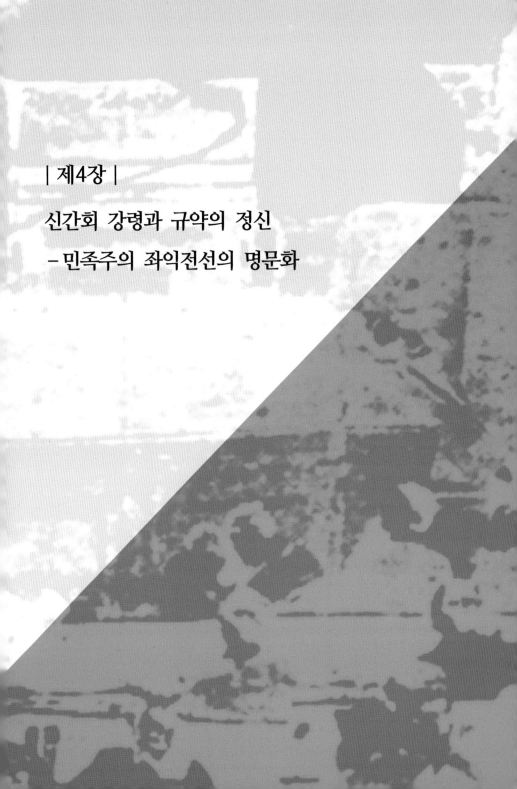

| 제4장 |

신간회 강령과 규약의 정신
– 민족주의 좌익전선의 명문화

이승복의 일생을 관통한 정치이념을 한마디로 규정하면 중도주의였
다.[1] 그는 좌익과 우익의 양 극단을 배격하고 양자를 지양하는 중도를
지향하였다. 그가 신간회운동에 참여한 동기에도 이러한 이념 성향이
작용하였다. 창립기의 신간회가 '민족주의 좌익전선'을 표방하였으므로,[2]
이 무렵 그의 중도는 좌익민족주의로 구체화하였다.

신간회 창립기 이승복의 활동은 강령이라는 정신, 규약이라는 조직
면에서, 좌익민족주의의 이념과 조직구성을 확립·강화하는 데 목표를
두었다. 좌익민족주의 이념과 노선의 선언이자 명문(明文)인 신간회의
강령은 그대로 이승복의 사상이었다. 이 장에서는 그가 신간회의 강령
과 규약에 좌익민족주의의 이념·정신과 조직구성을 어떻게 관철·강
화하려 하였는지를 살펴봄으로써 이 시기 그의 사상과 노선을 확인하
고자 한다.

이를 위해 신간회가 결성되는 직접 계기가 되는, 민족개량주의가 대

---

1 趙東杰, 「修堂 李南珪 선생의 독립정신과 유지」, 民族文化推進會, 『修堂 李南
珪 先生의 독립정신과 詩의 세계』(民族文化推進會 修堂集 完譯 紀念學術講演
會, 1999. 11. 5), 21~25쪽.
2 제3장 1-2)를 참조.

두하여 정치세력화하는 양태를 살펴볼 필요가 있다. 제3장 2-1)의 (자료
C-ⓒ)에서 인용한 바, 이승복이 "강령 3항은 동아일보사 고하·인촌 중
심의 연정회의 자치주의 폐단에 반기를 든 것"이었다고 회고한 말은,
동아일보의 문화주의 자체를 명백히 반대하면서, 이의 한 양상인 자치
운동을 배척하였음을 의미한다. 신간회 강령에는 동아일보 계열의 자
치운동이 정치세력화하는 현실에 대항하는 반(反)동아일보의 성향이 짙
게 깔려 있으므로, 1920년대 동아일보 계열의 문화주의와 자치운동을
먼저 검토한다.

1. 신간회 강령의 배경 – 자치운동의 정치세력화에 대항

1) 문화주의와 자치운동의 상관성

신간회가 창립되는 배경을 논할 때 '반(反)자치론'을 강조함은 이제 통
설이 되었지만,[3] 자치론은 일제가 표방한 '문화정치'에 순응한 하나의
양태로서 정치성을 띤 측면을 강조한 데 초점이 있을 뿐이다. 이러한
타협주의를 가리키는 근본개념을 당시 사용하였던 용어로써 규정하면
'문화주의', 이의 실천 양태인 '문화운동'이 타당하므로 이 개념부터 정
리해 본다.

'문화운동'·'문화파'라는 개념은 1920년 이후 식민지조선의 언론에서

---

3 신간회 연구를 선도한 초기의 논자들은 신간회가 창립되는 배경으로 반자치론
　을 강조하였다. 대표되는 예로는 趙芝薰, 「韓國民族運動史」, 高大民族文化硏究
　所 編, 『韓國文化史大系』 I (高大民族文化硏究所, 1964. 11) ; 宋建鎬, 「新幹會運
　動」, 尹炳奭 外編, 『韓國近代史論』 II (知識産業社, 1977. 8)을 들 수 있다.

일반으로 쓰였는데, 한 연구자는 이를 "독립문제에 대한 궁극적인 해결책으로서 문화·경제 양 측면의 장기적 국가발전을 강조했던 점진적 민족주의자운동에 대한 총칭"이라고 규정하고, 이들 '점진적 민족주의'를 '문화적 민족주의'(Cultural Nationalism)로 명명하였다. 1920년대 당시 언론들이 민족주의 단체들이 추진하는 다양한 문화·교육 운동 계획을 '문화운동'이라 일컬었지만, 좌파 비평가들은 '문화파'라는 용어로써 식민지 조선 내의 '점진적 민족주의자'들을 조롱하듯 지칭하였다.[4]

　1920년대 식민지 조선에서 '문화'라는 어근으로 표현되는 문화운동·문화파라는 용어에는 분명 긍부(肯否)의 양면성이 존재하였다. 자치운동으로써 자치권이라는 식민지권력을 획득하려 했던 이들을, 문화·경제의 측면에만 한정시켜 '문화적 민족주의'로 규정함은 긍정성의 일면만 드러내는 한계를 지녔다. 따라서 당시에 부정성의 측면을 부각시켜 사용하였던 '타협'·'개량'이라는 용어도 포함하여 명확한 개념규정을 시도해야 한다.

　강동진은 문화운동을 "민족해방운동의 하나로서 민족주의자가 외친 것이 아니라, 총독부 권력이 민족주의 우파를 뒤흔들어서 빚어진 점진주의적·타협적 요소를 이용해서 지배체제 쪽으로 끌어들여 그들로 하여금 민중의 치열한 반일·독립을 지향하는 의사를 대일 타협의 방향으로 유도해서 민족독립운동을 거세시키려 한 민족분열정책의 하나였다."고 평가하였다.[5] 한편 박찬승은 "3·1운동 직후 일제의 새로운 식민지 지배정책인 '문화정치'의 공간에서 전개된 이른바 '문화운동'이란 청년회운동·교육진흥운동·물산장려운동 등 '문화적 실력양성운동'을 총

4　M. 로빈슨 著, 김민환 譯, 『일제하 문화적 민족주의』(나남, 1990. 10), 19~34·106쪽.
5　姜東鎭, 『日帝의 韓國侵略政策史』(한길사, 1980. 9), 386쪽.

칭하는 것"이라고 규정하였다. 그리고 이를 부연하여, "1920년대 초반의 문화운동이란 무력을 통한 독립운동 혹은 민중시위를 통한 독립운동이 아닌 문화적인 실력양성을 통한 독립의 도모라는 의미에서 사용된 용어였다. 따라서 당시의 청년회운동 · 교육진흥운동 · 물산장려운동 · 민족성개조운동 등은 모두 한 덩어리로 문화운동이라고 불렸던 것이다." 라고 설명하였다.[6]

민족개량주의자들은 조선총독부가 문화정치를 달성하기 위한 운동이라는 뜻으로 내건 '문화운동'—이른바 위력(威力)을 동반한 문화운동—이라는 용어와, 이의 목표로 내걸었던 '실력양성' · '민족성 개조' · '참정권 획득' 등의 구호를 아무런 비판 없이 수용하였다.[7] 오늘날 사회운동의 한 분야를 가리키는 '문화운동'이라는 일반명사가, 1920년대의 시기에는 '민족개량주의'를 실천하는 운동 형태를 가리키는 특수성을 지니게 된 이유였다.

강동진은 문화운동을 일제 지배정책이 유도한 타협운동으로 규정하고 1922년부터 본격화하였다고 파악하였는데, 박찬승은 이 견해에 반론을 제기하면서, 문화운동이 이미 1920년 초부터 본격화하였음을 논증하였다. 박찬승에 따르면, 1920년대 초 문화운동은 일제의 지배정책과 밀접한 관련이 있으며, 일제의 유도공작에 타협하여 시간이 흐를수록 체제 내의 운동 즉 친일 어용 운동의 방향으로 귀결되었다. 이러한 점에서 문화운동의 외양은 일제의 '체제내화 공작'에서 비롯되었지만, '개량주의적' 속성을 내포한 운동 자체의 본질에서 말미암은 측면도 컸다.[8]

---

6 박찬승, 「국내 민족주의 좌우파 운동」, 『한국사-민족해방운동의 전개1』 15(한길사, 1994. 1), 122쪽.
7 姜東鎭, 앞의 책, 385~388쪽.
8 이러한 문화운동의 성격은 박찬승, 『한국근대정치사상사 연구-민족주의우파의 실력양성론』(역사비평사, 1992. 1), 289~304쪽을 참조.

일찍이 신채호가 갈파하였듯이, 문화운동의 본질은 절대독립론과는 양립할 수 없는 민족운동의 적이었다. 그가 집필한 「조선혁명선언」(1923. 1)은 "내정독립이나 참정권이나 자치를 운동하는 자-누구이냐?"라고 질타한 뒤, 문화운동자를 적으로 규정 · 선언하면서 다음과 같이 규탄하였다.

> 日本强盜政治下에서 文化運動을 부르는 者-누구이냐?…檢閱 · 押收 모든 壓迫中에 幾個 新聞 雜誌를 갖이고 『文化運動』의 木鐸으로 自鳴하며 强盜의 脾胃에 거슬이지 아니할 만한 言論이나 主唱하야 이것을 文化發展의 過程으로 본다 하면 그 文化發展이 돌이어 朝鮮의 不幸인가 하노라.…以上의 理由에 據하야 우리는 우리의 生存의 敵인 强盜 日本과 妥協하랴는 者(內政獨立, 自治, 參政權論者)나 强盜政治下에 寄生하랴는 主義를 갖인 자(文化運動者)나 다 우리의 敵임을 宣言하노라.[9]

신채호에게는 문화운동의 정치양태를 표출하는 자치론자들도 일본제국주의자와 마찬가지로 조선민족의 적이었다. 그가 이렇게 자치운동과 문화운동을 연계시켜 강하게 비판한 이유는 문화운동의 본질을 꿰뚫어 보았기 때문이다. 대한민국임시정부(이하 임시정부)를 비롯해 절대독립을 추구하던 민족운동 세력들이 문화운동을 강하게 배격한 이유도, 절대독립론과 자치론은 결코 양립할 수 없는 노선이었기 때문이다.

좌익민족주의자들은 비타협 민족주의 정치투쟁에 입각하여 항일 · 민족독립을 쟁취할 궁극 목적에서 신간회를 창립하였다. 신간회의 당면 목표는 자치운동을 분쇄하는 데 있었고, 이 시기 자치운동의 중심축은 동아일보 계열이었으며, 자치운동은 문화주의=민족개량주의였으므로,

---

9 단재신채호전집편찬위원회, 『단재신채호전집 － 제8권 독립운동』(독립기념관 한국독립운동사연구소, 2008. 4), 893~894쪽.

신간회의 투쟁 대상과 이론은 동아일보 계열과 문화주의로 설정되었다.
『동아일보』는 창간사를 대신하여, 장덕수(張德秀)가 집필한 「주지를
선명하노라」를 통하여 3대 주지를 천명하였는데[10] 세 번째가 "문화주의
를 제창하노라"였다.[11] 이 문화주의는『동아일보』가 지향하는 목표를
보여주는 사시(社是)의 성격을 지녔는데, 창간 주지부터 일제 문화정치
의 선전구호를 복창·대변하던 실상의 본질은 민족개량주의였다. 자치
운동의 근본노선은 동아일보 계열이 일관한 문화주의였으며, 이의 표
현인 문화운동이 실천 형태였다.

　문화운동이 일제 식민지 지배정책이 유도한 데에서 비롯된 산물이었
느냐 여부는 논쟁의 여지가 있겠지만, 1920년대 초반의 문화운동이 일
제의 지배정책과 밀접한 연관성을 가지고 진행되었음은 부인할 수 없는
사실이며, 이 한복판에 동아일보 계열이 있었다. 「주지를 선명하노라」
는 이의 출발이었다.

　『동아일보』 발행이 총독부 측과 동아일보 사주의 긴밀한 관계에 따
라 이루어졌으며,『동아일보』가 일제 통치의 선전기관으로 창간되었다
는 주장은 비약이 심하지만,[12] 1920년대의『동아일보』가 일제의 문화정
치와 연관되어 있었음도 부인할 수 없는 사실이었다. 이는 김성수 자신
이 인정한 바였다.

　『동아일보』는 장덕수가 쓴 사설 「제사 문제를 재론(再論)하노라」(1920.

---

10 『동아일보』의 3대 주지를 분석한 연구는, 崔民之·金民珠 共著, 『日帝下 民族
　言論史論』(日月書閣, 1978. 5), 51~58·68쪽.
11 「主旨를宣明하노라」, 『東亞日報』(1920. 4. 1).
12 위기봉 지음, 『다시 쓰는 東亞日報史 - 인촌 김성수와 동아일보, 그 오욕과 배반
　의 역사를 찾아서』(녹진, 1991. 2). 이 책은 부제에서 보듯이, 『동아일보』의 친
　일성·반민족성을 파헤치는 데 초점을 두었지만, 의욕만큼 논지를 다 입증하지
　는 못하였다.

9. 25일자)로 인해 제1차 정간(무기정간)을 당하였고, 1921년 1월 10일에 해
제되었다.[13] 그런데 이 정간 사태의 와중에서, 『동아일보』의 논조를 언
급하며 폐간까지 운위하는 당시 총독부 경무국장 마루야마 쓰루기치(丸
山鶴吉)에게, 사장 김성수가 배포 있게 대응한 이야기는 눈여겨보아야
한다. "벌은 받을 만큼 받았는데 또 벌을 내린다는 것도 이상하고, 터놓
고 이야기해서 동아일보를 없앤다면 총독부의 문화정치는 설 자리가
없어질 것 같고…"[14] 여기서 문화정치와 『동아일보』를 관련시키는 논리
가, 단순히 『동아일보』의 폐간을 막으려는 항변이었다고 보기는 어렵
다. 『동아일보』가 총독부의 문화통치에 협조하거나 타협하였음을 시사
하면서, 일제가 『동아일보』를 폐간할 수 없다는 '자신만만한 응수'였다
고 해석함[15]이 오히려 타당하다. 이처럼 동아일보 계열은 문화통치에
수긍하여 문화운동을 제창함을 사명으로 삼았다.

　이광수(李光洙)는 이미 「민족개조론」에서 "設使 朝鮮人의 生活의 幸福
이 政治的獨立에 달렷다 하더라도 그 政治的 獨立을 國際聯盟이니 太
平洋會가 小包郵便으로 附送할것이아니외다. 政治的獨立은 一種法律上
手續이니 이는 獨立의 實力이 잇고 時勢가 잇는째에 一種의 國際上의
手續으로 承認되는것이지 運動으로만 될것이아니외다."라고 주장하였
다.[16] 그는 이렇게 정치독립을 침략국인 제국주의 국가의 아량에 맡기

13　장덕수가 사이토 마코토(齋藤實) 총독을 면담한 총 횟수를 보면, 1919년 8월부
　　터 1921년 말까지 7회, 1922년부터 1923년 말까지는 5회였다. 姜東鎭, 앞의 책,
　　170쪽. 정간 사태의 와중에서도 사설 집필자인 장덕수는 1차 정간을 당한 지 3일
　　만인 1920년 9월 28일, 또 정간이 해제된 지 3일 만인 1921년 1월 13일 사이토
　　총독과 밀회하였다. 이 정간 사건에도 사설 집필자인 장덕수는 하등의 문책도
　　받지 않았으며, 주필직에 건재하다가 오히려 부사장으로 승진했고, 이후에도 사
　　이토 총독을 만났다. 위기봉 지음, 앞의 책, 117~125쪽.
14　仁村紀念會, 『仁村 金性洙傳』(仁村紀念會, 1976. 2), 199~200쪽.
15　위기봉, 앞의 책, 123~124쪽.

면서 공공연하게 독립운동 무용론을 펼쳤다.[17] 김성수를 위시한 타협 민족주의자들은 일제에 협조하지 않고는 독립이 불가능하다고 믿었으므로 총독부와 연계하였고, 자신들의 지위를 보장해 주는 총독부와 밀통하고 있었다.[18] 장덕수의 글로 인한 제1차 정간 사태는, 총독부와 『동아일보』가 "은밀한 관계를 지속"[19]하였음을 보여주는 한 예였다.

　김성수가 호남의 대지주이자 경성방직을 소유·경영하는 자본가임은 당시도 세간에 다 알려진 사실이었지만,[20] 민족개량주의자들의 계급 기반은 지주와 조선인 자본가 상층이었다. 3·1민족운동 이후 일제가 '문화통치'를 표방하였고, 이에 일부 민족부르주아지·민족운동이 동조하였음은 분명한 사실이었다. '문화정치'의 본질이 동화주의였으므로, '문화정치'에 동조함이 바로 타협주의로 이어지는 노선이었음을 1920년대 동아일보계가 그대로 보여주었다. 「민족적 경륜」(1924. 1)이 발표될 때를 전후하여, 동아일보 사주 김성수와 사장 송진우는 비밀스러운 용건으로 월 평균 한번 꼴로 사이토 총독의 관저를 드나들었다.[21]

16　李春園,「民族改造論」,『開闢』第二十三號·第三卷第五號(開闢社, 1922年 5月號), 46~47쪽.

17　서중석,「韓末·日帝侵略下의 資本主義 近代化論의 性格 - 도산 안창호 사상을 중심으로」(1987),『한국근현대의 민족문제연구』(지식산업사, 1989. 5), 155쪽.

18　李文遠,「新幹會 民族運動의 敎育史的 硏究」(延世大學校 大學院 敎育學科 博士學位論文, 1983. 12), 10쪽.

19　崔民之·金民珠 共著, 앞의 책, 63~68쪽.

20　동아일보사의 경영진·편집진 계층의 성격은 崔民之·金民珠 共著, 앞의 책, 58~63쪽.

21　1923년쯤부터「민족적 경륜」이 발표될 때를 전후하여 동아일보사 간부인 김성수·송진우·장덕수·이상협(李相協) 등이 총독 사이토를 접촉하는 일이 부쩍 빈번해졌다. 사이토 일기(齋藤實日記)에 따르면, 1919년 9월부터 1926년 말에 걸쳐 김성수는 14회, 송진우는 15회, 장덕수는 12회, 이상협은 8회씩 각각 사이토와 만났다. 姜東鎭, 앞의 책, 169~170·397·415쪽. 위기봉은 이러한 방문이 사이토 일기에만 기록이 남아 있는 '비밀방문'이었음을 지적하면서, "동아일보

1921년 들어 조선총독부는 이광수·최남선(崔南善)·최린(崔麟) 등을 포
섭하여 이들로써 민족개량주의를 선전·유포시킬 방침을 세웠다. 이광
수는 조선총독부가 주선함으로써, 1922년에 수당만 매달 300엔이라는
엄청난 돈을 받고『동아일보』의 논설위원으로 들어갔다. 여기에는 아
베 미수카(阿部充家)[22]의 공작이 작용하였다. 1921년 11월 아베는 총독 사
이토에게, 길게 보면 이광수의 문화운동이 독립을 갈망하는 청년들의
관심을 둔화시키리라고 지적하면서, 이러한 문화운동에 어느 정도 유
리한 활동 여건을 마련해 주기 위하여, 확실한 친일단체—이를테면 민
원식(閔元植) 등이 주도하는—들을 육성하는 데에는 지연작전을 쓰라고
권고하였다.[23]

이 점에서 "문화정치가 노린 것은 실력양성, 산업개발, 교육진흥 등
조건적 사실을 부각시켜 표면에 내세우고,「독립」이라는 근거적 사실
은 의도적으로 후면에 놓음으로써 본말을 전도하였지만, 이 시기 실력
양성주의자들은 이것을 꿰뚫지 못하고 단지 심볼 구호에만 현혹되어
이 본말전도된 심볼을 대의명분으로 내세워 적극적이고 투쟁적인 무장
레지스땅스의 의의를 감소, 약화시키는 오류에 빠져 들었던 것이다."[24]
라는 지적은 타당하다.

민족개량주의는 근본에서 일제가 표방한 문화통치 즉 식민지통치에
협조 또는 타협하면서, 이에 문화통치에 협조하는 문화주의를 주창하

경영진이 조선총독과의 밀회가 빈번해진 사실은 동아일보가 창간초기의 음성
적인 친일에서 노골적인 친일로 방향을 선회한 것과 깊은 함수관계가 있는 것
이다."고 주장하였다. 위기봉 지음, 앞의 책, 57~58쪽.
22 전(前) 경성일보사 사장으로 사이토 총독의 언론통제와 정치 담당 참모였다.
23 이광수가 사이토 총독과 처음 만난 날은 1922년 9월 30일 밤이었다. 姜東鎭, 앞
    의 책, 393~394쪽 ; 로빈슨, 앞의 책, 161쪽.
24 崔民之·金民珠 共著, 앞의 책, 37쪽.

는 한편, 이것의 정치상의 표현인 자치운동에 동조한 개량성이 특징이었다. 당시 민족운동 세력들 사이에도 이념정향이 다양하였으므로, 타협과 비타협의 구분점을 일률로 설정할 수는 없지만, 무엇보다도 자치운동이 가장 중요한 계선(界線)이 되었다.

이광수가 「민족적 경륜」을 발표할 무렵, 이러한 타협주의를 문화파로 분류하는 시도가 있었는데, 이는 눈여겨볼 필요가 있다. 한 논자는 사회주의가 유입된 이래 사회주의와 민족주의의 대립이 투쟁으로 이어져 나가는 당시 상황을 기술하면서도, 사회주의자와 민족주의자의 일치점을 주장하였다. 그는 현 '조선사상계의 파류(派流)'를 일선융화파(日鮮融化派) · 문화파 · 독립파 · 사회주의파의 '4종류의 유파'로 나눈 뒤, 문화파는 "자본주의적 실력양성하에서 장래의 이상을 달(達)코저하는 운동"으로, 독립파는 "직접의 행동으로 그 목적을 달코저 함"이라고 정의하였다. 이를 보면, 이미 1923년 말 1924년 초 무렵 '타협 문화운동'으로 나아가는 '문화파에 속한 민족주의자'를 '문화파'로 지칭하며, 이와 대립시켜 '혁명적 민족투쟁자' · '급진파 민족운동자'를 '사회주의를 이해하는 민족주의자' · '사회주의를 용인할 민족주의자'로 분류하는 구분이 있었다.[25] 1926년 들어 배성룡은 문화운동자들을 '문화적 개조파' · '자유주의적 민족운동파' · '자본주의적 문화파' 등으로 표현하였다.[26] 정치세력을 이렇게 분류하는 방식은 아직 설익었으나, 문화파-독립파가 이후 민족개량주의-비타협 민족주의로 구체화함을 볼 때, 문화파를 '자본주의적 실력양성'의 범주로 규정한 데에는 본질을 찌르는 통찰이 보인다.

1924년 초의 한 세태비평은 "오늘의 朝鮮사람새에는(境內境外를通해서말

---

25 「癸亥와甲子」, 『開闢』 第四十三號 · 第五年年第一號(開闢社, 1924年 1月號), 2~12쪽.
26 裵成龍, 「朝鮮社會運動의史的考察(一)」, 『開闢』 六十七號 · 第七卷第三號(開闢社, 1926年 3月號), 27~33쪽.

이다)××運動, 文化運動, 社會運動의 세모양의努力이이行해잇슴을알것이다."27라고 전제한 뒤, "이中에서 가장問題가되는同時에 우리로서는 特別히注視치안하서는안되겟다고생각하는것은 오늘朝鮮內地에잇는文化運動者, 다시말하면 아직社會運動으로돌아서지안코, 쪼는武力××主義로還元치안코, 오즉實力養成主義를高調하고 잇는그네들이다."라고 지적하였다. 나아가 이 '文化運動者中의軟派或은舊派'들이 "言必稱, 우리朝鮮사람으로서의「民族一致」, 「大同團結」을主唱"함을 경계하면서 "一般의注視를促"하였다. 이러한 근거로, 문화운동(=실력운동)을 제창하는 이들 문화운동자들은 '민족일치'·'대동단결'을 주장하면서도, "一九二四年인今年에드러와서는, 그主張이漸漸漸分明해저서, 印度의國民議會(밧구어말하면朝鮮議會), 菲律賓의獨立請願問題가튼것을쓰들어낸다."고 분명하게 꼬집었다. 나아가 이 평자는 이 '實力養成主義'가 "뎌한便에서금방일어나는社會運動에對한, 一種의牽制, 아니反動運動과가튼行動을하고잇다."고 평가하였다.28 여기서 비록 "사회운동에 대한"이라는 비교 상대를 설정하였지만, 이를 '반동운동'으로 인식하면서, 제목에서 보듯이 "점점점이상해"간다고 지적한 대목은 매우 중요하다. 이 세태비평도 '타협'과 '비타협'의 구분점에서 자치론·자치운동이 가장 중요한 계선이었음을 보여 준다.

이광수의 글은 자치론이 공공연히 대두하는 출발점이자, 민족운동이

---

27 이 글의 본문에서 독립운동·문화운동·사회운동을 여러 차례 반복해 나열한 데에서 판단하면, '××'는 '독립'으로 추정할 수도 있겠으나, 이미 사용한 단어를 복자로 처리할 리 없음을 고려하고, 다음 인용문에 나오는 '무력××주의'까지 함께 생각하여, 두 단어의 복자를 모두 '혁명'으로 추정하였다.

28 「漸漸漸異常해가는朝鮮의文化運動」, 『開闢』 第四十四號·第五年第二號(開闢社, 1924年 2月號), 2~3쪽. 이 글의 제목은 목차에서는 「漸漸漸異常해가는近來의文化運動者」로 되어 있다.

'타협'과 '비타협'(또는 '혁명적) 운동으로 나뉘는 계기가 되었다.[29] 이러한 정황은 1924년 사회주의자들이 민족운동을 '타협'과 '비타협'으로 구분하는 인식에도 그대로 반영되었다. 「민족적 경륜」은 지금까지 민족운동이라 통칭하던 운동노선이 타협과 비타협으로 갈리는 계선을 확연하게 설정하는 계기를 제공하였다.

2) 동아일보 계열과 자치운동의 표면화

1923년경부터 대두하는 자치운동론은 민족운동의 방향을 자치의회의 구성, 혹은 일보 나아가서 '내정독립'을 추진하자는 운동으로 전환하자는 데에서 일치점을 지녔지만, 여기에도 이른바 '준비론'과 '단계적 운동론'이라는 두 가지 논리가 있었다. '준비론'은 "현재로서는 독립이 불가능하므로 독립의 기회를 대비한 준비가 필요하다"는 주장으로『동아일보』가 이를 대변하였고,[30] 이광수가 선두 주자로 나섰다.

1924년 벽두 이광수는 자신이 집필한 「민족적 경륜」을『동아일보』지상(1924. 1. 2~6)에 5회에 걸쳐 사설로 연재하였다.[31] 동아일보 계열의 자치운동은 이른바 연정회(研政會)로 표현되었는데, 「민족적 경륜」은 이러한 연정회 구상과 관계있었다. 당시 이광수와 김성수의 긴밀한 인간관계는 세상에 널리 알려진 터였으므로, 비판자들은 「민족적 경륜」이 연정회 즉 자치운동 단체를 결성하기 이전에 여론의 향배를 타진하기 위해 연정회가 띄운 애드벌룬이라고 의심하였다.[32]

---

29 이균영, 『신간회연구』(역사비평사, 1993. 12), 45~46쪽.
30 '단계적 운동론'은 "독립에 도달하는 한 단계로서 자치권을 획득하는 것이 필요하다"는 논리인데 안창호(安昌浩)로 대표되며, 이는 당시 일제측이 경계하는 바였다. 두 가지 자치론을 설명한 내용은 박찬승, 앞의 책, 325~330쪽을 참조.
31 李光洙, 「民族的 經綸」, 『李光洙全集』17(三中堂, 1966. 5), 272~280쪽.

「민족적 경륜」이 지상에 발표되자, 해내외에서 이를 비난하는 움직임이 『동아일보』 불매운동으로 확산하였고,[33] 마침내는 이광수 자신이 주간직으로 있었던 상해임시정부 기관지인 『독립신문』도 「동아보에 고함」이라는 사설을 써서, 『동아일보』의 논조에 "從前으로여러가지의不滿한點이적 지안타그러나만은 諒會를붓치며坯容恕하엿다"며 누적된 불만을 그대로 드러내면서, 이로써 『동아일보』의 정체가 드러났다고 지적하였다. 이 사설은 서두에서 "所謂民族的經綸이라는題目으로多日을두고論文을揭載한바그報自體로는一時의늣김으로一時에論述한것이안이오자긔로는系統잇게思考잇게坯는惟一한見地가深着한抱負를보인것이오決코一日一說의臨事爲文한것이안임은스스로붉힌바이라"고 근본문제를 제기하였다.[34]

「민족적 경륜」은 '자치'·'자치운동'이라는 말만 사용하지 않았을 뿐, 가장 문제가 된 "우리는 조선 내에서, 허(許)하는 범위 내에서…"라는 구절에서 보듯이, 명백하게 일제에 타협한 자치운동을 주장하였다. 「민족적 경륜」으로 인한 파문이 커지자, 『동아일보』는 「민족적 경륜」이 발표된 지 20일이 지나서 사설을 통하여 이를 해명하였다. 이의 요점은 '우리民族'의 "政治的 最高理想을 解決하는方法"으로 "民族的團結을絶叫하는데不過"하였으며 "이러한意味에잇서서 『政治的結社와運動』을提昌하는데不過하엿다"고 강변하면서, "萬一吾人의提昌하는『政治的結社와運動』이라는 論旨를一人이라도 다른意味로 誤解한다하면 이는그責이修辭의拙에잇슬찌언뎡 決코 論文의主旨가 아닌것을 玆에 一言"한다고 강조하였다. 이 해명 사설은 "그 論法이不徹底함으로一般思想界의 誤解

---

32 M. 로빈슨, 앞의 책, 220쪽.
33 「민족적 경륜」의 파문은 崔民之·金民珠 共著, 앞의 책, 126~133쪽.
34 「東亞報에告함」, 『獨立新聞』 第一百七十四號(1924. 4. 26).

를 惹起할 點이 잇다"[35]고 변명하면서 '오해'만을 강조하였을 뿐, 일반인
이 '오해'하는 자치운동과 관련하여, 결코 자치운동을 주장하지 않았다
는 해명은 끝내 하지 않았다.

"이광수가 집필한 이 사설은 우리 민족 독립운동의 방법에 일대전환
을 의미하는 것이었다."[36]는 동아일보사의 자평과는 달리,「민족적 경륜」
은 "민족개량주의의 강목(綱目)을 들어냄으로써 사회적 물의를 야기"시
켰다.[37]『인촌 김성수전』은 '일대전환'의 의미를 "중국 땅이나 노령이 아
니고, 현실적으로 적 치하에 놓여 있는 조선 내에서 조직적이고 지속적
인 저항운동을 하려면 합법적인 정치운동의 방법을 취하지 않을 수 없
다고 한 것이었다."고 설명하였다. 그리고 이를 부연하여 "이 사설의 본
지는 총독부의 검열 때문에 노골적인 표현은 하지 않았으나 '조선 내에
서 허하는 범위' 운운은 문맥으로 보아 인도의 '스와라지'운동과 마찬가
지로 완전독립을 목적으로 삼은 합법적 정치운동을 제창한 것이었다."
고 해석하였다. 이의 근거로는 일제 관헌 자료인『고등경찰요사』(高等警
察要史)가 연정회 운동을 신간회운동과 마찬가지로 '비타협적 민족주의
운동'으로 분류하였음을 제시하고, "일본 고등경찰의 안목으로서는 연
정회 운동은 비타협적 민족운동의 한 단계로 평가된 것이었고 타협적
인 것이 아니었다."고 강조하였다. 그런데도 이 사설이 "사회의 공명을
받지 못하고"『동아일보』불매운동 등의 '비난 공격의 대상'이 된 이유
로, '총독부의 이간책'과 "사회주의자의 책동, 다시 말하여 민족주의진영
을 이끌어가고 있는 동아일보사에 타격을 주기 위한 그들의 계략", 그

---

35 「〈政治的結社와運動〉에對하야」,『東亞日報』(1924. 1. 29 社說).

36 仁村紀念會, 앞의 책, 265쪽.

37 鄭大澈,「新幹會와 民間紙의 關係에 대한 考察－朝鮮, 東亞, 中外日報를 中心
　으로」,『言論學報』第2卷(漢陽大學校 言論文化研究所, 1981. 12), 147쪽.

리고 "이상주의적이고 격정적인 일본 유학생층과 급진적 민족주의자들
이 사회주의자들의 선전공세에 깊은 사려 없이 동조했던 것" 등 세 가
지를 들었다. 끝으로 "그 사회주의자(연정회를 공격한 : 인용자)들이 일익이
된 신간회도 표현은 어찌 되었든 간에 사실상 '조선내에서 허하는 범위
내'의 합법운동이었던 것이다."라는 논리로, 연정회의 의도를 합법운동
이라는 측면에서 신간회와 동류화시킴으로써 연정회의 정당성을 다시
합리화하였다.[38]

　　그러나 「민족적 경륜」의 논지는 "수사의 졸"이나 "그 논법이 불철저
함"에서 야기된 문제가 결코 아니었다. 더욱 중요한 바는, 「민족적 경륜」
보다 하루 앞선 사설이었다. 1924년 벽두 『동아일보』는 '대동단결'의 민
족대의를 내걸고 '중심세력 작성'을 주장하며 출발하였다. 1924년 1월
1일자 『동아일보』 신년호 사설 「웃고 새해를 맞자」[39]의 요점은 '중심세
력 작성'을 통한 '대동단결'을 강조하였다. 이 사설은 "民族的으로 自立
自尊의精神을 더욱 喚醒하는바며 둘재는自立自尊하는精神을가지고 大
同團結의旗幟下에서 中心勢力을作成하라함이다"라는 논지 아래, '대동
단결'·'중심세력'을 병행하여 3회씩이나 반복하였다. 「민족적 경륜」 스
스로 "그것은 우리가 작일 신년호에도 주장한 바와 같이 오직 단결의
일로(一路)가 있을 뿐이다."[40]고 지적하였듯이, 「민족적 경륜」의 의도는
이에 구체안을 제시하려는 데 있었다. 이렇게 「민족적 경륜」은 신년 사

38　仁村紀念會, 앞의 책, 265~268쪽. 훗날 편찬된 『동아일보사사』도 「민족적 경륜」
　　의 '조선에서 허하는 범위 내에서'가 "표현상의 오류"·"표현의 미숙"으로 "오해
　　를 초치(招致)"하였다는 시각을 반복하면서, 이 '물의'가 야기된 배경으로 '사회
　　주의계열의 책동'을 들었다. 東亞日報社, 『東亞日報社史(1920~1945年)』卷一(東
　　亞日報社, 1975. 4), 229~232쪽.
39　「웃고새해를맞자」, 『東亞日報』(1924. 1. 1 社說).
40　앞의 「民族的 經綸」, 272쪽.

설의 논지를 그대로 되받아, 정치·산업·교육의 결사를 주도하는 중심세력을 결성하자고 호소하였다.

「민족적 경륜」은 이광수 특유의 모호한 논조로 현재의 식민체제가 허용하는 범위 안에서 행동하라고 공공연하게 촉구하여 파장을 일으켰지만, 이를 비판하는 논자들은 문화운동 자체가 식민통치에 타협하기 위하여 민족해방을 포기한 노선이라고 확신하게 되었다.[41] 『동아일보』가 해명한 논지를 보아도, 『동아일보』가 이광수의 글을 사설의 형식으로 게재함으로써 일제의 문화통치에 협조하는 주체로 자임하여 나섰음을 확인할 수 있다. 「민족개조론」에서 정치성을 띠지 않은 개조단체를 주장하던 이광수가, 「민족적 경륜」에서 일제가 허용하는 범위 내에서 '정치적 결사'를 주장한 의도와 귀결점이 자치운동임은 분명하였다.

「민족적 경륜」은 일본의 통치권을 승인하는 조건의 정치활동(참정권과 자치권 운동)을 예로 들면서, 일본을 적국시(敵國視)하지 않는, 즉 일본의 통치권을 승인하는 합법결사를 제안하였다. 이것은 '정치적 중심세력'을 만드는 일이었다. 그렇기에 5일째(1924년 1월 6일자) 마지막 사설에서 "政治的 結社는 全朝鮮民族의 中心勢力이 되기를 期約하여야 할 것이니, 이 結社의 意見이 곧 朝鮮民族의 意見이요, 이 結社의 行動이 곧 朝鮮民族의 行動이 되기를 期約하여야 할 것이다."라고 다시 강조하였다.[42]

연정회라는 단체가 세간에 오르내리기는 제1차 연정회와 제2차 연정회 운동으로 불리는 1924년 1월과 1926년 9월 무렵의 두 차례 정도였다.[43] 그러나 제1차 연정회 이후 '연정회'라는 단어는 1920~30년대 초 사

41 M. 로빈슨, 앞의 책, 212쪽.
42 앞의 「民族的 經綸」, 278쪽.
43 연정회 문제는 朝鮮總督府警務局, 「獨立運動終熄後ニ於ケル民族運動ノ梗概」, 『齋藤實文書』 10(1927. 1, 高麗書林 復刊, 1990. 11), 225~240쪽 ; 慶尙北道警察部, 『高等警察要史』(1934. 3), 45~46쪽 ; 姜東鎭, 앞의 책, 393~399·414~429쪽 ;

이에 민족주의 우파가 진행한 자치운동을 지칭하는 단어로 사용되었고,[44] 이의 중심에는 『동아일보』와 송진우가 있었다. 송진우는 동아일보 계열 가운데 가장 명확하게 '준비론'을 표출한 논자였다.

동아일보 계열이 제1차 연정회를 시도하면서 내걸었던 구호는 '단결'·'대동단결'이었는데, 이것이 '조선민족'의 대동단결임은 의심할 여지가 없으나, 이를 실현하는 방법으로 '중심세력의 작성(作成)'을 제시하였고, 연정회는 이를 실현하려는 정치결사였다. 동아일보 계열은 이른바 '중추계급'을 중심으로 정치·경제·교육의 결사를 일원화한 연정회를 결성하고, 이를 매개로 자치권을 획득하려 하였다. 『동아일보』는 이러한 의미의 '대동단결'을 당면과제로 내세우면서, 연정회로써 '중심세력'을 '작성'하여 단결을 이루고 자치운동의 구심체로 삼고자 하였다.

송진우는 1922년부터 『동아일보』의 사설 「정치와 중심세력」에서, 프랑스혁명·러시아혁명 등의 유럽 혁명을 예시하면서, "元來革命이中心勢力업시되는것이아닌것은勿論이니 同時에그革命을成就하야完全한效果를取함에또한中心勢力이無하면到底히不能한것이事實"임을 입증하려 하였다. 나아가 그는 "政治는要컨대勢力關係라"고 전제하면서 "所謂그國民的中心勢力을持한다함"은 "所謂組織的中心勢力이라 此勢力을持치아니하고革命을圖한다고하면 그는一種의公論이라"고 지적하면서, "單히革命뿐아니라 萬般社會運動이모다그러할지니"[45]라고 강조하였다. 즉 그는 중심세력이 없으면 혁명도 정치운동도 없다는 논리로 '정치적 중심세력'의 결성과 이를 통한 '민족적 단결'을 주장하였다.

박찬승, 앞의 책, 330~336쪽을 참조.

[44] 沈在旭, 「1920~30년대 초 古下 송진우의 사상과 활동」, 『한국민족운동사연구』 22(한국민족운동사연구회, 1999. 9), 224쪽.

[45] 「政治와中心勢力－朝鮮人의反省處」, 『東亞日報』(1922. 7. 6 社說).

이후 제1차 연정회가 논의되고 있던 무렵, 송진우는『동아일보』의 사설에서도 조선민족의 생존권과 중심세력 문제를 연계시켜 "今日의朝鮮民族이 萬一自力으로 生存權의保障을 確立하려하면 무엇보다도 中心勢力이될만한 團體를作成"해야 함을 강조한 뒤, "이곳朝鮮民族의生存權을爲하야 中心勢力이될만한 團體가 出現하기를 絶叫"[46]하면서 연정회의 출현을 기대하였다. 그는 1차 연정회 논의가 좌절된 이후『개벽』에 발표한 글에서도, "三一運動의 實際的經驗을考察"하면서 "이運動을統一繼續할만한 中心的團結力이不足하엿든것"을 지적하고, "「힘」 곳團結力을 準備하지안이하면 아니될것"이라고 촉구하였다.[47] 이 또한 '중심세력의 결집'을 촉구하는 논리로, 여기서도 그가 연정회와 같은 조직을 의도하였음을 알 수 있다.

제2차 연정회는 1차 때와는 달리 총독부와 밀접한 관계를 유지하면서 진행되었는데, 이때도 논의의 중심에 송진우가 있었다. 송진우는 태평양문제회의에 참석하고 귀국한 이후인 1925년 7월, 아베 미수카에게 서한을 보내어 '우경적 정당', 즉 2차 연정회 조직을 논의하겠다는 시사를 보내는 등, 총독부 측과 연락하면서 제2차 연정회, 즉 자치운동을 꾀하였다.[48]

송진우는 1925년 8월 28일부터 9월 6일까지 무려 10회에 걸쳐『동아일보』에「세계대세와 조선의 장래」를 사설로 연재하였는데, 이 글이 그의 자치론을 단적으로 보여준다. 송진우는 미·일 전쟁을 예견하며 이것이 '조선의 해방'에 호기임을 지적하였다. 그러면서도 "이리하야日米

---

46 「中心勢力作成의必要－生存權保障을爲하야」,『東亞日報』(1923. 11. 2 社說).
47 宋鎭禹,「最近의感 : 무엇보다도'힘'」,『開闢』第四十六號·第五年四月號(開闢社, 1924年 4月號, 4월 1일 발행), 92쪽.
48 沈在昱, 앞의 논문, 228쪽.

의衝突이生할時에는 米國의勢力下에서 朝鮮의解放을希望하며或은 日
露日中의衝突을豫期하야 露中兩國의援助下에서 民族의自由를 囑望하
나이것은 決코朝鮮民族의 傳統的精神에背馳될뿐아니라 우리의良心이
쏘한不許하는바"이므로, "決斷코他方的援助와事大的思想의支配와容認
을不許"한다고 주장하였다. 이러한 논지는 "外勢의波動보다 他力의援助
보다 中心勢力의確立 自體勢力의解決을 絕叫力說"하면서 "要컨대 朝鮮
問題는 民族自體의團合이 確立하는그날로부터 解決될것을 確信하는바
이다"라는 결론으로 끝났다."[49] 여기서 세계대세의 변화를 기다리면서
준비운동으로서 자치운동이 필요하다고 주장하며, 자치운동을 위한 단
합과 자치권의 획득을 중시하는 자치론자들의 논리를 다시 확인할 수
있다.

송진우는 다시 1927년 말경 『조선급(及)만주』의 발행인 샤쿠오 슌죠
(釋尾春仿=釋尾東邦)와 가진 인터뷰에서도 "조선에 조선의회를 만들어 예산
은 물론이오, 조선의 정치는 조선인으로서 논의할 수 있게 해 주었으면
좋겠다고 생각한다."고 말하는 등 자치운동을 포기하지 않았다. 이러한
송진우·동아일보 계열의 '준비론'은, 타협주의 노선을 견지하면서 자치
를 획득하고 '국제정세의 변화'를 이용해 독립을 획득한다는 기회론이
었다.[50]

3) 이승복의 동아일보사 재직과 퇴사

1920년대 실력양성운동론과 자치운동은 밀접한 관련이 있었지만, 이

---

49 「世界大勢와朝鮮의將來(十)-雄偉한抱負遠大한經綸」, 『東亞日報』(1925. 9. 6
社說).
50 沈在昱, 앞의 논문, 229쪽.

광수가 정치－경제(산업)－교육의 결사를 함께 제창함은, 식민지 안에서 조선인 부르주아지들이 최소한의 권력이라도 장악·행사하려는 의도였다. 물산장려운동을 둘러싸고 논쟁이 치열할 때 이미 논점이 되었듯이, 물산장려운동을 아무리 떠들어 보았자 정치권력을 갖지 못한 식민지 치하에서 민족기업의 육성이란 불가능하다였으므로,[51] 자치운동은 물산장려운동의 실패라는 조선인 부르주아지의 자기 경험에 배경을 두고 있었다. 정치권력을 장악하지 못한 식민지에서 조선인 부르주아지－기업의 육성이란 불가능하다는 인식은, 일제 권력과 타협하는 방향으로 나아갔다. 이광수의 「민족적 경륜」에서도 표현된 문화주의의 단기목표는, 연정회와 같은 정치결사체를 조직하여 자치운동을 획책함으로써 식민지권력의 일부라도 획득하는 데 목표를 두었다.

(자료 C-ⓒ)는 바로 신간회가 투쟁할 대상을 가리켰다. 여기서 이승복은 '타협주의'='기회주의'가 자치주의임을 지적하였고, 이를 연정회(硏政會)까지 소급시켜 인식하면서, 이를 주도한 인물과 주도체로 송진우(宋鎭禹)·김성수(金性洙)와 동아일보사(東亞日報社)를 지목하였다. 그가 지적한 데에서 한 걸음 더 나아가면, 자치운동의 뿌리는 동아일보사의 문화주의였다.

(자료 C-ⓒ)에서 이승복이 동아일보사 → 송진우·김성수 → 연정회=자치주의를 순차로 짚어 말함은 중요한 의미가 있는데, 이는 뒤부터 읽을 필요가 있다. 자치주의는 연정회를 결성하려는 시도로 표출되었고, 이러한 움직임의 배후에는 송진우·김성수가 주도하는 동아일보사가 있었다. 이승복은 바로 이 점을 지목했다. 신간회운동기 이승복의 반(反)동아일보의 경향은, 『조선일보』와 『동아일보』 양사의 경쟁 관계가

---

51 趙璣濬, 「朝鮮物産奬勵運動의 展開過程과 그 歷史的 性格」, 尹炳奭·愼鏞廈·安秉直 編, 『韓國近代史論』Ⅲ(知識産業社, 1977. 6), 83쪽.

아니라 민족운동 노선상의 차이를 반영하였다.

신간회운동이 정점에 달했을 때, 부산에서 경남기자대회가 개최됨을 계기로 『조선일보』의 사설은 '언론기관의 사명을'을 다음과 같이 적절하게 지적하였다.

朝鮮人의言論機關은 營利를目的하지안코 本來부터政治的武器의使命을씌고 建設된것과가티 朝鮮人記者도個人의生計를動機로한職業生活보다 政治運動者의任務를 그主觀에두는것이다 즉朝鮮人政治運動者로서는記者의任務를씌고言論機關에參加하게된것이 從來의朝鮮政治運動界의特殊事情이요 짤아서朝鮮의記者大會는政治的性質을씌고 政治問題를討議하게되는것이다[52]

신문의 논조가 신문경영 — 독자확보라는 경영방침에서 벗어날 수 없으므로, 언론기관이 영리를 목적으로 하지 않는다는 표현에는 무리가 따르겠지만, 당시 신문들이 '정치적 무기의 사명'을 자부하였음도 이 시기의 특징이었다. 민족운동을 자임하는 당시 민간지들 사이에는 민족운동 노선 즉 정치노선의 차이가 반영되었다. 『동아일보』는 문화주의를 선전하는 매체였고, 여기에 소속한 기자들도 이러한 사시에 복무하기 마련이었다. 자치론·자치운동은 문화주의에 기반을 둔 정치노선이었고, 『동아일보』는 이를 위한 '정치적 무기'였다. 이는 『동아일보』가 발행된 시점부터 1920년대를 일관한 실상이었다.

이승복이 한때 동아일보사에 관계한 적이 있었는데, 이는 홍명희(洪命熹)가 동아일보사에 재직하던 시기와 일치하였다. 이승복은 동아일보사에 입사하면서 언론계에 첫발을 들여놓았지만, 그가 애초 신문사에 발을 들여놓게 된 계기는 자의에서 비롯되지 않았다. 그는 당시 민간지가

---

52 「言論機關政策의必要」, 『朝鮮日報』(1928. 2. 4 社說).

우리글을 사용하기는 하였으나, "대정(大正) 연호를 쓰고 있는 신문들이 었기 때문"에 "당초에 신문사에 몸을 담을 생각은 없었"다. 그러나 홍명 희가 동생 홍성희를 시켜 "신문사에 입사해서 민족운동을 해 보자는" '끈질긴 권유'·'간청'를 계속하자, '거듭 사양'만 할 수 없어, 결국 승낙 하고 1924년 5월 30세의 나이로 동아일보사 조사부장으로 입사하였다.[53]

이처럼 이승복이 동아일보사에 입사하게 된 동기·계기에는, 그가 홍명희와 신사상연구회(新思想硏究會)·화요회(火曜會)에서 함께 활동하였 던 인맥이 작용하였다.[54] '대정연호'조차 쓰기 싫어하는 이승복의 철저 한 비타협성은, 국내에 돌아와 신사상연구회에 가담하여 민족운동의 방향을 모색하던 중, 문화주의·민족개량주의에 기반을 둔 『동아일보』 를 더욱 내켜 하지 않았겠지만, 동아일보사에 한때 몸담았던 시기 동 안, 동아일보의 문화주의=타협주의를 깊이 확인하는 계기가 되었으리 라 생각한다.

애초 홍명희가 1924년 5월 동아일보사 취체역(取締役)인 주필 겸 편집 국장에 취임한 동기, 따라서 이승복이 동아일보사에 입사한 배경은 당 시 동아일보사의 위기 상황과 관련이 있었다. 「민족적 경륜」이 민족개 량주의를 표명하자, 해내외에서 강한 반발에 부딪혀 『동아일보』 불매 운동이 일어나는 상황에 직면하였고, 이른바 '박춘금 협박 사건'[55]에 사

---

53 平洲 李昇馥先生 望九頌壽紀念會, 『三千百日紅 – 平洲 李昇馥先生八旬記』(人 物硏究所, 1974. 7), 124~125쪽.

54 제2장 3-2)·3)·4)를 참조.

55 '박춘금 협박 사건'은, 친일단체 각파유지연맹(各派有志聯盟)의 간부인 박춘금 (朴春琴)이 『동아일보』의 1924년 4월 2일자 사설 「관민야합(官民野合)의 어리운 동(漁利運動)」에 반발하여, 동일 오후 사주 김성수와 사장 송진우를 요리집 식 도원(食道園)으로 유인한 뒤, 일당 몇 명과 함께 육혈포 권총으로 협박하면서 돈 3천 원과 협조를 요구한 언론계 테러 사건을 가리키며, 일명 '식도원 사건'으 로 불린다. 이때 송진우는 '사담'(私談)이라고 하여 "주의 주장은 반대하나 인신

주 김성수와 사장 송진우가 미온하게 대처하자, 기자들이 사내 개혁운
동에 나섬으로써 동아일보사의 사내 위기는 가중되었다. 이에 사측은
미봉책으로 사장 송진우의 사표를 일단 수리하고, 민족주의자로 유명
한 남강(南岡) 이승훈(李昇薰)을 사장으로 영입하면서 홍명희를 초빙하였
다. 사내 간부진이 대폭 개편되고, 비타협 민족주의자와 사회주의 계열
의 청년 기자들이 다수 재직하게 되자, 사내 분위기가 일신되는 듯하였
다. 1920년에서 1923년 사이 『동아일보』의 압수 횟수가 연평균 15회였
으나, 1924년 한해에 56회로 늘어난 사실이 이를 단적으로 반영한다.
그러나 두 가지 문제로 불거진 사내 분규가 일단 진정되자, 사주 김성
수는 여론 무마용으로 초빙했던 사장 이승훈을 불과 5개월 만인 1924년
10월 고문직으로 밀어내고 직접 사장으로 들어와 경영과 편집의 전권
을 장악하였다. 김성수가 복귀하자, 홍명희는 동아일보사에서 제 뜻을
펼 수 없게 되었다. 이에 그는 1925년 4월 동아일보사를 사직하였고, 주

공격한 것은 온당치 못한 글로 인(認)함"이라는 쪽지를 건네고 풀려 나오고, 김
성수는 그들이 요구한 대로 돈 3천 원을 다음날 4일 마루야마(丸山) 경무국장에
게 가지고 가서 전하도록 하였으나, 박춘금이 "그 돈은 필요 없으니 그만두라."
고 해서 일단락되었다. 이 불상사는 일급 부일(附日) 민족반역자와 친일단체가
언론을 테러한 중대 사건이어서 일반인에게도 커다란 분격을 일으켰다. 그런데
도 동아일보사는 이상하게 계속 침묵을 지키다가 4월 11일자 사설 「민중의 반
역자에게」에서 사건의 전말을 보도하면서 '서약서' · '사담' 등은 일절 언급하지
않았으며, 박춘금을 고발 · 고소하지도 않았다. 동아일보사 기자들은 사측의 미
지근한 태도에 의혹을 가졌고, 일반 사회도 이를 강하게 지탄하고 나섰다. 이에
동아일보 기자단은 먼저 4월 24일 사장 송진우를 비롯하여 5명의 간부 등의 불
신임안을 결의하면서 동아일보 개혁운동을 일으켰다. 박춘금 협박 사건과 동아
일보 개혁운동의 전말은 崔民之 · 金民珠 共著, 앞의 책, 133~142쪽을 참조. 박
춘금 협박 사건과 관련하여 동아일보사의 시각은 다음을 참조. 古下先生傳記編
纂委員會 編, 『古下宋鎭禹先生傳』(東亞日報社出版部, 1965. 10), 173~178쪽 ; 仁
村紀念會, 앞의 책, 271~278쪽 ; 東亞日報社, 앞의 책, 223~225쪽. 위의 송진우전
과 김성수전은 박춘금 협박 사건을 '육혈포 협박 사건', 『동아일보사사』는 '식도
원 권총협박사건'이라고 표현하였다.

위의 뜻 있는 사람들과 재단을 구성하여 『시대일보』를 인수한 뒤 이곳
으로 자리를 옮겼다. 동아일보사는 송진우가 홍명희의 후임으로 주필
에 임명됨으로써 이전의 김성수·송진우 체제로 다시 돌아갔다.[56] 이는
『동아일보』가 다시 민족개량주의 노선으로 회귀하였음을 뜻하였다. 김
성수가 사장으로 복귀하고, 『동아일보』도 민족개량주의 노선으로 되돌
아가자, 사세(事勢)를 간파한 신채호는 홍명희에게 강력하게 퇴사를 권
하는 편지를 보내기도 하였다.[57]

　한국근대언론사에서 1924년은 특기할 만한 해였다. 친일단체였던 대
정실업친목회(大正實業親睦會)가 창간한 『조선일보』는 1924년 9월 사장 이
상재(李商在), 주필 겸 이사에 안재홍(安在鴻)을 임명하는 등 비타협 민족
주의자들을 간부진에 포진시키는 '혁신'을 단행함으로써 1933년까지는
좌익민족주의의 정론을 펼치려 노력하였다. 반면 『동아일보』는 이와
대조되는 양상으로 흘렀다. 사장 이승훈, 주필 겸 편집국장 홍명희의
체제에서 실행하려던 1924년 동아일보사의 개혁은 미봉책에 머물면서
좌절되고 말았다. 김성수·송진우가 복귀함으로써 『동아일보』는 민족
개량주의 노선으로 회귀하였고, 홍명희·이승복은 동아일보사에서 착
족무처(着足無處)란 말 그대로였다.

　이승복은 동아일보사에 발을 들임으로써 언론활동을 민족운동의 거
점으로 삼고 언론민족운동에 투신하였지만, 홍명희와 마찬가지로 동아
일보사에서 자신의 뜻을 완전히 펼 수 없었다. 그는 동아일보사에 재직
하는 동안 홍명희와 행동을 함께 하였듯이, 동아일보사를 사직한 뒤에
도 홍명희와 동행하여 시대일보사의 상무이사로 자리를 옮겨 계속 언

56　東亞日報社, 앞의 책, 232~238·244~246·423~425쪽.
57　이상 홍명희의 동아일보 재직 시기의 서술은 강영주, 『벽초 홍명희 연구』(창작
　　과 비평사, 1999. 11), 159~168쪽을 크게 참조하여 서술하였음.

론민족운동을 전개하였다. 이승복은 시대일보사로 이직한 뒤부터 세간
에서 언론계 막후의 참모로 인정을 받는 활동을 펴기 시작하였다.

2. 신간회 강령과 규약의 정신

1) 신간회 강령의 요체-절대독립론

1927년 1월 19일 공포된 신간회의 최종 강령이 모호하더라도, 당시
좌익민족주의자들이 우경-타협주의를 배격하고 비타협 절대독립을
고수하였던 시대의식을 고려한다면, 강령의 취지를 이해하지 못할 바
는 아니었다. 신간회가 민족단일당을 지향하는 시점에서, 김만규가 "朝
鮮今日의單一戰線黨은…卽政治鬪爭을그根本任務로한政黨임을　認識하
여야한다"고 전제한 뒤, 이를 위한 '原則的綱領'과 '具體的綱領'을 언급
하면서, "다만一般의暗黙裡에서一致되는原則綱領의意味만에依據하야
行動綱領의基調的條件만을提擧하야둔다"[58]고 지적한 대목은 매우 중요
하다.

신간회의 3대 강령이 비록 모호하더라도 "일반의 암묵리에서 일치되
는 원칙강령의 의미"는 분명하였다. 앞의 두 항은 민족협동으로 정치독
립뿐만 아니라 경제상의 민족독립을 이루어내자는 신간회운동의 궁극

---

58 김만규도 구체한 행동강령보다는 원론을 6가지로 제기하였는데, 이 가운데 다
   섯 번째가 "마. 機會主義的改良主義의一切運動과의徹底的鬪爭"을 제시하였다.
   金萬圭, 「全民族의=單一黨組織과任務 : 單一戰線黨의任務」(五), 『朝鮮日報』
   (1928. 1. 25). 이 글은 「全民族的單一黨의 組織과任務에對하야」(一), 『朝鮮日報』
   (1928. 1. 1)로 시작하여, 1월 1일부터 25일 사이에 5회 연재되었다. 글의 끝에
   '一九二七・一二・二六'이라고 탈고한 날짜를 밝혔다.

목표를, 마지막 항은 이를 위하여 연정회(研政會)와 같은 '기회주의'=타협주의, 즉 자치운동 노선을 배격하자는 당면한 목표를 나타내었다.[59]

이승복이 상해에서 영구 귀국하기(1923년 1월 초) 두 달 전, 상해대한민국임시정부의 기관지 『독립신문』에서 한 논자는, 「독립운동」이라는 제하로 문화운동·자치운동을 다음과 같이 규정·경고하였다.

> 그런故로獨立運動은언제던지獨立을爲한運動이라야한다　決코待遇改善이
> 나 選擧權獲得乃至自治委任統治를爲한手段的示威運動으로함이不可하다 萬
> 一, 그것을爲하야한다하면 발셔獨立運動에셔는脫線된行動이다 文化運動이
> 나殖産興業이勿論,生의發展,向上을爲하야當然한일이요또一面으로보면人生
> 의最高理想의憧憬地라할것이다 그러나그것은獨立運動은안이다 獨立된後卽
> 獨立運動은끗치난뒤에할일이다[60]

이승복이 아직 상해에 체류할 무렵, 상해임시정부는 이렇게 문화운동·자치운동을 강하게 배격하면서 절대독립론을 표명하였고, 이는 이후에도 일관된 민족운동 노선이었다. 임시정부에서 활동한 그에게, 절대독립의 노선은 자치운동 등과는 절대 타협·대체할 수 없는, 항일의 유전 형질과 함께 이미 체화된 독립노선이었다. 신간회 강령 전체를 꿰뚫는 요체는 절대독립론이었다.

신간회 강령에서 가장 눈에 띄는 바는, 첫머리를 '우리는'으로 시작한 어구이다. 전술하였듯이[61] 이승복이 회고한 바에 따르면, 3개 강령의

---

59 김인식, 「신간회의 창립과 민족단일당의 이론」, 『白山學報』 第78號(白山學會, 2007. 8), 235쪽.

60 KB, 「獨立運動」, 『獨立新聞』 第一百四十四號(大韓民國四年十月三十日)(1922. 10. 30).

61 이하에서 신간회 강령의 변화와 관련된 부분은 별도의 출처를 밝히지 않는 곳은, 제3장 2-5) '신간회 강령의 특징과 수정 과정'을 참조 바람.

첫머리는 애초 '아민족'을 세 번 반복하여 시작하였다. 당시 사회단체들은 강령의 주체·주어를 통상 '아민족'·'오등' 등으로 표현하였으므로, 이승복도 이러한 통례를 따른 듯하나, 조선총독부에서 허가를 받지 못하였으므로 뜻을 '완화'해서 '아민족'을 '우리는'으로 바꾸었다.

그러나 '우리는'은 단지 조선총독부의 허가를 받기 위하여 본의를 '완화'한 수사가 아니었고, "'아민족'으로 표현하는 것보다 더 적극적이고 진취적인 표현법"임을 인식하여 선택한 어구였다. 이승복은 이 단어에 충분한 근거와 논리를 담았다. 그는 '우리는'이라는 주체에, 1902년 아일랜드의 정당인 신페인당이 내건 정강 Sinn Fein(We ourselves)[62]에 의거해

---

[62] 신페인은 1905년 더블린(Dublin)의 언론인 그리피스(Arthur Griffith)가 창설한 아일랜드의 급진 민족주의·공화주의 정당의 명칭으로서 '우리 자신'·'우리 스스로'(Ourselves, We Ourselves)을 뜻하는 게일어이다. 흔히 '우리들만으로'(Ourselves alone)으로도 번역되는데 옳지 않다고 한다. 신페인은 초기에는 아일랜드 정치에 미치는 영향력이 작았지만, 1916년 부활절 봉기(Easter Rising) 이후 세력을 급속히 확장하여 1918년 총선에서 얼스터(Ulster)를 제외한 아일랜드 전역에서 타정당을 압도하는 승리를 거두었다. 신페인은 1919년 1월 스스로를 아일랜드 의회(Dail Eireann)로 선언하고 임시정부를 구성하였으며, 1916년에 선언한 공화국(Irish Republic)의 부활을 선포하였다. 鈴木正西,「シンフェントウ(Sinn Fein)黨」, 下中彌三郎 編,『世界歷史事典』第十卷(平凡社, 1955. 8), 179쪽 ; 김기순,「신페인과 아일랜드 공화국군(Sinn Fein & Irish Republican Army)」, 서울대학교 역사연구소 편,『역사용어사전』(서울대학교출판문화원, 2015. 3), 1157~1158쪽 ; Gary Hayes,「An Analysis of Sinn Fein's Political Transformation」(충북대학교 대학원 정치학 석사학위논문, 2016. 2), 10~11쪽.
신페인이 창립 백 주년을 기념하여 발간한 자료집『신페인 : 분투의 한 세기』(Sinn Fein : A Century of Struggle)에 따르면, '신페인'이라는 이름의 유래는 1901년 4월 27일 게일어 연맹이 발간한『빛나는 검』(Claidheamh Soluis)에 실린「우리 스스로, 우리 스스로」(Sinn Fein, Sinn Fein)라는 문서에서 비롯되었다. 또 성(聖)파트리치오(Patricius, 387년?~461년? 3월 17일) 축일(St. Patrick's Day)이었던 1902년 3월 17일, 게일어 연맹의 회원을 중심으로『신페인 : 올드캐슬 월보』가 발행되었는데, 이 잡지는 말미에 "억압받는 노동자 계급이 존재하는 한, 억압에 저항하는 신페인은 계속될 것이다."라고 밝히고 있다. 이상 '신 페인'의 유래는『위키백과』의「신 페인」항을 참조하였음.

평화를 사랑하고 자유를 존중한다는 뜻을 담았다. 또 체코슬로바키아가 1918년 미국 대통령 윌슨(Woodrow Wilson)이 주장한 민족자결주의에 영향을 받아, 오스트리아와 헝가리 제국을 해체하라고 주장한 역사 사실도 참조하였다. '우리는'은 "우리 민족의 문제는 우리들 스스로 해결하자는 뜻"이었다.[63]

'우리는'은 '아민족'을 완화한 수사가 아니라, 오히려 깊은 함축성을 지닌 강한 직설법으로 전혀 새로운 표현이었다. 이는 당시에도 곧바로 그렇게 인식되어, 앞서 신간회 동경지회의 3개 강령에서 확인하였듯이, 강령과 선언의 첫머리를 '우리는'으로 시작하는 출발이 되었다. 동경지회는 신간회 강령이 '미온·평범'하다고 비판하면서 새로운 강령을 제안하였지만, 3개 항의 첫머리는 모두 '우리는'을 그대로 계승하였다. 이승복은 '조선민족'·'오등은' 등을 가지고도 고민하였지만, '우리는'이라는 강한 직설법을 최종 창안·선택하였다.

'오등은'으로 시작하는 문체는 「기미독립선언문」이 유명하지만, 신간회 창립과 관련하여 가깝게는 조선민흥회(朝鮮民興會)의 강령에서도 볼 수 있다. 필자가 과문한 탓인지, 지금까지 연구들에서는 조선민흥회의 강령을 언급한 바를 확인하지 못하였는데, 동 강령은 조선민흥회와 신간회의 관계를 재규명하기 위해서도 매우 중요한 자료이다. 이는 차후에 상세하게 재론할 과제이므로, 우선 본론과 관련하여, 신간회의 강령에서 '아민족'·'조선민족'을 '우리는'으로 수정해야만 했던 저간의 사정과, '우리는'이라는 표현이 지니는 진취성을 확인하기 위하여, 조선민흥

---

63 「李文遠의 李昇馥 面談」(1972. 8. 2)[李文遠, 앞의 논문, 60쪽에서 다시 인용] ; 이문원, 「平洲 李昇馥과 新幹會運動」, 『애산학보』 33(애산학회, 2007. 12), 185쪽. 신간회 강령의 첫 단어 '우리는'과 관련한 이승복의 회고는 위의 두 논문에 의거했다.

회의 강령과 이것이 일제에게 거부당한 이유 등을 먼저 살펴본다.

조선민흥회는 1926년 7월 8일 명제세(明濟世)·전종협(金鍾協) 등 조선물산장려회(朝鮮物産獎勵會) 계열의 민족주의자와 김교영(金敎英)·이경호(李京鎬) 등 서울청년회 계열의 사회주의자들 10여 명이 결합하여 발기한 협동전선체였다. 조선민흥회발기준비회는 1926년 7월 15일 3개의 강령을 통과시켰는데, 이는 다음과 같다.

> 一. 我等은朝鮮民族의最大利益을爲하야鬪爭함을根本的使命으로함
> 一. 我等은朝鮮民族의總力量을結合하야組織的活動을期함
> 一. 我等은朝鮮民族의當面利益을爲하야現下實情에適當한政策의樹立及
> 　　實行을圖함[64]

여기서 보듯이, 조선민흥회 3개 항의 강령은 첫머리를 모두 "아등은 조선민족의…"로 시작하였다. 일제 관헌 자료에 남아 있는 조선민흥회 강령의 전문은 다음과 같다.

> 一. 我等은 朝鮮民族의 最大利益을 위해 鬪爭함을 根本的 使命으로 함.
> 一. 吾等은 朝鮮民族의 總力量을 結合하여 組織的 活動을 期함.
> 一. 吾等은 朝鮮民族의 當面利益을 爲해 現下의 實相에 適當한 政策의 樹立及實行을 圖謀함

이는『조선일보』에 보도된 강령과 그대로 일치한다. 일제 관헌 자료는 이렇게 강령 전문을 적으면서, 조선민흥회의 발기인들이 이 강령과 결의를 7월 16일자『조선일보』지상에 발표하여 단일당의 제1성을 폈

으나, 이는 불온하여 치안을 방해하므로 곧바로『조선일보』는 행정처분에 부쳤다고 적었다. 나아가 일제 관헌 자료는 조선민흥회의 발기인 명제세·김종협(물산장려회)·김교영·이경호(서울청년회) 등이 계속하여 이것을 실현하는 데 분주하고 있다고 기록하였다.[65]

이를 보면 1926년 7월 16일자『조선일보』에 조선민흥회의 강령이 보도되었다는 일제 관헌의 자료는 정확하였다. 한편『동아일보』는『조선일보』보다 12일 늦게 조선민흥회 발기준비회를 다음과 같이 보도하면서 3개 항의 강령을 생략하였다. "조선민흥회발긔준비회(朝鮮民興會發起準備會)에서는지난이십오일오후두시에준비위원회를개최하고다음의삼대강령을 통과하는동시에 준비위원 리춘(李春)김태원(金泰源)류청(柳靑)의세명을증선하엿다더라 (綱領略)"[66] 이 기사에 의거해 유추하면, 조선민흥회발기준비위원회가 7월 25일 3대 강령을 통과시켰다 함은, 1926년 7월 15일 채택한 3대 강령을 재승인하였다는 의미로 보인다.

조선민흥회의 강령은 언론에도 보도된 발기 취지를 더 구체화시켜 분절하였는데, 발기 취지는 다음과 같다.

朝鮮民族의共同利益을爲하야奮鬪努力함에는반다시全民族的인各階級의 力量을集中한組織力의活動으로서야可能할것임으로써朝鮮民族의中心勢力이 될唯一한組織體를完成하기爲하야朝鮮民興會發起準備會를組織함[67]

---

65 京畿道警察部,『治安狀況 その一』(1929年 5月)[朴慶植 編,『朝鮮問題資料叢書』第六卷(アジア問題硏究所刊, 1982. 10), 94쪽. 京畿道警察部,『治安槪況』(1929. 5), 22쪽에도 위의 일제 관헌 자료와 동일한 조선민흥회 강령이 기록되어 있다.『治安槪況』은 梶村秀樹,「新幹會硏究をためのノ-ト」,『勞動運動史硏究』49號 (1968. 12)[스칼라피노·李庭植 외 6인 지음,『新幹會硏究』(동녘, 1983. 10), 197쪽에서 다시 인용].
66 「朝鮮民興會 준비위원회를개최」,『東亞日報』(1926. 7. 28).
67 「民族統一團體組織準備」,『東亞日報』(1926. 7. 10) ;「各階級을網羅하야 朝鮮民

위에서 보듯이, 조선민흥회의 발기 취지는 '조선민족'과 '공동이익'·
'중심세력'을 결합하여 동회의 목적의식을 표출하면서, '전민족적·분투
노력'이라는 온건한 단어를 사용하여 이미 일제 당국의 허가를 받았는
데도, 일제가 강령이 불온하여 보도를 금지한 까닭은 무엇일까.

조선민흥회는 1926년 10월 30일에 발기총회를 열었는데,[68] 일제 경찰
자료는 동일자 연표에서 조선민흥회의 강령과 관련하여 "민족·사회 양
운동의 진전책(進展策)으로서 조선민족의 최대이익을 위하여 투쟁할 것
을 근본적 사명으로 함, 조선민족의 총역량을 결합하여 조직적 활동을
기함" 외에 1개 항의 불온 강령을 정하였다고 적었다.[69] 이 강령을 앞서
1926년 7월 15일 조선민흥회발기준비회가 통과시킨 3개의 강령과 비교
하면, 강령 앞머리의 '민족·사회 양운동의 진전책'이라는 문구에서 보
듯이, 조선민흥회가 민족주의운동과 사회주의운동의 협동전선체[70]를
지향하였음을 제시한 점을 제외한다면 주지(主旨)에는 차이가 없었다.
일제 경찰 자료가 생략한 1개 항은 앞서 발표한 3개 강령 가운데 세 번
째 항이었으리라 생각한다.

그런데 이 강령을 7월 15일 발기준비회가 통과시킨 강령과 비교하면,
주어와 주체를 나타내는 "아등은 조선민족의"라는 문구가 삭제되었고,

族單一戰線을 조직하야실업,로동,종교등각계급을 망라하야민중의중심세력을맨
들기로」, 『時代日報』(1926. 7. 11).

68 「朝鮮民興會 작일에발긔회」, 『東亞日報』(1926. 10. 31).

69 朝鮮總督府警務局, 『高等警察關係年表』(1930. 1), 209~210쪽.

70 앞서 인용한 「各階級을 網羅하야…(줄임표는 인용자)」, 『時代日報』(1926. 7. 11)
의 기사를 보면, 조선민흥회는 '민족단일전선'을 지향하였고, 언론을 비롯하여
세간에도 그렇게 인식되었다. 이 점에서 조선민흥회는 민족주의좌익전선으로
출발한 신간회와 근본 성격이 달랐다. 김인식, 「창립기 신간회의 성격 재검토」,
『한국민족운동사연구』 92(한국민족운동사학회, 2017. 9), 141~145쪽. 본문에서
인용한 일제 경찰 자료가 적고 있는 '민족·사회 양운동의 진전책'은, 조선민흥
회가 민족단일전선을 지향한다는 에두른 표현이었다.

'조선민족의 최대이익을'·'조선민족의 총역량을'이라는 목적성만을 표현하였다. 그렇다면 조선민흥회가 일제에게 허가를 받는 과정에서 강령을 수정하였음이 분명하다. 그런데도 일제가 수정 강령조차 '불온 강령'이라고 한 이유는 여전히 '투쟁' 등의 단어를 사용하였기 때문이다. 여기서 조선민흥회가 애초 강령을 고수하려는 태도를 엿볼 수 있음과 동시에, 조선민흥회가 7월 15일에 통과시킨 3개 항의 강령을, 일제가 왜 보도 금지했는지도 짐작할 수 있다. 일제가 신간회의 강령에서 '아민족'·'조선민족으로서' 등의 표현을 허락하지 않은 이유는, '아등은'이 '조선민족'과 결합되었고, '분투'보다 과격한 '투쟁' 등의 용어가 조선민족 총역량의 결집이 궁극에서 무엇을 의미하는지를 판단하였기 때문이라 생각한다.

『조선일보』가 조선민흥회의 강령을 보도하여 행정처분을 받았으므로, 일경이 강령의 불온성을 문제삼아『동아일보』에 이를 보도 금지시켰거나, 또는『동아일보』스스로 보도를 생략한 듯하다. 1926년 7월 15일 조선민흥회발기준비회가 3개 항의 강령을 통과시킨 데 이어, 동월 25일 강령을 재승인한 데에서 보듯이, 조선민흥회는 동 강령을 고수하면서 창립에 박차를 가하였지만, 일제가 보도 금지한 강령을 공개할 수는 없었다. 신간회의 강령이 '오등은'과 '조선민족'을 결합한 '아민족' 또는 '조선민족'을 주어로 내세우지 못하고, '우리는'으로 수정한 사정이 엿보인다. 일경이 '아민족'·'조선민족'이라는 문구를 불온시하여 단체의 창립이 불허한 전례는 이미 조선민흥회에서 있었기 때문이다.

조선민흥회는 이렇게 강령의 '불온성'이 문제가 되어 창립 허가가 지체되던 끝에 신간회에 통합되었다. 그러나 조선민흥회와 신간회의 강령을 세심히 비교하면, 조선민흥회의 강령이 단어 사용에서는 구체성을 띠었을지 모르나, 민족해방이라는 구경의 과제를 포괄하지는 않았다. 조선민흥회는 설립 취지서에서 "전민족적인 각 계급의 역량을 집중"·"조선민족의 중심세력이 될 유일한 조직체"를 표방함으로써 전민족협동전선체 즉 민족단일전선을 지향하겠다는 의지를 밝혔지만, 정치투쟁의 구호는 전혀 등장하지 않았다. 발기 취지서의 '공동이익'을 강령에서는 '최대이익'·'당면이익'으로 대체하였지만, 강령에도 정치투쟁의 의지를 표명하지는 않았다. 조선민흥회의 강령은 조선민족의 최대이익을 근본사명으로 하고, 조선민족의 총역량을 결합하여 조직 활동을 하고, 조선민족의 당면이익을 위한 정책을 수립하고 실행한다는 내용으로 조선민족의 '최대이익'·'당면이익'을 중시하였다.

물산장려회가 조선민흥회를 구성한 한 축이었음을 고려한다면, 조선민흥회의 지향점이 정치투쟁보다는 경제 방면에서 민족 자활의 기틀을 꾀하는 데 있었다고 추론할 수 있는 대목이다. 이에 비하면, '우리는'으로 시작하는 신간회의 강령은 총독부의 허가를 받는 과정에서 완화·추상화된 표현으로 바뀌어 모호한 점이 분명 있었지만, 민족독립이라는 궁극의 지향점을 담았다는 데에서 조선민흥회의 강령보다는 진일보하였다. 이것이 조선민족의 '최대이익'·'당면이익'을 추구하는 단체인 조선민흥회가, 민족운동단체인 신간회에 합류한 주된 이유 가운데 하나였다고 생각한다.

무엇보다도 신간회 강령에는 자치운동을 배격하고 민족문제의 '구경해결'을 지향하는 절대독립의 시대의식이 반영되어 있었다.[71] 이승복은 안재홍 등이 『조선일보』를 통하여 이미 제창한 좌익민족주의 이념을

───────────────────

71 신용하는 신간회 중앙본부의 강령과 지방지회 강령에 기초하여 신간회의 사상과 이념을 ①한국민족의 정치적 완전독립, ②한국민족의 경제적 해방, ③전민족의 총단결, ④모든 자치운동의 부인, ⑤일제와 타협한 모든 개량주의운동 배격, ⑥전민족의 현실적 공동이익 실현 등의 6가지로 파악하였다. 신용하, 『신간회의 민족운동』(독립기념관 한국독립운동사연구소, 2007. 12), 55~58쪽.

반영하여 신간회 강령을 작성하였다. 이제 신간회 강령의 각각의 의미
를 짚어본다.

신간회 강령의 제1항에서 중요한 특징은 '정치적 각성'과 함께 '경제
적 각성'을 촉구한 점이다. 물론 '각성'의 궁극 지향점이 조선민족의 '독
립'·'해방'에 있었지만, 일제 침략의 경제상의 본질을 꿰뚫어보면서,[72]
비록 식민지지배 체제의 한계 안에서라도 민족이 자생·자활하는 능력
을 키워나가겠다는 의도를 담은 '경제적 각성'은 적절한 표현이었다. 이
는 「신간회선언 초안」에서도 분명하게 드러난다.

「신간회선언 초안」은 행동문제에서, "우리들의 이해와 현재 정치의
사이에 근본적 모순이 있음을 민중에게 인식시키려고 노력해야 함"을
강조하면서, 10개 항의 실천 사항을 제시하였다. 이 가운데 조선생산품
사용의 장려를 선전함, 일본 이민을 반대함, 농촌에 가내공업을 장려하
여 농촌진흥을 기함, 경제적 실제통계를 조사 연구하여 구체적 대책을
강구함, 만주이주동포의 산업적 실황을 조사하여 그의 원조책을 강구
함, 남부와 중부의 농민이 북부로 이주하도록 장려하여 가급적 국내 인
구밀도의 조화를 기함 등 무려 6개 항이 경제문제와 관련되어 있었다.[73]
이렇게 신간회의 좌익민족주의자들은 경제문제를 '구경 해결'하는 전제
로서 '각성'의 구체안을 마련하여 실천하려 하였다.

신간회 강령의 제2항이 의미하는 내용과 실체는 신간회운동의 방향

---

72 신일철은 이를 "민족 독립과 근대화에 이바지하겠다는 뜻"으로 이해하면서, 좀
  더 구체화시켜 '정치적 각성'은 항일·민족독립과 정치적 민주주의의 성취 두
  가지를 뜻하며, '경제적 각성'은 사회주의 영향을 받아 일제 식민주의의 경제상
  의 본질을 자각하고 경제근대화 운동을 지향함을 가리킨다고 설명하였다. 申一
  澈, 「맑시즘과 韓國−新幹會 運動의 思想史的 側面」, 『(東國大學校開校60周年
  記念 學術심포지움論文集) 韓國近代化의 理念과 方向』(東國大學校, 1967), 8쪽.
73 「新幹會宣言草案」, 朝鮮總督府警務局 編, 『朝鮮の治安狀況』(1927年版)[不二出
  版, 1984年 3月 復刻版 發行].

성, 즉 민족주의 좌익전선과 관련이 있었다. 강령의 1항과 3항이 총독부와 교섭하는 과정에서 수정되었듯이, 2항도 원안은 '민족적 단결'이라는 단호한 표현을 사용하였지만 '민족적'을 삭제당하였다. 언뜻 보아 '단결'이라는 말은 분명한 듯하면서도 매우 추상성을 띤 단어이다. 이 말 자체가 그대로 목적과 수단을 나타내는 이중성을 띠었기 때문이다.

그러면 신간회 강령 2항의 '단결'은 무엇을 뜻하는가. 이의 지향점이 당시 시대어였던 '민족적 총역량'이었음은 분명하지만, 이를 달성하는 매개체이자 구체화로서 신간회는 어떠한 성격의 단결체를 지향하였는가. 이는 바로 좌익민족전선의 구체화였다. 신간회는 좌익민족전선의 구심점으로서 자치운동의 배후 세력인 문화주의자-동아일보 계열에 대항하여 절대독립을 목적하였다.

신간회는 창립 대회의 날, 단결을 더욱 공고히 하는 모습을 보이기 위하여 규약을 무수정 통과시켰는데,[74] 이때 단결은 막연한 추상이 아니라 좌익민족주의자들의 집결로서 '민족적 단결'을 실현함을 가리켰다. 신간회는 절대독립을 궁극목표로 삼아 타협주의=자치운동을 기회주의로 단정하여 부인·배격하는 좌익민족전선의 구심체가 되려 하였다.

연정회와 신간회가 모두 '단결'을 외쳤지만, 이의 실체는 달랐다. 신간회의 단결은 '좌익민족전선'을 기치로 우선 '전위분자'를 결속하려 하였다. 이는 안재홍이 1927년 12월 10일 개최되는 신간회 경성지회의 정기대회를 주목하면서, 동일자 『조선일보』 사설에서 신간회운동의 방향을 제시한 데서도 볼 수 있다. 이때는 사회·공산주의자들이 신간회를 '민족단일당의 매개형태'로 규정하면서 신간회 참여 전술을 구사하였는데,[75] 그는 이에 대응하여 좌익민족주의자의 시각에서 신간회의 목표를

---

74 李炳憲, 「新幹會運動」, 『新東亞』(東亞日報社, 1969년 8월호), 195쪽.

"비타협적 민족주의의 입장에서 민족적 정치투쟁을 사명"으로 한다고
천명하면서, 현 단계의 운동방향을 다음과 같이 제시하였다.

二

　오늘날의朝鮮人이 時局을展開식히고 自己들의生活을改新케하려고하는衝
動은…그는다만表現方法에 關한바이다 大衆的으로 表面的으로 組織的으로
짜러서統一的으로 行動은되도록 合法的이오 그力量은가장雄大하게하자는
데잇는 것이다…非組織化한 짜러서 無訓練한 分散的인群衆의 自然發作的인
行動에맷기어서 그의至大한目的을 成就할수잇스리라고 粗暴한樂觀을할 民
衆의先驅者도업슬 것이다…

四

　…政治的前衛分子를 糾合하는것이 組織過程의初期에잇는 同會의行事이
라하거니와 前衛分子의 糾合밋統一이 우선當面의急務이오 農民 勞働 資本
等各層 쪼는其他一般의動作要素를지을만한 層에對하야 所謂飛躍的 浸透밋
展開를 期하는것은 아즉도 次期의일인것을 滿足하여야할 理智를가저야할것
이다…[76]

　안재홍은 이처럼 신간회가 아직도 '조직과정의 초기'에 있다고 규정
하면서, '정치적 전위분자'를 '규합·통일'함이 '우선 당면의 급무'라고
주장하였다. 이 점에서 비타협 민족주의자들이 투쟁론의 문제를 조직
문제로 환원시키는 '조직우선주의'에 편향하였다는 지적도 가능하다.[77]

75　당시 공산주의운동의 주류였던 ML계가 신간회를 어떻게 성격규정하여 나갔는
　　지는, 김인식, 「신간회운동기 ML계의 민족협동전선론과 신간회 성격규정의 변
　　화」, 『白山學報』 第68號(白山學會, 2004. 4)를 참조.
76　「新幹會의京城大會－注目을끌을이會合」(1927. 12. 10 社說). 이 사설은 安在鴻
　　選集刊行委員會 編, 『民世安在鴻選集』 1(知識産業社, 1981. 6), 242~244쪽에도 실
　　려 있다. 앞으로는 『民世安在鴻選集』을 『選集』으로 줄임.

뒤에서 보겠지만, 「신간회선언 초안」부터 문맹타파=문자보급을 최우선
의 과제로 제시하였고, 신간회가 존속하는 동안 조선일보사가 문자보
급운동을 주도·매진한 사실은 결코 우연이 아니었다. 이는 대중을 계
몽·훈련하는 교양운동을 첫째 과정으로 거쳐 민중을 조직하고, 이를
기초로 현실의 당면문제를 해결하는 의미의 정치투쟁을 실행하려는 좌
익민족주의자들의 소부르주아지 운동 노선(조직론과 운동론)에 따른 방향
성이었다. 여기서 『조선일보』라는 언론 매체를 통하여, 신간회운동을
주도해 나가려는 좌익민족주의자들의 의도를 분명하게 엿볼 수 있다.

　앞서 설명하였듯이, 신간회 강령 제3항의 '기회주의'는 최초의 강령에
서는 '타협주의'였고, 이 '타협주의'가 연정회와 같은 자치운동 노선을
가리킴은 당시의 일반 인식이었다.[78] 안재홍은 신간회가 발기된 다음날
인 1927년 1월 20일자 『조선일보』 사설에서 "機會主義를 一切否認하는
것은 그趣意에因한出發로서 또當然한歸結이라고보아서조흘것이다."고
지적한 뒤, 다음과 같이 기회주의의 정체를 폭로하면서 강령 3항의 의
미를 설명하였다. "무릇漸進的이오 또階段的이란口實로써 其實은墮落
한機會主義로 기울어지기쉬운것은 自然生長性에放任되는 大衆의趨向
으로서 싸지기쉬운危險이오 더구나 不純한政治的功利主義者들의 엿보
아서 틈타기쉬운바이니…"[79]

77　韓相龜, 「1926~28년 민족주의 세력의 운동론과 新幹會」, 『韓國史硏究』 86(韓國
　　史硏究會, 1994. 9), 155쪽.
78　안재홍은 신간회의 발기를 앞두고 분망하게 움직이면서, 1927년 『조선일보』의
　　신년 사설에서, 총독부와 연계된 자치운동을 경계하면서 "妥協이냐?그妥協이
　　냐?吾人은너를사랑할수업다"고 외쳤다. 「壯志益新한又一年－懊惱로부터鬪爭에」
　　(1927. 1. 1 『朝鮮日報』 社說)[『選集』 1, 202쪽]. 기회주의보다 타협주의가 본질
　　을 찌르는 사실성을 지녔지만, 당시 기회주의는 자치운동을 가리키는 타협주의
　　와 동의어로 쓰였다. 김인식, 「안재홍의 신간회 운동」, 『애산학보』 33(애산학회,
　　2007. 12), 91~92쪽.

이와 같이 신간회는 자치운동을 배격하는 당면목표를 내세워 민족주의 좌익전선으로서 출발하였고, 이는 좌익민족주의자들이 신간회운동으로써 감당해야 할 일관된 사명이었다. 1927년 11월 좌익민족주의자들은 민족단일당화(化)한 신간회와 별도로 신간당(新幹黨)을 재결성하려 시도하면서, 신간회 강령의 제3항을 "오등은 자치운동을 배척한다."로 구체화함으로써, 타협주의=기회주의가 자치운동임을 분명하게 드러냈다.

1927년 12월 신간회 동경지회 제2회 대회도 강령의 3항을 "우리는 일체 개량주의운동을 배척하여…"로 수정·제안하면서, 「운동방침에 관한 의견서」에서는 "자치운동을 배격"함을 더욱 선명하게 표명하였다. 이 의견서는 '신간회의 당면의 역사적 사명'이라 하여 '민족적 비타협적 단일당의 결성'이라는 한마디로 신간회의 목적과 성격을 규정하면서, 무엇보다도 "현단계에 있어서 소위 민족문제의 헌법 문제화 운동의 반동성을 규탄하여 자치운동을 배격하고 억압과 착취에 대하여 투쟁함에는 전선의 통일, 단일당의 결성이 절대적 전제조건"이라 하여, 자치운동을 강하게 배격하였다.[80]

2) 신간회 규약의 특징 – 민족주의 좌익전선의 공고화

신석우의 개회사로 시작된 신간회 창립대회는[81] 권동진 등 5명을 규칙심사위원으로 선정하여 이들에게 규칙안을 심사케 하여 무수정(無修正) 통과시키고,[82] 선언을 토의한 뒤, 이 규약에 의거하여 임원선거에 들

---

79 「新幹會의創立準備-眞摯한勞力을要함」(1927. 1. 20 『朝鮮日報』 社說). 이 사설은 『選集』 1, 204~206쪽에도 실려 있다.
80 동경지회는 24개 항의 정책도 제출하였다. 趙芝薰, 앞의 논문, 782~783쪽.
81 창립대회의 모습은 제3장 2-1)에서 자세히 서술하였다.
82 『동아일보』는 창립대회의 진행 과정을 순서대로 상세하게 보도하였는데, 이에

어가 투표로써 정부회장과 간사 35명을 선출하였다.[83] 이승복이 초안·작성한 규약은 원안대로 통과되었고, 이로써 좌익민족주의자들이 신간회에서 민족주의 좌익전선을 공고화하려는 본디 의도는 관철되었다.

그러나 신간회는 창립된 지 1년 만에 지회 설립이 급증하여 100여 개를 돌파하는 등 조직상의 발전은 비약하였지만, 이에 비례하는 투쟁이 뒤따르지 못한다고 비판하는 지회들의 목소리도 커갔다. 이렇게 신간회 중앙본부의 운동 방향이 투쟁을 기피하며 미온스럽다는 불만이 커지면서, 상당수의 지회들이 신간회의 중앙조직을 개편하라고 요구하는 강도도 높아갔다.

지회가 중앙본부에 요구하는 사항은, 크게 ①뚜렷한 행동강령을 확립하고, ②조직 형태를 중앙집권제에서 지회 중심제로 개편해야 한다는 원칙을 세워, ③회장제(사실상의 총무간사제)를 집행위원제로, ④개인가입제를 단체가입제로 전환하자는 네 가지로 요약할 수 있다.[84] 그런데 역으로 말하면, 지회들이 개혁을 요구하는 모호한 행동강령, 중앙집권제에 기반을 둔 총무간사제, 신간회의 조직원리인 개인가입제는, 좌익민족주의 조직으로서 창립된 신간회가 가지는 중요한 특징이었으며, 이는 신간회가 애초 좌익민족주의의 조직체를 의도하였다는 명백한 증좌였다. 이승복은 신간회 조직의 특성을 규약에 반영하였다.

따르면 "규측통과(規則通過)에들어가규측심사 위원으로 권동진(權東鎭)최익환(崔益煥)박래홍(朴來泓)송내호(宋乃浩)리동욱(李東旭)오씨를선거하야규측을 심사케하여가지고 대톄무수정(無修正)으로통과"시켰다. 「新幹會創立大會-이백여명회원이출석하야 대회창립하고부서를제명」, 『東亞日報』(1927. 2. 17).

83 「投票選定結果 會長은李商在氏」, 『朝鮮日報』(1927. 2. 16) ; 「熱中한會衆 討議로徹夜-간사삼십오씨를선거해-新幹會順調로創立」, 『朝鮮日報』(1927. 2. 17) ; 李炳憲, 앞의 글, 195쪽.

84 李均永, 「新幹會支會의 設立과 活動」, 尹炳奭敎授華甲紀念論叢刊行委員會, 『尹炳奭敎授華甲紀念韓國近代史論叢』(지식산업사, 1990. 12), 687~706쪽.

신간회의 전체 규약은 전문(全文) 25개 조의 규약, 2개 조의 임시규약, 13개 조의 대회규정, 14개 조의 지회규정으로 구성되었다.[85] 전체 규약에 나타난 신간회 조직의 특성을 보면, 회장·부회장은 신간회를 대표·상징하는 직위였고,[86] 신간회 활동을 장악하는 사실상의 기능은 각 부에서 모인 간사회와 총무간사회에 있었다. 무엇보다도 각부의 책임자인 총무간사들의 권한은 매우 컸다.[87] 이는 이승복이 작성한 창립기 신간회 규약의 눈에 띄는 특징이었다.

신간회 중앙조직이 겉으로 보면 회장제의 형식을 띠었으나, 사실은 총무간사제라 해야 타당할 만큼 총무간사회의 권한이 컸다. 운영의 주도권과 실권을 총무간사회가 장악한 구조는, 총무간사회를 통하여 신간회 내에서 좌익민족주의 노선을 관철시키려는 좌익민족주의자들의 전략과 깊은 관계가 있었다. 이는 신간회 발기·창립을 주도한 조선일보계가 간사회와 총무간사회를 사실상 장악함으로써 한동안 신간회를 주도하는 양태로 구체화하였다.

창립기 신간회의 규약에서 회장이 실무 기능과 권한을 지닌 존재라기보다는 상징성의 존재였음은, 78세의 고령이었던 이상재를 초대 회장에 추대한 사실에서도 확인된다.[88] 신간회 복대표대회(1929. 6)에서 유명무실한 회장제를 중앙집권제인 집행위원제로 바꾸자는 주장이 제기된 동기와 배경은, 사실상 총무간사제인 현 중앙의 직제에서 총무간사회의 기능을 축소시키는 쪽으로 개혁하려는 의도에서 출발하였다. 이

---

85 신간회의 규약은 이 책의 부록을 참조 바람.
86 규약 제16조는 "회장은 본회를 대표하며 본회 회무의 통일을 도(圖)함."이라 규정하였다.
87 신용하, 앞의 책, 65~66쪽.
88 제3장 2-2)의 각주 106)을 참조.

또한 창립기 신간회에서 총무간사회의 기능과 권한이 매우 컸음을 보이는 반증이었다. 창립기 신간회의 사업은 총무간사회에 종속되었고, 따라서 간사회와 총무간사회를 장악한 조선일보계가 신간회운동을 주도했다 해도 과언이 아니었다.

신간회 창립 당시 신간회와 조선일보의 관계는 '신간회 본영인 조선일보'[89] · '대변지 · 기관지' 등으로 표현되었다.[90] 이러한 표현들은 양자의 밀접함을 드러내는데, 앞서 지적하였듯이 "新幹會에對하야 朝鮮日報는 絶對支持를하여왓다"는[91] 평을 들을 만큼, 『조선일보』는 신간회가 창립된 이후 해체하기까지 일관되게 신간회를 지지하였다.[92]

신간회와 『조선일보』 양자의 일치성은 "신간회는 조선일보사가 만든 것이나 다름없었으므로 신간회의 간부는 조선일보의 간부였다."고 할 정도였다.[93] 이 말은 신간회의 조직과 운동에서 『조선일보』의 중요성을 강조하려는 의도를 지녔으므로 수치상으로 보면 과장법이겠으나, 당시 세간의 인식을 반영한 측면에서 타당성도 있었다. 제3장의 (자료 B)에서 이승복이 "조선일보 진용은 처음부터 간부진 거의 모두가 신간회에 가담"했다고 회고한 바처럼, "조선일보의 간부는 신간회의 간부였다."고 말한다면, 이는 거의 그대로 사실이었다.

창립 당시를 보면, 조선일보 사장 이상재는 신간회 회장, 부사장 신석우(申錫雨)는 정치문화부 총무간사, 주필 안재홍은 조사연구부 총무간

---

89 李文遠, 「李仁 會見」(1974. 5. 31)[李文遠, 「新幹會의 社會敎化」, 『韓國學』 26輯 (中央大學校 韓國學研究所, 1982 여름), 20쪽에서 다시 인용].

90 앞의 『三千百日紅』, 167쪽.

91 壁上生, 「〈新聞戰線의 展望〉 東亞對朝鮮의對抗戰—歷史 · 現象 · 陣容 · 其他—」, 『彗星』 創刊號 · 第一卷第一號(開闢社, 1931년 3月號), 75쪽.

92 신간회와 조선일보사의 이러한 관계는 제3장 1-1)에서 이미 간단히 서술하였으므로, 여기서는 양자의 인맥을 중심으로 이 문제를 좀 더 상술하고자 한다.

93 金乙漢, 『新聞夜話—三十年代의 記者手帖』(一潮閣, 1971. 1), 221~222쪽.

사, 편집인 백관수(白寬洙)는 본부간사, 편집국장 한기악(韓基岳)은 간사, 최선익(崔善益)은 출판부 총무간사, 영업국장 이승복—신간회 창립 직후 입사하였지만—은 선전부 총무간사, 지방부장 장지영(張志映)은 본부 간사였다. 정부회장을 비롯해서 총무간사 7자리에서 무려 4자리를 조선일보계가 차지하였다. 조선일보계가 창립기 신간회의 총무간사회를 장악하고 있었던 사실에서, 조선일보계가 신간회의 중앙을 장악하려는 의도와 함께, 창립기 신간회는 조선일보계가 사실상 주도권을 행사하였음을 확인한다.

　이는 일제 관헌 자료에서도 증명된다. 『고등경찰요사』는 34명의 발기인 명단을 게재하면서 소속을 조일(朝日, 조선일보)·중외(中外, 중외일보)·동아(東亞, 동아일보)·원시일(元時日, 전시대일보) 등의 신문사와 승려·천도교·기독교 등 종교 계통, 경성·평양 등 지역 대표, 연전교수(延專敎師) 등 직업별로 분류하였다.[94] 이 중 조선일보사로 분류된 인물은 신석우·백관수·안재홍·김준연(金俊淵)·장지영·한기악 6인으로 경성지역 대표 4인[박동완·유억겸(俞億兼)·이갑성(李甲成)·이정(李淨)], 시대일보[홍명희·이승복·홍성희(洪性熹)]·천도교[권동진·이종린(李鍾麟)·박래홍]의 3인보다 많았다. 그런데 기독교로 분류된 이상재가 당시 조선일보사 사장이었음을 고려하면, 조선일보계는 7인이 발기인이었고, 이후 시대일보사의 이승복이, 중외일보사로 분류된 2인[이정섭(李晶燮)·최선익]이 곧 조선일보사에 입사하였음을 반영하면 모두 11인의 발기인을 조선일보계에 포함시킬 수 있다. 이렇게 계산하면 34인의 발기인 가운데 3분 1일에 해당하는 비율이 조선일보계였다. 한편 이균영은 창립기 신간회의 간부 51명 가운데 31명을 조선일보계·기독교계·불교계·천도교계·유림계·조선공산당

---

94 『高等警察要史』, 49쪽.

계·학계로 나누어 분류하였는데, 이 가운데 조선일보계가 기독교계 7명
보다 많은 8명(이상재·안재홍·이승복·장지영·최선익·한기악·홍성희·이정섭)[95]이
었다.

　"신간회운동은 어떤 면에서 보아「조선일보」를 통한 우리나라 최초
의 프레스 캠페인"이라고 회고한 이관구에 따르면, 자신이 김준연의 후
임으로 조선일보사로 자리를 옮기게 된 이유도 "신간회의 일을 보기 위
한 책략적인 것"이었다.[96] 조선총독부 경무국에서 발간한 극비문서는
『조선일보』와 신간회의 관계를 다음과 같이 기록하였다.

95　이균영이 조사한 바에 따르면, 신간회 창립기 이상재는 조선일보사 사장, 안재
　홍은 주필, 이승복은 영업국장, 장지영은 지방부장, 최선익은 간부, 한기악은 편
　집국장, 홍명희의 실제(實弟)인 홍성희는 판매부장, 이정섭은 정경부장이었다.
　이균영, 앞의 책, 99~101쪽.

96　「李寬求氏의 回顧談 :〈筆鋒도〉줄기차게 - 惡辣한 總督府에 抵抗 - 內部受難…
　左翼分子들策動」,『朝鮮日報』(1964. 5. 3) ; 朝鮮日報 社史編纂委員會 編,『朝鮮
　日報 五十年史』(朝鮮日報社, 1970. 3), 321~322쪽. 김준연에 따르면, 그가 조선
　일보사에 입사한 때는 1925년 2월이었다. 그가 유럽 유학을 마치고 귀국하던 중
　인 1925년 1월 일본 고베(神戶)까지 출영(出迎)나온 백관수가 입사를 제의했다.
　김준연은 1개월 동안 동경에 머물다가 2월 8일 서울에 도착하여 조선일보사로
　가자, 조선일보사는 그에게 특파원으로 러시아 시찰의 임무를 맡기었다. 그는
　이때부터 조선일보사에서 근무하기 시작하였고, 러시아를 시찰하는 임무를 마
　친 후에는 조선일보사의 논설위원으로 활동하였다. 김준연이 조선일보사를 퇴
　사한 시점은 정확하지 않으나, 그가 조선공산당 조직에 종사하던 중인 1927년
　10월 말경 송진우가 동아일보사 사장이 되면서, 김준연에게 조선일보사의 편집
　국장의 직을 맡겼다. 1928년 2월 김준연은 ML당(黨) 사건의 주모자로 체포되어
　7년간 서대문형무소에서 수형 생활을 하였다. 金俊淵,『나의 길』(東亞出版社工
　務部, 1966. 4), 12·16~18쪽. 이를 보면, 김준연은 늦어도 1927년 10월에는 조선
　일보사를 퇴사하였다.『朝鮮日報社史』에 따르면, 이관구는 1927년 조선일보 정
　치부장으로 입사하였다. 그는 1928년 1월 21일자『조선일보』사설「보석지연(保
　釋遲延)의 희생」을 집필하여 필화를 겪었다. 이 사설로 발행인 안재홍과 편집
　인 백관수는 구속 기소되어 안재홍은 금고 4개월, 백관수는 벌금 1백 원을 선고
　받았으나, 필자 이관구는 불기소되었다. 朝鮮日報60年史 편찬위원회,『朝鮮日
　報60年史』(朝鮮日報社, 1980. 3), 428~429쪽. 이를 보면, 이관구는 늦어도 1927년
　10월경에는 조선일보사에 입사하였다.

(前略)新社主에 申錫雨가 就任하자 新幹會라는 民族的 思想단체를 組織하여 스스로 同會의 總務幹事의 要職에 취임하였고 主筆 安在鴻 以下 社員의 거의가 全部 同會의 主要 指導간부의 地位에 취임, 會의 劃策謀計를 同社內에서 행할뿐만 아니라, 地方支局의 一記者에 이르기까지 新幹會에 入會하지 않으면 記者로 採用하지 않는다는 內規까지 만들었다는 風說이 있으며, 현재 各地方에 있어서 集會등에 있어 불온한 言動을 하여 警察官으로부터 禁止 또는 中止를 命令받는 등 此種集會에 있어 警察上의 處分을 받은 것은 거의가 朝鮮日報 記者였다.……(後略)[97]

위의 일제 관헌 자료를 전거로 삼아, "(신간회의 : 인용자) 국내의 1백38개 지회도 대다수가 조선일보사 지사·지국을 주축으로 결성"[98]되었다고 서술함은 과장법이겠지만, 당시 조선일보사가 신간회의 '본영'으로 세간에 인식되었고, 『조선일보』가 신간회의 활동상을 빠뜨리지 않고 보도하면서 신간회의 '기관지' 구실을 자임하였음은 사실이었다. 이러한 동력은 무엇보다도 신석우를 비롯한 조선일보사 간부들이 신간회의 발기·창립을 주도하였고, 이후 총무간사회를 비롯한 신간회의 중앙을 장악한 데에서 가능하였다.

이승복이 조선일보사에 입사(1927년 3월)하기 전 창립된 신간회의 진용을 볼 때, 조선일보사 간부의 대부분이 신간회에서 총무간사직 등 중요한 지위를 차지하였음을 볼 때, 조선일보사 간부진이 모두 신간회에 가담했다고 말해도 결코 과언이 아니었으며, 역으로 창립기의 신간회가 조선일보계를 주체 세력으로 하였다고 해도[99] 틀린 말은 아니었다. 무

97 朝鮮總督府警務局, 『朝鮮出版 警察槪要』[朝鮮日報60年史 편찬위원회, 앞의 책, 416쪽에서 재인용].
98 朝鮮日報60年史 편찬위원회, 앞의 책, 415쪽.
99 한 연구는 신간회의 발기인을 보면, 조선일보계가 가장 많았고 지역 대표도 대부분 조선일보계였으므로 창립 당시의 신간회가 조선일보계를 주체 세력으로

엇보다도 비타협 민족주의자들이 모여서 신간회의 발기·창립을 합의한 장소가 조선일보사였다는 사실[100]이 이를 상징하여 보여준다. 발기·창립 당시 신간회와 조선일보사는 인맥상으로도 "조선일보의 신간회인지 신간회의 조선일보인지"[101]할 만큼 일치·중복되는 바가 컸다. 이처럼 신간회의 주체 세력이 상당수 조선일보사의 인물이라 할 만큼 인맥에서 일치하였으므로, 『조선일보』는 신간회를 대변할 수밖에 없는 구도였다. 『조선일보』의 논조는 신간회의 창립 단계에서부터 신간회를 선도하면서, 이를 독려·육성·발전시키는 방향으로 매진하였다.[102]

그럼 규약상에서 간사회와 총무간사회의 권한을 보자. 규약 제9조에는 "본회에 좌(左)와 여(如)한 기관을 치(置)함."이라 하고 "1. 대회 2. 간사회 3. 총무간사회 4. 각부회(특별부는 제외함)"를 열거하였는데, 이처럼 간사회와 총무간사회는 신간회의 업무를 집행하는 기관이었다. 정기대회는 1년에 1차례(2월) 회장이 소집하도록 규정하였으나(규약 제13조, 대회규정 제1조), 뒤에 보듯이 대회의 의사순서는 총무간사회에서 결정권을 가지고 있었다. "간사회는 대회와 대회 사이에 잇서서 대회의 직능을 행"하며(제14조), "총무간사는 간사회 또는 총무간사회 결의에 의하야 각부의 사무를 집행"(18조)한다는[103] 규정에서 보듯이, 간사회와 총무간사회가 사실상의 실무기관이었다.

하였음을 부인할 수 없다고 지적하였다. 編輯部 抄, 「朝鮮共産黨史 : 第十二章 轉換期의 合法團體 動向」, 『北韓』 通卷二十八號·第三卷第四號(北韓硏究所, 1974. 4), 192쪽.

100 李炳憲, 앞의 글, 194쪽.

101 『三千百日紅』, 138쪽.

102 鄭大澈, 앞의 논문, 160쪽.

103 제21조에는 "본회에 좌와 여한 부(部)를 설(設)하고 매부(每部)에 총무간사 1인 급(及)상무간사 약간인을 치함"이라 하고, "1. 서무부 2. 재정부 3. 출판부 4. 정치문화부 5. 조사연구부 6. 조직부 7. 선전부"의 7개 부서를 두었다.

대회규정에서 총무간사회의 권한을 보자. "본부 회장 부회장 급 총무
간사는 대회에서 결의권이 무(無)함"(제11조)이라는 조항이 있었지만, "의
사순서는 본부 총무간사회에서 정하야 대회에 보고함"(제8조), "지회로서
의안을 제출할 시는 설명서를 첨부하야 대회개회 전 4일 이전으로 본
부 총무간사회에 제시함을 요(要)함"(제9조)에 의거하면, 대회가 열리기
앞서 대회의 토의사항이나 의사순서 등을 사실상 총무간사회가 결정하
였다.

나아가 지회를 조직하는 일이나 지회의 활동 또는 요구도 총무간사
회가 통제·조절하는 권한을 가졌다. 지회규정 제2조를 보면 "지회 임
원은 일체 사무에 관하여 본부 지휘에 복종할 의무가 유하고 사무 성적
을 매월 1회 지회장의 명의로 본부 총무간사회에 보고함을 요함"이라
하였는데, 지회가 본부 총무간사회의 통제를 받았음을 단적으로 보여
준다. 또 제7조에는 "지회대회는 매년 1차(12월) 정기로 지회장이 소집하
고 지회간사회에서 필요로 인(認)할 시(時) 우(又)는 해구(該區) 회원 3분지
1이상의 요구가 유(有)할 시 지회장이 본부 총무간사회의 동의를 득(得)
하야 임시대회를 소집함"이라 하였는데, 이렇게 총무간사회가 지회의
대회에도 통제권을 행사하였다.

이처럼 총무간사회의 권한이 컸음은 본부의 총무간사가 지회를 장
악·지휘하려는 의도를 보여준다. 지회가 임시대회를 소집하는 데에도
총무간사회에 결정권이 있었을 뿐 아니라, 지회규정 제14조를 보면 "지
회에 관한 규칙은 본부 총무간사회에서 증삭함을 득하되 본부대회의
동의를 요함"이라 하여, 총무간사회에 지회 규정을 개정할 수 있는 권
한까지 부여하였다.

이상에서 본부의 총무간사회가 지회를 장악하려는 의도를 분명하게
볼 수 있다. 다시 말하면 본부의 총무간사회는 해당 업무를 관장하고,

지회까지 통제하면서 지회와 본부 사이의 의사 소통 등을 조절하는 기능을 가졌다. 이 점에서 창립기 신간회의 조직은 회장제라기보다는 총무간사회의 집단지도 체제였다. 총무간사회를 좌익민족주의=조선일보계가 주도한다면, 신간회는 일사불란한 지도체제를 갖출 수 있었다. 바로 규약은 이러한 의도를 관철하려 하였다.

이증복에 따르면, 신간회의 중앙본부는 안재홍·이승복·박동완·송내호·신석우 등 "우익의 주력(主力) 민족운동자들이 신간회운동선상에 강대한 포진을 하고 있었을 때는" '좌익분자'가 "대내대외적으로 섣불리 고개짓하기에는 시기가 상조"하였다. 따라서 이때는 '좌익계의 지도자'들이 아무리 35인의 중앙간부진에 혼입되었다 하더라도 주력이 '우익'에 있었으므로 "회의 운영에 있어서도 별로 궁색을 느끼지 않았다." 이미 지적하였듯이, 이상재를 비롯하여 안재홍·신석우·이승복·한기악·이관구 등 조선일보사의 중진들은 모두 신간회의 '주력 간부'였다.[104]

이러한 총무간사회 중심의 신간회 체제는 1927년 2월 15일 창립 이후 1929년 6월 27일 복대표 대회로 허헌(許憲)이 집행위원장으로 선출되는 시기까지 유지되었다. 집행위원장제는 이른바 민주적 중앙집권제의 원칙에 의거하여 사회·공산주의자들이 요구한 바였다. 그렇다면 사회·공산주의자들은 신간회의 중앙조직을 왜 근간부터 개편하려 하였을까. 이는 당시 조선일보계가 총무간사회를 어떻게 장악했는지와도 관련이 있었다.

이렇게 신간회 창립은 『조선일보』라는 언론매체와 이를 구심점으로 삼는 언론인이 중심을 이루었고, 총무간사회의 권한을 강화하는 방향으로 구체화하였다. 이에 사회·공산주의자들은 조선일보 계열을 위시

---

104 李曾馥, 「新幹會小史②-森嚴한警戒裡創立總會 初代會長엔月南李商在氏가被選」, 『한국일보』(1958. 8. 8).

한 좌익민족주의자들이 총무간사회를 통하여 신간회 내의 주도권과 실권을 장악한 구도를 변혁하려 하였다. 신간회 복대표대회는 신간회 중앙조직의 직제를 개정하여 간사제를 집행위원제로 바꾸었는데, 신간회내의 주도권에 중요한 변화를 가져올 개편이었다. 사회·공산주의자들이 신간회의 조직을 장악하기 위해서는 개인가입제를 단체가입제로, 총무간사제를 집행위원제라는 형태로 개정할 필요가 있었다.

다음 신간회는 회원 규정을 살펴보면, 제4조에서 "본회 회원은 연령 20세 이상 조선인 남녀로써 본회 강령을 승인하는 자로 함"이라 하여 개인가입제를 명시하였고, 복대표대회 이전까지는 이 방침을 고수하였다. 개인가입제 원칙은 중국 국민당의 전례를 따랐다고 보이는데, 좌익민족주의자들이 신간회를 '민족주의 좌익전선'의 구도로 창립하였더라도, 중국공산당이 1923년 3월 제3회 전국대표대회에서 개인자격으로 국민당(國民黨)에 가입하기로 결정한 바도 염두에 두면서, 사회·공산주의자들이 상당수 가입할 개연성에 대비하려는 의도도 있었으리라 생각한다.

뒤집어 말하면, 당시 사회주의자들도 좌익민족주의자들과 협동전선을 결성할 때 이러한 조직 원리를 전제하였다. 1923년의 제3회 전국대표대회는 중국공산당원이 개인 자격으로 국민당에 가입하여, 이른바 '당내합작'에 따른 통일전선을 구체화하는 문제를 둘러싸고 격론이 벌어졌고, 과반수를 간신히 넘은 찬성으로 국공합작의 방침을 세웠다.[105]

조직화의 과정에 있는 운동의 초창기에, 사회주의자들이 주도하고 있는 노동·농민 등 사회운동 단체들이 대거 신간회에 가입하게 된다면, 신간회운동의 방향이 초기 조직화의 임무도 완료하지 못한 채 과격한 대중정치투쟁으로 급격하게 흘러갈 우려가 있었다. 신간회가 단체

---

[105] 左伯有一·野村浩一 外著, 吳相勳 譯, 『中國現代史』(한길사, 1980. 9), 312쪽.

가입제가 아닌 개인가입제를 택한 이유는 바로 이러한 현상을 방지하고자 함이었다. 사회 · 공산주의자들이 1927년 5월 이후 신간회를 민족단일당으로 인식 · 규정하면서 '민족적 정치투쟁'을 요구하자,『조선일보』는 민족단일당의 신간회가 이러한 '시대적 요구'를 수용해야 한다고 인정하면서도, 신간회가 아직 조직화의 과정에 있음을 다음과 같이 강조하였다.

民族單一黨의組織 그의出現을渴望하는것은 現下朝鮮의社會意識이되엇다 民族的總力量을集中하고 民族的인理想과目的을向하야 最後까지前進하는 組織的인힘이되고 딸아서統一的인 運動또는抗爭을하는主體로서의 單一黨의存在가퍽必要한 것을意識하는까닭이다…

新幹會가出現되어서 이時代的要求에應하기로하엿고…듯건대新幹會의方針은 우선組織宣傳에 힘을모으고 各方面의事情을 着着調査하여서 十分自重함을하고 그의力量이더욱增大함과함꾀 더욱그使命으로하는바를 表現하기에注力한다하니 그策에잇서서는 緩急도잇고또取捨도 臨時로할수잇스려니와 民族單一黨으로서의自任과 밋그에相當한準備 밋表現의努力이 날을딸아 더욱活潑하기를促한다[106]

1927년 8월 들어『조선일보』는 "近者이單一黨問題에對하야 吾人은다시한번 冷靜한客觀的批評을試하려한다"고 '민족단일당'의 문제를 다시 정면으로 거론하면서, 신간회가 아직 민족단일정당으로 확립되지 못하였으므로 '민족적 정치투쟁'의 단계에 있지 않음을 분명하게 밝혔다.

單一黨은 民族的總力量을集中한單一政黨이라고 意味하는바이오 그리고 新幹會는單一黨으로서存在하고또生長하고잇다 吾人은지금 新幹會그것에關

106 「民族單一黨」,『朝鮮日報』(1927. 5. 12 社說).

하야벌서民族的單一政黨으로서確立되엇고또存在하는것이라고 斷定하지는
안는다 그는지금思想團體의範疇를멀리써나지못한一種의過度形態로서 存在
하는것이오 單一政黨으로서의 不可缺한職任인 民族的인政治鬪爭에對하야
어써한行動을늴으킴에는達하지못하엿다는것이한率直한批判일것이다 그러
나單一民族政黨이 나와야할것이朝鮮에잇서서의 客觀的必然의情勢이라하면
지금發生期밋 生長期에잇는 新幹會가 아즉얼마동안 思想團體와政治鬪爭團
體의 두中間에걸처잇는 過度形態로서 存在할밧게업는것도 客觀的情勢에依
하야 또承認하지아니할수업다[107]

『조선일보』의 이러한 태도는 신간회를 '민족단일당의 매개형태'[108]로
규정하는 논리로 이어지면서, 현 단계 신간회운동의 목표(성격과 사명)와
방향성을 다음과 같이 제시하였다.

二

…이럼으로 政治的特殊地帶인朝鮮에서 이非妥協的民族主義의立場에서
民族的政治鬪爭을使命으로써하는 單一政黨의媒介形態로서의 新幹會가 存
在하게된것이오 또建設하게된 것이다 新幹會員과 그의指導者들과 그리고또
이를干與하는 一般民衆은 이點에關하야 퍽考慮할必要가잇슬것이다…

三

新幹會는 單一政黨의 媒介形態이니 오늘로써곳民族單一黨으로서의 整備
한諸條件을求한다하면 그는所謂大早計인者이다…非妥協的民族主義의 政治
鬪爭이란 朝鮮人에게잇서서 자못重難한事業이다 그는決코所謂『一幕物』도

---

107 「民族單一黨의問題」, 『朝鮮日報』(1927. 8. 7 社說)[이 사설은 『選集』 1, 223~224쪽
에도 실려 있다. 이 사설은 안재홍이 집필하였는데, 본문에서 인용한 도입부의
구절을 보면 1927년 5월 12일자 사설 「민족단일당」도 안재홍이 집필한 듯하다.
108 이는 사회 · 공산주의자들이 신간회를 '민족단일당의 매개형태'로 규정하는 시
각을 일단 수용한 논리였다.

아니오 坯『一戰線에서의一交戰』과가튼者가아니다 運動의大衆的展開밋 그
鬪爭的結合의 戰策이란것도 不可缺할 坯重大한 過程이어야할것인것만치 決
코率爾히坯急燥히만 서둘바 가아니다 任重途遠이란 古偉人의말한바는 가장
吟味할必要가잇슬것이다[109]

1927년 12월의 시기에서도 좌익민족주의자들은 신간회운동의 단계
가, 전위분자가 민중을 교양·훈련하는 조직화의 과정에 있다고 규정하
였다. 따라서 신간회가 출발부터 노동·농민 운동 등을 기반으로 대중
정치투쟁을 전개함은 너무 지레 세운 계획[大早計]이며, 아직은 "정치적
전위분자의 규합·통일이 당면의 급무"임을 강조하였다. '전위분자'를
규합·통일하려는 신간회의 조직 방침과 운동노선은, 신간회 본래의 취
지가 소부르주아지 정치단체를 의도한 데에서 비롯되었으며, 신간회운
동의 방향이 곧 소부르주아지 운동노선이었음을 말해준다. 이는 신간
회해소론이 등장할 때 사회·공산주의자들이 신간회를 규정하는 시각
이었지만, 창립기 신간회가 지향한 분명한 성격이기도 하였다.

이렇게 신간회는 소부르주아지를 중심으로 한 좌익민족주의 단체를
목표로 창립되었다. 신간회는 개인가입제였으므로 사회·공산주의자들
이 개인 자격으로 입회하는 행동마저 막을 수는 없었지만, 개인가입제
는 조직력이 강한 이들 단체가 신간회를 주도하는 사태를 막으려는 의
도에서 채택한 방침이었다. 또 실지 총무간사제 아래에서는 사회·공
산주의자들의 운동 방향과 노선을 통제하는 제어력을 발동할 수 있었
다. 신간회를 발기·창립하는 좌익민족주의자들은, 사회·공산주의자
들이 주도하는 노동·농민운동 등의 대중투쟁조직보다는, 우선 소부르
주아지를 중심으로 신간회의 조직을 강화하여 당면한 현안을 해결하려

109 「新幹會의京城大會」(1927. 12. 10 社說).

는 의미에서 정치투쟁을 수행하려 하였다.

이는「신간회선언 초안」에도 보이며, 1928년 3월 신간회 중앙본부에서 민족운동의 당면과제로 6개 항을 정하여 지회에 하달한 내용에서도 확인할 수 있다. 안재홍이 작성한 신간회운동의 당면과제 6가지는, ①농민교양운동(문맹타파운동), ②농민의 경작권의 확보와 일본이민의 방지, ③조선인 본위의 민족교육의 확보, ④언론·집회·결사·출판의 자유 획득 및 그를 위한 운동, ⑤소비조합운동에 중심을 두는 협동조합운동의 지도와 지지, ⑥백의(白衣) 폐지, 심의(深衣, 염색의) 착용과 망건(網巾)의 폐지였다.[110]

신간회 회원에서 문맹자를 배제한 이유도, 신문지상에서 신간회의 정치노선을 확인·실천할 수 있는 소부르주아지를 중심으로 조직화하려는 데 있었다. 이러한 구도를 확인하기 위해서는, 당시 신문이 조선사회에서 차지하는 위상을, 문맹률이 가지는 사회문제와 관련지어 생각해야만 한다.

이승복은 "특히 말해 둘 것은 신간회가 시작될 때 처음부터 글자 모르는 사람은 入會시키지 않기로 한 것입니다. 자필자서가 아니 되면 회원 자격이 없었어요."[111]라고 증언하였는데, 그는 왜 이 점을 '특히' 강조하였을까. 이는 초기 신간회의 조직화 과정에서 신간회의 계급성과 운동노선을 설정하는 회원 조직, 즉 신간회 회원 자격과 관련하여 매우 중요한 문제였다.

신간회 규약은 회원 자격으로 '20歲 以上 朝鮮人 男女'라는 연령·국적, '1年에 金 3拾錢'이라는 회비를 규정하였지만, '자필자서'를 명시하

---

110 「實際運動의當面問題 – 新幹會는무엇을할가?」(1928. 3. 27『朝鮮日報』社說)[이 사설은『選集』1, 270~274쪽에도 실려 있다].
111 『三千百日紅』, 167쪽.

지 않았으므로 이 요건은 일종의 불문율이었다. 그러면 당시 어림잡아
인구의 80%가 문맹으로 지적되는 현실에서, 자필로 가입원서를 쓸 수
있는 문자 해득자(解得者)로 굳이 회원자격을 한정한 이유는 무엇일까.
이도 분명 소부르주아지에 기반을 둔 좌익민족주의 강화라는 창립기
신간회운동의 성격에서 연원하였다.

　이균영이 신간회 활동자 15명과 면담한 결과에 따르면, 입회 자격에
서 자필자서의 규정이나 원칙은 없었음이 확인되었다. 그러나 "신간회
회원 치고 자필이력서를 쓸 수 없는 사람은 거의 없었다."는 한결 같은
증언을 미루어 보면, 실제로 신간회 회원들 가운데 문맹인은 거의 없었
다고 판단된다. 이균영은 이에 의거하여 자필이력서가 "규약이나 규정
으로 존재했던 것은 아니지만 결과적으로 사실에 가까운 것이었다."고
서술하였다. 신간회에 가입하려면 자필이력서를 쓸 수 있는 정도의 지
식을 갖추어야 가능했다는 사실은, 신간회운동이 일종의 지식인운동이
었으며 노동자·농민을 중심으로 한 민중운동과는 일정한 거리가 있었
음을 보이는 증거였다. 이균영은 "엄밀한 의미의 신간회 성격은 신간회
지회구성원을 분석해 보아야만 더 확실하게 드러날 수 있을 것이지만
대체적으로는 신간회운동이 지식인 주도의 민중운동이었다고 말해도
좋을 것이다."고 결론을 지었다.[112] 이균영이 지적한 이러한 특징은, 신
간회운동의 전 시기에 적용되지 않는다 하더라도, 창립기 신간회에는
분명하게 적용되는 현상이었다.

　1930년 10월 1일 전조선(全朝鮮)에 일제히 실시한 국세(國稅) 조사 통계
가 1934년 집계되었는데, 이에 따르면 전체 조선인 2천 43만 8천 108인
가운데, 6세 이상의 사람으로서 조선문만 아는 사람(3,156,408인), 조선문

---

112 이균영, 「신간회에 대한 새로운 이해」, 신용하 외 공저, 『일제 강점기하의 사회
　　와 사상』(신원문화사, 1991. 8), 336~337·347쪽.

과 일본문을 함께 아는 사람(1,387,278인), 일본문만 아는 사람(6,297인)을 합하여 문자를 아는 사람은 4백 54만 981인이며, 문맹은 1천 5백 88만 127인이었다. 즉 조선인 가운데 문자 해득자는 22.3%에 불과하고, 완전 문맹자가 무려 77.7%에 이르렀다.[113] 이 '窒息할만한數字'를 보면서, "어찌 家庭과 社會에 幸福이 잇스며 平和가잇스랴"[114]라고 반문함은 너무도 당연하였다. 문맹퇴치는 당시 조선사회의 시급한 당면과제였다.

이러한 상황을 고려한다면 「신간회선언 초안」[115]에서, 첫째 항으로 한글보급-문맹타파를 중시하였고, 1928년 6개 항의 당면과제에서도 이를 우선시킨 사실은 식민지 조선의 현 상황을 정확히 반영한 조처였다. 이 점에서 "민중의 문화향상을 위한 한글 보급운동, 습속(習俗)을 개량하여 생활을 합리화하려는 생활개선운동은 시기에 적절한 운동"이었으며, "학생들의 농촌브·나로드운동은 진실로 우리 자신의 역사의 토양에서 싹터 뿌리낸린 운동"이었다는 평가[116]는 다시 귀담아 들을 만하다.

신간회 입회 자격에서 자필이력서의 요건은 곧바로 민중들의 교양·정치의식화와 관련이 있었다. 문맹이라는 사회현상이 이른바 제도교육인 학교교육에서 소외된 결과라면, 이들 문맹자가 대다수 무산자였음을 말한다. 더욱이 자필이력서가 한글전용이 아니라 한자 병용임을 생각할 때, 그리고 당시 신문이 국한문을 병용하였으므로, 이러한 의미의

---

113 더욱이 6세부터 9세 사이의 아동 가운데 88.4%가 문맹이었던 사실은, 이들이 의무교육을 받지 못하였던 실정을 그대로 반영하였다. 「文盲統計에나타난 學齡兒童悲慘相—最高齡者文盲을除하고는 少年文盲이最高率」, 『朝鮮日報』(1934. 12. 22).

114 「文盲者七七%—義務敎育과成人敎育을倂行하라」, 『朝鮮日報』(1934. 12. 22 社說).

115 앞의 「新幹會宣言草案」.

116 丁堯燮, 「日帝治下의 브·나로드 運動에 관한 硏究」, 『淑明女子大學校論文集』 第十四輯(淑明女子大學校, 1974. 12), 325쪽.

문자 해득자의 숫자는 앞의 통계 수치보다 훨씬 적었다. 이를 고려할 때, 문자 해득자를 곧 유식인이라고 간주할 수는 없겠지만, 이들이 소부르주아지 계층임은 충분히 짐작할 수 있다. 신간회가 해체될 당시 회원이 4만여 명이었는데, 이는 당시 문자 해득자의 1%에 해당하였다. 이것이 지니는 의미는 당시 신문의 사회기능성과 관련지어 생각할 필요가 있다.

당시 신문에는 연재소설 · 단편소설, 사회문제 수필, 국제뉴스, 정치풍자 만화를 실었고, 최근의 소비용품, 치료약, 기타 상품을 광고하는 등 급격히 성장하는 도시문화를 생생하게 반영하고 있었으므로, 날마다 신문을 읽는 일은 식민지 지식인들의 어김없는 일과였다.[117] 이때 신문은 곧바로 민중들을 교양 · 정치의식화하는 매개체였으며, 신문을 접하는 독자는 지식계층으로서 소부르주아지가 다수를 차지하였다.[118]

신간회가 가입자를 문자 해득자, 당시로는 지식 계층에 해당하는 사람들로 한정한 이유는 무산대중운동보다는 소부르주아지운동을 지향하였으며, 신문을 매개로 이들을 조직화하려는 운동 노선과 밀접한 관련이 있었다. 좌익민족주의자들은 각 지회에서도 이들 소부르주아지를 중심으로 신간회를 조직하려 하였고, 이의 뚜렷한 지표는 문자 해득자였다.

이는 자사(自社)가 주최하는 문자보급운동의 의의를 해석한 『조선일

---

[117] M. 로빈슨, 앞의 책, 90쪽.

[118] 1929년을 기준으로 국문 신문의 총 발행 부수는 103,027부였다. 朝鮮總督府 警務局, 『朝鮮における出版物槪要』(朝鮮總督府, 1930), 19~34쪽[M. 로빈슨, 위의 책, 88쪽에서 다시 인용]. 다시 위의 자료에 따르면, 1928년 말 현재 『동아일보』의 발행 부수는 약 4만 1천 부, 『매일신보』가 약 2만 4천 부, 『조선일보』가 약 1만 9천 부, 『중외일보』가 약 1만 6천 부였다. 仁村紀念會, 앞의 책, 307쪽에서 다시 인용.

보』의 시각을 통하여 유추가 가능하다. "지금에잇서 無識根絕 文字普及의 必要를高調하는것은느젓다 그러나演壇上에서 부르짓는先驅者의소리가 그會場에集合할수잇는 局部的인人民의 귀에制限되고 新聞 雜誌 밋 其他一般의刊行物은 少數의讀書力을가진人民의눈에局限되고마르니 絕對多數의無識한農民밋其他勞働者에게 우선簡易한讀書知識을주는것이 가장緊要한 前期的事業이된다"는[119] 사설의 한 구절을 참고하면, 창립기의 신간회는 "강단에서 부르짖는 선구자의 소리" · "신문 · 잡지와 기타 일반의 간행물"을 접하는 "소수의 독서력을 가진 인민"에게 신간회 가입을 사실상 '제한' · '국한'하였고, "절대다수의 무식한 농민 · 노동자"[120]는 초기 조직화의 주요 대상이 아니었다.

자필이력서는 신문구독자, 즉 구독력—경제력 · 문자해독력을 함께 포함하는—을 갖춘 소부르주아지를 상정한 가입 조건이었다. 이처럼 창립기의 신간회 노선은 좌익민족주의 세력이 주도력을 행사하여 소부르주아지를 전위분자로 삼으려 하였고, 노동자 · 농민에게 문자보급운동과 생활개신운동을 실시함은 소부르주아지의 저변을 확대해나가려는 '소부르주아지 확대강화론'이었다. 신간회 창립을 주도한 좌익민족주의자들의 이러한 의도는 신간회해소론이 제기되는 시점에서 오히려 더욱 명확하게 드러났다.

안재홍은 좌익민족주의자로서 신간회 해체를 가장 강하게 반대하는 논지를 폈는데, 그는 소부르주아지 계급의 처지에서 신간회해소론을 비판하였다.[121] 그는 당시 투쟁 방법론을 예시하면서, 신간회 해체를 선도

---

119 「歸鄕學生文字普及班－本社主催의奉仕事業」, 『朝鮮日報』(1929. 7. 14 社說)[이 사설은 『選集』 1, 306~308쪽에도 실려 있다].
120 조선일보사는 이러한 문구를 사용하여 문자보급운동의 의의를 설명하였다.
121 안재홍이 신간회해소론을 최초로 비판한 때는, 신간회 부산지회에서 해소론이 제기된 이후였다. 그는 신간회해소론의 골자를, 전투적이라는 믿는 노동자 · 농

하는 사회·공산주의자들을 향하여 소부르주아지의 조직체인 신간회를
존속시키면서 '同志的 또는 政略的協同'을 실천하자고 주장하였다.

勞働者農民 鬪爭的 結成 浮遊的小『부르』擴大强化 協同鬪爭等等의主張
은 펴은만타그러나 그의希望과主張에서는어찌햇든 勞働者農民을 完全한基
本으로勢力싸흐고당장으로切實한鬪爭의結成에로 邁進한다는것은 外部의諸
形勢가 그것을頑强하게許치안는다 그럼으로勞働者農民의 漸層的或은鬪爭
的의結成이라는것이 進行되면되는한편 浮遊的小『부르』란者로 外交的또는
道德的의結合대로나아가게하는것이當面에잇서매우必要한바이오 더욱히그
들의相互間의 懷疑의退嬰이나 不安의決裂이나 或은失望的인 離脫을오게하
는것만이 매우急燥한失策일것이다 여기에는이러한 現下情勢에考慮하야 協
同을爲한 友誼的 信義的인善處와 한거름나아가서 共同한現下의政策을 樹立
밋具現함이오히려緊要할것이다[122]

위의 사설에서 안재홍 등 신간회 창립을 주도한 조선일보 계열이 의
도한 바는 '浮遊的小『부르』擴大强化'였음을 확인하게 된다. 이로써 사
회·공산주의자들과 일제를 향한 '협동투쟁'을 실행하는 '동지적·정략
적 협동'을 실천하고자 하였다.

안재홍이 문자보급운동을 선도하면서 선구자의 외침에 귀를 기울이
는 데에 목표를 두었다면, 이는 바로 신문지상을 통한 좌익민족주의의
영향력을 의도하였다. 그가 문자보급운동을 주도하면서 '선구자의 소

민충에 기본역량을 두려는 태도에서 출발한 주장으로, '노동자 농민 계급진영
확대강화'만 부르짖는 계급진영 본위의 공식적인 관념론이라고 비판하였다. 안
재홍이 신간회해소론을 비판하는 논지는 김인식, 「植民地時期 安在鴻의 左翼
民族主義運動論」, 『白山學報』第43號(白山學會, 1994. 7), 195~201쪽.
122 「總結에서總檢察에!-右翼進出의今一年」, 『朝鮮日報』(1931. 1. 4 社說)[이 사
설은 『選集』1, 376~378쪽에도 실려 있다].

리'와 '독서력'을 강조한 이유는 여기에 있었다. '선구자의 소리'와 '독서력'은 바로 신문지상을 통한 좌익민족주의의 영향력을 가리켰다.

「신간회선언 초안」과 당면문제 6개 항에서 문맹타파=문자보급을 최우선의 과제로 제시하고, 신간회가 존속하는 동안 조선일보사가 문자보급운동을 주도·매진한 사실은 결코 우연이 아니었다. 이는 대중을 계몽·훈련하는 교양운동을 첫째 과정으로 거쳐 민중을 조직하고, 이를 기초로 현실의 당면문제를 해결하는 의미의 정치투쟁을 실행하려는, 좌익민족주의자들의 소부르주아지 운동 노선(조직론과 운동론)에 따른 방향성이었다.

안재홍은 투쟁운동 이전에 조직운동, 조직운동 이전에 교양운동을 강조하였다. 즉 조직운동이 투쟁운동을 위한 준비과정이요, 교양운동은 조직운동을 위한 출발점이 된다고 인식하였으므로, 교양운동은 모든 운동의 준비과정에 해당하였다.[123] 안재홍이 1928년 3월 당면문제를 제시한 논리도 이러한 좌익민족주의자들의 운동론·조직론과 밀접한 관련이 있었으며, 신간회운동이 소부르주아지를 계급 기반으로 삼았음을 다시 확인시켜 준다. 여기서 『조선일보』라는 언론 매체를 통하여 신간회운동을 주도해 나가려는 좌익민족주의자들의 의도를 분명하게 엿볼 수 있다.[124]

---

123 김인식, 앞의 논문(1994. 7), 188~189쪽.
124 물론 문맹타파는 신문경영과도 밀접한 관련이 있었다. 문맹타파는 신문독자를 배가하는 전제이었다. 당시 신간회 회원이 신간회의 기관지 『조선일보』를 구독한다면, 이는 『조선일보』의 독자가 늘어남을 뜻하였다.

| 끝맺는말 |

좌익민족주의의 이념정향

　1923년 1월 귀국한 이승복은 신사상연구회·화요회·정우회 등 사회주의 표면 사상단체에서 활동하였으나 공산주의 이념과 운동으로 기울지는 않았다. 이러한 사상운동은 그가 민족개량주의로 탈선하지 않게 한 배경이기도 하였다. "선혈 얼룩진 선대(先代)의 토시와 가승문자(家丞文字)를 싸들고" 다니며[1] 부조를 추앙하는 그의 형질이 대정 연호와 일본말조차 쓰기 싫어하는[2] 비타협성의 원천이었겠지만, 사회주의 사조를 연구·흡수한 후천·사상성의 경향도, 그가 문화운동의 명목으로 전개되는 민족개량주의에 기울지 않도록 한 견제력이 되었다.

　민족개량주의를 거부하며 공산주의로 경도하지 않은 그의 사상의 정향성(定向性)은, 민족주의 좌익전선으로 발기하는 신간회 조직에 합류하는 방향으로 나타났다. 그는 신석우(申錫雨)·안재홍(安在鴻)·홍명희(洪命熹)와 함께 신간회를 발기·창립하는 제4의 주역으로서 '이면'·'막후'에서 신간회를 낳는 사실상의 '산모'였다. 막후에서 주도력을 발휘하는 이승복의 '헌책'은, 민족주의 좌익전선=좌익민족전선으로 창립되는 신간

1　平洲 李昇馥先生 望九頌壽紀念會, 『三千百日紅－平洲 李昇馥先生八旬記』(人物研究所, 1974. 7), 124쪽.
2　『三千百日紅』, 138쪽.

회의 정체성을 확립하는 데에서 돋보였다. 이승복이 신간회운동에서 차지하는 의의를 한마디로 정리하면, 신간회를 '민족주의 좌익전선'으로 조직화한 데 있었다.

이승복은 신간회를 발기·창립하는 초기의 조직화 과정에서 신간회의 중앙조직을 완성하는 데 주력하였다. 그는 좌익민족주의자들을 신간회에 포진시키고 자금을 동원하는 등의 조직화의 과제뿐만 아니라, 신간회의 강령과 규약을 작성하여 신간회운동의 방향성을 정립하였다. 첫머리를 '우리는'으로 시작하는 3개 항의 강령에 절대독립의 정신을 못박았고, 동아일보 계열로 대표되는 문화주의-자치운동을 배격하는 정신을 천명하였다. 한편 규약에서는 신간회를 사실상 총무간사회가 주도하는 조직체로 확립함으로써 민족주의 좌익전선을 공고화하였다. 신간회의 개인가입제도 신간회 안에서 사회·공산주의자들의 영향력을 약화시키려는 기제였으며, 자필이력서를 가입 조건으로 내세우는 불문율도 신간회운동의 정향을 민족주의 좌익전선으로 정립하는 데 조력이 되었다. 실상 창립기의 신간회 조직은 조선일보계로 대표되는 좌익민족주의자들이 총무간사회를 장악하였고, 신간회가 민족단일당으로 변화한 뒤에도 일정한 기간 동안은 좌익민족주의자들이 신간회운동을 주도하였다.

신간회가 출범하는 데에는 '민세(民世)·벽초계(碧初系)'[3]의 활동이 중요한 동력이 되었다. '민세·벽초계'는 신간회를 발기·창립하면서 신간회가 해체될 때까지 신간회 안에서 단일 세력을 형성하였다. 민세계가 안재홍을 중심으로 한 조선일보 계열이라면, 벽초계는 신사상연구회(新思想研究會)-화요회(火曜會)-정우회(正友會)로 이어지는 홍명희를 중심으로

---

3 『三千百日紅』, 178쪽. 이 용어는 첫머리말의 각주 40)을 참조하기 바람.

한 비(非)공산주의 계열의 사회주의 성향의 민족운동 세력을 가리켰다. 신간회는 홍명희·안재홍에게서 발단하였고, 양인과 밀접한 관계를 형성한 인물이 바로 이승복이었다.

이승복은 신사상연구회의 전신인 무산자동맹회(無産者同盟會)에서 사상운동을 시작하여 정우회 계열로 신간회에 참여하였다. 홍명희·이승복은 조선공산당 조직에 가담하지 않았으며, 이의 표면단체에서 사상운동에 참여하였다. 이승복은 정우회 계열로 신간회를 창립하는 일을 주도하면서 조선일보 계열의 민족운동으로 지평을 이동하였다.

안재홍은 신간회의 이념과 노선을 민족주의 좌익전선으로 규정하면서 스스로 좌익민족주의를 자처하였으므로 이 점은 의문의 여지가 없다. 홍명희가 사회·공산주의자인가 민족주의자인가의 여부는 상반되는 이론이 있다.[4] 이 문제는 창립기 신간회 성격규정과도 관련하여 매우 중요하므로, 신간회운동기 홍명희의 이념정향을 잠깐 살펴보기로 한다.

한 가지 분명한 사실에서 결론을 도출하면, 홍명희가 한때 조선공산당원이었느냐 여부와 관계없이, 신간회가 해체될 무렵 '신간회의 중심

---

4 신간회운동기에 홍명희가 어떠한 사상 노선에 입각하여 활동하였는지는, 그 자신이 직접 언급한 바가 없으므로 상반되는 두 가지 추론이 가능하다. 강영주는 두 가지 주장의 근거가 되는 자료들을 세밀하게 고증하면서 다음과 같이 결론을 도출하였다. "이처럼 사회주의 노선에 서 있던 홍명희는 일정 기간 조선공산당원이었던 것으로 추측되지만, 그 시기에도 그는 사상적으로 사회주의에 경도해 있었으되 조선공산당에서 적극적으로 활동하지는 않았던 것 같다. 그 후 신간회 창립을 전후한 시기부터 홍명희는 비타협적 민족주의자들을 포용하는 민족통일전선 노선을 확고히 견지"했다. 강영주는 홍명희가 조선공산당에 입당하였을 가능성도 인정하면서, 이 시기를 "아마도 홍명희는 1925년 12월에 재건된 조선공산당이 존속하던 어느 시기에 입당하여, 제3차 조선공산당이 재건된 1926년 9월에서 김철수가 책임비서직을 사임한 12월 사이에 제명된 것으로 추측된다."고 서술하였다. 강영주, 『벽초 홍명희 연구』(창작과 비평사, 1999. 11), 224~237쪽.

인물'인 그는 이미 '좌익민족주의라는 명칭'으로 불렸다.[5] 그가 8·15해
방 이후 남북협상 차 방북한 뒤 북에 잔류하기까지, 세간은 그를 민족
주의자로 통칭하였다. 신간회가 해체된 이후, 한 인물평은 홍명희를 다
음과 같이 평가하였는데, 홍명희의 이념정향을 적실하게 평하였다고
생각한다.

> …延專의敎授로도잇섯고朝鮮日報(東亞日報의 오류 : 인용자)의편집국장
> 時代日報의社長等으로쓰는新幹會의重鎭으로 各方面의努力이만엇다 原來는
> 火曜系의人物이엿스나 中間의그와離反하야 自己의그릅을맨들고 그의領袖
> 格이엿다 社會主義의硏究가깁흔사람으로 自他가一時는 그를社會主義者로
> 認定하엿스나 火曜에서離反하야 自己의그릅이 이루워진후의 그의態度는民
> 族主義的이엿다 그는學者이고 硏究가文學이며 現代朝鮮에서才士로의일흠
> 이놉다[6]

대부분의 인물평이 홍명희를 신간회와 관련시켰는데, 위의 인용문은
신간회운동기에 홍명희의 사상노선이 어떠하였는가를 보여준다. 홍명
희의 아들 홍기문이 "그러다가 화요회도 없어지고 시대일보도 깨진뒤
아버지는 여러사람을 모아 가지고 새로이 신간회(新幹會)를 맨드시는동
시 그회를 위하야 활동하시었다"[7]고 회고한 바를 참고하면, 위의 인용
문에서 '자기의 그릅'이란 신간회를 염두에 둔 표현이었다. 신간회가 창
립된 후 홍명희는 사상의 지평을 사회주의에서 민족주의로 이동하였

5　明源鎬, 「新幹會紛糾側面觀」, 『新民』 第六十五號(新民社, 1931年 3月號), 12쪽.

6　「(朝鮮各界人物總評特輯) 獄中의人物들(印象과略傳) : 洪命熹」, 『彗星』 第一卷
　　第六號(開闢社, 1931年 9月號), 54~55쪽.

7　洪起文, 「아들로서본아버지」, 『朝光』 第二卷第五號(朝鮮日報社出版部, 1936年
　　5月號), 187쪽.

다는 뜻이지만, 여기에는 이념성향과 함께 인맥·활동의 영역도 포함
되었다.

사회주의 문필 활동을 하면서 제4차 조선공산당 사건으로 검거된 바
있던 홍양명이, 신간회가 해체되기 직전 홍명희의 아들 홍기문을 인물
평하면서 "君(홍기문을 가리킴 : 인용자)의 思想的立端에對하여는 그父親 洪
命熹를 聯想함으로써 民族主義 云云하는이가 만치마는…"[8]이라고 운운
한 대목을 보면, 세평은 홍명희의 '사상적 입단'을 이미 민족주의자로
단정하였다. 이러한 중론은 해방 직후까지 이어졌는데, 한 평자는 겸
허·관후(寬厚)·인애(仁愛)한 홍명희의 성격·인품·자질을 길게 서술한
뒤 그의 정치성향을 다음과 같이 평하였다.

洪命熹氏는…洪氏는 그實 朝鮮에잇어 左도아니오 右도아닌 中間的인存在
로 左右에서 다 利用(?) 하랴는 그런 心算을 가젓기 째문에 洪氏가 늘 登場
하게되는것이다.…洪氏가 唯物史觀의 世界와 資本論의 學說도 잘알고잇다.
허나 洪氏가 共産主義者냐하면 決코 共産主義者는 아닌것이다. 共産主義의
學說은 朝鮮에잇서 누구보다도 못지안케 通曉할것이다. 허나 共産主義者는
되기 싫여하는분이다. 又況共産黨員이랴.…嚴正하게말하면 民族主義의左翼
이라고 할수잇는분으로 民族主義의左翼속에도 또區分할수잇다면 右翼[9]에갓
가운분인것이다. 民世安在鴻氏를 民族主義의左翼속에 右翼이라하면, 洪氏
는 左翼인것이다. 허나 두분이 다進步的이오 아울러 共産主義나 其他學說에
잇어 그長點만을 取해다 쓰랴고하는것은 두분이 다공통된 意想일것이다. 洪
氏는 이點에잇어서는 도리어 共産主義인편이 많흘른지 모른다.…[10]

8 洪陽明, 「前衛線上의人物評 : 才人型의洪起文氏－新幹運動線上의少壯鬪士」,
　　『三千里』第十四號·第三卷第四號(三千里社, 1931年 4月號), 29쪽.
9 이는 문맥상 파악하면 左翼의 오자인 듯하다.
10 朴學甫, 「人物月旦一 : 洪命熹論」, 『新世代』通卷一號·第一卷第一號(서울타임
　　스社, 1946年 3月號), 773쪽.

위의 인용문은, 홍명희가 아직 해방정국에서 정치운동의 전면에 나서기 전, 그를 '좌'도 '우'도 아닌 '중간적 존재'로 평가하면서, 공산주의자·공산당원이 '결코' 아니라고 단언하였다. 또 안재홍과 홍명희를 동질화하면서 차별성을 부각시킨 점이 흥미로운데, 아마도 양인이 신간회운동의 주역이었음을 염두에 둔 듯하다. 이 평자는 신간회운동기의 용례를 빌려 안재홍·홍명희를 모두 '민족주의의 좌익'으로 규정하면서도, 동 범주를 다시 '좌익'과 '우익'으로 나누어 두 사람의 차이점을 표현하였다. 공산주의를 비롯한 기타 학설에 장점만을 취하려 한다는 공통점은, 1925년 조선사정조사연구회(朝鮮事情調査研究會)에 참여한 이래 안재홍·홍명희 두 사람이 일치한 노선이었다.

홍명희를 다룬 인물평들을 종합하면, 홍명희가 사회·공산주의 사상으로 출발하였더라도, 신간회운동기 그의 이념정향은 사회·공산주의에서 좌익민족주의로 전환하였고, 이는 그대로 이승복에게도 해당하였다. 안재홍과 홍명희는 신간회를 민족주의 좌익전선으로 발의한 최초의 두 주역이었으나, 이승복은 두 사람과 인맥을 맺고 막후에서 신간회를 발족시키는 데 주력한 제3의 인물이었다.

이승복은 신사상연구회-화요회-정우회 계열로 활동하면서 홍명희와 인맥을 형성하였고, 조선일보사의 영업국장으로 재직하면서 안재홍과 신간회운동·민족언론운동에서 사상과 노선을 함께 하였다. 이승복은 벽초계로 신간회에 가입하였으나, 이후 민세계로 신간회를 좌익민족주의 조직으로 완성하였다. 신간회가 창립된 후 그는 조선일보사에 몸담음으로써 민세계의 좌익민족주의자로서 신간회와 언론민족운동에서 활동하였다. 이승복은 민세계와 벽초계 양자의 의도를 다 충족시킬 수 있는 사람이었다.

신간회 창립 당시 조선일보 계열의 인물들이 신간회의 이념·정신을

정립하고(안재홍), 이를 강령·규약에 명문화하여 발기·창립의 조직화를
담당하였으며(이승복), 총독부와 접촉하여 신간회의 허가를 받는 섭외 활
동(신석우)을 벌이는 등 중요한 세 부면에서 신간회 창립을 주도하였다.
조선일보의 주필인 안재홍은 본디 성격상 조직 활동과는 거리가 멀었
으므로, 그는 신간회의 이념과 방향성을 정립하는 데 주력하여 좌익민
족전선·민족주의 좌익전선을 제창하였고, 이는 『조선일보』의 논설·
시평 등으로 나타났다. 이승복은 이러한 좌익민족주의 이념을 강령과
규약으로 명문화하고, 신간회 중앙조직을 완성하는 초기 조직화의 일
을 맡아 수행하였다.

  이승복이 작성한 신간회 강령의 정신은 절대독립과 경제해방을 목표
로 일체의 타협주의, 무엇보다도 자치운동을 배격하였다. 강령 1항에서
중요한 점은 '정치적 각성'과 함께 '경제적 각성'을 촉구한 면이다. 이는
궁극에서 경제 해방을 가리켰지만, 일제 침략의 경제상의 본질을 꿰뚫
어보면서 민족의 자생·자활 능력을 키우는 방안을 강구·도모한다는
뜻이었다. 강령 2항의 '단결'은 좌익민족전선을 중심으로 한 단결을 가
리켰는데, 이를 관철시키 위하여 규약에서는 중앙집권제로서 총무간사
제, 조직원리로서 개인가입제를 규정하였다. 강령의 3항은 자치운동을
추진하는 연정회(研政會)와 이의 배후인 동아일보 계열을 직접 겨냥하면
서, 일체의 타협주의 노선을 배격하였다. 이러한 신간회 강령의 정신은
비타협 민족주의 즉 좌익민족주의의 시각에서 대중을 훈련·조직화하
여 절대독립과 경제해방을 지향하였다. 신간회는 이러한 목적의 민족
주의 좌익전선(=좌익민족전선)으로 창립되었다.

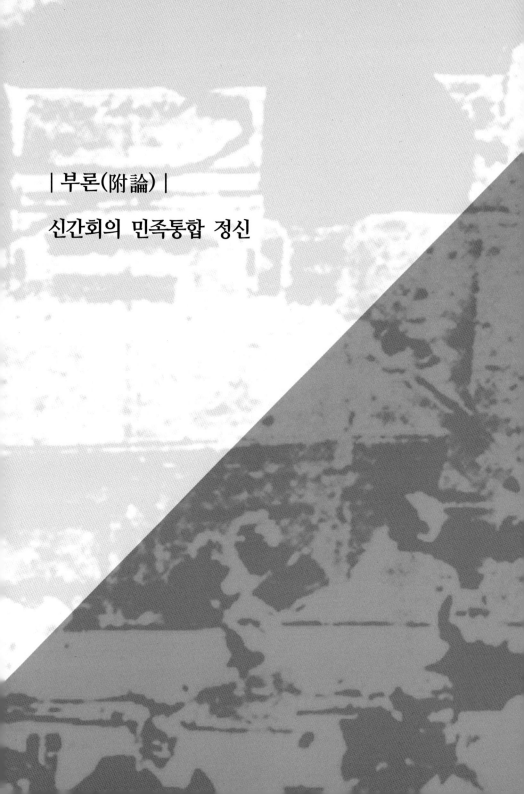

| 부론(附論) |

신간회의 민족통합 정신

1. 머리말

1) 2007년 신간회 창립 80주년 기념식의 우울한 단면

2007년 2월 15일 시간과 장소를 달리 하여, 두 주체가 신간회 창립기념식을 각기 거행하였다. 이날은 1927년 2월 15일 신간회가 '순(純)민족주의 단체'로서 '민족주의 좌익전선(左翼戰線)[1]'을 표방하면서 창립을 선언한 80주년이었다. 이를 기념하기 위하여, 오전 11시 서울 종로구 신문로 서울역사박물관 대강당에서 '신간회 창립 80주년 기념식 및 민족공동체상 시상식'(이하 이 기념식을 '80주년 기념식'으로 줄임)이 열렸다. 곧이어 지척의 거리에서 2시간 반의 시차를 두고, '신간회 기념사업회 창립총회 및 학술대회'(이하 이 행사를 '창립총회'로 줄임)가 오후 1시 30분 서울 중구 태평로 한국프레스센터 19층에서 개최되었다.

2007년 2월 15일 따로 열린 신간회 창립 80주년 기념식은, 우울하게도 8·15해방 후 처음 맞이한 3·1민족운동기념일을 떠올리게 한다. 해

---

1 또는 '좌익민족전선'·'민족적 좌익전선'이라고도 표현하였다.

방의 감격이 아직도 한창이던 1946년 1월 들어, 좌익과 우익은 「모스크바 삼상회의 결정」의 신탁통치 조항을 둘러싸고 격렬하게 대립하였고, 온 민족이 하나로 기념해야 할 3월 1일의 행사조차 둘로 갈라놓았다. 우익의 지도체인 대한국민대표민주의원(大韓國民代表民主議院)은 종로 보신각 앞에서, 좌익의 집결체인 민주주의민족전선(民主主義民族戰線)은 탑골공원에서 각각 기념식을 열었다.[2] 좌우익은 지도부의 기념식 이외에 대규모 대중집회도 각기 다른 이름으로 추진하였는데, 우익 측은 서울운동장에서 기미독립선언기념 전국대회준비회(己未獨立宣言紀念全國大會準備會)를, 좌익 측은 남산공원에서 삼일기념전국준비위원회(三一記念全國準備委員會)를 개최하였다.[3]

1946년 3월 1일 거행된 두 기념식은, 1919년 3월 1일을 기념하는 취지에서 '통일'을 당면 구호로 내세웠지만, 두 주체는 3월 1일의 의미를 서로 달리 해석하는 메시지를 내놓았다. 좌익·우익 양측은 기념일의 정신이 '통일'임을 이구동성으로 주장하였지만, '통일'에 어긋난 분열의 책임을 서로 전가하며 격렬한 비방을 주고받았다. 이 와중에서 민주주의민족전선 측은 우익 측을 향하여 "3·1기념을 자가(自家) 선전의 구(具)로 쓸려던 용의(用意)가 철저했음"을 비난하였다.[4]

그러나 민주주의민족전선 측도 자신이 발언한 바에서 자유롭지 못하였다. '자가선전의 구'라는 문구는 좌우익을 불문하고, '3·1정신'으로써 자신들의 정치 이념과 노선을 합리화하였음을 반증하는 적실(的實)한 표현이었다. 8·15해방 후 처음 맞이한 3·1민족운동기념일을 좌우익이

2 『東亞日報』(1946. 3. 2) ; 『서울신문』(1946. 3. 1·2)[國史編纂委員會 編, 『資料大韓民國史』 2(國史編纂委員會, 1969. 12), 155~160쪽].
3 「傳單」, 『資料大韓民國史』 2, 141~142쪽 ; 「傳單」, 『資料大韓民國史』 2, 151~152쪽.
4 『서울신문』(1946. 3. 3)[『資料大韓民國史』 2, 160쪽].

각각 기념한 자체가, '3·1정신'조차 도구로 이용되었음을 보여주는 실
례였다.[5]

2007년 2월 15일 신간회 창립 80주년 기념식을 개최한 두 주최 측도,
신간회의 정신인 '통합'을 현재의 교훈으로 삼자고 호소하였으나 메시
지는 서로 달랐다. 1946년 3월 1일의 양상이 반복되는 모습이었다. 그
러나 매우 다른 점도 몇 가지 눈에 띄었다.

1946년 3월 1일 당시 신문들은, 1919년 3월 1일의 의미를 부각하면서
두 기념식을 함께 보도하는 형식상의 균형을 갖추었다. 반면 2007년 신
간회 창립 80주년 기념식은 대부분의 주류 언론들에게 외면당하였다.
한 신문은 자사(自社)가 선호하지 않는 주체가 주도한 기념식을 무시한
채 한쪽 행사만을 보도하였고,[6] 다른 언론매체는 두 행사를 다 기사화
하였지만 한쪽 행사를 향해서는 비난에 가까운 논조로 일관하였다.[7]
2007년 2월 한국사회의 언론 지형은, 격렬한 좌우대립이 소용돌이쳤던
해방정국보다 오히려 심한 이데올로기의 편협성 속에서, 보도의 객관
성[8]조차 왜소화한 한국사회의 심층을 그대로 노출하였고, 엄연한 사실

5 김인식, 「안재홍의 '己未運動'과 임정법통성의 역사의식」, 『韓國人物史硏究』 제
   18호(한국인물사연구회, 2012. 9), 461쪽.
6 『조선일보』는 '창립총회'만을 보도하였다. 「신간회 오늘 창립 80주년 ; 기념사업
   회 본격 출범」·「"80년 전 신간회의 벅찬 정신 잇는 진짜 左 진짜 右가 나와야
   할 때" : 신간회 기념사업회 오늘 창립총회」, 『조선일보』(2007. 2. 15) ; 「"新幹會
   의 좌우 통합정신 대한민국 국가지표로 삼자" ; 어제 80주년 기념사업회 창립총
   회」, 『조선일보』(2007. 2. 16).
7 『오마이뉴스』는 '80주년 기념식'에 중점과 비중을 두면서 '창립총회'도 기사화하
   였으나, 『조선일보』가 '창립총회'를 주도·주관하였다는 선입견으로 이 기념식
   을 비판하였다. 기사 제목들부터 이를 보여준다. 「〈조선〉의 냉전의식으로는 신
   간회 계승 어렵다」·「혁명-대동-항쟁 정신의 밑바탕은 신간회의 통합정신」·
   「총독부 대변지로 변신한 방응모의 〈조선〉」·「따로 열린 '신간회' 80주년행사,
   멀고먼 '합작'」·「"과거 죄악을 가리기 위한 수단으로 신간회를 이용해선 안돼"」·
   「신간회의 정통성은 누가 이어받을 것인가」, 『오마이뉴스』(2007. 2. 16).

조차도 자사의 주관과 선입견으로 왜곡하는 양상까지 드러냈다.

'80주년 기념식'과 '창립총회'를 함께 보도한 인터넷 언론 매체는 "신문로 행사는 항일운동가 단체들이 주관한 기념식이었고, 태평로 행사는 보수신문의 대표주자인 〈조선일보〉가 주도한 창립총회였다."고 두 기념식의 성격을 규정하였다. 이 매체가 보도한 바[9]에 의거하여 판단하면, '80주년 기념식'은 '항일독립운동가단체협의회'가 주도하여 '신간회 창립 80주년 기념행사추진위원회'(공동위원장 김원웅·이종찬·여철현·윤경빈·함세웅)를 조직하여 행사를 주최하였다.[10] '80주년 기념식'에 참가한 단체들의 면모를 보면, 항일운동가 단체들이 이를 '주관'하였음은 쉽게 확인

---

8 신간회가 창립될 당시, 향후 신간회의 기관지·대변지를 자임하는 『조선일보』을 비롯하여, 『중외일보』·『동아일보』의 3개 민간지가 모두 신간회 창립대회의 광경을 기사화하였다. 『동아일보』를 제외한 『조선일보』·『중외일보』는 신간회의 발기인대회와 창립대회를 보도하면서 신간회가 출범함에 커다란 의미를 부여하였다. 반면 『조선일보』와 정치노선이 달랐던 『동아일보』는, 신간회가 발기하자 「현하(現下) 표면의 단체운동」이라는 제하(題下)의 사설을 세 차례에 걸쳐서 연재하였는데, 신간회 자체를 탐탁스럽지 않게 여기면서 경계하는 논조를 펼쳤다. 「現下表面의團體運動」 上·中·下(1927. 2. 2·3·4). 이 사설의 내용은 제3장 1-2)를 참조. 그러나 『동아일보』는 신간회가 발기하였음을 보도하는 기사에서는 신간회 관계자들의 말을 인용하면서, 신간회의 강령과 취지 등을 그대로 전달하였다. 또 『조선일보』·『중외일보』가 신간회 창립에 커다란 의의를 부여하면서 창립대회의 광경을 기록한 반면, 『동아일보』는 긍부(肯否)의 논평은 곁들이지 않았으나 객관성 있는 자세로 신간회 창립대회의 진행 과정을 그대로 기사화하였으며, 『조선일보』보다 오히려 상세하게 보도한 측면도 보인다. 제3장 2-1)을 참조. 이 시기 신문 기자들이 자사의 이념정향과 관계없이, 언론의 객관성을 중시하는 기자 정신을 견지하였음을 보여주는 단면이다.

9 앞의 「따로 열린 '신간회' 80주년행사, 멀고면 '합작'」.

10 '신간회 창립 80주년 기념행사추진위원회'에는 단재신채호선생기념사업회를 비롯해 여천홍범도장군기념사업회, 안중근의사기념사업회, (사)운암김성숙선생기념사업회, 몽양여운형선생기념사업회, 동암차이석선생기념사업회, (사)민족문학작가회의충북지회 홍명희문학제추진위원회, 대한민국임시정부기념사업회, 대한민국독립유공자유족회, 신흥무관학교100주년기념사업준비위원회, (사)민족문제연구소 등 11개 단체가 참여하였다.

된다.

그러면『조선일보』가 '창립총회'를 주도하였는가? 전혀 사실이 아니다. 「신간회의 정통성은 누가 이어받을 것인가」라고 자문한 기사는 이 질문에 자답하기 위하여, 두 기념식 사이의 선명성을 대비하며 한쪽의 정통성만을 부하하면서 다른 한쪽을 일방으로 왜곡하였다. 이 기사는 양쪽 기념식을 함께 보도하는 균형성을 갖춘 듯하였지만, 이미 정사(正邪)를 단정한 선입주견(先入主見)으로 전혀 객관성을 잃었다. 이 인터넷 언론 매체는 '창립총회'의 실상도 제대로 확인하지 않은 채, "특히 〈조선일보〉의 경우 지면을 통해 신간회에 대한 기사를 여러 차례 비중 있게 다루는 것은 물론 80주년 행사 자체도 거의 주도하고 있는 모습이다. 조선일보사와 방일영문화재단이 이 행사의 주최로 나서고 있는 것이다."라고 단언하였다. 그리고 "보통의 경우 언론사들이 기념행사의 후원 정도에 그치는 것에 비하면 매우 적극적인 모습이다. 왜 그럴까. 그것은 신간회 역사를 조금만 살펴보면 금방 알 수 있다."고 역사상의 연원까지 추적하면서 해석까지 덧붙였다.[11]

조선일보사가 왜 신간회 행사에 '매우 적극적인 모습'을 보였는지는, 필자가 유추할 바가 아니지만, 조선일보사가 '창립총회'를 '주도'하였다는 보도는 전혀 사실에 입각하지 못하였다. 사실을 기술하면, '창립총회'는 '(가칭)신간회기념사업회 준비위원회'와 '한국학중앙연구원 세종국가경영연구소'가 주관하고, '(사단법인) 민세 안재홍선생기념사업회'·'조선일보사'·'방일영문화재단'이 주최하였다.[12] 민세 안재홍선생기념사업

---

11 앞의 「총독부 대변지로 변신한 방응모의 〈조선〉」.
12 『신간회 창립 80주년 기념 : 신간회기념사업회 창립총회 및 학술대회(자료집)』 (주관 : 가칭 신간회기념사업회 준비위원회·한국학중앙연구원 세종국가경영연구소, 주최 : 민세 안재홍선생기념사업회·조선일보사·방일영문화재단, 2007. 02. 15 한국프레스센타 19층 기자회견장).

회의 회장 김진현이 준비위원회의 회장을 맡았고, 이후 동 기념사업회의 초대 회장으로 선임된 데에서 보듯이, '창립총회'는 민세 안재홍선생 기념사업회가 시종 기획·주관하였으며, 조선일보사와 방일영문화재단은 홍보와 재정상의 지원을 맡았을 뿐이었다.[13]

'창립총회'에서 조선일보 발행인 김문순이 "2년 전부터 오늘의 행사를 준비하고 신간회의 정신을 되살리기 위해 애써 주신 민세 안재홍 기념사업회"에 '감사'를 표하였음은[14] 결코 의례의 치사가 아니었다. 다시 강조하면, 조선일보사와 방일영문화재단이 '창립총회'에 '주최'로 참여하였지만, 이는 신문 매체를 통한 홍보와 재정상의 후원에 그쳤고, '창립총회'는 민세 안재홍선생 기념사업회가 주도하여 (가칭) 신간회기념사업회 준비위원회를 구성하여 추진한 결과였다.

『조선일보』를 '보수신문'으로 규정하는 시각에 다수의 일반인이 동의하더라도, 『조선일보』가 '창립총회'를 보도했다 해서, 이를 주관·주최한 주체들을 모두 '보수'로 단정함으로써 이에 대조되는 '정통성'을 주장하는 방식은 그야말로 견강부회이다. 「총독부 대변지로 변신한 방응모의 〈조선〉」이라는 기사가 설명해 주었듯이, '보수신문'인 『조선일보』가 신간회에 관심을 쏟는 역사상의 근거는 충분하다.

신간회운동 당시 『조선일보』는 신간회의 '기관지·대변지'라 불리었고, 신간회의 초대회장 이상재(李商在)가 조선일보사 사장이었으며, 총무

---

13   필자는 '민세 안재홍선생기념사업회'의 학술 담당 이사로서 학술대회를 기획하고 추진하는 데 일정하게 관여하였으므로, '창립총회'가 개최되기까지 과정을 분명하게 증언할 수 있다. '창립총회'는 '민세 안재홍선생기념사업회'의 회장 김진현을 비롯하여, 사무국장 황우갑 등 임원진이 '(가칭)신간회기념사업회 준비위원회'를 구성하여 추진하였으며, 조선일보사가 자사의 매체로써 '창립대회'를 홍보하였고, '방일영문화재단'이 재정상으로 후원하였다.
14   김문순, 「축사」, 『신간회 창립 80주년 기념 : 신간회기념사업회 창립총회 및 학술대회(자료집)』, 8~9쪽.

간사였던 안재홍(安在鴻)이 조선일보사의 주필이었던 사실에서 확인되듯
이, 조선일보사의 주요 간부들 상당수가 신간회의 주역으로 직접 참여
하여 활동하였다. 신간회와『조선일보』사이의 불가분한 역사성은 신
간회의 정신을 선양하는 대의(大義)에서, 자사를 홍보할 필요에서도 오
늘날 조선일보사에게는 내세울 만한 명분이다. 여타 언론 매체가 외면
한 신간회를,『조선일보』가 특필 대서한 이면에는 이렇게『조선일보』
만이 가지고 있는 특수성이 존재한다. 2007년 시점의『조선일보』가 과
연 '신간회의 정신'에 부합하느냐는 여부와 관계없이,『조선일보』가 신
간회를 도외시할 수 없는 역사 속의 엄연한 사실이 있었다.

그렇기에 조선일보사가 신간회에 가지는 관심은 2007년에 갑자기 나
타난 일회성이 아니었다. 1987년 조선일보사는 신문 창간 67주년을 맞
아「한국민족 운동과 신간회」를 주제로 3월 2~3일 서울프레스센터 국
제회의장(20층)에서 학술회의를 개최하였다. 신간회 창립 60주년기념을
겸한 이 학술회의에는, 관계 논문으로 업적을 축적한 사계(斯界)의 권위
있는 학자들이 주제 발표와 토론자로 참가하였다.[15] 이날 행사는 그동
안 축적된 신간회연구 성과를 최초로 정리하였다는 학술상의 의미뿐
아니라, 신간회 창립 당시의 생존 인사와 일반인 2백50여 명이 참석하
여 신간회운동의 의의를 되새겼다는 데에서 기억할 만하였다.[16]

---

15 주제 발표자는 신용하(愼鏞廈)·이균영(李均永)·박영석(朴永錫)·이문원(李文
遠)·유재천(劉載天)·박용옥(朴容玉)·김찬순(金昌順)·강만길(姜萬吉), 토론자
는 김창수(金昌洙)·신일철(申一澈)·윤병석(尹炳奭)·이규태(李圭泰)·이현희(李
炫熙)·한홍구(韓洪九)·조동걸(趙東杰)·이연복(李延馥)·신영숙(申榮淑)·임
영태 등으로, 사계의 권위 있는 중진들과 신예 연구자들이 이념 성향에 관계없
이 참여하였다.
16 「(社告)新幹會 60주년기념 學術會議－朝鮮日報 창간 67주 맞아…내일, 모레 이
틀간」,『朝鮮日報』(1987. 3. 1) ;「新幹會 주인공들 56년만에 再會－朝鮮日報 주
최 학술회의장의 감격」,『朝鮮日報』(1987. 3. 3). 동 학술회의는 장소 관계로 방

1946년 3월 1일 두 기념식과 대중집회는, 이날 행사들이 일원화되지 못한 책임을 서로에게 전가하면서 비판과 비난을 주고받았다. 반면 2007년 신간회 창립 80주년 기념식에서, 날선 칼날은 한쪽이 들어서 일방으로 겨누었다.

'창립총회'에서 신간회기념사업회의 초대 회장으로 선출된 김진현은 "대한민국에서의 좌우 논쟁, 보수 진보 논쟁은 대한민국의 정통성과 정체성의 발전이라는 공통 분모, 공동 표준 위에서 뛰어야 합니다."라고 제안하였다. 그는 "광복 60주년을 지내고 경제 제1주의와 민중 민족 제1주의라는 극단의 독성을 이겨낸 진짜 우익과 진짜 좌익, 진짜 보수와 진짜 진보가 나올 때가 되었습니다. 진짜들은 합작할 수 있습니다. 국익, 공익, 인류의 공동선에서 합작할 수 있습니다. 21세기 열린 민족주의, 21세기 지구촌지향 한국민족주의, 인간 시민 인류사회를 아우르는 지성과 지사가 나와야 합니다. 그것이 21세기 신간회입니다."[17]라고 기념사를 마무리했다.

그러나 '80주년 기념식'에서는 김원웅(통일외교통상위 위원장) 단재신채호선생기념사업회장의 개회사와 윤경빈 한국민족운동단체협의회 상임의장의 축사가 '신간회의 정신'을 언급한 뒤, 행사 끝무렵에서 신간회의 창립정신으로써 '창립 총회'를 비판하는 발언이 뛰어나왔다. 함세웅은 축사에서 '창립총회'를 정면으로 겨냥했다. 이를 기사화한 인터넷 언론

청인을 250명으로 제한하였는데, 1980년대 젊은이들 사이에 일었던 한국현대사 연구의 열기가 반영된 때문이었는지, 젊은 층이 참석자의 절반이 넘는 뜨거운 분위기에서 진행되었다. 이날 발표된 8편의 논문은 『月刊朝鮮』(朝鮮日報社, 1987년 4월호), 578~671쪽에 게재되었다.

17 金鎭炫, 「(新幹會 창립 80주년 기념사) 21세기 한국민족주의 그리고 신(新)신간회」, 『신간회 창립 80주년 기념 : 신간회기념사업회 창립총회 및 학술대회(자료집)』, 3~7쪽.

매체는 "그렇다면 좌우연합의 모범을 보인 '신간회'의 정통성은 누가 이어 받은 걸까?"라고 질문하면서, 다음과 같이 함세웅의 축사를 보도하였다.

> 함세웅(신부) 안중근의사기념사업회 이사장은 이날 축사에서 "몇 시간 후면 조선일보가 주관하는 또 하나의 기념행사가 열린다. 그러나 우리는 신간회 창립 당시의 조선일보와 지금의 조선일보는 명백히 그 실체가 다르다는 것을 알고 있다"면서 "신간회 강령에 나타나 있는 것처럼 통합을 위해서는 일제와 독재에 부역했던 기회주의는 배제되어야 한다"고 못박았다.
> 함 이사장은 또한 "냉전시대의 논리로 사회통합과 민족의 평화통일을 지연시키는 세력은 신간회 정신을 말할 자격이 없으며, 과거의 죄악을 가리기 위한 수단으로 신간회를 이용해선 안된다"면서 "민족과 역사 앞에서 스스로 반성하고 진심으로 민족의 평화통일과 사회통합을 위해 노력하는 게 우리가 실천해야 할 신간회의 창립정신"이라고 강조했다.

이어 이 기사는 이렇게 결론을 내렸다. "이들('80주년 기념식' 측을 가리킴 : 인용자)은 〈조선일보〉가 주도하는 신간회기념사업은 방응모 사장으로 시작된 〈조선일보〉 친일행위를 감추기 위한 역사 속이기에 불과하다라는 입장이다."[18]

2007년 신간회 창립 80주년을 기념한 두 주최 가운데 어느 쪽이, '신간회 정신'의 '정통성'을 계승하였는지 언명함은 주관이 개입하므로 삼가겠지만, '신간회 정신'을 전승하려는 지속성이 어떻게 진행되었는지는 세월의 흐름과 함께 객관의 자료가 증명한다.

2007년 두 주최가 신간회 창립 80주년을 기념한 지 어느새 10년이 흘

---

18 앞의 「신간회의 정통성은 누가 이어받을 것인가」.

러, 2017년 신간회 창립 90주년이 되었다. 사정으로 적절한 일시를 놓
쳤지만,[19] 2017년 6월 29일 신간회기념사업회(회장 강지원)가 주도하여 조
선일보사[20] · 한국민족운동사학회와 공동 주최하고, 방일영문화재단이
특별후원한 '제90주년 신간회 기념학술대회'를 개최하였다.[21] 물론 신간
회기념사업회는 이 행사에 앞서 2월 15일 '신간회 창립 90주년 기념식'
도 거행하였다.[22] 다행인지 불행인지, 신간회 창립 90주년을 기념하는
해에는, 어느 쪽이 신간회의 '정통성'을 계승하였느냐는 2007년 때의 편
가름은 재현되지 않았다. 필자가 과문한 탓으로 확인하지 못했는지 모
르겠지만, '정통성'을 운위한 단체와 언론이 그러한 논쟁을 이어가는 행
사와 보도를 지속하지 않았기 때문이다.

---

19 신간회는 1927년 창립된 이후 1928 · 1929년 일제가 탄압하여 정기대회를 개최
하지 못하자, 1929년 6월 28 · 29일 복대표대회를 열어 전체대회를 대신하였다.
신간회기념사업회는 신간회 창립일 대신에 이날 학술대회를 개최하였다.

20 『조선일보』는 2017년 6월 24일로 3만 호를 발행하였는데, 지령 3만 호를 기념하
여 학술대회를 후원하였다. 「신간회 재조명 학술대회 29일 개최…支會 사적에
기념표지석 설치-3만호 기념, 창립정신 계승 논의-대구 · 목포 · 서산 · 통영 ·
나주 · 하동 전국에 남은 활동지 6곳에 표지석」, 『朝鮮日報』(2017. 6. 24).

21 『(일제강점하 국내최대 항일민족운동단체-제90주년 新幹會 기념학술대회) 신
간회와 신간회 운동의 재조명(자료집)』(주최 : 사단법인 신간회기념사업회 / 조
선일보 / 한국민족운동사학회, 특별후원 : 방일영문화재단, 후원 : 국가보훈처 /
광복회 / 평택시 / 서울YMCA / 월남이상재기념사업회 // 2017. 6. 29(목) 오전
10분~오후 5시 서울YMCA회관 대강당) : 「신간회(일제치하 최대 항일민족운동
단체), 비타협적 민족주의자들이 창립 주도했다」 ; 신간회 90주년 · 조선일보 지
령 3만호 기념 학술대회」 · 「일제하 조선일보, 신간회와 '한몸' ; 문자보급 · 물산
장려 등 공동사업…신문사 지국이 신간회 지회 역할」 · 「"日 제국주의 비판, 근
대적 개혁 요구…대한민국 정부 수립의 토대가 돼" ; 기조강연 · 종합토론 "3 · 1
운동 이후 독립운동 성과 국내외에 확산시킨 연결 고리"」, 『朝鮮日報』(2017. 6.
30).

22 「左 · 右, 적대감 버리고 서로 협력해야」 ; 신간회 창립 90주년 기념식…각성과
단결 촉구하는 강령 낭독」, 『조선일보』(2017. 2. 16). 이날 행사는 『동아일보』도
간단하게나마 보도하였다. 「신간회 창립 90주년 기념식」, 『동아일보』(2017. 2. 16).

사단법인 신간회기념사업회는 2007년 신간회 창립 80주년을 기념하여 출범한 이래 2018년 현재까지, 신간회 창립일인 2월 15일을 전후하여 매년 기념식을 개최하였고 이후에도 이 행사를 지속할 예정이다. 신간회기념사업회는 2017년 하반기부터 조선일보사와 방일영문화재단의 후원을 받아, 전국에 남아 있는 신간회 지회 관련 사적지에 기념표지석을 설치하는 중이다. 전국에 걸쳐 140여 개에 이르렀던 신간회 지회의 활동 사적 중 대구 지회였던 교남YMCA회관(대구광역시)[23]에서 출발하여, 목포지회였던 목포청년회관(현 남교소극장, 전남 목포시),[24] 서산지회였던 천도교 서산종리원(현 천도교 서산교구, 충남 서산시),[25] 하동지회였던 하동청년회관(현 하동자활센터, 경남 하동군)[26]에 이미 기념표지석을 놓았고 학술강연회도 개최하였으며, 통영 · 나주 · 밀양 · 장흥 지회의 터에도 기념표지석을 놓을 예정으로 추진 중이다.

필자가 이렇게 2007년 2월 15일의 우울했던 단면을 길게 이야기하는 이유는, 적어도 신간회와 관련하여서는 이때의 실상을 반성의 자료로 남길 필요가 있다고 생각하였기 때문이다. 또 '보수신문'만이 '신간회의 정신'을 전승하는 현실에서, 신간회의 '정통성'이 편가름이 아닌 지속성을 통하여 계승되기를 진실로 바라기 때문이다.

---

23 「日帝때 최대 민족운동 단체 기리려…'신간회 표지석 세우기' 대구부터 시작 – 복원된 교남 YMCA회관에 설치 – 강지원 회장 "독립운동 자취 느껴"」, 『朝鮮日報』 (2017. 9. 7).
24 「목포 민족운동의 터전 되살아났다 – 신간회 목포지회 표지석 건립식…대구지회 이어 두 번째로 열려」, 『朝鮮日報』(2017. 9. 28).
25 「"민족운동 전통 서린 건물, 근대문화유산으로" 신간회 충남서산지회 표지석 건립, 대구 · 목포지회 이어 세 번째」, 『朝鮮日報』(2017. 10. 26).
26 「신간회 정신, 하동에 깃들다 – 하동지회 사적지 표지석 건립식…대구 · 목포 · 서산 이어 네 번째」, 『朝鮮日報』(2017. 11. 8).

2) '연합'이 아닌 '통합'의 지평에서

오늘날 한국사회는 중도(中道)를 재발견하려는 노력이 진지하다. 해방
정국을 중간파(중도파)의 시각에서 재조명하려는 노력[27]과 저술[28]이 무게
있게 등장하였으며,[29] 진정한 의미의 중도가 무엇인지를 다시 캐묻는
질문도 시작하였다.[30] 이러한 성찰이 나름의 결실을 맺어 중도의 가치
와 지향점이 한국사회의 한 축으로 자리 잡는다면, 한국사회를 통합으
로 이끌어가는 견인차가 되리라 생각한다.

흔히 중도를 "어느 한쪽으로 치우치지 아니하는 바른 길"로 정의한
다. 이러한 상식선의 이해가 전혀 틀리지는 않았겠지만, "치우치지 않
는다"는 소극성의 틀 안에 중도를 가두기에는 이 말이 지니는 깊이와
넓이가 너무 깊고 넓다. 선거철만 다가오면 모든 정치세력들이 저마다
좌와 우에 치우치지 않는 중도세력임을 자처하나, 이들의 구호가 훤소
(喧騷)하게 느껴지는 데에는 분명한 이유가 있다. 중도를 한 마디로 말하
기 어렵지만, 적어도 이를 이상가치로 논의할 때에는, 적대감이 아니라

---

27 2003년 11월 27일 한국민족운동사학회가 주최하여 「해방정국 민족지도자의 역
   사적 성격에 대한 재조명」이라는 주제로 학술심포지움을 열었는데, 해방정국의
   중간파(중도파)를 부각시켜 조명하는 계기가 되었다. 이날 발표된 논문들은 다
   음과 같다. 서중석, 「(기조발제)해방정국의 중도파 정치세력을 어떻게 볼 것인
   가?」 ; 이준식, 「(제1주제)김규식의 민족운동의 이념과 노선」 ; 김기승, 「(제2주
   제)해방후 조소앙의 국가건설운동」 ; 김인식, 「(제3주제)해방후 안재홍의 신국
   가건설운동」 ; 정병준, 「(제4주제)여운형의 민족운동의 이념과 노선」. 상기 논문
   들은 수정·보완되어 「특집 : 해방정국의 민족지도자의 역사적 성격」으로 『한
   국민족운동사연구』 39(한국민족운동사학회, 2004. 6)에 게재되었다.
28 윤민재, 『중도파의 민족주의운동과 분단국가』(서울대학교출판부, 2004. 9).
29 상기 연구들은 해방정국에서 중도파의 범주에, 좌우합작운동을 주도한 중간 좌
   파·우파를 중심으로, 남북통일정부수립운동으로서 남북협상에 참여한 중경임
   시정부 계열을 포함시켰다.
30 이를테면 김진석, 『우충좌돌-중도의 재발견』(개마고원, 2011. 7)을 들 수 있다.

공존(협동)하는 미덕에 바탕을 두어, 우리 사회의 갈등을 해소하려는 통합의 정신을 전제해야 한다.

 '수꼴'·'좌빨' 등 한국사회의 통합성을 해치는 말들에는 적대감이 깊게 배어 있고, 애당초 타협과 공존을 가늠할 틈새조차 보이지 않는다. 오늘날 한국사회에서 이러한 적대성을 해체하고 진정한 중도를 추구하려면, 한국근현대사 속에서 반성의 자료를 찾아야 할 터이고, 이의 출발점으로 의당 신간회운동과 이를 주도한 인물들을 중도의 원류로 주목하게 된다.

 1927년 2월 창립되어 1931년 5월 해체된 신간회는, 비타협 민족주의자(좌익민족주의자)[31]와 사회·공산주의자들이 협동·결합한 민족협동전선체로서, 일제 식민지시기 민족독립을 최고 목표로 삼았던 국내 최대의 항일운동단체였다. 신간회는 비타협 민족주의자들이 창립하였고, 사회·공산주의자들이 합류·참여함으로써 민족협동전선으로 발전하였다.

 민족분단을 극복하려는 동력을 민족 내부에서 찾고자 할 때, 정치이념의 지향점이 달랐던 민족주의와 사회·공산주의 세력의 협동체로서 신간회가 창립·해체되는 역사는, 이것이 지닌 긍정성과 부정성의 양면을 다시 객관화시켜 평가해야 할 현재성을 지닌다. 더 나아가 궁극에서는 북한까지 포함한 민족통합을 염두에 두며, 대한민국 내부의 사회통합을 지향하는 원형을 신간회운동에서 찾으려는 역사의식을 동반한다. 이는 오늘날 요청되는 진정한 중도의 원형을 한국근현대사에서 확인하려는 작업이기도 하다. 통합이란 공유·지향할 이념을 전제하므로, 이러한 통합정신을 확립하는 노력과 함께, 이를 주도하는 구심력을 확보

---

31 안재홍에 따르면, '좌익민족주의'는 신간회를 창립할 당시 일부 '小부르 인텔리' 들이 생각한 용어였다. 좌익민족주의의 개념 규정은 이 책의 '첫머리말'의 후반부를 참조하기 바람.

하는 작업을 동반해야 하는데, 신간회는 오늘날 긍부를 병행한 교훈으로서 전례를 보여준다.

　본문에서 서술하겠지만, 필자는 일제 식민지시기와 해방정국에서 중간파(=중도파)의 범주를, 일제에 저항하여 신간회운동을 주도하였고, 민톡통합의 이념으로서 삼균주의를 발전시킨 민족운동 세력에서 출발하여, 해방 정국에서는 좌우합작운동을 추진하였던 정치세력으로 설정하였다. 이러한 시각에서 식민지시기를 포함하여 분단체제가 확정되기까지 한국 근현대사에서 중도파의 개념을 정의한다면, "민족정체성·주체성 안에서 사회주의 이념을 토착화하려던 세력"이었다고 규정하고자 한다. 이들의 이념·사상은 대체로 사회민주주의 성향으로 평가받지만, 더 구체화하여 말하면, 한민족의 정체성·주체성 안에서 사회주의 이념을 비판·수용하여 토착화하려던 성향을 가지고 있었다.

　20세기의 예언사가(豫言史家)로 불리었던 토인비(A. J. Toynbee)는, 제2차 세계대전 이후 냉전이 본격화하는 '현시점'에서 인류의 미래를 고민하였다. 그는 세계가 상반된 이념을 대표하는 초강대국 미합중국과 소연방으로 양분됨으로써, 전 인류가 '생사의 선택'에 가로놓인 "난처한 궁지에 처하여 우리는 이 위기의 구출을 어느 방면에서 찾아내야 할 것인지?"를 물었다. 토인비는 "위기의 구출은 아마도 흔히 과거에도 그러했던 것과 같이 중도를 찾는 데서 해결의 단서가 나오리라고 생각된다."고 전제하면서, 자본주의와 공산주의가 상생·지양하는 방향성을 제시하고자 하였다. 그는 "정치에 있어서 중용지도(中庸之道)는 지역 국민 국가의 무제한의 주권도 아니고 중앙 집권화된 일개 세계 정부의 가차없는 독재도 아닌 그 중도의 정치일 것이고, 경제에 있어서 그것은 무제한의 개인 기업도 아니고 엄격한 사회주의 경제도 아닌 중도의 그 어떤 경제일 것이다."라고 말하면서, 자본주의와 사회주의가 서로의 장점을

배워 가는 중용지도를 강조하였다.[32]

일제에 저항하는 민족운동의 과정에서, 조소앙(趙素昻)과 안재홍(安在鴻)
이 각각 창안한 삼균주의와 신민족주의는 한국민족운동이 이념으로 갈
등하는 현실뿐만 아니라, 세계사가 이데올로기상으로 양극화할 미래까
지 예견하면서 신국가상을 창출하였다. 두 사람은 자본주의와 공산주
의를 모두 지양한 새로운 민주주의를 지향하면서, 이러한 신민주주의
이념으로 양극화한 이데올로기의 대립을 넘어 새로운 지평을 제시하고
자 하였다.

삼균주의와 신민족주의를 기존 서구 사상을 표본으로 삼아 사회민주
주의에 빗대기도 하지만, 한국민족운동의 과정에서 정립된 삼균주의와
신민족주의는, 「프랑크푸르트 선언」(The Frankfurt Declaration)이라 불리는
「민주사회주의(民主社會主義)의 목적과 임무」(1951년 7월)보다 앞서 사회민
주주의의 지표를 제시하였다. 다 아는 바와 같이, 「프랑크푸르트 선언」
은 ①사회주의의 목적이 생산수단을 독점하는 소수자에게서 인민을 해
방하는 데 있음을 명시하여 반(反)자본주의의 태도를 취하는 동시에, ②
공산주의가 사회주의의 전통을 완전히 왜곡하였으며, 하나의 제국주의
국가인 소련의 일당독재의 이익에 봉사하고 있다고 비난함으로써 반소
(反蘇)·반공(反共)의 태도도 명백히 내세웠다.

서구 사회에 양극화로 보편화한 두 이념이 한국 내에서 특수하게 진
통하는 현실에 맞닥뜨려, 조소앙·안재홍은 한국의 특수성을 바탕으로
보편성을 병행·조화시키는 방안을 창출하고자 고심하였다. 이 장에서

---

32 아놀드 토인비 著, 姜基哲 譯, 『試鍊에 처한 文明』(一志社, 1975. 9)의 第二章
「歷史의 現時點」, 41~42쪽. 이 책 저자 서문의 '일러두기'에서 토인비는, 제2장
「역사의 현시점」이 1947년 현재 Foreign Affairs지사(誌社)가 판권 소유자이며,
1947년 4월 7일 하버드대학에서 강연한 이후, 같은 해에 몇 차례 강연한 원고임
을 밝혔다.

는 위에서 제기한 문제의식을 진전시켜 신간회의 사회통합, 나아가 민족통합의 정신을 다루고자 하며, 다음 몇 가지에 초점을 두어 생각해 보고자 한다.

첫째, 일제 식민지시기 중도파로서 비타협 민족주의가 형성되는 기점인 조선사정조사연구회(朝鮮事情調査硏究會)의 정신을 살펴보았다. 둘째, 민족협동전선체였던 신간회운동의 의의와 한계를 짚어 보았다. 셋째, 신간회의 강령과 당면정책을 분석하여 민족통합 이념의 실상이 어떠하였는지를 설명함으로써 향후 민족통합 이념의 지향점을 생각하였다. 끝으로 민족통합의 국가건설론을 발전시켜 나간 안재홍의 신민족주의론을 살펴보았다. 신간회운동은 해체로 끝났지만, 신간회의 정신사는 1930년대 안재홍이 제창한 민세주의(民世主義)로 발전하였고, 8·15해방 후에는 신민족주의로 완성되었다. 안재홍의 신민족주의론의 요체인 '초계급적 통합민족국가론'을 검토함으로써 신간회의 민족통합의 정신이 하나의 주의·이념으로서 구체화한 단계를 확인하였다.

본론에서는 신간회를 출범시키고 주도한 비타협 민족주의자의 관점을 선행시키고, 이들의 시각을 기준으로 삼아 신간회에 참여한 사회주의자들의 행태를 다루었다. 그래야만 '연합'이 아니라 '통합'이라는 지평에서 신간회를 바라보는 시야가 열린다고 생각했기 때문이다. 신간회운동의 주도세력이 지녔던 시대의식을 중심으로 민족통합 사상이 발전하는 과정을 서술하면, 8·15해방 후 안재홍이 제창한 신민족주의 이념이야말로 신간회운동의 결실이었음을 확인하게 된다.

2. 식민지시기 중도파의 원류 - 외래 사상의 주체성 있는 수용

일제 식민지시기와 해방정국에서 중도파(=중간파)를 개념규정하면, 오늘날에도 많은 시사점을 주리라 생각한다. 필자가 생각하는 결론부터 말하면, 일제 식민지시기에는 신간회운동을 주도하였고 해방 정국에서는 좌우합작운동을 추진하였던 정치세력을 가리킨다. 이들의 이념·사상은 대체로 사회민주주의 성향으로 평가받지만, 더 구체화시켜 말하면, 한민족의 정체성·주체성 안에서 사회주의 이념을 비판·수용하여 토착화하려던 성향을 가지고 있었다. 민족정체성 안에서 이념의 차이를 융해시키려는 노력이 가시화된 시기는 1925년이었다.

1925년 벽두에 단재(丹齋) 신채호(申采浩)가 "우리 조선 사람은 매양 이해(利害) 이외에 진리를 찾으려 하므로, 석가(釋迦)가 들어오면 조선의 석가가 되지 않고 석가의 조선이 되며, 공자(孔子)가 들어오면 조선의 공자가 되지 않고 공자의 조선이 되며, 무슨 주의(主義)가 들어와도 조선의 주의가 되지 않고 주의의 조선이 되려 한다. 그리하여 도덕과 주의를 위하는 조선은 있고 조선을 위하는 도덕과 주의는 없다."[33]고 개탄하였는데, 바로 그해 9월 국내에서도 '조선의 주의'를 만들려는 운동이 일어났다.

1925년 9월 15일 백남운(白南雲)·안재홍·홍명희(洪命熹) 등 20명이 모여 조선사정조사연구회(일명 조선사정연구회)를 조직하는 문제를 협의하고 다음과 같이 합의하였다.[34]

---

33 「浪客의 新年漫筆」의 '一. 道德과 主義의 標準', 『東亞日報』(1925. 1. 2)[丹齋申采浩先生紀念事業會, 『(改訂版)丹齋申采浩全集』下(螢雪出版社, 1987. 10), 25~26쪽].
34 일제 관헌 자료에 따르면, 백남훈(白南薰)·백남운·박찬희(朴讚熙)·백관수(白寬洙)·홍성하(洪性夏)·김기전(金起纏)·박승철(朴勝喆)·김준연(金俊淵)·안

극단적인 공산주의를 주장하여 외국의 제도·문물·학설 같은 것을 바로 받아들여 조선에서 적용·실시하려고 하는 것 같은 과격한 주장을 하는 자도 있지만, 조선에는 조선의 역사가 있고 독특한 민족성이 있다. 그와 같은 것(위의 과격한 주장)은 조선민족을 자멸로 이끄는 것이므로, 그 가부를 잘 연구하여 그 장점을 취하고 민족정신의 보지(保持)에 힘쓰지 않으면 아니된다.[35]

조선사정조사연구회는 창립 후[36] 70여 일이 지나서, 11월 28일 제1차 조사보고회를 가진 사실이 언론에 보도[37]되면서 세상에 알려졌다. 조선

재홍·최원순(崔元淳)·선우전(鮮于全)·한위건(韓偉鍵)·조정환(曹正煥)·김수학(金秀學)·최두선(崔斗善)·조병옥(趙炳玉)·이긍종(李肯鍾)·홍명희·유억겸(兪億兼)·이재간(李載侃) 등이 1925년 9월 15일 경성 돈의동(敦義洞)의 조선요리점 명월관(明月館)에서 회합하여 '조선사정연구회'라는 조직을 협의하였다. 慶尙北道警察部, 『高等警察要史』(1934. 3), 47쪽. 『고등경찰요사』에는 '창립'이라는 표현은 사용하지 않았으며, 나열한 명단은 모두 20명이었다.

35 『高等警察要史』, 47쪽. 본문의 번역문은 류시중·박병원·김희곤 역주, 『국역 고등경찰요사』(선인, 2010. 1), 106쪽에서 인용하였음.

36 『고등경찰요사』는 조선사정연구회가 창립되는 정황을 자세히 기술하며 창립 일자까지 명시하였는데, 창립일은 당시 언론에 보도된 바에서도 증명된다. 『동아일보』는 "조선사정의 현상을순연히 학술뎍으로 됴사연구하고 필요에응하야는공개강연(公開講演) 혹은『팜푸레트』를발행할목뎍으로지난구월 십오일에 처음으로창립된 조선사정됴사연구회(朝鮮事情調査研究會)에서는…"이라고 보도하였다. 「純然히學術的으로 朝鮮事情을調査硏究 - 됴선사정됴사연구회에서 데일차보고회를열엇섯다 - 敎育,財政,商工,農分科를設置」, 『東亞日報』(1925. 11. 30). 또 『現代評論』 總三號·第一卷第三號(現代評論社, 1927年 4月號, 1927. 4. 1 刊)의 〈朝鮮事情調査研究會 報告論文特輯〉호에서는 "本會는 임이新聞紙上에도報道되엇거니와 再昨(一九二五)年九月十五日에京城에서創立된것이다."고 '창립'이라 말을 명시하여 일시와 장소를 밝혔다. 編輯室, 「朝鮮事情調査研究會」, 『現代評論』, 16쪽.

37 「朝鮮事情研究會 - 第一回調査報告講話 - 이십팔일오후다섯시에 종로청년회관에서개최」, 『朝鮮日報』(1925. 11. 30) ; 「純然히學術的으로 朝鮮事情을調査硏究 - 됴선사정됴사연구회에서 데일차보고회를열엇섯다」, 『東亞日報』(1925. 11. 30) ; 「朝鮮事情調査會 - 각방면유지들이모이어 정치적긔본사실을연구」, 『時代日報』(1925. 11. 30). 『朝鮮日報』·『東亞日報』는 사설에서도 조선사정조사연구회가

사정조사연구회는 제1차 보고회를 열면서 다음 4가지 규정을 언론에
공개하였다.

　一. 本會는朝鮮事情調査研究會라稱함
　一. 朝鮮事情의調査研究를目的으로함
　一. 會合은每月一次로하되月末土曜日로함
　一. 必要에應하야講演或은『팜푸레트』를發行함[38]

　이러한 목적에서 조선사정조사연구회는 법제부·교육부·재정금융
부·상업부·공업부·농업부 등의 각 분과를 설치하고 각 사람이 담당
하여 조사·연구하기로 결정하였다. 동회(同會)는 회의 목적을 언론에
공개하기는, 조선의 사회사정을 '과학적'[39]·"학술적으로 조사연구"한다
고 밝혔으나,[40] 『고등경찰요사』는 "그 진의(眞意)는 장래 이것을 민족운

조직되었음을 환영하면서 이의 필요성과 함께 향후의 과제를 제시·당부하였
다. 「朝鮮事情調査研究의必要」, 『朝鮮日報』(1925. 11. 30 社說) ; 「朝鮮現實研
究의必要-發展의土臺」, 『東亞日報』(1925. 11. 30 社說). 위의 신문 기사들에서
도 확인되듯이, 조선사정조사연구회는 조선사정연구회(『고등경찰요사』도 이렇
게 표현하였다)·조선사정조사회로도 불리었으나, 본문에서 인용한 동회의 규
정에서 보듯이 정식 명칭은 조선사정조사연구회였다.
38 「朝鮮事情研究會」, 『朝鮮日報』(1925. 11. 30). 타 신문에도 위와 같은 요지의 내
용들이 간략하게 보도되었다.
39 "이 조선사정 됴사연구회는 그명칭이가르침과 가티복잡한실제운동을써나서현
하조선의 사회사정을 과학뎍으로됴사연구하야 널리사회에소개하며 째로는그필
요한재료들을수요자에게례공코저함이라는바…"「朝鮮事情研究會」, 『朝鮮日報』
(1925. 11. 30).
40 고정휴는 "조선사정연구회는 그 출발에서부터 정치색을 배제한 '순수한' 학술단
체임을 거듭 강조함으로써 회원들의 공감대를 형성할 수 있었던 것"이라 서술
하면서, "『현대평론』 제3호(1927년 4월호)에 실린 〈조선사정조사연구회 보고논
문특집〉에서도 당초 연구회의 창립 취지가 특정 정치단체의 주의·주장에 동조
하는 것이 아님을 분명히 밝히고 있다."고 재차 강조하였다. 고정휴, 「태평양문
제연구회 조선지회와 조선사정연구회」, 『역사와 현실』 제6호(역사비평사, 1991.

동의 기관으로 한다는 데 있었던 것 같다."고 파악하였다.[41]

조선사정조사연구회의 진의는 1927년 좌익민족주의(비타협 민족주의)로 불리는 민족주의자들이 신간회 창립을 주도하는 결과로 나타났는데, 이 점에서 『고등경찰요사』는, 조선사정조사연구회가 표방한 목적보다 더 저의(底意)에서 동회가 발족한 취의를 정확하게 인지하였다. 조선사정조사연구회의 25명 회원[42] 가운데 상당수가 신간회를 발기하고 창립

---

12), 316쪽. 그러나 『현대평론』에 실린 「조선사정조사연구회」라는 글에는 '정치색'을 배제하겠다는 논지는 전혀 없으며, 단지 조선 내의 기존 정치단체가 "朝鮮의實際事情에基因된 一定한프로그람" 또는 '主義主張'에 근거하지 않은 '無用의派爭'에 빠져들었음을 비판하였을 뿐이다. 編輯室, 「朝鮮事情調查研究會」, 『現代評論』 第一卷第三號, 16쪽. 설사 '특정 정치단체'에 편향하지 않겠다는 취지를 내세웠다 하더라도, 이것이 '정치색'을 배제하겠다는 의미와 동일하다고 볼 수는 없다. 고정휴가 주장하는 바와 같이, 조선사정조사연구회가 태평양문제연구회 조선지회와 밀접한 상관관계가 있고, 이것이 태평양회의를 염두에 두었다면, 이는 그야말로 조선독립 문제와 관련된 최대의 정치문제였다. 조선사정조사연구회는 단체 자체의 성격규명과 아울러, 신간회 창립으로 이어지는 계기성(繼起性)도 동시에 염두에 두고 파악해야 한다.

41 『고등경찰요사』는 조선사정연구회를 제2장 '치안개황'의 제3절 '대정 8년 이후의 민족주의운동'에서 '一. 비타협적 민족운동'의 항으로 분류하여 '3. 민족주의운동의 대두'에서 기술하였다. 『고등경찰요사』는 조선사정연구회에 이어 태평양문제연구회를 언급한 뒤 "이것들은 그 전부가 민족주의의 대두로 보이지만, 시기가 아직 무르익지 않아 아무런 실천적 운동을 보지 못하고 끝나버렸다."고 결론을 내렸다. 『高等警察要史』(1934. 3), 47쪽[앞의 『국역 고등경찰요사』, 106쪽에서 인용하였음].

42 「純然히學術的으로 朝鮮事情을調查研究」, 『東亞日報』(1925. 11. 30)는 『고등경찰요사』에 열거된 20명 이외에 이순탁(李順鐸)·김송은(金松殷)·국기열(鞠錡烈)·이춘호(李春昊) 4명을 더하여 모두 24명을, 「朝鮮事情研究會」, 『朝鮮日報』(1925. 11. 30)는 여기에 이관용(李灌鎔)을 더하여 모두 25명의 회원 명단을 나열하였다. 「朝鮮事情調查會」, 『時代日報』(1925. 11. 30)에서는 이순탁·국기열·김송은·이춘호·이관용의 이름을 확인할 수 있는데, 25명의 회원을 나열했으리라 추정한다[국사편찬위원회와 국립중앙도서관이 인터넷상으로 제공하는 이 날짜의 『시대일보』는 이 기사에서 회원 명단을 나열한 부분만 일부가 찢겨 있어 전체 명단을 확인할 수 없었다]. 고정휴는 위의 『조선일보』·『동아일보』를 전거로 밝히면서, 25명 외에 이상철(李相喆)을 더하여 모두 26명이 제1차 조사보고회에 참석하였다고 기술하였다. 고정휴, 앞의 논문, 308~309쪽. 그러나 『조

하는 데 참여하였음을 보면, 이 단체는 신간회를 예비하는 전 단계의 조직으로서 매우 중요한 의미를 지녔다.[43] 조선사정조사연구회가 조직 상으로 지속하는 결실을 보지는 못하였더라도, 일제 식민지시기 중도 성향의 인사들이—차후 중도파로 분류될— 세력화를 꾀한 첫 시도였다 고 평가할 만하다.

조선사정연구회 창립일의 합의안은 '세칭 반좌성명(反左聲明)'으로 이 해하기도 하지만,[44] 이것의 주지(主旨)를 해석하면, 조선의 역사'와 '민족

선일보』·『동아일보』에는 이상철의 이름이 보이지 않는다. 이균영은 1925년 9월 15일 상기 26명이 모여 조선사정조사연구회를 결성하였다고 서술하면서, "이 이후의 변동사항은『現代評論』3호(1927. 4), p. 16 참조."라고 밝혔다. 이균 영,『신간회연구』(역사비평사, 1993. 12), 46~47쪽. 그런데 1925년 12월 12일 개 최된 조선사정조사연구회 제2회 조사보고회를 보도하는 기사에는 "이십오명의 회원중이십일명이 모이어데이회됴사보고강연회"를 열었다고 적었다. 「事情硏 究會 調査報告－십이일오후에 보고회를열엇다」,『朝鮮日報』(1925. 12. 14). 또 『현대평론』의 「조선사정조사연구회」의 끝 부분에서는 "아직까지의本會會員의 氏名"으로 "鞠錡烈 金俊淵 金秀學 金起田 李肯鍾 李灌鎔 李春昊 李順鐸 李相喆 李載侃 白南薰 白南雲 白寬洙 朴勝喆 朴讚熙 安在鴻 鮮于全 俞億兼 趙炳玉 曹 正煥 崔斗善 崔元淳 洪性夏 洪命熹 韓偉鍵" 25명을 들었다. 編輯室, 「朝鮮事情 調査研究會」,『現代評論』第一卷第3號, 17쪽. 이를 보면, 조선사정조사연구회 의 회원에는 아주 미세한 변동이 있었다. 1925년 11월에 가담한 이순탁·김송 은·국기열·이춘호·이관용 5명 가운데, 이후 언젠가 김송은이 탈퇴한 자리에 이상철이 가담하였고,『현대평론』제1권제3호가 발간되는 시점에서도 조선사정 조사연구회는 여전히 25명의 회원을 유지하였다고 생각한다.

43 조선사정조사연구회를 언급한 대부분의 연구들은 이러한 면에 주목하여, 다소 의 시각차는 있지만, 동회의 성격을 비타협적 민족주의(=민족주의 좌파)의 단체 로 성격규정하는 데에서 대체로 일치한다. 朱赫, 「朝鮮事情研究會의 研究」(漢 陽大學校 大學院 史學科 碩士學位論文, 1991. 8) ; 방기중,『한국근현대사상사 연구』(역사비평사, 1992. 9), 73~76쪽 ; 이균영, 앞의 책, 21·47~48·75쪽. 고정 휴는 1926년 말 자치론이 다시 대두하기 전까지는 민족주의 내부의 좌·우 분 화가 이루어지지 않았음을 밝히면서, 태평양문제연구회 조선지회와 조선사정조 사연구회의 밀접한 관계성을 추적하였다. 고정휴, 앞의 논문.

44 김준엽·김창순은 "가칭 '조선사정연구회'는 1925년 9월 15일에 명월관 회합을 통하여 세칭 반좌성명을 내고 민족운동의 주류를 형성하려고 하였다."고 서술 한 뒤,『고등경찰요사』를 전거 자료로 제시하였다. 金俊燁·金昌順 共著,『韓國

성'을 기반으로 삼는 '사회주의 토착화 선언'이었다. 이 합의안은 조선
의 사정을 무시하고 공산주의사상을 맹목으로 신봉하는 공산주의운동
을 배격하였지만, 더 중요한 방점은 '조선의 역사'와 '민족성' 안에서 그
것의 '장점'을 취하여 '민족정신'을 보존한다는 데 있었다. 또 조선의 특
수성을 무시하는 극단의 공산주의를 거부하였지만, 공산주의 자체를
애초부터 부정하지는 않았다.

　조선사정조사연구회는 제3차 조사보고회를 마지막으로 언론 보도에
서도 자취를 감추었으나,[45] 활동 기간 동안 이념 문제보다는 조선민족

　　共産主義運動史』3(청계연구소, 1986. 7), 44쪽. 그런데『고등경찰요사』에는 정
　　작 '반좌성명'이라는 말이 나오지 않았는데, 아마 김준연과 인터뷰(1970년 5월
　　4일)한 내용을 근거로 당시의 분위기를 이렇게 서술한 듯하다. 김준엽·김창순
　　은 "이 조직(조선사정연구회를 가리킴 : 인용자)에 민족진영의 백관수 등 비타
　　협주의세력과 좌익계의 홍명희 등 인사들이 포함되어 있는 것은 민족개량주의
　　세력의 대두에 대한 반동현상이었다고 할 것이다."고 설명하면서 김준연과 인
　　터뷰한 바를 전거로 제시하였다. 이에 따르면, "당시의 좌익사상들이 조선사
　　정연구회의 명월관 성명이 공산주의에 대한 노골적인 혐오감을 나타내고 있음
　　에도 불구하고 이를 반박하지 않았던 것은 개량주의보다는 비타협주의와 동맹
　　해야 된다는 전술적 배려 때문이었다." 따라서 "비록 명월관 성명이 반좌사상의
　　표시였다고 하더라도 일시적으로 이를 감수한다는 태도를 견지했던 것이다."
　　그러나 이 합의안은 공산주의를 '노골적'으로 혐오하지도 않았고, 공산주의자인
　　김준연·한위건도 여기에 참여하고 있었다.
45　필자가 확인한 조선사정조사연구회의 활동상은 다음과 같다. 앞서 보았듯이,
　　당시 3개 민간지가 모두 1925년 11월 28일 조선사정조사연구회의 제1차 조사보
　　고회를 보도하였다. 이날은 동회에서 재정금융 방면을 담당하는 김수학(호남은
　　행 사원)[직업은 고정휴, 앞의 논문, 309쪽에 의거]이 조선에 현행되는 각종 세금
　　제도 가운데 중앙소속세제(中央所屬稅制)를 강화(講話) 형식으로 보고·발표하
　　였다. 방기중은 이 제1차 보고회의 첫 번째 연구성과물이『조선일보』(1926. 1.
　　3)의 신년부록으로 게재되었다고 하였는데[방기중, 앞의 책, 74쪽], 필자가 확인
　　한 바는 白南雲(延專敎授),「朝鮮社會力의動的考察」,『朝鮮日報』(1926. 1. 3 新
　　年號附錄)이 실렸을 뿐, 김수학과 다른 인사들의 글은 찾지 못하였다. 단 1926년
　　1월 1일부터 3일 사이『조선일보』에 게재된 조선사정조사연구회 회원의 글은
　　다음과 같다. 趙炳玉(延專敎授),「社會的鬪爭의經濟的基礎=밋그 救濟策」,『朝
　　鮮日報』(1926. 1. 1 新年號 其二) ; 安在鴻,「攘夷鎭國의喜悲劇 丙寅洋亂史談」

의 실정(實情)을 근거로 대안을 제시하는 실사구시를 추구하였다는 점에

(1926. 1. 1 新年號 其二) ; 李順鐸(延專敎授), 「朝鮮人의動態人口에對한一考察」, 『朝鮮日報』(1926. 1. 1 新年號 其三) ; 李肯鍾(엠·에이), 「우리土地에對하야」, 『朝鮮日報』(1926. 1. 1 新年號 其四) ; 安在鴻, 「攘夷鎖國의喜悲劇 丙寅洋亂史談」(1926. 1. 2 一日新年號其二第二面의續), 『朝鮮日報』(1926. 1. 2 新年附錄) ; 白南雲(延專敎授), 「朝鮮社會力의動的考察」, 『朝鮮日報』(1926. 1. 3 新年號附錄). 『조선일보』의 신년부록에는 다른 인사들의 다른 주제의 글도 게재되었고, 상기의 논설들이 조선사정조사연구회의 성과물임도 적시하지 않았으므로, 이 글들이 조선사정조사연구회의 성과물로 발표되었다고 단정할 수는 없다. 조선사정조사연구회는 1925년 12월 12일 제2차 조사보고강연회를 열고서 제1회에 이어 세금 문제를 계속 주제로 다루었다. 이날 보고회에서는, 1923년도 현재 조선에 거주하는 일본인을 포함하여 납세자의 수효와 금액을 통계로 발표하였는데, 조선인 경제의 파멸상을 증명하는 이 숫자는 조선사회에 커다란 충격을 주었다. 「놀라운此數字의差異!-破滅되는朝鮮人의經濟-디세오백원이상을납입하는자의수효가 이쌍의주인조선인보다일본인이더만타-朝鮮事情調査硏究會의調査結果, 事情硏究會 調査報告-십이일오후에 보고회를열엇다」, 『朝鮮日報』(1925. 12. 14). 동일자『조선일보』는 이를 사설로도 다루었다. 「朝鮮人의經濟的運命을證左하는諸數字」, 『朝鮮日報』(1925. 12. 14 社說). 조선사정조사연구회의 제3차 조사보고회는 1926년 1월 30일 이순탁이 조선 인구문제를 주제로 삼한(三韓)時代부터 현대까지 조사하여 발표하였다. 「朝鮮事情調査第三回報告-삼십일에개최」, 『朝鮮日報』(1926. 2. 1). 이후 조선사정조사연구회의 활동은 언론에 보도되지 않다가, 『현대평론』 제1권제3호에 〈조선사정조사연구회 보고논문특집〉을 마련하여, 「朝鮮事情調査硏究會」(編輯室), 「朝鮮의人口統計」(李順鐸), 「朝鮮現行稅金制度論」(金秀學), 「朝鮮鐵道交通의發達及將來(承前)」(鮮于全), 「産米增殖計劃에對하야」(韓偉鍵) 등을 게재하였다(동 잡지는 필자들의 소속을 개개 직장으로 명기하지 않고 일괄해서 모두 '朝鮮事情調査硏究會'로 기재하였다). 고정휴는 이와 관련하여, "또 실제로 개인적 차원에서나마 연구 활동을 전개하여 발표회를 갖고 있었다.", "『현대평론』 제3호에 실린 논문특집에는 그동안 연구회 회원들의 연구성과가 발표되고 있는데,…"라고 서술하면서, 이것이 1927년 7월에 개최되는 제2차 태평양회의를 염두에 둔 기획이었다고 추론하였다. 고정휴, 앞의 논문, 316쪽. 어쨌든 제3차 조사보고회를 가진 뒤, 언론의 무관심 때문이었는지는 모르겠지만 조선사정조사연구회는 활동상을 보이지 않았다. 그러다 신간회 창립을 앞두고 『현대평론』이 창간(1927년 1월 15일 인쇄, 동월 20일 발행)되면서, 동 창간호에 신간회의 발기·창립을 지지하는 조선사정조사연구회 회원들(김준연·백남운·홍명희 3인)의 논설이 실렸다(물론 필자의 소속은 조선사정조사연구회가 아니라 개개인의 직장 또는 직업이었다. 『현대평론』 창간과 신간회 발기·창립의 상관성은 김인식, 「신간회의 창립과 민족단일당의 이론」, 『白山學報』 第78號(白山學會, 2007. 8), 225~227쪽을 참조.

서, 오늘날도 되새겨야 할 지표를 제시한다. 〈조선사정조사연구회 보고
논문특집〉호를 꾸민 『현대평론』은 이미 신문지상에도 보도된 바와 같
이, 조선사정조사연구회가 "그目的하는바가 우리朝鮮의實際事情을 調
査하고쏘硏究함"에 있다고 지적하면서도, 이를 다음과 같이 자세하게
풀어서 설명하였다.

> …우리는民族的××을渴望하며 階級的××에熱誠的으로猛進코자 한다 그러
> 나이渴望과이熱誠에潛在한勢力을 무슨方法으로引導하여야 朝鮮民族의 이
> 最後의所有를消耗업시利用할가…예전政治는 個人的이엿다 그러나現代政治
> 는科學的이다 個人的인까닭에 無常的專橫的이요 科學的인까닭에 普遍的이
> 요 普遍的까닭에 民衆的이다 民衆의政治的自覺이發展됨을짜러…民衆全體
> 의發展에關한 嚴密한事實을基礎로한 政治가안이면 民衆이이에應하지안을
> 時代가必然的으로繼承하엿다 지금朝鮮事情調查研究會가朝鮮民衆全體에關
> 한事情을科學的態度로調查하고쏘討究함을目的으로함은決코알기위하야알랴
> 는것이안이요 一定한行動의準備일것은勿論이다…事實이란假面을쓴政策도
> 잇거니와 政策이란假面을쓴事實도잇셔셔…[46]

위의 인용문에서 보듯이, 조선사정조사연구회는 민족문제와 계급문
제를 아울러 연구·해결하려는 세력을 조직화할 목적에서 출발하였는
데, 이는 결국 정치단체·정치조직을 결성하는 문제로 환원·귀결된다.
조선사정조사연구회는 조선민중의 정치적 자각에 비례하여, 조선민중
전체의 이익을 대변하여 행동하는 '과학적' 정치조직을 준비하는 단계
로서, 조선민중의 실정에 의거한 '정책'을 마련하고자 하였다.
　조선사정조사연구회 창립일의 합의안에 나타난 취의는 신간회의 정

---

46 編輯室, 「朝鮮事情調查研究會」, 『現代評論』 第一卷第三號, 16~17쪽.

신에도 그대로 이어졌다. 신간회 창립일에 공표하려던 「신간회선언」은 일제 경찰에게 발표를 금지·압수당하여 최종 전문(全文)을 확인할 수 없지만, 이의 원형인 「신간회선언 초안」이 남아 있어 신간회 창립의 목적을 파악할 수 있다. 동 초안이 표명한 "우리는 계급보다도 민족을 취하고 목전보다도 장래를 생각한다. 정당한 방법은 오로지 우리들의 견지에 섰을 때 파악된다."는 확신은, 눈앞의 자치권을 획득하는 근시안보다는 장래의 민족독립을 절대목표로 설정하면서, 계급보다도 민족을 우선하는 굳건한 원칙에 바탕을 두었다.[47]

　「신간회 선언 초안」은 '우리들의 견지'에서 공산주의 이념을 직수입하려는 맹목주의자와 자치운동을 추진하려는 정치간상배를 모두 배격하였다. 이렇게 신간회운동은 절대독립을 추구하면서 민족정체성 안에서 계급문제를 해결하려는 노선으로, 조선사정조사연구회가 선언한 '조선의 역사'와 '독특한 민족성'을 기초로 삼는 정신을 이어받았다. 조선사정조사연구회와 신간회에 참여한 인물들이 해방 전후 중간파의 인맥과 그대로 일치하지는 않지만, 두 단체의 취지와 지형점이 한국근현대사에서 차지하는 중대한 의의는 한국 중도파 사상의 지형이 형성되었다는 데 있었다. 두 선언은 민족정체성을 전제로 사회주의 사상을 주체성 있게 수용하려는 노력이었다.

　1925년 새해 벽두 신채호가 "마르크스도 카우츠키의 마르크스와 레닌의 마르크스와 중국이나 일본의 마르크스가 다 다름이다."라고 설파하면서 예봉을 겨눈 바는, 외래 이념을 아무 비판 없이 맹목으로 수용하는 당시의 공산주의자들이었다. 코민테른의 지시를 교조(敎條)로 신봉·추종하는 당시의 '주의자'들을 향한 신채호의 비판은, 외래 이념과

47　「신간회선언 초안」의 내용 분석은 제3장 1-3)의 끝부분에서 서술하였으므로 이를 참조 바람.

사상의 토착화를 근본 화두로 던졌다. 이러한 관점에서 일제 식민지시기를 포함하여 분단체제가 확정되기까지의 한국근현대사에서 중도파를 다시 정의한다면, "민족정체성·주체성 안에서 사회주의 이념을 토착화하려던 세력"이었다.

3·1민족운동 이후 국내에 유입된 사회·공산주의가 민족운동에 분화를 가져온 '신사조'였음이 엄연한 현실일 때, 이를 어떻게 민족현실에 여과시켜 정합성 있게 수용하는가는 당시 민족지성들에게는 중요한 과제였다. 조소앙·여운형(呂運亨)·안재홍 등 선각한 민족지성은 일제에 타협하는 민족운동을 배격하면서, 또 한편으로는 코민테른의 노선을 교리로 떠받들면서 식민지 조선에 공산주의체제를 수립하려는 공산주의 노선을 경계하였다.

조소앙은 삼균주의를 정립하는 과정에서, 새로 탄생할 한민족의 독립국가상(獨立國家像)으로 '신민주국'(新民主國)을 제시하였다. 그가 신민주국을 국가 정체(政體)로 표명한 때는 1930년 1월로, 이 무렵 창립된 상해한국독립당(韓國獨立黨) 당의(黨義)에서 처음 보인다.[48] 이 당의에 "…국토와 주권을 완전광복하고, 정치·경제·교육의 균등을 기초한 신민주국을 건설하여서, 내(內)로는 국민 각개의 균등생활을 확보하며…"[49]라는

---

48 '당의'란 당이 지향하는 대의를 표명하는 바로서 '주의' 곧 이념의 지향성을 나타낸다. 盧景彩,『韓國獨立黨 硏究』(신서원, 1996. 12), 81쪽. 일제 측의 자료를 보면, 1930년 상해 한국독립당의 당의는 조소앙 개인이 창안한 바가 아니라, 몇 사람이 공동으로 구상하고 기초하였음을 추측할 수 있다. 그러나 이후 조소앙이 이를 해설하는 등 더욱 발전시켜 나갔음을 보면, 그가 당의를 주도하여 작성하였음이 분명하며, 무엇보다도 이 당의에 삼균주의의 원형이 보인다. 김인식,『광복 전후 국가건설론』(한국독립운동사편찬위원회, 2008. 8), 61쪽.

49 이때의 당의는 일제 관헌 자료와 중국어로 된 임시정부의 문헌 자료에 남아 있다. 일제 관헌 자료로는 村田左文(高等法院檢事),『上海及ビ南京二方面於ケル朝鮮人ノ思想狀況』(昭和十二年), 金正柱 編,『朝鮮統治史料』第十卷(東京, 韓國史料硏究所, 1971. 12), 697~698쪽. 임시정부의 문헌자료로는「韓國獨立黨的

구절에서 '신민주국'이 뚜렷하게 새겨 있다. 이때의 '신민주국'은 군주제냐 민주제냐 하는 정치형태만을 가리킨다기보다는 정치·경제·교육의 모든 영역을 포괄하는, 말 그대로 국가 체제를 의미하였다. 조소앙은 한 국가의 체제로 지배형태만을 보지 않고, 이를 뒷받침하는 토대인 경제체제까지 포함하는 큰 시야에서 인식하였다.[50]

3·1민족운동의 영향으로 좁게는 한국민족운동, 크게는 한국민족사에 민주주의 정체는 당연한 지향점이 되었다. 대한민국 임시의정원이 임시헌장을 제정하여 민주공화국을 선포하였고, 대한민국임시정부가 한국 역사상 최초의 민주공화국이었음은 재삼 말할 필요도 없다. 그러나 사회주의 체제를 수립한 러시아혁명은 서구 민주주의의 한계와 폐단을 비판하면서 새로운 민주주의 유형을 제기하였고, 사회·공산주의 사상이 식민지 민족운동의 이념·방략으로 도입됨에 따라 자유민주주의(자본민주주의)=민주주의라는 등식에도 수정이 불가피하였다.

조소앙은 사회·공산주의조차도 수정한 '신사회주의'(新社會主義)를 제창하면서 이를 자신의 삼균주의 틀 안에 융해시켰다. 그는 3·1민족운동 이후 '한국혁명'의 특징 가운데 하나로 "민주 입헌주의를 신앙하였고 이제는 한국에 적합한 신사회주의적 계획에 기울어 하는 경향이 있다."고 지적하였다. 나아가 '신사회주의적 계획'에 따른 '전체 민족의 행복'으로 "정치권리의 균등, 생활권리의 균등 및 배울 권리의 균등"을 제시하며, 이것이 '한국혁명의 진수'라고 강조하였다.[51]

創立經過」(臨政文獻 第三號)[國史編纂委員會 編, 『韓國獨立運動史(資料3, 臨政篇Ⅲ)』(探求堂, 1973. 12), 396쪽].

50 김인식, 앞의 책, 78쪽.

51 「韓國之現狀及其革命趨勢」(1930. 4 탈고), 『素昂集』(1932)[三均學會 編, 『素昂先生文集』上(횃불사, 1979. 7), 70~73쪽]. 번역은 姜萬吉 編, 『趙素昂 − 韓國近代思想家選集⑥』(한길사, 1982. 5), 64~68쪽.

　　조소앙의 삼균주의는 더욱 농익어 마침내 1935년 신민주주의를 표방하였다. 한국민족운동사에서 '신민주주의'라는 용어로써 민족운동과 국가건설의 지향점을 선도해서 뚜렷이 제기한 사람은 바로 조소앙이었다. 이는 특기해야 할 매우 중요한 역사이다. 그는 1935년에 쓴 「고당원동지」에서, "신민주주의는 우리들이 창조한 당의·당강"이라고 지적하면서 이를 삼균주의와 등치시켰다. 이때 신민주주의는 자본민주주의·소비에트민주주의라는 낡은 두 민주주의를 모두 지양시킨 사상체계이자 국가체제를 지향하였다. 이 글의 「(2)구(舊)민주주의와 신민주주의의 차이」에서 자본민주주의와 소비에트민주주의를 구민주주의로 규정하고, "구민주주의의 결점은 독재를 타도하여 독재를 창조한 데에 있다. 소위 폭(暴)으로써 폭을 바꾼다고 함이 여기에 있다."고 통찰하였다. 그는 실례를 들어 "불란서와 미국은 군주가 독재하는 압박에서 탈피하려는 동기에서 민주주의를 창립하였지만 백여 년간 시험한 결과는 지식파(知識派)·유산파(有産派)의 독재화로 끝났으며", 러시아는 "군주독재와 지부계급(智富階級)의 발호에 자극되어 소비에트제도를 창립하였지만 십여 년간 실험한 결과 무산독재로 귀착되고 말았다."고 비판하였다. 그리고 "아당(我黨)의 신민주주의는, 삼균제도의 건국으로써 구미파(歐米派)의 구민주주의의 결함을 보구(補救)하고, 독재를 부인함으로써 독재제도의 맹아(萌芽)를 발취(拔取)하여 러시아의 민주주의의 결점을 보구하려 함"에 있다고 자부하였다.[52]

　　조소앙은 민족해방운동의 과정에서 민족혁명의 단계를 넘어 계급투쟁으로 공산주의 체제를 수립하려는 공산주의운동을 배격하였지만, 자본주의 체제를 수립하려는 기도도 절대 배격하였다. 이렇게 삼균주의

---

[52] 「告黨員同志」(建國 4268年 8月 15일, 韓國獨立黨臨時常務委員會 명의, 1935), 金正柱 編, 앞의 책, 758~772쪽.

의 이상은 한 마디로 표현하면, 국토와 주권을 완전 광복한 뒤, 정치 ·
경제 · 교육의 균등을 기초로 한 전민균등(全民均等)의 신민주공화국을 건
설하여, 나라 안으로는 국민 각 개인의 균등생활을 확보하고, 밖으로는
민족과 민족, 국가와 국가 사이의 균등을 실현함으로써, 궁극에서 세계
일가의 이상을 이루려는 민족국가건설론이었다.[53]

　조소앙이 삼균주의를 정립해 나가는 비슷한 시기 「공산당선언」의 최
초 한글 번역자인 여운형은 공산주의제도를 시행함에 반대하고, 민족
주의에 서서 조선의 현실에 맞도록 사회주의 이념을 수정하여 적용하
려, 하였다. 여운형의 정치이념은 1931년 경성복심법원(京城覆審法院)에서
진술[54]한 내용에서 확인되며, 그가 마르크스주의를 식민지조선의 현실
에 어떻게 변용 · 적응시키려 고심하였는지도 확연하게 보인다. 여운형
은 일제의 법정에서 자신의 신념을 이렇게 말하였다.

　　공산주의의 경제방면의 문제에 대해서는 공명하지만, 유물론으로 모든
　문제를 해결하려 하는 데 대해서는 반대한다. 나 개인으로서의 주의는 맑스
　주의자이다. 그러나 조선독립운동에 대해서는 민족주의적 행동을 하였다.
　러시아에 레닌주의가 있는 것처럼 중국에는 삼민주의(三民主義)가 있다. 조
　선에서는 여운형주의로서 하는 것이 조선해방의 첩경이라고 생각한다.[55]

53　김인식, 앞의 책, 80~81 · 22~23쪽.
54　여운형은 1929년 7월부터 1932년 7월 사이에 수감당하였다. 그는 1929년 7월 10일
　　상해야구장에서 일본 경찰에 체포되어 수인(囚人)의 몸으로 귀국하였고, 징역 3년
　　형을 언도받고 대전형무소에서 복역하던 중, 1932년 7월 형기 만료 4개월을 남
　　긴 상태에서 출감하였다. 이때 여운형은 상해에서 체포될 때 귀를 얻어맞아 생
　　긴 고막염을 비롯해 치질 · 소화불량 · 신경통 · 치통 · 불면증 등으로 시달리고
　　있었다. 정병준, 『몽양여운형평전』(한울, 1995. 6), 50~51쪽.
55　「呂運亨調書(Ⅱ), 金俊燁 · 金昌順 共編, 『韓國共産主義運動史(資料篇Ⅰ)』(高麗
　　大學校 亞細亞問題硏究所, 1979)[정병준, 앞의 책, 36쪽에서 다시 인용].

이만규는 여운형이 법정에서 펼친 이와 같은 '주의'를 다소 변형시켜 다음과 같이 연번을 매겨 정리하였다.

(一)『「맑쓰」의 이론에는 찬성하나 그대로 실행은 불가능하다. 조선 같은 데는 노농독재(勞農獨裁)를 실행하여서는 아니된다. 「맑쓰」주의는 쏘련에서 는 「레닌」주의가 되고 중국에서는 삼민주의가 되었으니 조선에서는 두 나라 와 달리하여야 한다』 하였고

(二)『「모스크바」에서 「레닌」을 만났을 때 「레닌」은 조선에다가 공산주 의를 그대로 선전하려 들지 않을까 하고 염려하였더니 그는 조선의 교통이 1일에 전통(全通)되고 언어가 한 개 국어라는 말을 듣고 「매우 좋다. 조선은 예전에는 문화가 발달되었지만 지금은 민도가 낮으므로 공산주의를 실행하 려 들어서는 잘못이다. 지금 민족주의부터 실행시킴이 현명한 일이다」 말하 는 데 소신이 합치되었다』 하였고

(三)『이상으로 공산주의를 찬성한다. 실행문제에 있어서는 조선엔 그대 로 가져올 수 없다. 세계 각국 어데서던지 「맑쓰」주의는 그 형태를 변개시 켜서 실행되고있다. 쏘련까지도 신경제정책이니 5개년계획이니 하며 시대 와 처소에 적응시켜 곤쳐가며 실행한다』 하였고

(四)『조선해방에는 시종일관 조선 전체의 이익을 위하여 나아갈 심산이 다. 전체가 공산주의를 해야만 되게 되면 곳 공산주의를 실행할 것이오 수 정하여야 될 것이면 곳 수정하야 실행할 뿐이다. 결코 언제던지 일부 소수 인을 위하는 운동자는 되지 않을 것이며 조선이 독립되면 나라일은 민중 전 체의 의사대로 해나갈 터이다』 하였다.[56]

---

56 李萬珪, 『呂運亨先生鬪爭史』(民主文化社, 1946. 5), 98~99쪽. 이만규는 여운형 의 조카인 여경구(呂慶九)의 장인으로 여운형과는 사돈 사이였으며, 식민지시 기 조선건국동맹(朝鮮建國同盟)부터 해방 후 근로인민당(勤勞人民黨) 활동에 이르기까지 여운형과 정치노선을 일관되게 함께 한 여운형의 측근 중의 측근이 었다.

신채호가 '진리'와 대립시킨 '이해'가, 여운형에게는 '조선 전체의 이익'을 가리키면서 '민중 전체의 의사'와 관련된 문제를 뜻하였다. 여운형은 소련의 신경제정책도 마르크스주의가 변형된 형태인 레닌주의라고 파악하면서, 조선의 마르크스주의로 여운형주의를 구상하였다.

해외에서 조소앙이 삼균주의를 정립해 나가는 동안, 국내에서는 민세(民世) 안재홍이 신민족주의를 설계하고 있었다. 안재홍은 제약받는 식민지 현실에서 해외의 민족운동자만큼 자유롭게 표현할 수는 없었으므로, 완곡한 용어를 사용하면서 신민족주의를 구체화시켜 나갔다. 그는 자신의 신민족주의 이념이 출발하는 시기를 1924년까지 소급시켰는데, 『조선일보』가 혁신 기념호[57]를 발행한 1924년 11월 1일자 사설에서 한민족의 궁극의 과제를 명백하게 제시하였다. 안재홍은 민족 구성원 모두가 "온갖 권리와 기회를 균등적으로 향수(享受)하여야 할 것이요 그리하여 종족과 계급과 성의 차별이 없이, 모든 경제적 평등의 안전한 기초를 보장하여야 할 것"을 주창하였다.[58] 이어 그는 1925년 신년 벽두에 『조선일보』 사설을 통하여 "모든 경제의 사회화나 교육의 민중화나 그리고 또 민중의 생활화"를 제창하였다.[59] 이처럼 안재홍은 '혁신'된 『조선일보』를 매체로 '권리와 기회의 균등적 향수'를 골자로 하는 신민

---

57 신석우(申錫雨)가 송병준(宋秉畯)·남궁훈(南宮薰)에게서 판권을 인수받아 운영권 일체를 계승하고 발행인이 된 때는 1924년 9월 13일이었다. 그가 발행인이 됨을 계기로 사장에 이상재, 부사장에 신석우, 이사진에 안재홍·백관수·최선익(崔善益) 등이, 논설위원에 안재홍·김준연·신일용(辛日鎔) 등이 취임하여, 이른바 '조선일보의 혁신'이 단행되었다. 朝鮮日報60年史 편찬위원회, 『朝鮮日報60年史』(朝鮮日報社, 1980. 3), 129~130·613쪽.
58 「朝鮮日報의 新使命－民衆에게 申明함」(1924. 11. 1『朝鮮日報』社說), 安在鴻選集刊行委員會 編, 『民世安在鴻選集』1(知識産業社, 1981. 6), 76쪽. 앞으로 『民世安在鴻選集』을 『選集』으로 줄임.
59 「時代匡救의 新一年－誠悃과 雙行하는 歡喜의 生涯」(1925. 1. 1『朝鮮日報』社說), 『選集』1, 90쪽.

족주의를 구상하여 나갔다.

조소앙·안재홍에게서 보듯이, 식민지시기 한국의 민족지성들은 민족통합·사회통합을 지향하면서 '한' 민족이라는 민족정체성·민족동질성을 전제하여 강조하였다. '세계화'를 외치는 시대에 이러한 인식은 뒤떨어졌다고 생각할지 모르지만, 박정희 군사정권 시절에 수없이 외쳤던 '국적 있는 교육'은 다른 전제 아래 다시 생각해 볼 중요한 과제라고 생각한다. 교육 속에서 내면화된 민족의식이 국수주의가 아니라, 안재홍이 주장한 '국제적 민족주의'·'민족적 국제주의'[60]에 기반을 두고 있다면, 이는 민족통합의 중요한 재원이 된다고 생각한다.

1960·1970년대 관제 이데올로기를 강요받았던 세대들의 일부가 1980년대 들어 자생한 '극좌' 노선으로 편향한 실례는, 극우 편향은 극좌를 불러들인다는 경구를 실증하였다. 그러나 한편으로는 '주체성 있는 교육'이라는 관제 구호 아래 배웠던 내용이, 이들 세대에게 민족아(民族我)로서 자아를 형성하는 밑거름이 되었음도 분명하다. 민주화·세계화된 사회에서 '열린 민족주의'는 우리 사회구성원에게 민족아에서 더 나아가 세계아(世界我)로서 정체성을 확립하는 전제이다.

---

60 1930년대 들어 안재홍은 "民族으로 世界에, 世界로 民族에 交互되고 調劑되는 一種의 民世主義를 形成"하자고 제창하였다. 이 무렵 그는 조선학운동을 주도하면서, '민족적 국제주의'·'국제적 민족주의'를 '교호'시킨 '민세주의'로써 "朝鮮人的이면서 世界的이오 世界的이면서 朝鮮 및 朝鮮人的인 第三新生的" 이념을 창출하려 하였다. 樗山, 「朝鮮學의問題─卷頭言을代함」, 『新朝鮮』第七號(新朝鮮社, 1934年 12月號), 2~4쪽[樗山은 안재홍이 국학 관련의 글을 발표할 때 사용하였던 필명이다. '민세주의'는 세계사의 보편성과 민족사의 특수성을 '회통'(會通)시키려는 '제3신생적' 구호였다.

3. 신간회운동의 의의와 현재성

1) 신간회운동의 의의·한계

시인으로서 한국민족운동사 연구를 개척한 조지훈(趙芝薰)은 중도의 시각으로 한국민족운동사를 서술하면서 다음과 같이 말하였다.

> 그러나 일제의 식민지에서의 해방이라는 근본명제는 8·15해방까지 사회주의에 기본적인 제약을 주었을 뿐 아니라 우리의 민족주의에 사회주의적 경향을 자극해 왔던 것이다. 그러므로 한국의 민족운동은 민족적 사회주의·사회주의적 민족주의의 색조(色調)가 진작부터 짙었고, 이러한 상호영향의 요소 때문에 해방 전까지의 공산주의 운동은 민족해방운동사에서 제외될 수 없는 것이다.[61]

반공이 국시로 군림하던 엄혹한 시기에, 조지훈의 언명은 학문의 객관성을 넘어서는 매우 용기 있는 발언이었다. 조지훈의 선견[62]은 이제 상식이 되었지만, 이같이 열려 있는 시각이야말로 과거 식민지시기 민족협동전선이 출발하였던 합의점이었다.

민족협동전선이라는 용어와 시대의식은 1920년대 들어 사회·공산주의 사상이 유입·확산되고, 민족주의와 병립·대립하면서 생겨난 개념

---

61 趙芝薰, 「韓國民族運動史」, 高大民族文化研究所 編, 『韓國文化史大系』 I (高大民族文化研究所, 1964. 11), 737~738쪽.
62 조지훈의 이러한 시각은 1964년이라는 시점에서는 예외라 할 만큼 진보성을 띠었다. 민족운동사 연구에서 「조지훈의 테제」라 불릴 만한 이 명언은, 이후 1970~1980년대에도 연구자들에게 수없이 인용되었지만, 반공주의에 갇힌 연구자들의 시야는 조지훈에 뒤미치기기는커녕 협소하게 후퇴한 경우가 많았고, 오히려 퇴행한 경우도 더러 있었다.

으로, 이를 요청하는 이론이 민족협동전선론이었다. 신간회를 심층 연구한 이균영에 따르면, "민족협동전선론이란 1920년대 전반기 민족운동 세력이 분열되어 있는 상황이 전제가 된 것으로 좌파민족주의자들과 사회주의자들이 서로 다른 민족적 혹은 계급적 관점을 유보하고 민족해방을 위하여 협동해야 한다는 주장이었다."[63]

　1927년 2월 창립되어 1931년 5월 해체된 신간회는 이러한 민족협동전선론의 결실이었다. 신간회는 비타협 민족주의자(좌익민족주의자)들이 창립하였고, 사회·공산주의자들이 합류·참여함으로써 민족협동전선체로 발전하였다. 신간회는 비타협 민족주의자(좌익민족주의자)와 사회·공산주의자들이 협동·결합한 민족협동전선체로서, 민족독립을 최고 목표로 삼았던 일제 식민지시기 국내 최대의 항일운동단체였다.

　신간회의 민족통합정신을 정확하게 설명하기 위해서는, 아직도 일반에 잘못 인식된 창립기 신간회의 성격부터 재검토해야 한다. 신간회가 '민족단일당'(民族單一黨)·'민족유일당'(民族唯一黨)·'민족유일전선'을 표방하면서 창립되었다는 와설(訛說)이 지금까지 정설로 자리 잡은 채, 신간회를 기사화하는 언론 매체를 비롯하여 대중용 소론들도 이를 반복하여 홍보하였다. 그러나 신간회가 '민족단일당'을 구호로 내건 때는 창립된 지 3개월여 지난 1927년 5월이었다. 창립기의 신간회는 좌익민족주의자들의 조직체로서 '민족주의 좌익전선'·'좌익민족전선'·'민족적 좌익전선'으로 출발하였고, 아직 '민족단일당'을 지향·표방하지 않았다. 이러한 사실은 비단 창립될 당시의 신간회의 성격을 재규명하는 데에서 나아가, 신간회와 신간회운동의 전체 성격을 재검토할 때에도 반드시 전제해야 하는 중요한 문제이다.[64]

63 이균영, 앞의 책, 35쪽.

비타협 민족주의자들이 신간회를 결성한 목적은 자치운동(自治運動)과 같이 일제에 타협한 노선(타협주의)을 배격하는 데 있었다. '타협'과 '비타협'을 구분하는 기준에는 몇 가지가 있었지만, 자치론·자치운동이 가장 중요한 계선(界線)이었다. 창립기 신간회의 이러한 성격을 제대로 인식하기 위해서, 신간회가 창립되기 전의 시대 상황을 잠깐 설명한다.

1923년경부터 대두하는 자치운동론은 민족운동의 방향을 자치의회의 구성, 혹은 일보 나아가서 내정독립(內政獨立)을 추진하는 운동으로 전환하자는 데에서 일치점을 지녔다. 연정회(硏政會)는 일제에 타협한 민족개량주의자들이 자치운동을 꾀하기 위하여 국내에 조직하려던 단체였다. 1923년 말에서 1924년 초에 연정회라는 정치단체를 결성하려는 제1차 자치운동이 일어났으나, 반대 여론에 부딪혀 무산되었다. 1925년 말부터 등장한 제2차 자치운동은 총독부와 연계하여 추진되었고, 1926년 9월 들어 본격 정치세력화를 꾀하면서 연정회를 부활시키려 하였으나 다시 실패하였다.[65]

신간회는 연정회 부활 계획에 맞대응하는 비타협 민족주의자들의 조직체로 창립되었다. 1926년 9월에 이르러 송진우(宋鎭禹)·최린(崔麟)·김성수(金性洙)·최남선(崔南善) 등은 자치운동 단체를 조직하기로 결심하고, 10월 초순부터 이를 추진하기 위하여 연정회를 결성하려는 계획을 다시 세우고 있었다. 1926년 9월 이후 비타협 민족주의자들은 자치론자들이 자치운동 단체를 조직하려는 빠른 행보에 위기를 느꼈다. 안재홍이 타협운동을 자치운동과 동일시하면서, 이를 '우경'이라고 규정하여 적극 비판하는 때도 이 무렵으로, 이러한 대응에는 비타협 민족주의자들

---

64 이는 김인식, 「창립기 신간회의 성격 재검토」, 『한국민족운동사연구』 92(한국민족운동사학회, 2017. 9)를 참조 바람.

65 연정회 문제는 이 책의 제4장 1-2)를 참조 바람.

의 위기감이 강하게 반영되어 있었다.[66]

1926년 9월 들어 자치운동이 본격화하려는 추세를 보이자, 안재홍은 「조선 금후의 정치적 정세」[67]에서 변동된 정치상황을 반영하여 조선인의 '정치적 분야'를 크게 '좌경'과 '우경'으로 나누어 논하면서 좌익=좌경은 비타협, 우익=우경이 타협임을 분명히 하였다. 그는 사회주의와 민족주의 운동세력을 모두 포괄하여, 일제와 타협하기를 거부하고 '철저한 해방', 즉 절대독립론을 고수하는 모든 '비타협적 경향' · '비타협운동' 세력을 '좌익'으로 규정하였다. 반면 '우익'은 자치운동을 획책하는 '타협파' · '타협운동' 세력을 가리켰다. 안재홍은 향후 조선의 정세는, '좌경'='비타협'이냐 '우경'='타협'이냐 하는 양분구도가 필연의 과정이라 예견하며, '타협운동의 출현'으로 "민족적 및 사회적 해방전선 위에 상응한 혼란과 및 분열이 생길 것"을 우려하였으나, 궁극에서 '철저한 해방'으로 나아가는 "조선인의 좌경적 속도를 더욱 빨리 하게 할 것"으로 전망하였다. 여기서 '비타협'=절대독립 노선을 뜻하는 '좌익'='좌경'의 개념은, 이후 자치운동에 대항하는 신간회의 성격과 노선을 '민족적 좌익전선' · '민족주의 좌익전선'으로 규정하면서, 스스로 '좌익'을 자처하는 선

---

66 김인식, 「植民地時期 安在鴻의 左翼民族主義運動論」, 『白山學報』 第43號(白山學會, 1994. 7), 173쪽. 한상구는 安在鴻, 「隱遁生活과 鬪爭生活」, 『朝鮮之光』 61호(1926년 11월호)가 1926년 10월 중순 연정회를 부활하려는 기도가 무산된 직후 쓰였다고 추정하면서, 비타협 민족주의자들이 당시 일본의 정세를 전망하면서 자치제 실시가 '필연'으로 진행되리라 예견하였다고 주장하였다. 한상구, 「신간회의 반자치운동노선과 민족협동전선노선」, 국가보훈처 공훈심사과 편집, 『나라사랑 독립정신』(국가보훈처, 2005. 8), 421~422 · 432~433쪽.

67 「朝鮮 今後의 政治的 政勢」(1926. 12. 16~19 『朝鮮日報』 社說), 『選集』 1, 187~196쪽. 이 사설은 앞으로 2~3년 안에 우경적=타협파=타협운동이 대두하리라 예상하면서, 타협운동과 이에 대항하는 좌경적=비타협파=비타협운동의 장래를 논하였는데, "타협운동의 소장(消長)은 곧 비타협운동의 그것을 반비례로 표현하게 될 것이다."고 결론지었다. 이 사설은 자치운동을 '관제적(官制的) · 관조적(官造的) · 흠정적(欽定的) 타협운동'으로 규정하면서 강하게 비판하였다.

도성과 선명성으로 발전하였다.[68]

자치운동이 세력화하는 정황에서, 홍명희·안재홍·신석우 등 비타협 민족주의자들은 자치운동에 대항할 필요를 느꼈고, 일제에 타협하지 않은 비타협 민족주의 진영을 결집할 목적으로 1926년 말부터 신간회 발기와 창립을 서둘렀다. 신간회는 안재홍이 좌경(左翼)·우경(右翼)을 개념규정한 바에 의거하여, 1927년 1월 19일 신간회는 발기인대회를 개최하고 '순민족주의 단체'로서 '민족주의 좌익전선'을 표방하며 출발하였다.

민족주의 좌익전선은 일제에게서 해방됨을 목표로 삼는 해방전선의 한 갈래로서, 민족주의 이념·노선에 입각하여 일제에 저항하는 비타협 성향의 세력·진영을 가리켰으며, 민족문제의 '구경적 해결'인 완전독립을 지향·도모하는 비타협 민족주의 세력을 뜻하였다. 이들은 일제를 타도할 적(敵)으로 규정하는 반(反)제국주의 노선에 서서, 사회주의 이념을 일정하게 수용하였으며, 자치운동과 같은 타협주의 성향을 주의적(主義敵)·정적(政敵)으로 배격하는 목적의식 아래 사회·공산주의자들과도 일정하게 연대하려고 하였다. 1926년 11월 15일 「정우회선언」(正友會宣言)이 공개된 뒤, 사회·공산주의 계열들 사이에서 이를 둘러싼 논쟁이 진행되는 과정에서, 자치운동 등 타협주의는 우경, 절대독립을 추구하는 비타협주의는 좌경으로 규정하는 공감대도 이미 형성되어 있었다.[69]

'민족주의 좌익전선'은 자치운동으로 대표되는 타협운동에서 조선인 대중들을 분리·조직·훈련시켜 민족독립을 향한 정치투쟁을 행하는

68 金仁植, 「안재홍의 좌우익 개념규정과 이념정향의 변화」, 『한국근현대사연구』 제49집(한국근현대사학회, 2009. 6), 90~92쪽.
69 이상에서 '민족주의 좌익전선'을 설명한 내용은 김인식, 앞의 논문(2017. 9), 151~160쪽을 참조.

좌익민족주의자들의 결합체였다. 비타협 민족주의자들은 '비타협적인 좌익민족전선'인 신간회로써 좌익민족주의자들을 결집한 뒤, 이를 밑둥으로 삼아 사회주의자들과 '연결'하여, 자신들의 헤게모니 아래 비타협 민족주의운동을 실천하려 하였다. 신간회는 이와 같은 좌익민족주의의 정치노선을 실천하려는 결집체였다.[70]

사회·공산주의자들은 1925년 4월 조선공산당을 창당한 뒤, 일제에 대항하는 비타협 민족주의 조직을 기초로 한다는 원칙 아래 중국국민당과 같은 협동전선을 추진하고 있었다. 이들은 1926년 말에 이르러 민족의 모든 역량을 결집한 민족단일당을 세우자고 결의하였고, 이에 따라 신간회에 참여하였다. 「정우회선언」은 이를 위한 이론 기반을 제공하였고,[71] 이로써 신간회는 민족협동전선의 성격을 띠게 되었다.[72]

신간회가 민족협동전선체로 발전한 데에는 자치운동에 대항하여 절대독립을 추구한다는 반(反)자치론, 이를 위하여 비타협 민족주의자와 사회·공산주의자가 협동해야 한다는 민족협동전선론이라는 공통의 이념이 배경으로 존재하였다. 그렇기에 신간회는 창립된 지 10개월 만인 1927년 12월에 지회 설치 100개 돌파 기념식을 거행할 만큼 발전할 수 있었다.

신간회는 민족협동전선체였다. 여기서 초점은 협동이라는 말에 있다. 비타협 민족주의자와 사회·공산주의자가 이념의 차이를 넘어 협동하였지만, 이때 협동은 양자가 이념상 본질의 차이를 잠시 보류한 결합이었을 뿐 일정한 동질성을 확보한 통합이 아니었으므로, 4년간의 활

---

70 '민족주의 좌익전선'의 좀 더 명확한 의미는 제3장 1-3)을 참조.
71 이는 제2장 4-2)를 참조.
72 사회·공산주의자들이 민족단일당론을 내세우면서 신간회에 참여하는 이론은 김인식, 앞의 논문(2007. 8), 238~248쪽을 참조.

동이 쌓아온 공과를 계승할 대체안도 없이 해체되고 말았다. 이는 신간
회운동이 식민지시기 최대의 민족협동전선운동이라고 높게 평가받는
의의와 함께, 한계성으로 지적되면서 이후 한국민족운동사에서 극복해
야 할 과제로 남아 오늘날까지도 이어지고 있다.

신간회운동기 비타협 민족주의자들에게 협동은 민족통합이라는 근
본 과제에서 제기되는 문제였다. 이들은 식민지 민족현실을 기반으로
이데올로기의 대립과 차이를 민족정체성 안에서 통합하려 하였다. 오
늘날 남한과 북한의 체제 대결이라는 분단현실은 물론, 현 대한민국 사
회 안의 대립과 갈등을 해소하는 사회통합의 반성자료로 역사상에서
신간회를 주목하는 까닭도 여기에 있다.

2) 신간회의 민족통합 정신

2007년 2월 15일(목요일) 신간회 창립 8주년을 기념하는 행사가 두 군
데에서 각기 열렸지만, 이날 두 기념식은 오늘날 한국사회의 분열을 지
적하면서 '신간회의 정신'을 되살리자고 호소한 데에서는 일치하였다.
오전에 열린 '80주년 기념식'에서 김원웅 회장(단재신채호선생기념사업회장)은
개회사에서 "신간회가 선택하고 걷고자 했던 길은 80년이 지난 오늘도
한 치의 어긋남이 없다"면서 "남북분단과 좌우분열을 극복해야 할 이
시점에 민족 앞에서 혼연히 하나로 단결했던 신간회의 정신을 되살려
야 한다."고 강조했다. 윤경빈 상임의장(한국민족운동단체협의회)은 "우리의
현실은 안타깝게도 남과 북으로 정권이 나뉘어져 있고 다시 지역적으
로, 경제적으로 사분 오열하고 있는 양상"이라고 지적한 뒤, "다시 80년
전의 신간회 정신을 살려 하나되는 조국, 강한 조국, 누구나 평화와 행
복을 누릴 수 있는 조국을 위해 뜻과 힘을 모아 나가자."고 호소했다.

그리고 이 기념식을 주최한 신간회 창립 80주년 기념행사추진위원회는, 2007년 민족공동체상 첫 수상자로 몽양 여운형을 선정하면서, "몽양 선생이 평생토록 혼신을 다해 이루려하신 이념과 좌우를 떠난 민족통합의 노력과 성과가 '민족공동체상' 제정 취지에 가장 부합했다."고 이유를 밝혔다.[73]

오후에 열린 '창립총회'에서 신간회기념사업회 초대 회장으로 선출된 김진현은 기념사에서 "신간회의 좌와 우, 우의 민족주의 진영과 좌의 사회주의 진영 모두 항일민족독립의 대의에 일치했다면 21세기 한국의 진짜 우와 좌는 대한민국 정통성 정체성 확장 발전 위에서의 한민족 통일이라는 대의여야 합니다. 80년 전 비타협 기회주의배격 비폭력의 도덕성을 견지했듯 오늘의 21세기 신간회는 그 어떤 권력, 그 어떤 명분으로도 부패와 폭력에 대한 비타협과 기회주의를 배격하는 것이어야 합니다."라고 제안하면서, '21세기 신(新)신간회의 탄생'을 기대하였다.[74] 이어 김문순(조선일보 발행인)은 "소모적 이념 갈등이 사회를 흔들고, 불필요한 독선과 아집이 또 다른 대립을 불러오며, 가치관의 혼란이 마치 돛을 잃은 배와 같은 모습인 지금이야말로, 보편적인 가치와 사상의 기반 위에서 방법론이 다른 많은 사람들을 하나로 모은 신간회의 정신이 그 어느 때보다도 필요한 때입니다. 그것은 통합과 포용, 다원성과 화해와 협력의 정신입니다."라고 강조하였다.[75]

2007년 2월 15일 '민족통합'과 '민족공동체'를 각기 내걸은 두 기념행

---

73 앞의 「따로 열린 '신간회' 80주년행사, 멀고먼 '합작'」.

74 金鎭炫, 「(新幹會 창립 80주년 기념사) 21세기 한국민족주의 그리고 신(新)신간회」, 『신간회 창립 80주년 기념 : 신간회기념사업회 창립총회 및 학술대회(자료집)』, 3~7쪽.

75 김문순, 「축사」, 『신간회 창립 80주년 기념 : 신간회기념사업회 창립총회 및 학술대회(자료집)』, 8~9쪽.

사가 같은 날 열린 사실은, 오늘날 한국사회의 분열상을 반영하면서, '통합'과 '공동체'가 여전히 이 시대의 화두이자 지향점임을 다시 일깨웠다. '민족통합'을 통한 '민족공동체' 건설이라는 막중한 과제 앞에서, 현대한민국 사회 내부의 사회통합이 선결과제임을 새삼 확인하게도 된다. 이제 '신신간회'가 언젠가 출현하기를 학망(鶴望)하면서 옛 '신간회의 정신'을 되새김하고자 한다.

　신간회운동은 타협주의인 자치운동을 배격하고, 민족 안의 계급문제를 민족문제화하여 절대독립을 추구하던 민족운동이었다.[76] 달리 말하면, 신간회를 주도한 좌익민족주의자들은 민족 안의 계급문제를 인정하고, 이를 민족통합의 관점에서 해결하려 하였다. 이는 신간회의 활동상에서도 확인할 수 있지만, 강령과 선언에서 운동의 정신과 목표하는 바가 분명하게 드러난다. 신간회가 발의·발기·창립되어 중앙조직을 갖추는 초기 조직화 과정에서, 강령·규약을 작성한 사람은 이승복이었다. 그는 홍명희에게서 부탁을 받아 신간회의 정신과 조직원리를 각각 강령과 규약으로 완성시켰다. 좌익민족주의의 이념과 노선은 신간회의 강령·규약에 그대로 반영되었다.

　다 아는 바와 같이, 신간회의 강령은 발기인대회를 개최한 1927년 1월 19일 공표되었는데, 이 최종 강령에 이르기까지 총독부와 접촉·허가를 받는 과정에서 몇 차례 수정되었다.[77] 최종 강령은 다음과 같다.

　1. 우리는 정치적 경제적 각성을 촉진함.
　2. 우리는 단결을 공고히 함.

76 김인식, 「신간회의 통합정신」, 사회통합위원회 편, 『우리 역사 속의 사회통합』 (사회통합위원회, 2012. 3), 170쪽.
77 강령이 바뀌는 과정은 이 책의 제3장 2-5)를 참조.

3. 우리는 기회주의를 일체 부인함.[78]

최종 강령이 모호한 이유는, 총독부의 승낙을 받아서 출발해야만 하는 합법단체 신간회가 지닌 불가피한 제약성이었다. 본디 강령의 원안은 "「민족자주」를 제1로 하는 강력한 것이었는데 그렇게 하면 합법단체로서의 등록이 안될 것 같아 초점을 흐리게" 하였다.[79]

신간회 강령의 원의를 파악하려면, 일제에게 허가를 받기 전의 강령 가운데 초안에 가까운 강령을 최대한 복원해야만 한다. 일제 측 자료에 따르면, 일제 관헌이 접수한 최초의 안은 "1. 조선민족으로서 정치 경제의 구경적(究竟的) 해결을 도모함. 2. 민족적 단결을 공고히 함. 3. 타협주의를 부인함"[80]이었다. 이를 최종 강령과 비교하면, '조선민족'·'민족적'이라는 주체가 '우리는'으로, '정치·경제상의 완전독립'을 뜻하는 '구경해결'이 '각성'으로, 자치운동을 가리키는 '타협주의'가 '기회주의'라는 에두른 표현으로 바뀌었다.[81]

달리 말하면 '우리'의 실체는 조선민족이며, '단결'하는 주체도 '전 조

---

78 이 강령은 1927년 1월 20일자 『조선일보』·『동아일보』·『중외일보』에 각각 보도되었다. 「劃時期的會合이될 新幹會創立準備－민족덕각성촉진과우경사상배척－純民族主義團體로創立準備는二月十五日」, 『朝鮮日報』(1927. 1. 20) ; 「民族主義로發起된 新幹會綱領發表◇창립총회는이월십오일◇機會主義는一切로否認」, 『東亞日報』(1927. 1. 20) ; 「民族主義團體 新幹會의出現－목하창립을준비중」, 『中外日報』(1927. 1. 20).

79 신간회의 원래 명칭도 처음에는 '신한회'(新韓會)로 하려 하였으나, 신석우가 총독부에 등록하러 갔다가 '한'자가 들어간다고 거절을 당해 '신간회'로 바꾸었다. 「李寬求氏의 回顧談) : 筆鋒도 줄기차게」, 『朝鮮日報』(1964. 5. 3). 이렇게 '한'이 '한민족' 또는 '대한'(大韓)을 떠올게 한다는 이유로 일제와 절충할 수 없었고 결국 허가를 받지 못하였다. 신간회의 강령 문제는 제3장 2-4)의 앞부분을 참조.

80 朝鮮總督府警務局, 「獨立運動終熄後ニ於ケル民族運動ノ梗概」, 『齋藤實文書』 10 (1927. 1, 高麗書林 復刊, 1990. 11), 243쪽.

81 김인식, 앞의 논문(2007. 8), 234쪽.

선민족'이며, 기회주의는 바로 우경 타협주의 노선인 자치운동을 가리키임이 원의였다. 신간회 강령에서 앞의 두 항은 민족협동으로 정치독립뿐만 아니라 경제상의 민족독립을 이루어내자는 신간회운동의 궁극목표를, 마지막 항은 이를 위하여 연정회와 같은 '기회주의'=타협주의, 즉 자치운동 노선을 배격하자는 당면목표를 나타내었다.

그럼 이러한 강령의 정신을 간략하게 설명해 본다. 신간회 강령의 정신을 한 마디로 규정하면, 좌익민족주의 이념인 절대독립론을 명문화하였다고 말할 수 있는데, 자치운동을 배격하고 민족문제의 '구경해결'을 지향하는 절대독립의 시대의식을 반영하였다.

신간회 강령의 제1항은 '정치적 각성'과 함께 '경제적 각성'을 촉구한 점이 중요한 특징이다. '각성'의 목적이 궁극에서 '독립'·'해방'을 성취하는 있음은 자명하며, 일제 침략의 경제상의 본질을 꿰뚫어보면서, 비록 식민지지배 체제 안에서라도 민족의 자생·자활 능력을 키워나가겠다는 의도를 담았다는 점에서 '경제적 각성'은 적절한 표현이었다.

이는 「신간회선언 초안」에서 분명하게 확인할 수 있다. 이 초안은 행동문제에서도 "우리들의 이해와 현재 정치의 사이에 근본적 모순이 있음을 민중에게 인식시키려고 노력해야 함"을 강조하면서, 10개 항의 구체사항을 들었다. 이 가운데 조선생산품 사용의 장려를 선전함, 일본 이민을 반대함, 농촌에 가내공업을 장려하여 농촌진동을 기함, 경제적 실제통계를 조사·연구하여 구체적 대책을 강구함, 만주 이주동포의 산업적 실황을 조사하여 그의 원조책을 강구함, 남부와 중부의 농민이 북부로 이주하도록 장려하여 가급적 국내 인구밀도의 조화를 기함 등 무려 6개 항이 경제문제와 관련되어 있었다.[82] 이처럼 신간회를 주도한

---

82 「新幹會宣言草案」, 朝鮮總督府警務局 編, 『朝鮮の治安狀況』 1927年版(不二出版, 1984年 3月 復刻版 發行).

비타협 민족주의자들은 경제문제를 '구경 해결'하는 전제로서 '각성'의 구체안을 마련하여 실천하려 하였다. 이는 민족 내부의 계급문제를 민족문제화하려는 시도였다.[83]

나머지 4개 항은 한글을 보급하여 문맹퇴치를 기함, 일본인화(化) 교육을 배척함, 조선역사의 교재가 되는 서적을 간행함, 학생들의 사상적 혼돈을 순화하자는 내용이었다. 이 4개 항에서도 민족정체성 확립을 매우 중시하였음을 알 수 있다. 즉 민족의식을 고취함이 통합의 중요한 전제였다. 그리고 사회문제(기층민중뿐 아니라 조선인 산업 등의 문제)를 민족문제화하는 논리를 보였다. 이를테면 일본인화 교육을 배척하고 조선인 본위의 교육을 주장하는 교육문제는, 교육에서 조선인 기층민중이 소외되는 계급현상일 뿐만 아니라, 교육내용에서도 동화정책을 강요하는 민족문제이기도 하였다.

그러나 위의 초안에 보이는 방책들이 농민·노동자 문제에 적극성을 보이지 않았음도 사실이다. 이러한 소극성은 지회의 적극 활동으로 극복되어 나갔는데, 대표되는 예로 1927년 12월 신간회 동경지회가 제2차 대회에 제출하기 위하여 작성한 「운동방침에 관한 의견서」는 24개 항의 정책을 제시하였다. 여기에는 언론 집회 출판 결사의 자유, 조선민족을 억압하는 일체 법령의 철폐, 고문(拷問)제도 폐지와 재판의 절대 공개, 일본이민 반대, 부당 납세 반대, 산업정책의 조선인 본위, 동양척식주식회사 폐지 등 정치투쟁의 구호뿐만 아니라, 단결권·파업권·단체계약권의 확립, 경작권의 확립, 최고소작료의 공정(公定), 소작인의 노예적 부역(賦役) 폐지, 소년과 부인의 야업(夜業)노동·갱내(坑內)노동과 위험작업의 금지, 8시간 노동실시, 최저임은(最低賃銀) 최저봉급제의 실시, 형

---

83 이상에서 신간회 강령의 정신은 제4장 2-1)·2)를 요약한 내용임.

평사원(衡平社員)과 노복(奴僕)에 대한 일체 차별 반대 등 노동·농민 문제에 진전된 의식을 나타내었다. 동경지회가 제시한 정책안은 사회주의자들의 비중이 컸던 동경지회의 성향이 반영되었는데, 비타협 민족단일당이 지향할 바와 결성 요건을 보여주는 사례였다. 조지훈은 이러한 진보성을 지적하여 "신간회 창립 취지와 정통정신의 진면목을 강력하게 표현"하였으며, "신간회는 민족공동전선으로 당시의 현실을 파악한 민족사회주의 정당으로서 면목과 의욕이 약여(躍如)한 바 있다. 그리고 그것이 합법운동이면서도 매우 비타협적이요, 투쟁적이며 급진적인 정책이었다는 것을 알 수 있게 된다."고 높이 평가하였다.[84]

조지훈이 평가한 바대로, 신간회는 해체되기까지 '민족사회주의 정당'으로 자기 규정성을 가지면서 발전하였다. 그러나 식민지체제 아래 노동자·농민·도시빈민 등 기층민중을 위한 정책화는 좌익민족주의자들이 보강해야 할 분야였고, 바로 이 지점에서 신간회가 해체되는 원인의 하나를 제공하였다.

신간회가 해체된 원인을 단순화시켜 일률로 말할 수는 없지만, 사회·공산주의자들이 노동자·농민 중심의 계급문제를 우선시하면서 신간회가 해체의 길로 들어선 발단이 되었음은 분명하다. 이는 신간회의 민족협동전선이 통합이 아닌 결합에 그쳤음을 말해준다. 달리 말하면, 신간회운동은 외래사상인 공산주의를 그대로 복사하지 않겠다는 주체성과, 계급보다는 민족을 우선해야 한다는 정체성이 있었지만, 민족 안의 계급문제를 민족문제의 틀 안에서 해결하려는 원론에서 더 나아가,

---

84 趙芝薰, 앞의 논문, 781~783쪽. 신간회 동경지회의 정책안은 水野直樹,「新幹會東京支會の活動について」, 朝鮮史叢編輯委員會,『朝鮮史叢』第1號(靑丘文庫, 1979. 6)을 참조. 참고로 신간회 동경지회에서 활동하였던 조헌영(趙憲泳)은 조지훈의 부친이다.

이를 위한 방안과 구체안을 마련하지 못하였음을 뜻한다. 계급문제의 민족문제화라는 과제는, 해외에서는 삼균주의가 정립되는 과정에서도 중요한 화두였으며, 국내에서는 신간회운동의 경험을 바탕으로 8·15해방 후 안재홍의 신민족주의론으로 이론과 방법론을 찾게 된다.

3) 신민족주의와 '초계급적 통합민족국가'

신간회운동 당시 심화시키지 못하였던, 계급문제의 민족문제화는 8·15해방 후 안재홍의 신민족주의 이념의 정립으로 구체화하였다. 해외에서 삼균주의가 확립되는 과정도 같은 맥락에서 해석할 수 있는데, 양자의 공통점은 민중에 시좌(視座)를 두어 경제균등=경제민주주의를 중시하면서, 정치평등과 교육(문화)평등을 달성하려는 데 있었다.

삼균주의가 '전민균등의 신민주공화국'을 목표로 설정하였듯이, 신민족주의는 '초(超)계급적 통합민족국가'를 푯대로 세웠다. 여기에는 민족 내의 각 계급 사이의 이해관계를 뛰어넘어, 민족이라는 더 큰 범주에서 계급통합을 완성하려는 지향이 담겨 있었다. 삼균주의도 그러하였듯이, 신민족주의는 민족 사회 내의 계급대립을 지양하여 마침내는 계급 자체를 소멸시키려는 지극한 이상론이었다.

'신민주주의'를 의당 내포한 '신민족주의'는 안재홍의 정치사상을 총괄하는 핵심어이며, 이것의 근원어는 '초계급적 통합민족국가'였다. '신민주주의'는 유럽의 낡은 민주주의(부르주아 민주주의와 프롤레타리아 민주주의)를 부정하는 의도를 담아내는, '신민족주의'의 전제어이면서 동의어로, '신민족주의'는 '신민주주의'를 늘 나란히 떠올려 생각해야 한다. 해방정국기 민족분단의 현실에서 민족주의는 새로운 형태로 요청되는 과제였으므로 신민족주의였고, 이는 신민주주의와 동전의 양면을 이루었다.

신민족주의를 기존 정치사상을 빌려 표현하면, 자유민주주의의 정치 평등과 공산주의의 경제균등을 기초로 한 사회민주주의 정치체제를 지향하였다. 안재홍은 의회제도를 중심으로 운용되는 자유민주의 정치 체제를 바탕으로, 경제균등을 실현하는 사회주의 이념을 제도로 입법함으로써 대지주·대자본가의 독점을 미리 막고 민중의 최저생활을 보장하는 경제체제를 확립한 신민족주의 국가를 완성하려 하였다.[85]

8·15해방 후 안재홍은 "초계급적인 통합민족국가를 건설하여 전민족의 해방 및 독립의 완성을 도(圖)함이 역사의 명제"[86]라고 수없이 강조하였다.[87] '초계급적 통합민족국가'는 바로 "신민주주의를 내용으로 삼는 신민족주의 자주독립국가"를 지향하였다.[88] 이는 민족주의·공산주의의 이념을 회통(會通)시킨 신민족주의 이념에 따라, 민족 내부의 모든 계급대립을 해소하고, 경제균등을 바탕으로 정치·교육(문화)의 평등을 실현한 만민공생(萬民共生)·평권사회(平權社會)의 공영국가(共榮國家)를 뜻하였다. 안재홍은 계급투쟁을 거치지 않고, 즉 공산주의국가가 아니더라도 이러한 사회를 건설할 수 있다고 확신하였다. 그가 제시한 국가건설의 방략은, 계급투쟁을 거치지 않고 합법의 방식으로 제도 속에 균등사회를 실현하는 수단·방안이었다.

안재홍의 표현을 빌리면, '초계급적 통합민족국가'는 만민공화(萬民共和)와 대중공생(大衆共生=만민공생)을 양대 벼리로 삼는다. 신민주주의 이념

---

85 김인식, 앞의 책(2008. 8), 32~33쪽.

86 「新民主主義와 新民族主義」(1945. 9 탈고), 『選集』 2(1983. 2), 49쪽.

87 '초계급적'이라는 말은 안재홍의 정치이념을 가늠하는 매우 중요한 핵심어이며, '초계급적 통합민족국가'는 바로 신민족주의의 목표였다. '초계급적'의 의미, '초계급적 통합민족국가'의 상(像)은 김인식, 「안재홍의 신국가건설의 이념-신민족주의의 이념 정향」, 『한국민족운동사연구』 20(한국민족운동사연구회, 1998. 12), 474~479·464~474쪽을 참조.

88 「韓民族의 基本進路」(1947. 10 강연), 『選集』 2, 347~349쪽.

을 아주 단순화시켜 말하면, 공화와 공생이라 할 수 있겠지만, 안재홍
은 여기에 주어와 주체를 명시하여 각각 만민공화와 대중공생으로 제
시하였다. 의회민주주의를 근간으로 하는 정치민주주의=정치평등을 실
현하여 만민공화를, 사회주의 이념을 기반으로 하는 경제민주주의=경
제균등을 이룩하여 대중공생을 달성하고, 여기에 '민족문화를 전면적
앙양'하여 교육 · 문화의 평등까지 성취하려 하였다.

　안재홍이 민족문화를 강조하는 이유는, 민족사회의 구성원들이 '한'
(同一 · 韓) 민족이라는 동질성과 정체성(identity)을 확립함이 민족통합의 전
제라고 생각하였기 때문이다. 이 점에서 신민족주의는 삼균주의와 사
상의 방향성이 같았다. 삼균주의와 신민족주의가 민족문화와 함께 교
육의 균등을 강조하는 점도 오늘날의 사회에서는 매우 경청할 만한 주
장이다. 요즈음 정치민주주의에서 더 나아가 경제민주주의를 많이 외
치지만, 이제는 교육민주주의를 통하여 문화민주주의를 실현하려는 이
상을 계승할 필요가 있다. 경제의 양극화가 교육의 불평등을 낳고, 다
시 경제상의 불균등으로 이어지는 오늘날의 현실에서 교육민주주의는
이상이라기보다는 절박한 과제이다.

　두 번째는 공화의 주의, 즉 만민공화=정치민주주의=정치평등을 해석
하는 문제이다. 이것은 다시 두 가지로 나누어 이야기할 수 있다. 먼저
공화의 이상에 배치되는 공산주의 이념 · 체제의 문제이다. 안재홍이
제창한 만민공화는 공산주의 체제와 노선을 철저하게 배격하였다. 안
재홍은 "진정한 민주주의는 공산주의에 대한 자기식별이다"[89]라고 잘라
말하였고, "공산주의를 진보적 민주주의라 하고, 혹은 그대로 민주주의
라고 일컬어 이목을 현혹케 하는 일"이 있는데, 여기에 현혹되어서는

---

89 「美蘇共委의 不成功과 時局對策」(1949. 9. 23 聲明), 『選集』 2, 194쪽.

안된다고 경계하였다.[90] 안재홍은 공산주의가 사상·주의의 형태를 벗어나 폭력 행동으로써 공산정권을 세우려 한다면, 이는 국가권력을 동원하여 제압·분쇄해야 한다고 단호하게 말하였다.

그러나 안재홍은 진정한 의회민주주의자로서 의회주의를 존중하였으므로, 민주주의 제도의 틀 안에서 사상과 주의로서 공산주의는 존재할 수도 있다고 인정하였다. 그 자신은 결코 공산주의자가 아니었지만, 의회민주주의 틀 안에서 사상의 자유는 인정하는 자유민주주의였다. 현재 한국사회가 갈등·대립하는 원인 가운데 하나가 이데올로기의 문제에서 비롯됨을 볼 때, 진정한 의미의 자유민주주의 정신을 회복함이 통합으로 나아가는 전제가 됨을 재삼 강조할 필요가 있다.

세 번째로 '공생'의 문제인데, 여기에는 주어·주체가 분명하게 명시되어야 한다. 안재홍은 이의 주어·주체로 '대중' 또 '만민'이라는 말을 붙였다. 그가 말하는 대중공생·만민공생은 경제균등을 실현함으로써 경제민주주의를 이룩하려는 신념이었다. 이를 안재홍의 말로 표현하면, "평권사회 건설의 토대로서 만민공생의 사유재산제를 수립"[91]함이었다. 안재홍은 과학기술의 진보와 생산력의 발전을 선도하는 기업가·전문경영인의 존재를 인정하고, 또 한편으로는 '전문기술의 정예(精銳)'들이 기획·주도하는 5개년 또는 10개년의 시설계획(施設計劃)·국가계획을 제시하는 등 자본주의의 진화를 구상하였다. 이런 측면에서 해방 직후 노동자들의 공장관리운동을 반대하였고, 모든 생산수단의 국유화 만능주의도 경계하였다.

그러나 안재홍은 당시의 사회 조건 아래에서 부(富=경제)의 독점·편

---

90 「民主獨立과 共榮國家」(1947. 10 『漢城日報』), 『選集』 2, 214쪽.
91 「大韓民國의 建國理念」(1949. 1 『漢城日報』 記名論說), 『選集』 2, 395쪽 ; 「南北統一의 具體的 方策－互讓協同의 精神」(1949. 3 『民聲』), 『選集』 2, 431쪽.

재(偏在)를 막고, 부의 균등분배를 실현하려는 의지도 매우 강하였다. "균등사회의 경제적 토대 위에 대중적 정치평등의 체제를 수립하는 것이 신민주주의"라는 정식화는, 그가 경제균등=경제민주주의를 얼마만큼 중시하였는지를 단적으로 보여준다. 물론 이때 그가 말하는 균등은 일률로 정해 놓은 평등이 아니라, 당시 '근로대중'이라 불리었던 기층민중을 국가사회가 배려하는 데에 기초한다.

안재홍은 경제균등을 실현하기 위해서는 최소한 다음 세 가지 사항이 입법화되어야 한다고 주장했다. 첫째, 부의 편재·독점을 막아야 한다 ; 둘째, 불로소득을 제거하고 국민개로(國民皆勞)의 제도를 확립해야 한다 ; 셋째는 가장 중요한 바로, 국가가 노동자·농민 등 근로자의 최저생활을 보장하는 방안을 입법·시행해야 한다. 안재홍은 이러한 공리(公理)에 입각하여, 근로층의 생활 안전을 보장하기 위한 구체안을 제시하였다. 이를테면 최저임금을 생활필수품 가격과 연관하여 제정하고, 쌀값은 공산품의 가격과 연관시켜 조정하며, 농민 본위의 협동조합을 전면 수립하고, 노동자·농민의 복리를 위하여 국영하는 공익시설을 만들어야 한다는 등을 당면한 현안으로 들었다.[92]

안재홍은 '통일민족국가'에 비해, '통합민족국가'를 의미 있게 더 자주 사용하였다. 그가 지향하는 '통합'은 민족 구성원 사이의 화합을 전제로 하는 본질의 개념이며, 이의 외연도 통일보다 넓다. 여기에는 단순히 하나로 합치기만 하는 통일이 아니라, 지역을 합하고, 계급을 합치고, 이데올로기를 합한다는 의미가 담겨 있었다. 안재홍이 8·15해방 직후 분망한 정치활동 속에서도 「신민족주의와 신민주주의」라는 작은 책자를 탈고한 때가 1945년 9월 20일이었는데, 이 시점에서 '초계급적 통합

---

92 김인식, 앞의 논문(1998. 12), 467~471쪽.

민족국가'를 역사의 과제로 제시하였음은 재삼 음미하여야 한다.

이렇게 '초계급적 통합민족국가'란 계급을 초월하여 '한' 민족이라는 정체성·동질성 안에서 민족 구성원 내부의 대립·갈등을 뛰어넘어, 지주·자본가·노동자·농민이 '국민'(國民)으로 공생함으로써 민족이 통합된 국가를 가리켰다. 8·15해방 후 안재홍은 인민(人民)이라는 말이 다분히 계급성을 드러내었다고 인식하였으므로, 일제 식민지시기 '황국신민'(皇國臣民)의 약자로 쓰였던 '국민'과 전혀 다른 의미를 담아, 계급통합을 목표로 '국민'을 사용하였다. 그는 이러한 과제를 염두에 두면서, 모든 계급을 대변하여 정책을 공정히 운영하는 '국민당'의 이상을 제시하였다.[93]

해방정국기 안재홍은 한국사회의 생산성을 높이고 산업화·근대화를 진전시키는 방안도 세밀하게 강구하는 전문성을 보였다. 그는 1950년 5·30선거에 입후보하여 당선되었지만, 6·25전쟁이 일어난 직후 납북되었으므로 신민족주의는 현실에서 실천할 기회를 잃고 말았다. 그렇더라도 정치민주주의와 '(경제)근대화'·'(경제)민주주의'라는 한국근현대사의 양대 과제를 적어도 이론상으로는 통일·병립시키려는 시도는 오늘날도 되새길 만하다.

이 점이 해방정국기 중도파(중간파)와 오늘날 보수 세력의 원류가 되는 이승만·한국민주당 등의 정치세력과 크게 구별되는 차이점이었다. 대한민국정부 수립 후 이승만과 한국민주당은 각기 여당권력과 야당권력으로서 정치권력을 장악하였지만, 그들과 중도파의 시좌는 동일한 지점으로 향하지 않았다. 사회 구성원 사이의 대립·갈등을 해소하고 사회통합·민족통합으로 나아가기 위하여, 소외계층·근로층을 우선하는

---

93 안재홍의 '국민' 개념과 국민당의 이상은 김인식, 위의 논문(1998. 12), 481~486쪽.

국가·사회의 배려가 한국근현대사에서 항상 요청되었듯이, 요즈음도
더욱 절실하다.

4. 맺는말 – 다시 '신민주공화국'과 '민세주의'를 제창하며

신간회가 해체된 그 해 그 달, 신간회 창립을 주도하였던 비타협 민
족주의자들이 예견·우려하였던 정세가 전개되었다. 1930년 12월 일제
는 「지방행정개정」(地方行政改正)의 대강을 발표하였고, 도제(道制)를 제외
한 부제(府制)·읍면제(邑面制) 등은 1931년 4월 1일을 기하여 시행되었다.[94]
이 개정된 지방제령에 의거하여, 1931년 5월 21일 부·읍·면의 제1회
의회의원 선거가 실시되었다. 신간회가 해체된 지 6일째 되는 날이었
다. 1920년대 문화주의를 제창하였던 『동아일보』는 물론,[95] 친일파와
민족개량주의자들은 개정된 지방제를 적극 지지하였다. 이들은 제한된
지방자치에 큰 기대를 나타내면서, 조선민족의 이익을 명분으로 내세
우며 부회·면협의회·도회에 적극 참여하였다. 사회·공산주의자들은
이러한 정세를 방관하고 있었다.

이 무렵 안재홍은 타협주의 경향과 함께 사회·공산주의의 비합법주

---

94 이 지방제 개정의 요지는 道·府와 指定面(邑)에서 종래의 자문기관을 결의기
　관으로 하고, 도·지정면(읍)·普通面에 法人格을 부여하여 自治制度에 접근하
　는 동시에, 府에서 府·學校費·학교조합의 3단체를 府로 통합한 데 있었다. 金
　雲泰, 『日本帝國主義의 韓國統治』(博英社, 1986. 9), 379~387쪽.
95 선거가 실시되는 날 『동아일보』는 "府會가所謂決議機關으로改正된 以後 第一
　回選擧를 보게되엿다"고 운을 뗀 뒤, "朝鮮人으로의 最善쏘 最强한 抗議를 主張
　할만한者等을 選出하야 府議員으로내여보내는것이 오날에잇서가장 妥當한問
　題일것이다"라는 논조로, 선거에 참여하라고 촉구하였다. 開城 一記者, 「「(地方
　論壇) 選擧를압두고」, 『東亞日報』(1931. 5. 21).

의 혁명노선을 모두 비판하면서, 이러한 정세에 대처할 '의식적 중간세
력'의 결집을 다시 촉구하였다. 이때 '의식적 중간세력'은 신간회 창립
을 주도한 비타협 민족주의자(좌익민족주의자)들을 가리켰다.

조선의 정치 현세(現勢)는, 우경세력의 결성의 가연(可然)한 시기에 다닥
쳐 있다. 왜. 빈약하나마 신(新)지방제의 실시는 혹은 중추원의 개조 따위
관설적(官設的)인 변경에 동무하여 그 방면에 참여하는 세력이 지역단위적
(地域單位的) 혹은 횡단적(橫斷的)의 일(一)세력을 결성함과 같은 것은, 조만
에 있을 수 있는 일이다. 뿐 아니라, 전기(前記)한 조건은, 일반 인민 속에서
도 우경적인 일세력의 결성이 구현될 가연성을 조장하고 있는 것이다. 그러
나, 그의 반면으로 잠행적인 좌경세력이 성장될 수 있는 것이니,⋯조선의 현
황은, 이 양자의 사이를 정진(正進)하면서 의식적 중간세력으로 일정한 민중
적 훈련과정을 지나감을 요한다. 표현단체로서 내외(內外)의 제(諸)문제를
간여(干與) 획책하는 기능을 장악하는 자 있음을 요한다.[96]

안재홍은 신간회가 창립될 무렵, 신간회의 이념과 노선을 민족주의
좌익전선으로 규정하면서 좌익민족주의를 자처하였으나, 신간회가 해
체될 무렵 자신이 제창한 좌익민족주의를 '중앙적'(中央的)·'중간적'·'중
정적'(中正的)이라고 표현하였다.[97] 신간회가 창립될 무렵 홍명희가 "대톄
新幹會의나갈길은民族運動만으로보면가장왼편길이나社會主義運動까
지兼치어생각하면중간길이될것이다"[98]라고 하면서, 신간회의 노선을
'중간길'로 제시한 목적의식은 안재홍과 같았다.

96 「集會 結社 문제 再議-朝鮮의 時局에 鑑하여」(1931. 9. 5『朝鮮日報』社說),
　　『選集』 2, 424쪽.
97 김인식, 앞의 논문(1994. 7), 181~185쪽.
98 洪命熹, 「新幹會의使命」,『現代評論』創刊號·第一卷第一號(現代評論社, 1927年
　　1月號), 62~63쪽.

비타협 민족주의자들이 '의식적 중간세력'으로 먼저 결집을 시도한 뒤 신간회가 민족협동전선으로 발전한 사실은, 중도(중간)세력이 먼저 결집해야만 민족협동전선(또는 민족통합)이 출발할 수 있었음을 보여준다. 달리 말하면, 중간세력이 결집하여 정치세력화함이 민족협동전선이 형성되는 첫 번째 조건이었다.

비타협 민족주의자들의 조직으로 출발한 신간회는, 중간세력이 기반이 됨으로써 민족협동전선의 틀을 마련하였다. 8·15해방 후 여운형·김규식(金奎植) 등이 주도한 좌우합작운동도 극좌(조선공산당)와 극우(이승만·한국민주당)·우익(중경대한민국임시정부) 세력에서 분리되어 나온 이른바 중간파가 형성되었기에 가능한 일이었다.[99] 8·15해방 후의 좌우합작운동은 신간회운동의 연장선에서 인맥과 이념·노선이 확대된 결과였다.

그러나 사회·공산주의자들이 신간회를 해체로 유도하였다고 해서, 신간회의 조직 자체가 와해되어 버린 현상을 되살피면, '의식적 중간세력'을 자임했던 비타협 민족주의자들이 확고한 구심력을 갖추어 조직화·정치세력화하지 못하였음을 말해준다. 8·15해방 후의 좌우합작운동에서도 이러한 순환은 반복되었다. 이는 중도 이념의 정립이라는 이상 못지않게, 정치세력으로서 중도의 조직화·세력화가 현실의 과제임을 보여준다.

신간회 내에서 좌익민족주의자들과 사회·공산주의자들 사이에 이념상의 단층은 매우 컸지만, 신간회 창립 초기 사회·공산주의자들은 프롤레타리아트 계급의 독자성·헤게모니를 앞세워 강조하지 않았으며, 오히려 민족운동의 주도력을 인정하였다. 이것이 신간회가 민족협동전선으로 발전할 수 있었던 두 번째 조건이었다.[100] 그러나 1929년 1월부

---

99 김인식, 앞의 논문(2007. 8), 249~250쪽.

터 4개월 동안 원산(元山) 인구의 3분의 1이 참여한 원산총파업을 계기로 노동운동이 확산되자, 사회 · 공산주의자들은 혁명의 분위기가 고조되었음에 들떠서 정세판단에 신중함을 잃었다. 이들은 노동운동을 지도하지 못하는 민족부르주아지가 개량주의화하였으며, 신간회의 지도부도 이미 개량주의에 빠졌으므로 민족운동을 담당 · 지도할 수 없다고 단정하면서 신간회해소를 주장하기 시작하였다.

민족해방운동에서 민족보다 계급주의의 관점을 우선시킨 사회 · 공산주의자들의 시각은, 1931년 5월 현재 지회 수 141개, 회원 수 4만여 명에 이르는 신간회를 뚜렷한 조직의 대안도 없이 해체시키는 오류를 저지르고 말았다. 당시 신간회는 비타협 민족주의자와 사회 · 공산주의자들이 일제에 함께 대항하는 최대의 합법공간이었다. 이 점에서 신간회는 식민지시기 비타협 민족주의자와 사회 · 공산주의자가 한데 합친 최대의 민족협동전선 조직이었다는 분명한 의의를 지니고 있었다. 그러나 신간회 내의 사회 · 공산주의자들이 스스로 '해소'를 결의함으로써 해체되었다는 한계는, 협동에는 계급보다 민족을 앞세우는 공통된 배경이 있어야 함을, 따라서 민족운동 과정에서 생겨난 이념 · 노선의 단층을 극복하는 일이 민족운동의 중요한 목표임을 일깨웠다.

한국근현대사에서 신간회운동이 가지는 또 하나의 의의는, 8 · 15해방 후 좌우협동으로써 통일민족국가수립을 끝막까지 실천하였던 중간파 세력이 형성되는 계기를 만들었다는 데 있었다. 신간회운동의 과정에서 이념의 갈등 · 대립을 해결하려는 노력이 싹텄으며, 8 · 15해방 후 자본민주주의와 공산주의를 지양하여 새로운 국가상을 제시한 안재홍의 신민족주의와 배성룡의 신형민주주의는 이와 같은 중간파 이념의

100 김인식, 위의 논문(2007. 8), 250쪽.

열매였다.

　정치이념이 상이함에 따라 민족운동의 목표·방법론을 달리 하였던 민족운동 세력들이, 민족의 독립이라는 동일한 목표를 향하여 항일민족전선(抗日民族戰線)을 형성한 역사는, 분단극복이라는 과제에 마주선 한민족에게 아직도 현재성을 지니고 있다. 신간회의 통합정신은 일제(日帝)라는 공동의 적에 대항하여 민족운동의 통합을 지향하였다. 오늘날 일제라는 한민족 공통의 적은 사라졌지만, 민족분단의 현실을 어떻게 극복하고 민족통일을 이루어내느냐는 민족문제는 한민족의 최대과제이다. 비타협 민족주의자들은 신간회운동에서 사회·공산주의자들의 요구를 수용하여 계급문제를 민족문제화하는 데까지는 나아가려 하였으나, 이러한 원론을 구체화하지 못한 채 신간회는 해체되었다.

　오늘날에도 양극화로 표현되는 계층 간의 단층을 어떻게 민족 안에 통합하는가는 여전히 중요한 화두이다. 해방정국에서 안재홍·조소앙은 공산주의자들이 외치는 '진보적 민주주의'의 허구를 지적하면서, 동시에 소수 자본가계급의 계급독재도 경계하였다.

　1947년 9월 제2차 미소공동위원회(美蘇共同委員會)가 파열음을 내면서 민족분단이 점차 가시화되는 현실 앞에서, 안재홍은 통일된 민주주의 독립국가를 건설하는 이상을 포기하지 않고, 새 국가의 정체로서 "진정한 민주주의는 무엇인가."라고 되물으면서 신국가상(新國家像)을 제시하였다. 그는 "공산주의를 진보적 민주주의"로 착각함을 경계하였지만, 또한 서구의 민주주의를 가리켜 "금융자본·산업자본과 대지주 등 소수의 특권벌(特權閥)이 경제·정치·교육 등 각 부면에서 부(富)·권(權)·지(智)를 농단 독점하여 자본독재의 체세(體勢)를 갖추어 왔으니, 그러한 민주주의는 우리가 의도하는 민주주의가 아니다."고 단언하였다. 그러면서 '조선적 민주주의'로서 "이른바 진정한 민주주의"를, "대중을 각각 최

저 생활수준의 위에 그 확실성을 보장함이 균등사회의 기준이요, 균등
사회의 경제적 토대 위에 대중적 정치평등의 체제를 수립하는 것이 신
민주주의이다."라고 정식화하였다.[101]

남과 북에 각각 독립된 정부가 들어선 분단 현실에서, 조소앙은 "우
리 사회는 소위 진보적 민주주의라는 계급 독재파들이 무산계급 독재
를 실시코자 함으로써 일부 민중은 이에 유혹과 선동을 받고 있는 현상
이며 또 일부 자본주의 특권계급은 반세기에 가까운 일본제국주의의
엄호하에 성장 발전되어 8·15 일제의 패망 이후 자(自)계급의 특권을
연장 발전시키고자 봉건잔재와 결합하여 엄연히 일개 세력을 형성하고
있다."고 경계하였다. 그러면서 그는 "우리 민중은 무산계급 독재도 자
본주의의 특권계급의 사이비적 민주주의 정치도 원하는 바가 아니요,
오직 대한민국의 헌법에 제정된 균등사회의 완전 실현만을 갈구할 뿐
이다."고 주장하였다.[102]

조소앙과 안재홍이 제시한 신국가상은 표현에서는 다소 차이가 있었
지만, 정치·경제·교육(문화)의 균등을 실현하는 신민주주의에 기반을
두어 '신민주공화국'(=초계급적 통합민족국가)을 건설한다는 이상에서 일치
하였다. 조소앙이 삼균주의의 목표로 제시한 '전민균등의 신민주공화
국'과 안재홍의 신민족주의·신민주주의가 내걸은 '균등사회'의 '초계급
적 통합민족국가'는 오늘날과 시대의 조건을 달리 하지만, 여전히 현재
성을 갖는 중요한 과제이다. 안재홍이 주장한 '만민공화'의 이상은 지금
도 경청할 바가 많은 데 비해, 대중공생의 방안은 시차(時差)와 함께 시
차(視差)도 크겠지만, 통합의 원칙·방안에서 한발 더 나아가 중도파의

---

101 「民主獨立黨에 寄함」(一·二·完),『漢城日報』(1947. 9. 26·27, 10. 1)[『選集』
    2, 217쪽].
102 「社會黨 結黨大會 宣言書」(1948. 12. 1), 三均學會 編, 앞의 책 下, 115쪽.

입각점을 시사한다. 이제 민주공화국에서 더 나아가, 신민주주의의 이상과 신민주공화국을 건설하는 과제를 다시 제창할 때라고 생각한다.

「新幹會綱領及規約」[1]

綱領

一. 우리는 政治的 經濟的 覺醒을 促進함.

二. 우리는 團結을 鞏固히 함.

三. 우리는 機會主義를 一切 否認함.

規約[2]

第1條 本會는 新幹會라 稱함.

第2條 本會의 本部는 京城에 置함.

第3條 本會는 本會의 綱領을 貫徹키를 目的함.

第4條 本會會員은 年齡 20歲以上 朝鮮人 男女로써 本會綱領을 承認하는
　　　者로함.

1　창립 시의 「新幹會綱領及規約」은 李文遠, 「新幹會의 社會敎化」, 『韓國學』 26輯
　　(中央大學校 韓國學硏究所, 1982 여름), 20~22쪽 ; 李文遠, 「新幹會 民族運動의
　　敎育史的 硏究」(延世大學校 大學院 敎育學科 博士學位論文, 1983. 12), 45~47쪽
　　; 이균영, 『신간회연구』(역사비평사, 1993. 12), 224~228쪽에 전문이 실려 있다.
　　「新幹會綱領及規約」은 이문원이 최초로 발굴하여 「新幹會의 社會敎化」에서 각
　　주 8)로 全載하였다. 이는 이균영이 발굴한 규약과 거의 동일하나, 이균영은 동
　　규약을 한글로 표기하면서 일부 문구를 쉬운 표현으로 수정하였다. 이를테면
　　'該區'를 '각구'로 수정한 예이다. 「新幹會綱領及規約」은 강령 3개 항과 규약 25개
　　조, 임시규약 2개 조, 대회규정 13개 조, 지회규정 14개 조로 구성되었다.

2　아래에서 인용하는 신간회 규약은, 이문원이 발굴한 자료를 기초로 해서, 이균
　　영이 발굴한 자료에 나타나는 표현상의 차이를 괄호 안에 '이균영'이라고 밝히
　　고 병기하였다.

但學生及 20歲未滿의 靑年은 本會學生部에 入會케함.

第5條 本會會員은 本會任員의 選擧급피선거權及決議權을 有함.

第6條 本會會員은 本會의 一切決議及指揮에 服從함을 要함.

第7條 本會會員은 會費로 1年에 金 3拾錢을 本會에 納入함을 要함.

第8條 本會는 各地方을 區로 分하야 每區에 支會를 設置함.

第9條 本會에 左와 如한 機關을 置함.

    1. 大會

    2. 幹事會

    3. 總務幹事會

    4. 各部會(特別部를 除外함)

第10條 本會大會는 本會支會에서 選出된 代表로 成立함.

第11條 代表會員은 30人의 1人으로 選出함.

第12條 本會大會는 本會에 關한 一切事件을 決議하고 本部任員을 選擧함.

第13條 本會定期大會는 每年 1次(2月), 本會 臨時大會는 本部幹事會가 必要로 認할 時 又는 支部代表會員 半數以上의 要求가 有한 時에 會長이 召集함.

第14條 幹事會는 大會와 大會사이에 있어서 大會의 職能을 行함.

第15條 本會 任員은 左와 如히 置함.

    1. 會長　1人

    2. 副會長　1人

    3. 總務幹事 若干人

    4. 常務幹事 若干人

    5. 幹事 若干人

    但 會長 副會長 及 總務幹事는 必要를 딸아 秘書를 本會 會員中에서 自辟함을 得함.

第16條 會長은 本會를 代表하며 本會 會務의 統一을 圖함.

第17條 副會長은 會長을 補佐하고 會長이 有故할 時는 會長의 職責을 代理함.

第18條 總務幹事는 幹事會 또는 總務幹事會決議에 依하야 各部의 事務를 執行함.

第19條 常務幹事는 總務幹事를 補佐하야 部務를 處理함.

第20條 本會役員의 任期는 1個年으로 함.

第21條 本會에는 左와 如한 部를 設하고 每部에 總務幹事 1人 及常務幹事 若干人을 置함.

    1. 庶務部

    2. 財政部

    3. 出版部

    4. 政治文化部

    5. 調査研究部

    6. 組織部.

    7. 宣傳部

第22條 本會에는 左와 如한 特別部를 置함.

    1. 學生部

第23條 本會 經費는 會員의 會費와 其他 收入으로 充當함.

第24條 本會 大會에 關한 詳細規定과 幹事會 總務幹事會 各部會 支會 及 特別部에 關한 規則은 別로 定함.

第25條 本 規約은 本會 本部大會에서 增削함을 得함.

臨時規約

第1條 支會規約 第3條 第4條에 關하야 支會가 設立되지 못한 區域은 本部에서 直接處理함.

第2條 本規約 第10條에 關하야 該區域에 支會가 設立되지 못함으로 本部
에 直屬한 會員은 本部에서 詮衡하야 代表會員을 指定함.

大會規定

第1條 大會는 會長의 召集으로 代表會員이 過半數出席할 時 成立함.

第2條 代表會員은 1年間 그 代表權을 保有함.

　　　但支部大會에서 必要로 認할 時에는 改選함을 得함.

第3條 大會에서는 그 繼續期間에 限하야 左와 如한 任員을 設置함.

　　　1. 議長 1人

　　　2. 副議長 1人

　　　3. 書記長 1人

　　　4. 書記若干人

第4條 議長은 大會의 秩序를 維持하며 議事를 進行하며 大會를 代表함.

第5條 副議長은 議長이 有故할 時 議長의 事務를 代置함(이균영 : 대리함).

第6條 書記長은 議長指揮下에 書記事務를 總轄함(이균영 : 통할함).

第7條 書記는 議事錄及 其他 文案을 作成하고 事務를 處理함.

第8條 議事順序는 本部 總務幹事會에서 定하야 大會에 報告함.

第9條 支會로서 議案을 提出할 時는 說明書를 添付하야 大會開會前 4日
以前으로 本部 總務幹事會에 提示함을 要함.

　　　但代表會員으로서 特別議案을 提出할 時에는 5人以上 連署를 要
함.

第10條 提出議案을 棄却或은 修正同議를 發할 때 5人以上이 贊成이 없으
면 論題를 삼지 아니함.

第11條 本部 會長 副會長 及總務幹事는 大會에서 決議權이 無함.

第12條 大會任員 及本部任員의 選出方法은 詮衡委員을 選出하야 定員의
倍數되는 候補者를 選出케 한 後 無記名投票로써 行함.

第13條 代表中으로서(이균영 : 대표중) 大會의 秩序를 攪亂하고 其他 不法한 行動이 有할 時代表 3人以上의 動議로 3分之(이균영 : 3분의) 2以上의 贊同이 있으면 左와 如히 懲戒함

1. 陳謝
2. 代表權停止
3. 代表權剝奪

支會規定

第1條 支會는 1區內에 居住하는 會員이 30人以上에 達할 時設立함을 得함.

第2條 支會任員은 一切事務에 關하야 本部指揮에 服從할 義務가 有하고 事務成績을 每月 1回 支會長의 名議[3]로 本部 總務幹事會에 報告함을 要함.

第3條 入會志願者가 有할 時에는 支會總務幹事會의 審議로 承諾或은 拒絕함.

但總務幹事會가 無한 支會에는 幹事會가 此를 行함.

第4條 會員으로 本會의 綱領及規約에 違反되는 言動이 有할 時에는 支會幹事會의 決議로 輕重에 依하야 左와 如히 懲戒함

1. 會員權停止
2. 出會

第5條 支會는 本部와 同日한 機關을 置하거나 或은 省略함을 得함.

第6條 支會大會는 該區(이균영 : 각구)會員半數以上 出席으로 成立되야 本部大會 代表會員과 該區(이균영 : 각구)支會任員을 選出하고 該(이균영 : 각)支會預算案을 審査決定하고 本部大會에 提出할 議案을 決議함.

---

3 名議로 되어 있는데, 名義인 듯.

第7條 支會大會는 每年 1次(12月) 定期로 支會長이 召集하고 支會幹事會에
    서 必要로 認할 時又는 該區(이균영 : 각구) 會員 3分之 1以上의 要求
    가 有할 時支會長이 本部總務幹事會의 同意를 得하야 臨時大會를
    召集함.
第8條 支會는 本部와 同日한 任員을 置하거나 或은 省略함을 得함.
第9條 支會任員任期는 1個年으로 함.
第10條 支會는 本部와 同日한 部를 置하거나 或은 省略함을 得함.
第11條 支會는 本部指定區域에 限하야 特別部를 置함을 得함.
第12條 會員의 會費는 3分之 2로 支會費用에 充當하고 3分之 1은 本部經
    費로 提供함.
第13條 支會大會, 支會幹事會, 支會總務幹事會에 關한 規定은 該當한 本
    部細則을 參酌하야 用함.
第14條 支會에 關한 規則은 本部總務幹事會에서 增削함을 得하되 本部大
    會의 同意를 要함.

Ⅰ. 자료집

1. 저서

姜萬吉 編, 『趙素昂－韓國近代思想家選集⑥』(한길사, 1982. 5).

畊夫申伯雨先生紀念事業會, 『畊夫 申伯雨』(大韓公論社, 1973. 1).

國史編纂委員會 編, 『梅泉野錄』(新地社, 1955. 3)[李章熙 역, 『매천야록』 上(明文堂, 2008. 9)].

國史編纂委員會 編, 『資料大韓民國史』2(國史編纂委員會, 1969. 12).

國史編纂委員會 編, 『韓國獨立運動史(資料3, 臨政篇Ⅲ)』(探求堂, 1973. 12).

金榮福·丁海廉, 편역, 『洪起文 朝鮮文化論選集』(現代實學社, 1997. 1).

金乙漢, 『新聞夜話－三十年代의 記者手帖』(一潮閣, 1971. 1).

金正柱 編, 『朝鮮統治史料』第十卷(東京, 韓國史料硏究所, 1971. 12).

金俊淵, 『나의 길』(東亞出版社工務部, 1966. 4).

丹齋申采浩先生紀念事業會, 『改訂版)丹齋申采浩全集』下(螢雪出版社, 1987. 10).

단재신채호전집편찬위원회, 『단재신채호전집－제8권 독립운동』(독립기념관 한국독립운동사연구소, 2008. 4).

文奭煥 著, 李忠九·金奎璇·李斗熙 譯, 『(雲樵 文奭煥의 대마도 유폐일기) 馬島日記』(독립기념관 한국독립운동사연구소, 2006. 12).

三均學會 編, 『素昂先生文集』上·下(횃불사, 1979. 7).

安在鴻選集刊行委員會 編, 『民世安在鴻選集』1·2·3·4·5(知識産業社, 1981. 6, 1983. 2, 1991. 12, 1992. 9, 1999. 12).

李光洙, 『李光洙全集』13·17(三中堂, 1966. 5).

이남규 저, 홍승균 역, 『국역 수당집』 3(민족문화추진회, 1999. 5).

李仁, 『半世紀의 證言』(明知大學出版部, 1974. 3).

李章熙 역, 『매천야록』 上(明文堂, 2008. 9).

林熒澤·姜玲珠 編, 『벽초 홍명희와 《임꺽정》의 연구 자료』(사계절, 1996. 7).

趙炳玉, 『나의 回顧錄』(民敎社, 1959. 8).

趙熙濟 著, 金俊 譯, 『抗日운동을 증언한 念齋野錄』(고려대학교 역사연구소, 2017. 5).

平洲 李昇馥先生 望九頌壽紀念會, 『三千百日紅－平洲 李昇馥先生八旬記』(人物研究所, 1974. 7).

황현 지음, 임형택 외 옮김, 『역주 매천야록』 하(문학과 지성사, 2005. 1).

慶尙北道警察部, 『高等警察要史』(1934. 3).

梶村秀樹·姜德相 編, 『現代史資料(29)－朝鮮(5)共産主義運動(一)』(みすず書房, 1972. 8).

朴慶植 編, 『朝鮮問題資料叢書』 第六卷(アジア問題硏究所刊, 1982. 10).

『齋藤實文書』 10(1927. 1, 高麗書林 復刊, 1990. 11).

朝鮮總督府警務局, 『高等警察關係年表』(1930. 1).

朝鮮總督府警務局 編, 『朝鮮の治安狀況』(1927年版)[不二出版, 1984年 3月 復刻版 發行].

2. 단문

KB, 「獨立運動」, 『獨立新聞』 第一百四十四號(大韓民國四年十月三十日)(1922. 10. 30).

街人 金炳魯, 「隨想斷片(21)－經費維持에 許多한難關」, 『京鄕新聞』(1959. 4. 10).

「癸亥와甲子」, 『開闢』 第四十三號·第五年年第一號(開闢社, 1924年 1月號).

金璟載, 「金燦時代의火曜會」, 『三千里』 第七卷第五號(三千里社, 1935年 6月號).

金萬圭, 「全民族的=單一黨組織과任務 : 單一戰線黨의任務」(五)」, 『朝鮮日報』(1928. 1. 25).

袋山生, 「新 幹 會 創立大會傍聽記」, 『朝鮮之光』 第六十五號·第七卷三號(朝鮮之光社, 1927年 3月號).

明源鎬, 「新幹會紛糾側面觀」, 『新民』 第六十五號(新民社, 1931年 3月號).

朴明煥, 「新幹會回顧記」, 『新東亞』 第五十四號·第六卷四號(新東亞社, 1936年 4月
號).

朴學甫, 「人物月旦一 : 洪命熹論」, 『新世代』 通卷一號·第一卷第一號(서울 타임스
社, 1946年 3月號).

裵成龍, 「朝鮮社會運動의史的考察(一)」, 『開闢』 六十七號·第七卷第三號(開闢社,
1926年 3月號).

裵成龍, 「朝鮮社會運動小史(三)－勞働共濟會와靑年聯合會」, 『朝鮮日報』(1929. 1. 5).

裵成龍, 「朝鮮社會運動小史(四)－物産獎勵와靑年黨大會」, 『朝鮮日報』(1929. 1. 6).

壁上生, 「〈新聞戰線의 展望〉 東亞對朝鮮의對抗戰―歷史·現象·陣容·其他―」,
『彗星』 創刊號·第一卷第一號(開闢社, 1931年 3月號).

扶蘇山人, 「我等은무엇을하얏는가?――九二七年中의朝鮮運動回顧(二)」, 『中外日
報』(1928. 1. 2).

安明浩, 「新幹運動者들의動態－解消以后의그들은어디로갓나」, 『新朝鮮』 續刊第
五號(新朝鮮社, 1934年 9月號).

安民世, 「民主獨立黨에 寄함」(一)·(二)·(完), 『漢城日報』(1947. 9. 26·27, 10. 1).

安在鴻, 「解消反對者의處地에서」, 『批判』 創刊號·第一卷第一號(批判社, 1931年
5月號).

燕京學人, 「轉-換-期-에-臨-한-朝鮮社會運動槪觀(三)=過去一年間의回顧」, 『朝鮮日
報』(1927. 1. 5).

「李寬求氏의 回顧談 : 〈筆鋒도〉줄기차게－惡辣한 總督府에 抵抗－內部受難…左
翼分子들策動」, 『朝鮮日報』(1964. 5. 3).

李炳憲, 「新幹會運動」, 『新東亞』(東亞日報社, 1969년 8월호).

李源朝, 「人物素描 : 碧初論」, 『新天地』 第一卷第三號(서울신문사出版局, 1946年
4月號).

李源赫, 「新幹會의 組織과 鬪爭」, 『思想界』(思想界社, 1960년 8월호).

李仁, 「나의 交友半世紀」, 『新東亞』(東亞日報社, 1974년 7월호).

「〈李朝文學〉其他 洪命熹, 毛允淑兩氏問答錄 문답록 : 이조문학 기타」, 『三千里文
學』 創刊號(三千里社, 1938년 1月號).

李曾馥, 「新幹會小史①－36前의〈民族單一黨〉 民族協同戰線의旗幟내걸고」, 『한국

일보』(1958. 8. 7).

李曾馥, 「新幹會의小史②-森嚴한警戒裡創立總會-初代會長엔月南李商在氏가被選」, 『한국일보』(1958. 8. 8).

李曾馥, 「新幹會의小史③-左翼系進出로混亂惹起 會員은三萬이나內面은한때沈滯」, 『한국일보』(1958. 8. 9).

李春園, 「民族改造論」, 『開闢』 第二十三號·第三卷第五號(開闢社, 1922年 5月號).

樗山, 「朝鮮學의問題-卷頭言을代함」, 『新朝鮮』 第七號(新朝鮮社, 1934年 12月號).

「漸漸漸異常해가는朝鮮의文化運動」, 『開闢』 第四十四號·第五年第二號(開闢社, 1924年 2月號).

「(朝鮮各界人物總評特輯) 獄中의人物들(印象과略傳) : 洪命憙」, 『彗星』 第一卷第六號(開闢社, 1931年 9月號).

尖口生, 「까마구의雌雄」의 '無産者同盟會」, 『開闢』 第三十四號·第四年第四號(開闢社, 1923年 4月號).

「最近世界相-自三月二十日 至四月十九日」, 『開闢』 第六十九號·第七年第五月(開闢社, 1926年 5月號).

「夏宵一席 洪碧初·玄幾堂對談 (社會 : 李源朝)」, 『朝光』 第七卷第八號(朝光社, 1941年 8月號).

韓基岳, 「(밧게잇는이생각 異域風霜에氣體安寧하신가) 寬厚長者의李東寧氏」, 『開闢』 第六十二號·第六卷第八號(開闢社, 1925年 8月號).

한별, 「時評(左傾?右傾?)」, 『現代評論』總三號·第一卷第三號(現代評論社, 1927年 4月號).

洪起文, 「아버지人物評 洪命憙評 : 昆忠學者〈타입〉과 受難의그의 半生」, 『三千里』 第四號(三千里社, 1930年 1月號).

洪起文, 「아들로서본아버지」, 『朝光』 第二卷第五號(朝鮮日報社出版部, 1936年 5月號).

洪命憙, 「新幹會의使命」, 『現代評論』創刊號·第一卷第一號(現代評論社, 1927年 1月號).

洪命憙, 「上海時代의丹齋」, 『朝光』 第二卷第三號(朝鮮日報社出版部, 1936年 4月號).

洪陽明, 「前衛線上의人物評 : 才人型의洪起文氏-新幹運動線上의少壯鬪士」, 『三

千里』 第十四號・第三卷第四號(三千里社, 1931年 4月號).

II. 연구논저

1. 저서

姜東鎭, 『日帝의 韓國侵略政策史』(한길사, 1980. 9).

강영주, 『벽초 홍명희 연구』(창작과 비평사, 1999. 11).

古下先生傳記編纂委員會 編, 『古下宋鎭禹先生傳』(東亞日報社出版部, 1965. 10).

김영범, 『(한국독립운동의 역사 26) 의열투쟁 I –1920년대』(한국독립운동사편찬
　　　위원회, 2009. 9).

金雲泰, 『日本帝國主義의 韓國統治』(博英社, 1986. 9).

김인식, 『광복 전후 국가건설론』(한국독립운동사편찬위원회, 2008. 8).

金俊燁・金昌順 共著, 『韓國共産主義運動史』 1・2・3(청계연구소, 1986. 7).

김진배, 『가인 김병로』(가인기념회, 1983. 12).

김진석, 『우충좌돌–중도의 재발견』(개마고원, 2011. 7).

김희곤・강윤정, 『잊혀진 사회주의운동가 이준태』(국학자료원, 2003. 12).

盧景彩, 『韓國獨立黨 研究』(신서원, 1996. 12).

독립운동사편찬위원회, 『독립운동사–임시정부사』 제4권(독립유공자사업기금운
　　　용위원회, 1972. 12).

東亞日報社, 『東亞日報社史(1920~1945年)』 卷一(東亞日報社, 1975. 4).

M. 로빈슨 著, 김민환 譯, 『일제하 문화적 민족주의』(나남, 1990. 10).

박찬승, 『한국근현대정치사상사연구–민족주의우파의 실력양성론』(역사비평사,
　　　1992. 1).

방기중, 『한국근현대사상사연구』(역사비평사, 1992. 9).

서대숙 지음, 현대사연구회 옮김, 『한국 공산주의운동사 연구』(禾多, 1985. 8).

서울대학교 역사연구소, 『역사용어사전』(서울대학교출판문화원, 2015. 3).

수당 이남규선생기념사업회 주관, 『평주 이승복선생 서세삼십주년기념 학술대회
　　　: 평주 이승복의 생애와 독립운동(자료집)』(2008. 10. 30 목, 서울역사박물

관, 후원 : 국가보훈처 · 광복회 · 조선일보사).

신용하,『신간회의 민족운동』(독립기념관 한국독립운동사연구소, 2007. 12).

스칼라피노 · 李庭植 외 6인 지음,『新幹會研究』(동녘, 1983. 10).

스칼라피노 · 이정식 공저, 한홍구 옮김,『한국공산주의운동사』1(돌베개, 1986. 6).

아놀드 토인비 著, 姜基哲 譯,『試鍊에 처한 文明』(一志社, 1975. 9).

五山中 · 高等學校,『五山八十年史』(1987. 5).

五山學園,『五山百年史』(學校法人 五山學園, 2007. 5).

위기봉 지음,『다시 쓰는 東亞日報史 – 인촌 김성수와 동아일보, 그 오욕과 배반
     의 역사를 찾아서』(녹진, 1991. 2).

윤민재,『중도파의 민족주의운동과 분단국가』(서울대학교출판부, 2004. 9).

윤우 엮어지음,『서울 한복판 항일시가전의 용장 : 김상옥 의사』(백산서당, 2003.
     10).

尹在根,『芹村 白寬洙 – 봄기운은 어찌 이리 더딘가』(東亞日報社, 1996. 8).

이균영,『신간회연구』(역사비평사, 1993. 12).

이현주,『한국 사회주의세력의 형성 : 1919~1923』(일조각, 2003. 10).

李炫熙,『臨政과 李東寧研究』(一潮閣, 1989. 3).

仁村紀念會,『仁村 金性洙傳』(仁村紀念會, 1976. 2).

임혜봉,『일제하 불교계의 항일운동』(민족사, 2001. 6).

전택부,『월남 이상재』(韓國神學研究所, 1983. 4).

정병준,『몽양여운형평전』(한울, 1995. 6).

朝鮮日報 社史編纂委員會 編,『朝鮮日報 五十年史』(朝鮮日報社, 1970. 3).

朝鮮日報60年史 편찬위원회,『朝鮮日報60年史』(朝鮮日報社, 1980. 3).

조선일보사 사료연구실,『조선일보 사람들 – 일제시대편』(랜덤하우스중앙, 2004. 12).

左伯有一 · 野村浩一 外著, 吳相勳 譯,『中國現代史』(한길사, 1980. 9).

崔民之 · 金民珠 共著,『日帝下 民族言論史論』(日月書閣, 1978. 5).

홍영기,『한말 후기의병』(독립기념관 한국독립운동사연구소, 2009. 8).

飯沼二郎 · 姜在彦 編,『近代朝鮮の社會と思想』(未來事, 1981. 3).

下中彌三郎 編,『世界歷史事典』第十卷(平凡社, 1955. 8).

2. 논문

강영주, 「국학자 홍기문 연구」, 『역사비평』 통권68호(역사비평사, 2004. 8).

고정휴, 「태평양문제연구회 조선지회와 조선사정연구회」, 『역사와 현실』 제6호
(역사비평사, 1991. 12).

金祥起, 「金福漢의 學統과 思想」, 『韓國史研究』 88(韓國史研究會, 1995. 3).

金祥起, 「修堂 李南珪의 學問과 洪州義兵精神」, 朝鮮社會研究會 編, 『朝鮮時代의
社會와 思想』(朝鮮社會研究會, 1998. 4).

金祥起, 「金福漢의 洪州義兵과 파리長書 運動」, 『大東文化研究』 第39輯(成均館大
學校 大東文化研究院, 2001. 12).

金祥起, 「1906년 洪州義兵의 홍주성 전투」, 『한국근현대사연구』 제37집(한국근현
대사학회, 2006. 6).

김상기, 「한말 충남지역의 항일의병전쟁」, 『충청문화연구』 제12집(충남대학교 충
청문화연구소, 2014. 6).

金容達, 「대한민국임시정부의 국내 특파원」, 한국근현대사학회 편, 『대한민국임
시정부 수립 80주년 기념논문집』 상(國家報勳處, 1999. 12).

김인식, 「植民地時期 安在鴻의 左翼民族主義運動論」, 『白山學報』 第43號(白山學
會, 1994. 7).

김인식, 「안재홍의 신국가건설의 이념 – 신민족주의의 이념 정향」, 『한국민족운동
사연구』 20(한국민족운동사연구회, 1998. 12).

김인식, 「신간회운동기 ML계의 민족협동전선론과 신간회 성격규정의 변화」, 『白
山學報』 第68號(白山學會, 2004. 4).

김인식, 「신간회의 창립과 민족단일당의 이론」, 『白山學報』 第78號(白山學會,
2007. 8).

김인식, 「안재홍의 신간회 운동」, 『애산학보』 33(애산학회, 2007. 12).

김인식, 「이승복과 신간회 창립기의 조직화 과정」, 『한국민족운동사연구』 58(한
국민족운동사학회, 2009. 3).

金仁植, 「안재홍의 좌우익 개념규정과 이념정향의 변화」, 『한국근현대사연구』 제
49집(한국근현대사학회, 2009. 6).

김인식, 「이승복과 신간회 강령의 이념·노선」, 『한국민족운동사연구』 62(한국민

족운동사학회, 2010. 3).

김인식, 「신간회의 통합정신」, 사회통합위원회 편, 『우리 역사 속의 사회통합』(사회통합위원회, 2012. 3).

김인식, 「안재홍의 '己未運動과 임정법통성의 역사의식」, 『韓國人物史硏究』 제18호(한국인물사연구회, 2012. 9).

김인식, 「창립기 신간회의 성격 재검토」, 『한국민족운동사연구』 92(한국민족운동사학회, 2017. 9).

김인식, 「평촌리의 화'와 홍주의병」, 『中央史論』(中央史學硏究所, 2019. 6).

류시현, 「東京三才'(洪命憙, 崔南善, 李光洙)를 통해 본 1920년대 '문화정치'의 시대」, 『韓國人物史硏究』 제12호(한국인물사연구회, 2009. 9).

梶村秀樹, 「新幹會硏究를 위한 노트」, 『勞動運動史硏究』 48(1969)[스칼라피노·李庭植 외 6인 지음, 『新幹會硏究』(동녘, 1983. 10) 所收].

朴敏泳, 「대한민국임시정부의 연통제 시행과 운영」, 한국근현대사학회 편, 『대한민국임시정부 수립 80주년 기념논문집』 상(國家報勳處, 1999. 12).

박민영, 「수당 이남규의 절의와 항일투쟁」, 『萬海學報』 통권 제6호(만해학회, 2003. 8).

朴敏泳, 「한말 義兵의 對馬島 被囚 經緯에 대한 연구」, 『한국근현대사연구』 제37집(한국근현대사학회, 2006. 6).

朴敏泳, 「한말 對馬島 被囚 義兵의 幽閉生活」, 『한국독립운동사연구』 제27집(독립기념관 한국독립운동사연구소, 2006. 12).

朴敏泳, 「해제」, 『(雲樵 文奭煥의 대마도 유폐일기) 馬島日記』(독립기념관 한국독립운동사연구소, 2006. 12).

박민영, 「한말 禮山지역의 義兵투쟁」, 『충청문화연구』 제7집(충남대학교 충청문화연구소, 2011. 12).

朴愛琳, 「朝鮮勞動共濟會의 活動과 理念」, 延世大學校大學院 史學科 碩士學位論文, 1992.

박찬승, 「국내 민족주의 좌우파 운동」, 『한국사-민족해방운동의 전개1』 15(한길사, 1994. 1).

박철하, 「1920년대 전반기 '중립당'과 무산자동맹회에 관한 연구」, 『崇實史學』 第13輯(崇實大學校 史學會, 1999. 8).

朴哲河,「1920年代 社會主義 思想團體 硏究」(崇實大學校 大學院 史學科 博士學位
    論文, 2003. 6).

박희승,「일제강점기 상해임시정부와 이종욱의 항일운동 연구」,『大覺思想』第五
    輯(大覺思想硏究院, 2002. 11).

변주승,「염재 조희제와『염재야록』」,『국학연구』제15집(한국학진흥원, 2009. 12).

서중석,「韓末・日帝侵略下의 資本主義 近代化論의 性格 - 도산 안창호 사상을 중
    심으로」(1987),『한국근현대의 민족문제연구』(지식산업사, 1989. 5).

宋建鎬,「新幹會運動」, 尹炳奭 外編,『韓國近代史論』Ⅱ(知識産業社, 1977. 8).

수당 이 남규 선생 기념 사업회 작성,「수당 연보 : 수당(修堂) 이 남규(李南珪) 해
    적이」,『나라사랑』28(외솔회, 1977. 12).

신용하,「朝鮮勞動共濟會의 창립과 노동운동」,『(한국사회사연구회 논문집 제3집)
    한국의 사회신분과 사회계층』(韓國社會史硏究會, 1986. 12).

신용하,「평주 이승복의 생애와 사상과 민족운동」, 수당 이남규선생기념사업회
    주최,『평주 이승복선생 서세삼십주년기념 학술대회 : 평주 이승복의 생
    애와 독립운동』(2008. 10. 30).

申一澈,「맑시즘과 韓國 - 新幹會 運動의 思想史的 側面」,『(東國大學校開校60周
    年記念 學術심포지움論文集) 韓國近代化의 理念과 方向』(東國大學校,
    1967).

申鉉恩,「日帝 强占期 江原道 僧侶의 活動에 대한 硏究」(강원대학교 교육대학원,
    석사학위논문, 2009. 2).

沈在昱,「1920~30년대 초 古下 송진우의 사상과 활동」,『한국민족운동사연구』22
    (한국민족운동사연구회, 1999. 9).

沈在昱,「雪山 張德秀의 文化運動과 社會認識, 1912~1923」,『한국민족운동사연구』
    28(2001. 8).

오영섭,「해방 후 平洲 李昇馥의 신국가 건설운동」,『崇實史學』24(崇實史學會,
    2010. 6).

李桂炯,「『매천야록』의 사료적 가치의 재검토」,『한국근현대사연구』제76집(한국
    근현대사학회, 2016. 3).

李均永,「支會設立에 따른 新幹會의 '組織形態' 檢討」,『韓國學論集』第11輯(漢陽

大學校 韓國學研究所, 1987. 2).

李均永, 「新幹會支會의 設立과 活動」, 尹炳奭教授華甲紀念論叢刊行委員會, 『尹炳奭教授華甲紀念韓國近代史論叢』(지식산업사, 1990. 12).

이균영, 「신간회에 대한 새로운 이해」, 신용하 외 공저, 『일제 강점기하의 사회와 사상』(신원문화사, 1991. 8).

李文遠, 「新幹會의 社會教化」, 『韓國學』 26輯(中央大學校 韓國學研究所, 1982 여름).

李文遠, 「新幹會 民族運動의 教育史的 研究」(延世大學校 大學院 教育學科 博士學位論文, 1983. 12).

이문원, 「平洲 李昇馥과 新幹會運動」, 『애산학보』 33(애산학회, 2007. 12).

이애숙, 「1922~1924년 국내의 민족통일전선운동」, 『역사와 현실』 제28호(한국역사연구회, 1998. 6).

李延馥, 「大韓民國臨時政府의 交通局과 聯通制」, 國史編纂委員會 編, 『韓國史論－大韓民國 臨時政府』 10(國史編纂委員會, 1981. 12).

李恩淑, 「1905~10년 洪州 義兵運動의 研究」(淑明女子大學校 史學科 博士學位論文, 2004. 8).

임선빈, 「內浦 地域의 지리적 특징과 역사 · 문화적 성격」, 『문화역사지리』 제15권 제2호(한국문화역사지리학회, 2003. 8).

林熒澤, 「修堂 李南珪와 그의 奏議에 대한 이해－근대 전환기의 한 대응논리」, 『漢文學報』 第1輯(우리한문학회, 1999. 2).

장석흥, 「사회주의의 수용과 신사상연구회의 성립」, 『한국독립운동사연구』 제5집(독립기념관 한국독립운동사연구소, 1991. 12).

전명혁, 「조선사회단체중앙협의회 성격 연구」, 『한국민족운동사연구』 23(한국민족운동사학회. 1999. 12).

鄭大澈, 「新幹會와 民間紙의 關係에 대한 考察－朝鮮, 東亞, 中外日報를 中心으로」, 『言論學報』 第2卷(漢陽大學校 言論文化研究所, 1981. 12).

丁堯燮, 「日帝治下의 브 · 나로드 運動에 관한 研究」, 『淑明女子大學校論文集』 第十四輯(淑明女子大學校, 1974. 12).

정진석, 「이승복의 항일 민주 언론활동」, 수당 이남규선생기념사업회 주최, 『평주 이승복선생 서세삼십주년기념 학술대회 : 평주 이승복의 생애와 독립운동』(2008. 10. 30).

趙璣濬, 「朝鮮物産奬勵運動의 展開過程과 그 歷史的 性格」, 尹炳奭・愼鏞廈・安秉直 編, 『韓國近代史論』Ⅲ(知識産業社, 1977. 6).

趙東杰, 「修堂 李南珪 선생의 독립정신과 유지」, 民族文化推進會, 『修堂 李南珪 先生의 독립정신과 詩의 세계』(民族文化推進會 修堂集 完譯 紀念學術講演會, 1999. 11. 5)[趙東杰, 「修堂 李南珪의 독립정신과 遺志」, 『民族文化』 第22輯(民族文化推進會, 1999. 12)으로 재수록].

趙芝薰, 「韓國民族運動史」, 高大民族文化研究所 編, 『韓國文化史大系』Ⅰ(高大民族文化研究所, 1964. 11).

朱赫, 「朝鮮事情研究會의 研究」(漢陽大學校 大學院 史學科 碩士學位論文, 1991. 8).

천관우, 「수당(修堂)의 민족 정신(民族精神)과 사상」, 『나라사랑』 28(외솔회, 1977. 12).

編輯部 抄, 「朝鮮共産黨史 : 第十二章 轉換期의 合法團體 動向」, 『北韓』 通卷二十八號・第三卷第四號(北韓研究所, 1974. 4).

韓相龜, 「1926~28년 민족주의 세력의 운동론과 新幹會」, 『韓國史研究』 86(韓國史研究會, 1994. 9).

韓相龜, 「1926~28년 사회주의 세력의 운동론과 新幹會」, 『韓國史論』 32(서울大學校 國史學科. 1994. 12).

한상구, 「신간회의 반자치운동노선과 민족협동전선노선」, 국가보훈처 공훈심사과 편집, 『나라사랑 독립정신』(국가보훈처, 2005. 8).

홍이섭, 「수당(修堂) 이남규(李南珪)와 홍주성 전투」, 『나라사랑』 28(외솔회, 1977. 12).

梶村秀樹, 「新幹會研究をためのノ-ト」, 『勞動運動史研究』 49號(1968. 12)[스칼라피노・李庭植 외 6인 지음, 『新幹會研究』(동녘, 1983. 10)].

水野直樹, 「新幹會運動に關する若干の問題」, 『朝鮮史研究會論文集』 No.14(朝鮮史研究會, 1977. 3).

水野直樹, 「新幹會東京支會の活動について」, 朝鮮史叢編輯委員會, 『朝鮮史叢』 第1號(靑丘文庫, 1979. 6).

水野直樹, 「新幹會の創立をめぐって」, 飯沼二郎・姜在彦 編, 『近代朝鮮の社會と 思想』(未來社, 1981. 3).

Gary Hayes, 「An Analysis of Sinn Fein's Political Transformation」(충북대학교 대학원 정치학석사학위논문, 2016. 2).

저자 | 김인식
중앙대학교 사학과를 졸업하고 같은 대학원에서 박사학위를 받았다. 현재 중앙대학교 다빈치교양대학에 재직 중이다. 한국근현대사를 전공하면서, 신간회와 해방 전후 정치세력들의 국가건설론 등을 중심 주제로 공부하였다. 저서로는 『안재홍의 신국가건설운동』(2005), 『중도의 길을 걸은 신민족주의자—안재홍의 생각과 삶』(2006), 『광복 전후 국가건설론』(2008), 『대한민국정부수립』(2014), 『애산 이인 평전』(2021), 『조소앙 평전』(2022) 등이 있으며, 공저로는 『1930년대 조선학운동 심층연구』(2015), 『신간회와 신간회운동의 재조명』(2018), 『한국의 국가 형성과 민주주의—해방에서 제2공화국으로』(2018), 『대한민국 청년외교단 애국부인회 참여인물 연구』(2019) 등 다수가 있다.